中国近代人物文集丛书

吴 棠 集

（四）

杜宏春　杜　寅　辑校

中 华 书 局

○三七　遵查被参知县赵基等分别革任、革职折

同治七年十一月十七日(1868 年 12 月 30 日)

头品顶戴四川总督臣吴棠跪奏，为遵旨饬查被参知县，应请先行分别革任、革职，以便据实讯办，恭折仰祈圣鉴事。

窃臣于本年十月二十日承准军机大臣字寄：同治七年九月二十二日，奉上谕：有人奏，四川石泉县知县赵基系银号铺伙，在署安岳县任内激成戴姓聚众一案，以致冤杀数百人。万县知县张琴，横恣贪婪，以遏粜为名，遇有米船过往，纳钱始放，在任数年，赃逾巨万各等语。州县为亲民之官，岂可任性妄为！若如该御史所奏，则该县等贪劣殃民何得稍事姑容！着吴棠按照所参各情，详悉查明，据实参办，毋得稍有徇隐。原折着抄给阅看等因。钦此。仰见皇上禁暴止贪、矜恤黎元之至意。

臣查接管卷内，石泉县知县赵基被参一案，同治四年四月初五日，据署乐至县王树桐禀称：三月底，安岳汛弁詹占春赴长河堰岳兴桥地方查场，该处正在禁屠求雨，该汛弁在店烹食鳝鱼，乡民不依辱骂。该汛弁回县告知，赵基饬差至长河堰，拿获二人，带县责惩。两场民人均怀气忿。四月初三日，该两场民二百余人押送贼犯进城，因赵基坐堂迟延，该民等在大堂吵闹。差役向其阻止，该民等即头包白布，杀毙十余人，随将监狱打开，放出监犯，并放火焚烧民房等情。旋据川北道包炜禀同前由，并称该处民人阑入安岳县城，劫狱焚杀，系属地方文武办理不善，激成事端等情。

臣查此案安岳县民聚众入城，劫狱毁库，本属罪有应得，业经前督臣骆秉章将拿获首从各犯何绍先等讯供正法，奏明在案。惟究其滋事之由，系因该汛弁詹占春食鱼起衅，而该署县赵基初禀并未提及，其第三次禀内始有何姓等扶乩敛钱及搜获逆据邪书之语，亦并未将逆书等呈缴。诚如川北道包炜所禀，系属地方文武办理不善，激成事端。前署安岳县事革职留任石泉县知县赵基，相应请旨先行革任，由臣等督饬两司，提同前署安岳汛把总已革外委詹占春覆讯确情，分别拟办，并将监禁缘坐之幼童何继韩、何继霖二名暂行取保看管，讯明发落，期无枉纵。

又，万县知县张琴被参一节。同治六年八月二十八日，据万县贡生刘照元等以借陈民困等词具控，内有历年禁米运楚，该县张琴借词在余家嘴设卡，凡遇五谷杂粮等物，截拿勒罚，并胪列勒罚各款等情。本年八月，臣行抵万县时，叠据该县士民以前任知县张琴任用差役、婪索病民等词，纷纷控诉。正在详细察访间，钦奉寄谕饬查，遵即遴派妥员前往密查，该县张琴于米船过境是否实系每石勒捐钱文方准放行，所捐款项有无簿票可据，作何支销，并饬将各罚款逐细查明禀覆。除该县士民各控案另行批饬集讯外，卸任万县知县张琴被控多端，物议沸腾，其平日舆情不协，已可概见。相应请旨先行革职，听候查明确情，从严参办。所遗石泉县知县、万县知县员缺，川省现有应补人员，均请扣留，容臣拣员另补。

至四川州县正途壅滞，由捐纳得缺者太多。臣谨当钦奉谕旨，认真察看，如有于地方不相宜者，再行随时参撤，断不敢稍避嫌怨、有负圣主委任。所有被参知县应请先行分别革任、革职以便据实讯办缘由，理合恭折具陈，伏乞皇太后、皇上圣鉴训示遵行。谨奏。
十一月十七日。

同治七年十二月初一日，军机大臣奉旨：着照所请，该部知道。
钦此。①

○三八　援案续办同治八年份按粮津贴折

同治七年十一月十七日(1868 年 12 月 30 日)

头品顶戴四川总督臣吴棠跪奏，为川省征防各军需饷孔殷，拟请援照成案，于同治八年份续办按粮津贴，以资接济，恭折具奏，仰祈圣鉴事。

窃照川省因需饷浩繁，乏款接济，自咸丰五年间，按粮津贴每条粮一两，津贴银一两，随粮交纳，并声明汶川等处边瘠州县以及曾被贼扰之处，量予免征，历经奏准遵办在案。兹据藩司蒋志章详称：本年自开征以来，截至九月底止，共收银五十万五千七百六十二两零，又续收历年未完津贴银十四万九百五十五两零，统共收银六十四万六千七百一十七两零，均经随时拨供本省兵饷、各省协饷并防剿军需之用。其汶川、越巂等厅州县，或地瘠当冲，或接壤夷疆，或著名瘠苦，历年均经免征。

兹查川省内地虽已肃清，而援黔、援滇、援陕，大军四出，叙南、川北边防未松，前因达字营调往黔省，添募振武新军七营，分驻广

---

①　中国第一历史档案馆藏：军机录副，档案编号：03-4644-073。

元、平武等处,屏蔽秦、陇。道员唐炯①援黔,统带安定、果毅等军,兵力不敷,先后添黔勇三千余人。其提督周达武②等分剿越嶲夷匪之武字等军暨峨边等厅,亦陆续增募勇练,连旧有征防各军一切月饷、军火,有增无减,支应愈繁。此外奉拨京饷暨直隶、陕、甘、云、贵等省协饷,叠接文催,急于星火,亦应设法筹解,通盘合计,需费甚巨,库款搜罗殆尽,收款随到随支,并无存积。若不预为绸缪,何以接济供支!惟有仍借民力,以应急需。臣督率藩司蒋志章,悉心筹维,拟请同治八年再行劝办按粮津贴,每条粮一两,仍津贴库平色银一两,于开征时如数交纳,并由司刊刻告示,遍贴晓谕。除各厅州县向设夫马局供应差事酌量减征外,其余一切杂派经费概行禁革,不许再更名色添派丝毫。如有不遵,一经访闻,或被告发,即行参撤究办。

　　所有征收事宜,即照旧章选派公正绅耆,设局妥为经理。一俟

---

　　① 唐炯(1829—1909),贵州遵义人,字鄂生,晚号成山老人,举人。咸丰四年(1854),在家乡举办团练,报捐知县,分发四川。咸丰六年(1856),署南溪县知县。同治元年(1862),统安定营,御太平军石达开部。六年(1867),奉川督崇实之命率军入黔,经其保奏,擢升道员,旋为川督吴棠所劾,还川。光绪八年(1882),任云南布政使。次年(1883),迁云南巡抚,率滇军参加中法战争,以擅自退回云南,革职拿问,拟斩监候,经左宗棠解救获释,戍云南。光绪十三年(1887),督办云南矿务,经营十五年,鲜有成绩,为时人所讥。光绪三十二年(1906),褫职。著有《援黔录》、《成山庐稿》、《成山老人自撰年谱》等。

　　② 周达武(1813—1894),字梦熊,号渭臣,湖南宁乡人。咸丰四年(1854),以武童从军,因功赏六品顶戴。次年,拔补把总。五年(1855),升千总,赏戴蓝翎。六年(1856),迁守备。次年,补都司。八年(1858),升授游击,换花翎。九年(1859),擢参将。次年,充营官,加总兵衔,旋实授总兵。同治元年(1862),晋提督衔,赏质勇巴图鲁名号,调四川建昌镇总兵,署四川提督。次年,护理四川提督。四年(1865),调补贵州提督。七年(1868),加博奇巴图鲁勇号,赏穿黄马褂。十二年(1873),封骑都尉。光绪元年(1875),因病回籍调理。三年(1877),补授甘肃提督。二十年(1894),卒。赠尚书衔,恤如例。

收有成数，即随同地丁批解。局中所需薪水、鞘匣、运费亦照旧分别程途远近，如夔州、宁远、保宁、重庆、绥定、酉阳、忠州等属距省较远，每津贴银一百两，准扣银二两；其余距省较近各属，每百两扣银一两，以资应用。此外不准丝毫苛派，仍俟收解全完，综计银数多寡，恳恩加广学额，以昭激劝，似于军饷、民生两有裨益。所有同治八年份川省仍请续办按粮津贴缘由，是否有当，理合恭折具奏，伏乞皇太后、皇上圣鉴训示。谨奏。十一月十七日。

同治七年十二月初一日，军机大臣奉旨：户部知道。钦此。①

○三九　审拟三台县民王德珍京控一案折

同治七年十一月十七日（1868 年 12 月 30 日）

头品顶戴四川总督臣吴棠跪奏，为京控重案审明定拟，恭折仰祈圣鉴事。

窃前兼署督臣崇实任内准都察院咨：据四川民人王德珍以灭伦毙命、含冤莫伸等词，赴该衙门呈诉一案，于同治六年十月初八日具奏，初九日内阁奉旨：此案着交骆秉章，督同臬司亲提人证、卷宗等因。钦此。钦遵将原告民人王德珍咨解到川。崇实遵即行司委员，守提人证、卷宗，至省审办。兹据按察使翁同爵督同成都府知府孙濂、候补知府杜受廉等究出唆讼之程儒观，檄饬署三台县知县张瑞麟解质，审明定拟，解勘前来。

臣亲提研讯，缘程儒观、王德珍均籍隶三台县，王德珍幼从程儒观读书，并拜为义父。王德珍之父王汶思，平日与程儒观交好。

---

①　中国第一历史档案馆藏：军机录副，档案编号：03-4823-049。

王汶思田业与冷世升、李宗岱连界，田宗喜佃种王汶思地亩。王汶思曾因乏钱使用，令田宗喜于佃价内加押，并央冷世升等议买田业未就。均有口角。王德润系王汶思之分居同祖小功堂侄，与王汶思素睦无嫌。同治四年五月间，王德润借用王汶思钱二十千文，屡索未偿。

五年十一月二十八日午后，王汶思至王德润家内向索前欠，王德润央缓。王汶思诉其骗赖，王德润分辩，王汶思不依，顺携门旁木棍向殴。王德润夺棍还手，殴伤其左臂膊、左额角。王汶思扑向抓扭，王德润殴伤其右胳膊。王汶思抓住王德润发辫往下揿按，王德润挣不脱身，情急吓殴，适伤其左脏肋并脚腕，松手倒地。李贵梁、王永年并王德广等趋劝无及。李贵梁往告王汶思之子王德珍，投同约邻赵世林等，前往看明，同王德广等将王汶思扶回。讵王汶思伤重，已不能语，医治罔效，延至十二月二十日早，因伤殒命。王德润潜逃，王永年避逸。王德珍报经前署县陈洪绪验讯详缉。

六年六月七日，缉获王德润，讯认不讳。王德珍听从传言，心疑王永年在场帮殴，王德广等坐视不救，并疑冷世升等挟嫌霸耕，指使殴打，遂以逆伦殴毙等情，赴府上控。批饬该署县陈洪绪讯明，王汶思实系因所欠起衅，被王德润一人致毙，究无别情，亦无帮凶。王德珍控情不实，事出怀疑，免其置议。录供通详，并追取王德润欠钱，给王德珍具领。讵王德润带病进监，拨医调治不愈，至七月初七日早，因病身死，禀府檄委盐亭县知县李汝湘诣验讯详，批经该署县覆审议结。王德珍回家，以父死非命、凶犯羁死、未昭典刑，伊又孑然一身，不觉痛亲情切，向程儒观诉说各情。程儒观因王永年未曾到案，情有可疑，起意唆讼，并愿代作呈词，引路进京。王德珍因痛父惨死，亦即依从。程儒观即就王德珍控府情由，暨作灭伦毙命等词，隐瞒凶犯病故，砌饰王永年持棒帮殴、王德广等坐视不救，并借冷世升等曾与王汶思讼嫌口角，指为串佃霸耕、乘隙图害各情，诈称乡约赵世林为认物串赃及差役有贿纵情弊，希同耸准，同路进京。王德珍自赴都察院衙门投递。讯供奏奉谕旨，奏解回川，程儒观亦各自归家。当经该按察司等委提人卷到省，究出唆讼作词之程儒观，饬府严解，审明定拟，解勘前来。臣亲提研鞫，据供前情不讳，诘无不法别案，似无遁饰。

查例载：代人捏写本状、教唆或扛帮赴京告人命重罪不实并全诬十人以上者，问发近边充军等语。此案程儒观因伊义子王德珍之父王汶思被小功堂侄王德润殴毙，报县缉获王德润，讯认在监病故，业已议结，辄敢起意唆讼，代王德珍捏写词状，同路赴京，越控诬告多人，实属不法。查所控系人命重情，全诬亦在十人以上，自应按例问拟。程儒观合依代人捏写本状、教唆或扛帮赴京告人命重罪不实、全诬十人以上者问发近边充军例，拟发近边充军，到配折责安置。王德珍前次赴府上控，讯系听信传言怀疑所致。其听唆赴京诬控，事尚有因，且以犯毙未昭典刑，痛父情切，其情更有可原，未便即照为从之例科断，致与寻常听唆捏控者无所区别。王德珍应请照不应重律，杖八十，折责发落。王永年等究无帮殴及见死不救、串佃霸耕各情事。乡约赵世林已故，并非讼师，亦无串赃情弊，应与并未贿纵之差役陈荣等均免置议。王德润殴伤王汶思身死，罪应拟斩，业已监毙。该犯带病进监，管狱官例无处分，均毋庸议，无干省释。案已讯明，未到人证免提省累。

再，案讯被告王德珍已于取供后，在保病故。合并陈明。除将犯证发回分别禁保并供招咨部及咨覆都察院外，所有审明缘由理合恭折具奏，伏乞皇太后、皇上圣鉴，敕部核覆施行。谨奏。十一月十七日。

同治七年十二月初一日,军机大臣奉旨:刑部议奏。钦此。①

【案】同治六年十一月初八日,左都御史灵桂等奏报川民王德珍京控一案折:

都察院左都御史臣宗室灵桂等跪奏,为奏闻请旨事。

据四川民人王德珍以灭伦毙命、含冤莫伸等词,赴臣衙门呈诉。臣等公同讯问,据王德珍供:年二十三岁,四川三台县人,缘身父王文思有膳田,发田宗喜耕居,田界与恶邻冷世升、李宗岱相连。伊等贪买,讼县未结。身父胞侄王德润欠身父钱二十串,屡讨口角。世升、宗岱、宗喜遂乘隙朋刁德润,诡言约身父至伊家算还帐项,以图网害。身父子不知中计,于去年十一月二十八日至伊家清算。讵逆侄胆敢听刁,与子王永平各执棒,朋振身父毒打。身情急,喊近居之堂兄王茂德、王茂广等护救,伊等坐视。身报县,蒙赏刑书袁吉祥、仵作国茂森验明,身父颅顶受伤两孔,尾骨皮破血流,并打断右手及左脚胜。德润父子畏罪潜逃,世升等贿差不拘。身父于十二月二十日伤重身死。身报县诣验,与生伤相符。今正月二十四日,身与乡约捉获德润送县,遭讼师赵世林贿串蒙县,并不令德润与身对质,仅断令德润还身钱文,不究杀毙胞叔之罪,勒身具结领尸。身诉府批县,终不与身质讯,为此来京沥诉等语。余与原呈大略相同。

臣等查该民人王德珍呈称,伊父王文思有膳田与恶邻冷

_____

① 中国第一历史档案馆藏:军机录副,档案编号:03-5027-042。

世升、李宗岱相连。伊等贪买，讼县未结。伊父之胞侄王德润
欠伊父钱文，屡讨口角。世升等遂乘隙朋刁德润，诡言约伊父
子至家，算还帐项。伊父子不知中计，于去年十一月二十八日
至伊家算帐。讵逆侄听刁，与子王永年执棒，朋振伊父毒打。
该民人控县，刑书、仵作验明，头顶受伤两孔，尾骨皮破流血，
并打断右手、左脚腓。德润父子畏罪潜逃，世升等贿差不拘。
至十二月二十日，该民人之父因伤身死。报县诣验，与生伤相
符。今年正月间，该民人与乡约捉获德润送县，遭讼师赵世林
贿串蒙县，仅断令德润还伊钱文，不究殴毙胞叔之罪，勒令具
结领尸。该民人控府批县，终未质讯各情。案关伦纪，毙命逞
凶，亟须研究明确，按律惩办。谨抄录原呈，恭呈御览，伏乞圣
鉴训示。

再，据该民人结称，伊在本府控告一次，并未亲提。合并
声明。谨奏。同治六年十一月初八日。都察院左都御史臣宗
室灵桂，左都御史臣谭廷襄，左副都御史臣觉罗达庆，左副都
御史臣继格，左副都御史臣鲍源深（差），左副都御史臣温
葆深。①

【附】同日，都察院左都御史灵桂等呈川民王德珍京控
呈状：

具告状人：四川省潼川府三台县王德珍，年二十三岁，为
谋霸串刁，灭伦殴毙，验明不究，含冤莫伸，叩恳提究法办事。

缘蚁父王文思有膳田，发田宗喜耕居，田界与恶邻冷世
升、李宗岱相连。伊等贪买，讼县未结，遂串恶佃田宗喜霸耕。

复寻害无由,见蚁父胞侄王德润欠蚁父膳钱二十串,屡讨口角。世升、宗岱、宗喜乘隙朋刁德润,诡言约蚁父子伊家算还帐项,以图网害。蚁父子不知,误中奸计。去年十一月二十八日,蚁与父伊家清算。殊逆胆敢听刁,与子王永年各执木棒,振蚁父毒打。蚁见情急,欲救畏凶,因喊逆之近居堂兄王德茂、德光、德正护救,伊等坐视。永年复执械追蚁赶杀,蚁奔跑始免。蚁报县验究,蒙赏刑书袁吉祥、仵作国茂森验明,蚁父头顶受伤两孔,尾骨皮破血流,并打断右手及左脚胖。德润父子畏罪潜逃。票差陈云、邹裕、张坤,逆私商世升等贿纵不拘。蚁父竟于十二月二十日伤重身死。复报县,蒙恩诣验,父头顶、尾骨、右手、左脚与生伤相符。今正月二十四日,蚁与隔里之朱乡约捉获德润送县,遭讼师赵世林贿串,蠹等蒙耸县主,并不令润与蚁质讯,仅断德润还蚁钱文,不究殴毙胞叔之罪,反勒蚁具结领尸。蠹等当堂强逼蚁打手印始释。蚁赴府哭诉,蒙恩批县速集人证,研审详报,批抄电。批虽严切,终不与蚁质讯议抵,永年亦不获案。

似此谋霸串刁、逆伦殴毙、验明不究、无法无天,生者含冤,死者抱恨,情实难甘! 只得泣叩赏准提讯究办,惩逆恶以伸父冤,彰法纪以儆刁风! 如有欺诳,情甘反坐,存殁均沾,焚顶上叩![①]

---

① 中国第一历史档案馆藏:呈状,档案编号:03-5025-016。

○四○　奏报都司张三元展缓引见片

同治七年十一月十七日（1868 年 12 月 30 日）

再，前准兵部咨：补授黔彭营都司张三元，应给咨赴部引见等因。伏查张三元于同治四年夏间补授斯缺，历在外省剿贼，直至去年二月回川。四月，饬赴黔彭营都司本任。该营紧接黔疆，现值援军深入，后路空虚，逸勇败匪时虞窜越。张三元到任后，防守边隘，巡缉奸匪，颇形得力。该营曾于咸丰年间失陷，军资短缺。该员现复购办物料，添造枪炮、药铅等物，正在兴工，亦须一手经理，用期精良。

合无仰恳天恩，俯准暂行展缓，并敕部先给署札，一俟边境肃清，即给咨送部引见。是否有当，理合附片陈明，伏乞圣鉴训示。谨奏。

同治七年十二月初一日，军机大臣奉旨：着照所请，兵部知道。钦此。①

○四一　奏报刘作霖请以故父捐银递捐知府片

同治七年十一月十七日（1868 年 12 月 30 日）

再，查陕西试用知县刘作霖之故父刘方玉，前于咸丰十一年川省奏开谷捐案内捐输银六千零九十三两一钱，未请奖叙。兹据该

---

① 中国第一历史档案馆藏：军机录副，档案编号：03-4739-068。此片具奏日期未确，兹据同批折件校正。

员刘作霖请将前项捐银由试用知县递捐知府双月本班先用，经本籍成都县查明，详经捐输厘金总局司道，核与常例减成银数有盈无绌。其所捐银两业已拨作各路军饷，归入军需项下另案报销，造具履历清册，会详请奏前来。相应请旨敕部核给奖叙，颁发执照来川，以便给发承领，用昭激劝。除清册送部外，谨附片陈明，伏乞圣鉴训示。谨奏。

同治七年十二月初一日，军机大臣奉旨：户部议奏。钦此。①

○四二　奏明同治四年崇庆等属捐饷开单请奖片

同治七年十一月十七日（1868 年 12 月 30 日）

再，查川省前办同治四年捐输，所有简州、新繁等州县士民捐输银两内，足敷议叙各捐生姓名、银数及官职、履历，经前督臣骆秉章于六年七月二十八日奏请奖叙在案。嗣据崇庆、乐山等州县士民陆续捐输银四十一万五千一百八十七两零，均已解司兑收，拨充各路军饷，支用无存，统归军需项下汇案报销。查明各州县捐生足敷议叙者，计银二万九千二百九十二两，造具花名、银数、履历清册，由捐输厘金局司道核明会详前来。

臣查册开请叙各项，核与筹饷及现行常例减成银数均属相符，合无仰恳天恩，敕部迅予核议给奖，用昭激劝。除将清册分咨部、监外，理合附片具陈，伏乞圣鉴训示。谨奏。

---

① 中国第一历史档案馆藏：军机录副，档案编号：03-4917-001。此片具奏日期未确，兹据同批折件校正。

同治七年十二月初一日，军机大臣奉旨：户部核议具奏。钦此。①

○四三 请将知府杨秉璪等从优议恤片

同治七年十一月十七日（1868年12月30日）

再，管带武字营知府杨秉璪，籍隶安徽，忠勇素著。同治五年十月，马边宋士杰谋叛围城，贵州提督周达武统兵征剿。该员隶其部下，带队冲锋，擒斩要逆。本年剿办夷务，周达武檄令分统前路数营，历险入深，不避锋镝，战功尤为卓著。正拟叙其功绩，吁恳鸿施，不料十月二十二日，进剿呷姑落，屡捷之后，中箭殒命。副将董瑞麟、都司汤锡福均于阵前捐躯，深堪悯恻！

合无仰恳天恩，俯准敕部从优议恤，杨秉璪剿除建南夷患，地方尤为感戴，请于死事地方建立专祠，董瑞麟、汤锡福及先后阵亡弁勇一并入祀，以慰忠魂。谨附片具陈，伏乞圣鉴训示。谨奏。

同治七年十二月初一日，军机大臣奉旨：钦此。②

【案】此片于是年十二月初一日得允行。《清实录》载曰：
予四川呷姑落阵亡知府杨秉璪祭葬，世职加等，建专祠；副将董瑞麟、都司汤锡福祭葬，世职加等，附祀杨秉璪专祠。③

---

① 中国第一历史档案馆藏：军机录副，档案编号：03-4917-002。此片具奏日期未确，兹据同批折件校正。
② 中国第一历史档案馆藏：军机录副，档案编号：03-4739-070。此片具奏日期未确，兹据同批折件校正。
③ 《穆宗毅皇帝实录（六）》，卷二百四十八，同治七年十二月上，第448页。

○四四　奏报川省同治七年十月雨水、粮价折

同治七年十二月初一日（1869 年 1 月 13 日）

头品顶戴四川总督臣吴棠跪奏，为恭报四川省同治七年十月份各属具报米粮价值及得雨情形，仰祈圣鉴事。

窃照同治七年九月份米粮价值及得雨情形，前经臣恭折奏报在案。兹查本年十月份成都、重庆、夔州、龙安、保宁、顺庆、潼川、雅州、嘉定、叙州十府，资州、绵州、忠州、酉阳、眉州、泸州六直隶州，石砫、叙永两直隶厅，各属先后具报得雨自一二次至六七次不等。田水充盈，小春滋长。其通省粮价俱与上月相同。据藩司蒋志章查明，列单汇报前来。

臣覆核无异。理合分缮清单，恭呈御览，伏乞皇太后、皇上圣鉴。谨奏。十二月初一日。

同治七年十二月二十五日，军机大臣奉旨：知道了。钦此。①

○四五　呈川省各属同治七年十月得雨情形清单

同治七年十二月初一日（1869 年 1 月 13 日）

谨将四川省同治七年十月份各属具报得雨情形，开具清单，恭呈御览。

成都府属：成都、华阳两县得雨五次，小春播种。简州得雨三

---

① 中国第一历史档案馆藏：军机录副，档案编号：03-4964-314。

次,小春滋长。崇庆州得雨二次,葫豆滋长。汉州得雨二次,堰水充足。温江县得雨七次,小春播种。新都县得雨四次,二麦滋长。什邡县得雨一次,小春滋长。

重庆府属:江北厅得雨四次,小春滋长。巴县得雨三次,田塘积水。江津县得雨四次,田水充足。长寿县得雨二次,小春滋长。永川县得雨四次,小春渐长。合州得雨三次,小春滋长。南川县得雨三次,山土滋润。铜梁县得雨二次,田水充足。璧山县得雨四次,田水充足。定远县得雨三次,二麦滋长。

夔州府属:万县得雨二次,小春滋长。

龙安府属:江油县得雨四次,堰塘积水。石泉县得雨二次,二麦播种。

保宁府属:阆中县得雨二次,地土滋润。巴州得雨二次,地土滋润。剑州得雨三次,麦豆滋长。

顺庆府属:南充县得雨一次,豆麦滋长。蓬州得雨二次,小春滋长。营山县得雨二次,豆麦滋长。岳池县得雨四次,二麦滋长。邻水县得雨四次,小春滋长。

潼川府属:射洪县得雨三次,豆麦滋长。盐亭县得雨二次,胡豆发生。

雅州府属:清溪县得雨二次,二麦渐长。

嘉定府属:峨眉县得雨三次,二麦渐长。荣县得雨三次,小春滋长。峨边厅得雨三次,大小春滋长。

叙州府属:南溪县得雨二次,小春种毕。富顺县得雨二次,小春播种。

资州直隶州并属:资州得雨七次,小春滋生。资阳县得雨六次,田水充足。内江县得雨五次,小春种毕。

绵州直隶州并属:绵州得雨四次,二麦滋长。梓潼县得雨三次,小春滋生。罗江县得雨二次,豆麦滋生。

忠州直隶州并属:忠州得雨四次,冬粮萌芽。酆都县得雨一次,小春滋长。垫江县得雨三次,小春出土。

眉州直隶州并属:彭山县得雨四次,豆麦滋长。

泸州直隶州并属:纳溪县得雨三次,小春滋长。

石砫直隶厅得雨二次,小春滋长。

叙永直隶厅并属:叙永厅得雨三次,小春播种。永宁县得雨三次,豆麦滋生。

军机大臣奉旨:览。钦此。①

○四六　呈川省同治七年十月粮价清单

同治七年十二月初一日(1869 年 1 月 13 日)

谨将四川省同治七年十月份各属具报米粮价值,开具清单,恭呈御览。

成都府属,价贵。中米每仓石价银二两八钱八分至三两九钱二分,与上月同。大麦每仓石价银一两八钱四分至二两一分,与上月同。小麦每仓石价银二两一钱九分至二两三钱六分,与上月同。黄豆每仓石价银一两六分至二两四钱六分,与上月同。荞子每仓石价银一两一钱八分至一两七钱二分,与上月同。

重庆府属,价贵。中米每仓石价银二两六钱九分至三两七钱一分,与上月同。大麦每仓石价银一两六钱五分至二两,与上月

---

① 中国第一历史档案馆藏:清单,档案编号:03-4964-316。

同。小麦每仓石价银二两三钱三分至二两七钱五分，与上月同。黄豆每仓石价银二两七钱三分至三两三分，与上月同。

保宁府属，价贵。中米每仓石价银二两七钱六分至三两四钱七分，与上月同。大麦每仓石价银一两九钱二分至二两一钱，与上月同。小麦每仓石价银二两八钱八分至三两六钱二分，与上月同。黄豆每仓石价银一两八钱三分至二两一钱三分，与上月同。

顺庆府属，价贵。中米每仓石价银二两九钱四分至三两三钱五分，与上月同。大麦每仓石价银一两六钱二分至一两八钱一分，与上月同。小麦每仓石价银二两一钱二分至二两一钱五分，与上月同。黄豆每仓石价银一两五钱五分至一两六钱七分，与上月同。

叙州府属，价贵。中米每仓石价银三两二钱至三两五钱，与上月同。大麦每仓石价银一两六钱七分至二两三钱，与上月同。小麦每仓石价银二两一钱七分至二两六钱七分，与上月同。黄豆每仓石价银一两一钱六分至一两五钱七分，与上月同。

夔州府属，价贵。中米每仓石价银三两至三两三钱五分，与上月同。大麦每仓石价银一两七钱九分至二两四钱七分，与上月同。小麦每仓石价银二两九钱八分至三两六分，与上月同。黄豆每仓石价银二两一钱六分至二两二钱六分，与上月同。

龙安府属，价贵。中米每仓石价银二两七钱至三两四钱，与上月同。青稞每仓石价银一两五钱，与上月同。小麦每仓石价银一两八钱一分至二两二钱，与上月同。黄豆每仓石价银一两八钱五分至一两九钱三分，与上月同。

宁远府属，价贵。中米每仓石价银三两三分至三两三钱六分，与上月同。大麦每仓石价银一两四钱九分至一两六钱一分，与上月同。小麦每仓石价银一两六钱四分至二两二钱五分，与上月同。

荞子每仓石价银一两四钱八分,与上月同。黄豆每仓石价银一两五钱六分至一两六钱三分,与上月同。

雅州府属,价中。中米每仓石价银二两九钱五分至三两,与上月同。小麦每仓石价银二两三钱三分至二两六钱八分,与上月同。黄豆每仓石价银一两六钱八分至二两七钱,与上月同。

嘉定府属,价贵。中米每仓石价银三两一分至三两六钱一分,与上月同。小麦每仓石价银二两三钱九分至二两七钱六分,与上月同。黄豆每仓石价银一两四钱九分至二两五分,与上月同。

潼川府属,价贵。中米每仓石价银二两三分至三两三钱一分,与上月同。大麦每仓石价银一两六钱七分至一两九钱五分,与上月同。小麦每仓石价银二两一钱八分至二两五钱三分,与上月同。黄豆每仓石价银一两七钱九分至二两一钱六分,与上月同。

绥定府属,价贵。中米每仓石价银二两七钱一分至三两一分,与上月同。大麦每仓石价银一两五钱八分至一两五钱九分,与上月同。小麦每仓石价银一两六钱五分至一两七钱六分,与上月同。黄豆每仓石价银一两四钱三分,与上月同。

眉州直隶州并属,价贵。中米每仓石价银二两八钱八分至三两一钱八分,与上月同。

邛州直隶州并属,价贵。中米每仓石价银二两七钱八分至三两二钱一分,与上月同。大麦每仓石价银一两九钱三分,与上月同。小麦每仓石价银二两六钱,与上月同。黄豆每仓石价银二两一钱至二两二钱四分,与上月同。

泸州直隶州并属,价贵。中米每仓石价银三两二钱一分至三两二钱二分,与上月同。

资州直隶州并属,价贵。中米每仓石价银二两六钱五分至三两，与上月同。

绵州直隶州并属，价贵。中米每仓石价银二两八钱七分至三两一钱九分，与上月同。小麦每仓石价银二两三钱四分至二两四钱八分，与上月同。

茂州直隶州并属，价中。中米每仓石价银二两七钱，与上月同。小麦每仓石价银二两七钱，与上月同。青稞每仓石价银二两二钱二分，与上月同。荞子每仓石价银一两一钱七分至一两七钱七分，与上月同。

忠州直隶州并属，价贵。中米每仓石价银二两七钱一分至三两三钱九分，与上月同。大麦每仓石价银一两四钱六分至一两六钱，与上月同。小麦每仓石价银二两七钱分至二两四钱三分，与上月同。黄豆每仓石价银一两二钱七分至一两三钱七分，与上月同。

西阳直隶州并属，价贵。中米每仓石价银二两七钱二分至三两二钱二分，与上月同。大麦每仓石价银二两三钱至二两六钱二分，与上月同。小麦每仓石价银二两六钱六分至二两八钱，与上月同。黄豆每仓石价银一两三钱九分至一两四钱四分，与上月同。

叙永直隶厅并属，价贵。中米每仓石价银三两一钱，与上月同。小麦每仓石价银一两八钱一分，与上月同。荞子每仓石价银一两三钱六分，与上月同。黄豆每仓石价银一两六钱一分，与上月同。

松潘直隶厅，价中。青稞每仓石价银二两八钱二分，与上月同。荞子每仓石价银一两七钱五分，与上月同。

理番直隶厅，价中。青稞每仓石价银二两四钱六分，与上月同。荞子每仓石价银一两八钱一分，与上月同。

石砫直隶厅，价平。中米每仓石价银一两七钱，与上月同。大麦每仓石价银一两七钱三分，与上月同。小麦每仓石价银二两八分,与上月同。黄豆每仓石价银一两八钱九分,与上月同。

打箭炉厅,价贵。青稞每仓石价银四两九钱九分,与上月同。油麦每仓石价银一两八钱二分,与上月同。

军机大臣奉旨:览。钦此。①

○四七　奏报采办天坛望灯杆木植片

同治七年十二月初一日(1869 年 1 月 13 日)

再,现准工部咨,以天坛望灯杆木植需用孔殷,饬令四川、湖南两省委员赶紧办解运京,以资需用等因。当即行司催办。伏查灯杆木植有关巨典,节经前督臣饬司督催委员在于建昌各属口内、口外产木地方分头采觅,曾于同治五年将办理情形奏报在案。嗣因建南夷匪连年蠢动,道途多梗,委员工匠不能深入老林,而内地成材树木,前经滇、发各匪砍伐殆尽,偶有所获,非拳曲短小,即木植松脆,无合式堪用之材。此以前未能办运之情形也。

兹值严冬,大雪封山,林径皆迷,一时无路探觅,应俟明年春暖雪消,山行有路,即多派委员,带领人夫,绕道深入夷地,上紧采办匀直坚巨、长逾十丈合式木料,全数解运,不敢再任延缓等情,由藩司蒋志章具详前来。除批饬赶紧购齐解运暨咨部外,理合附片陈明,伏乞圣鉴训示。谨奏。

同治七年十二月二十五日,军机大臣奉旨:工部知道。钦此。②

---

① 中国第一历史档案馆藏:清单,档案编号:03-4964-315。
② 中国第一历史档案馆藏:军机录副,档案编号:03-4989-053。此片具奏日期未确,兹据同批折件校正。

○四八　援案办捐助饷请旨加广学额片

同治七年十二月初一日(1869年1月13日)

再，川省频年防剿，需用浩繁，库款搜罗殆尽，不能不借捐输以资周转。本年大举援黔，所派振武、安定、达字、果毅、耀字、忠字、湘字、安吉等新旧勇丁三十余营，节节进剿，连月攻克平越、麻哈、黄平旧州等处，颇形得手。援滇之果后十营随云贵督臣刘岳昭①进扎曲靖，援陕之武字各营分布宝鸡、大安一带，与左宗棠西征之师互相犄角。复咨前云贵提督唐友耕②分军进扎阳平关，以为后路声援。以上各处兵勇有增无减，饷需、军火均由川省供应，加以本省剿夷、防边各军，合计共一百余营，所费实属不赀，欠饷甚巨；兼之甘肃、新疆、云贵各省纷纷委员来川，守催协饷，不能不尽力设法，均匀挹注。前收捐输等项，均系随缴随用，毫无存剩。厘金复大减色，出款日见其多，入款愈形其少，以致年内支放竭蹶万分，约计来年应需经费，所短不止百数十万。若不通盘筹画，预为计议，

① 刘岳昭(1824—1883)，字荩臣，湖南湘乡人。咸丰初年，以文童投效湘军。六年(1856)，从萧启江援江西，转战积功，累擢以知县用，领果后营。七年(1857)，以克临江府城，擢同知。次年，赏戴蓝翎，旋换花翎。十年(1860)，加按察使衔，赏鼓勇巴图鲁名号。次年，晋布政使衔。同治二年(1863)，补云南按察使。次年，迁云南布政使。五年(1866)，擢云南巡抚。七年(1868)，补授云贵总督。十一年(1872)，以云贵总督兼署云南学政。次年，滇省肃清，赐黄马褂。光绪元年(1875)，以入觐迁延褫职。九年(1883)，卒。署湘抚庞际云疏请复原官，赠光禄大夫。有《滇黔奏议》存世。
② 唐友耕(？—1882)，云南大关厅人，额勒莫克依巴图鲁。咸丰九年(1859)，以军功拔千总。次年，升通江营守备，旋迁都司，兼署川北左营游击，加参将衔。同年，调补会盐营游击。十一年(1861)，擢副将，加总兵衔。同治元年(1862)，迁四川重庆镇总兵。次年，升授云南提督。六年(1867)，署四川提督。

设有贻误,关系匪轻。

臣督同在省司道公同会议,拟照历年成案,拟于明年再行举办通省捐输一次,借资接济。查川省民情,好义急公,素称踊跃。今岁秋收丰稔,尚可劝办。除瘠苦之区仍照向章免办外,应请饬令各厅州县富户粮民量力捐输,仍循照上届劝办章程,查明载粮之数目,以定捐输之多寡。如有中等之户只能捐银数两或数十两不敷议叙者,亦一律收缴,俾免阻其报效之忱,仍酌给八、九品功牌,以示鼓励。其零星小户一概免捐,用示体恤。事竣汇计银数,加广学额。如此办理,于民无扰,而军饷不无裨益,据省局司道详请具奏前来。

臣查该司道所请,系为筹备军饷要需起见,似应照准办理,以资接济。是否有当,理合附片陈奏,伏乞圣鉴训示。谨奏。

同治七年十二月二十五日,军机大臣奉旨:户部知道。钦此。①

○四九　拨陕盐厘解清并旧拨协饷请准裁停片
同治七年十二月初一日(1869年1月13日)

再,前准陕甘督臣左宗棠咨:四川每月径解甘肃银二万两,自同治六年十二月起至七年九月止,共欠解银二十二万。又应解汉中米价银二万两,自同治五年一月起至七年九月止,共欠解银五十三万,应按月筹解等因。伏查同治五年六月间,准户部

---

① 中国第一历史档案馆藏:军机录副,档案编号:03-4823-091。此片具奏日期未确,兹据同批折件校正。

咨：议覆御史刘秉厚奏，川省采买米石，拨解甘省，即令在协甘饷银内拨用划抵，以清款目等语。维时并无每月另拨汉中米价二万两之议。又，同治六年正月初一日，钦奉寄谕：四川应解甘省月饷，除成禄①一军应按月拨解一万两外，仍每月协济二万两，按月派员解往汉中，改交杨柄锃查收备用等因。钦此。是汉中米价与协甘月饷原系一款，惟成禄月饷应行另解。嗣于六年七月初七日，钦奉上谕：左宗棠奏，四川嘉陵、白水两江素称产米，甘省采粮艰难，着崇实、骆秉章迅即兴办接济，其米价运脚仍由左宗棠按数拨还等因。钦此。当经崇实等奏明，委道员彭汝琛等分地采买。惟谷价甚巨，若俟左宗棠解银来川，恐致失时，请将甘省应解协甘月饷扣留买谷，并由左宗棠将应还川省谷价，拨解汉中交杨柄锃应用，奉旨允准在案。是汉中米价应归左宗棠遵旨拨还，尤非川省应解之款。

是年九月，穆图善又奏拨川省军谷四万石，亦经骆秉章奏准扣饷买谷在案。嗣后川省即将济甘米谷陆续转运，其成禄月饷亦分起拨解。本年又续解甘省现银七万两，前后统计，惟自同治七年正月起至七年十一月止，实在尚欠解甘饷二十三万两，则无欠解五十余万之款。兹复钦奉上谕：四川提拨盐厘银二十万两，迅速解陕，仍于欠解甘饷并采买军粮项下分别划除等因。钦此。又，准户部咨：现在陕日另拨实银，则向拨协饷即可裁停等因。而左宗棠仍将汉中米价与川省协饷误分两款，重叠咨催，自系未经查明历奉上谕及现在部议所致。川省实力难兼办，由司道分晰查明，详请奏咨前来。

---

① 成禄，生卒年未详，满洲镶白旗人。咸丰三年（1853），充火器营鸟枪护军。七年（1857），保候补参领。十一年（1861），加总兵衔。同治元年（1862），补陕西陕安镇总兵，寻晋提督衔。四年（1865），擢乌鲁木齐提督。

臣查川省连岁防边剿夷,兼筹四邻兵饷,民力实形困竭。本年刘岳昭、唐炯援剿滇、黔及李辉武①援陕之师分道深入,一切勇粮、军火,无不仰给于蜀,与东南无事省份专筹陕饷者情形不同。所有奉拨解陕盐厘现已督饬司道赶紧拨解,其旧拨协饷合无仰恳天恩,准照部议裁停,以纾民困。至成禄一军月饷,仍照案筹解,亦不敢稍涉推诿。是否有当,理合附片陈明,伏乞圣鉴训示。谨奏。

同治七年十二月二十五日,军机大臣奉旨:户部议奏。钦此。②

○五○　审拟刘必柱疯伤父命一案折

同治七年十二月初五日(1869年1月17日)

头品顶戴四川总督臣吴棠跪奏,为逆伦重犯提省审明正法,恭折仰祈圣鉴事。

窃据资阳县详报:民人刘必柱因疯砍伤伊父刘近善身死,并砍伤伊妻刘罗氏一案。臣以案关逆伦,情罪重大,当即批饬提解全案犯、证、卷宗到省,发委审办。兹据成都府知府孙濂等审明,按律定拟,由按察使翁同爵解勘到臣。亲提研鞫,缘刘必柱籍隶资阳县,刘近善系刘必柱亲父,刘必柱素无忤逆,先年染患疯病,时发时愈。

---

① 李辉武(?—1878),湖南衡山人,周达武部将。咸丰中,从周达武镇压太平天国,洊擢游击。咸丰十一年(1861),升副将,赐号武勇巴图鲁。同治三年(1864),以总兵记名。寻攻黑河番,焚芝麻第五寨,余寨皆降,以提督记名。同治八年(1869),授汉中镇总兵。十一年(1872),擢甘肃提督,仍留防汉中。光绪四年(1878),因病出缺。其事迹参见《清实录·李辉武传》。

② 中国第一历史档案馆藏:军机录副,档案编号:03-4945-144。此片具奏日期未确,兹据同批折件校正。

刘逅善因爱怜独子，未忍报官锁锢。同治七年九月初四日夜一更时，刘必柱疯病复发，手执柴刀乱跳乱舞。刘逅善拢向夺刀，被刘必柱砍伤左右膝、项颈近左、咽喉近左，划伤右胳肘倒地。伊妻刘罗氏声喊拢护，亦被砍划伤囟门等处。刘逅善之弟刘遵善与侄刘必仲闻声趋救，刘必柱向其乱舞，当将刘必柱手内柴刀夺获，用绳将其捆缚。查勘刘逅善因伤殒命，投邻拢视，报县验讯。该犯刘必柱目瞪神昏，语无伦次，患疯属实，无凭取供，讯取族邻人等各供通详，批饬提省审办。兹据成都府等查验，该犯疯病业已医痊，审明定拟，由臬司解勘前来。臣亲提研鞫，据供前情无异，诘无装捏及起衅别故，案无遁饰。

查律载：子殴父杀者，凌迟处死。又，例载：子殴杀父之案，无论是否因疯，悉照本律问拟各等语。此案刘必柱因疯病复发，将伊父刘逅善砍伤身死，并将伊妻刘罗氏砍伤。到案时，验系疯迷。提省后，业已医痊，供吐明晰，究无装捏情弊。虽由疯发无知，实属行同枭獍，自应按律问拟。刘必柱合依子殴父杀者凌迟处死律，拟凌迟处死。

查该县距省虽在三百里以内，有江河阻隔。臣于审明后，照例恭请王命，即檄饬按察使翁同爵、署督标中军副将文升，将该犯刘必柱即在省垣绑缚市曹，凌迟处死，仍传首犯事地方，揭竿枭示，以昭炯戒。刘遵善、刘必仲、约邻何小山、刘必超，于刘必柱染患疯病并不报官锁锢，亦未严密看守，致酿逆伦重案，实属不合，均合依疯病之人，其亲属、邻佑人等容隐不报、不行看守以致杀人者照知人谋害他人不即阻当首报律杖一百例，各拟杖一百，折责发落。无干省释，尸棺饬埋，凶刀验发，案结饬毁。刘罗氏伤痕饬医务痊。

除供招咨部外,所有审办缘由理合循例恭折具奏,伏乞皇太后、皇上圣鉴,敕部核覆施行。谨奏。十二月初五日。

同治七年十二月十九日,军机大臣奉旨:刑部议奏。钦此。^①

○五一　审拟达县民人谭能芬京控一案折

同治七年十二月初五日(1869 年 1 月 17 日)

头品顶戴四川总督臣吴棠跪奏,为京控重案审明定拟,恭折仰祈圣鉴事。

窃前兼署督臣崇实准都察院咨:据四川民人谭能芬以灭伦蒙验、勒结强丧等词呈诉一案,于同治六年十一月二十日具奏。二十一日,由内阁抄出奉旨:此案着交骆秉章督同臬司,亲提人证、卷宗,秉公严讯确情,按律定拟具奏。原告民人谭能芬,该部照例解往备质。钦此。钦遵将该原告咨解回川保候,一面委提被证,尚未讯供,讵该原告谭能芬在保患病,医治不愈,于七年闰四月初十日病故。委署成都县知县陈枝莲验讯,委系病毙,移交接署县李玉宣^②覆讯,看役人等均无凌虐情弊,取结拟详。嗣经委员会同署达县易崇阶查明,被告谭德龙等或系患病,或已远贸。谢文理、王老七查无其人,将被告谭义和等及原案卷宗提省,并补传该原告之弟谭能爱即谭能富到案,经按察使翁同爵督同成都府知府孙濂等审明定拟,解勘前

---

① 中国第一历史档案馆藏:军机录副,档案编号:03-5045-044。

② 李玉宣(1819—?),河南祥符人,由吏员投效军营,因功保知县,戴蓝翎。咸丰十年(1860),奉旨以直隶州知州用。同治五年(1866),戴花翎。七年(1868),调补巴县知县。八年(1869),署泸州知州。十三年(1874),保以知府用。光绪四年(1878),保以道员用,加盐运使衔。旋题补邛州知州。七年(1881),调署资州知州。

来。臣亲提研讯，缘谭能芬籍隶达县，谭义和系谭能芬同曾祖堂兄，谭长娃系谭义和之子，谭忠富系谭能芬族侄，在谭义和家帮工。

同治二年间，谭能芬佃谭义和田业耕种，出押佃钱三十千文，每年议完租谷四十石。嗣谭能芬之父谭仁久立约，借欠谭义和钱二十八千二百文。谭能芬因连年歉收，积欠租谷二十余石。六年二月初八日，谭义和将田业另佃与黄立运之父黄德扬耕种，凭吴大荣等向谭能芬退佃，即在押佃钱内扣除谭仁久欠钱，补给谭能芬钱一千八百文，并索连年欠谷。谭能芬央免，谭义和不允口角，吴大荣等劝散。

十六日，谭能芬出外贸易未归。谭长娃、谭忠富路过谭能芬家，顺便进内讨要租谷。适谭能芬之母谭吴氏患病烦恼，听闻哭骂。谭仁久与其次子谭能爱同向谭长娃等恳缓不允，亦相争吵。经谭忠惠劝息各散。谭能芬回家，查知前情，以增气忿。迨后谭吴氏病势日重，于三月十七日因病身故。谭能芬即称谭长娃等不顾其母卧病，逼索争吵，宗谊全无，因即借母病故，诬控拖累，先以身死未定等情，自作呈词，欲赴麻柳场巡检衙门喊控，途遇谭德龙问明情由，告以巡检赴乡巡查，未经在署，将其拦回。谭能芬即赴县，以夺佃殴毙等情，控经前署县王辂，带领刑书王老典、仵作罗天胡，验明谭吴氏尸身，委系病故。复讯谭义和等，佥供并无行殴情事。因谭长娃与谭能芬当堂争吵，各予掌责示惩。谭能芬控情全虚，念其居丧昏愦，且到案据实供明，免其究坐，并因其母死无葬资，断令谭义和酌助钱文。其年久欠租系为歉收所致，亦令义让免还。谭能芬领葬结案。嗣谭能芬无业可耕，复向谭义和欲佃田土。谭义和投同族邻谭德献，公同理斥。谭能芬心怀不服，当称兴讼报复等语。托言出外贸易，即行赴京，将谭义和父子并谭忠富诬控抢毁凶殴;并因黄立运之父黄德扬接佃田亩,吴大荣曾为谭义和凭同退佃;迨赴巡检司具控,实为谭德龙拦回,复向谭义和欲佃田土,被谭德献等公斥,一并刊词牵诬,又恐无以邀准,控及丁役、刑仵贿串匿伤并抢丧情事,希图耸听,赴都察院呈告。奏奉谕旨,将谭能芬咨解回川,未及讯供,在保病故。委成都县验讯,经接署县李玉宣讯议具详,饬据委员将人卷提省,并补传该原告之弟谭能爱即谭能富到案,审悉前情,似无遁饰。

查例载:蓦越赴京全诬十人以上者,发边远充军等语。此案谭能芬因欠谭义和租谷,退佃索租,叠次口角,借伊母谭吴氏病故,捏词控县讯断结。复欲佃耕谭义和田业被斥,辄即赴京,牵控多人,致遭拖累。其诬告谭义和等共殴谭吴氏致毙,照律反坐罪止满流枷结。惟被告十余人全系无辜被诬,自应按例从重问拟。谭能芬合依蓦越赴京全诬十人以上者发边远充军例,拟发边远充军,业已病故,应毋庸议。谭义和、谭长娃、谭忠富,诘无殴毙谭吴氏并抢毁谷物,亦无同谭能佑抢丧情事。吴大荣、黄立运及未到案之谭德龙、谭德献、夏德良、廖长青、王老典,均无唆弄及贿串情弊。仵作罗天胡亦无贿匿伤痕。谢文理、王老七查无其人,应与讯无不合之吴大荣等及无凌虐之看役人等,均毋庸议,无干省释。谭能芬尸棺已据谭能爱具结饬埋。案已讯明,未到人证,现据谭能爱供系族邻,恳求免质,准其免提,以省拖累。

除供招咨部并咨覆都察院外,所有审明缘由理合恭折具陈,伏乞皇太后、皇上圣鉴,敕部核覆施行。谨奏。十二月初五日。

同治七年十二月十九日,军机大臣奉旨:刑部议奏。钦此。[1]

---

[1] 中国第一历史档案馆藏:军机录副,档案编号:03-5027-057。

【案】同治六年十一月二十日，都察院左都御史灵桂等奏报谭能芬京控一案折：

都察院左都御史臣宗室灵桂等跪奏，为奏闻请旨事。

据四川民人谭能芬以灭伦蒙验、勒结强丧等词，赴臣衙门呈诉。臣等公同讯问，据谭能芬供：年二十九岁，四川绥定府达县人，缘身于同治二年凭中谭能启说合，佃堂兄谭义和地耕种，出押佃钱三十串文，每年议完租谷四十石。讵料四年遭水无收，无奈凭中退田。义和执意留耕，情愿每年让租十石。孰意去年七月，义和将田另佃，有贪夺之黄德杨，串同伊婿郑相吉，添租夺佃，身求情，始允限耕一载。今二月初八日，义和复勒交田凭。族谭能和等算明租谷无欠。身于十三日与弟出外贸易，有素日挟嫌之吴大荣、黄立运唆弄义和，捏言身欠租钱三十余串，欺身父老迈，逼扣身押佃钱三十串，下找身钱一串八百五十文。突于二月十六日，义和与子谭长娃、雇工谭忠富齐至身家，不由分说，将身农器、箱柜尽行拖去，并抢去酒谷四斗。谭长娃复将身祖龛打毁。身母劝阻，义和父子将身母揪地，拳打足踢，打伤左乳肋骨，踢伤小腹三处，周身青肿，登时气绝。身父拢救，遭义和打昏，多时方醒。幸谭忠惠解救。身与弟能富先后由外贸易到家，即投明解救之谭忠惠、生员朱元亨等，就近即向麻柳场巡厅衙门以生死未定具控，蒙差验明，被滥袥谭德龙贿串，搁案未究。身于三月十一日归，见母饮食俱废，十七日，因伤吐血身死。投绅邻朱元亨等赴县具报。和串谭德献等，贿通门丁谢文理、刑书王老典等，饱贿仵作罗天胡，将母伤隐匿不报。县主见案系孙殴祖母、侄伤婶命，有关伦常，亦不深究，谕照例讯办。义和父子上堂六次,并未讯出口供,见身对质情急,将长娃责杖一百,断结身钱一百六十八串,勒身领尸安葬。身不从,将民责押。身无奈,只得领回浅殡。和恐生后患,商同差役王老大并伊胞兄谭能佑,率领多人,黑夜将母尸抢去,有谭有杰等解劝。身复以统众抢丧催恳赴县具禀,终不究办。赴府泣诉,未沐批准,为此来京沥叩等语。余与原呈大略相同。

臣等查该民人谭能芬呈控伊堂兄谭义和捏言该民人欠租谷钱三十余串,突于二月十六日,义和与子谭长娃、雇工谭忠富齐至伊家,将农器、箱柜拖去,并抢去酒谷四斗。义和父子复将该民人之母打伤左乳肋骨,踢伤小腹三处,周身青肿。该民人与弟能富先后由外贸易到家,即向麻柳场巡厅衙门具控,经差验明,被谭德龙贿串,搁案未究。该民人于三月十七日归家,伊母于十七日因伤吐血身死,赴县具报。和串谭德献等贿通门丁,以致该县不赴厂检验,谕抬城内相验,饱贿仵作罗天胡,将伤痕隐匿不报,仅将谭长娃杖责一百,断给钱一百六十八串,勒令领尸安葬。该民人不从,即被责押。该民人只得领回浅殡,义和复率领多人,黑夜将尸抢去,禀县不究各情。控关孙殴祖母、侄伤婶命,并有贿匿勒结、抢尸情弊。如果属实,大干法纪。谨抄录原呈,恭呈御览。伏乞圣鉴训示。

再,据该民人结称,在本府控告一次,并未亲提。合并声明。谨奏。同治六年十一月二十日。都察院左都御史臣宗室灵桂、左都御史臣谭廷襄、左副都御史臣觉罗达庆、左副都御史臣继格、左副都御史臣鲍源深(差)、左副都御史臣温葆深。①

---

① 中国第一历史档案馆藏:军机录副,档案编号:03-5025-023。

【附】同治六年十一月二十日，都察院附陈四川达县民人谭能芬呈状：

具告状人：谭能芬，年二十九岁，系四川绥定府达县民籍，住居城东一百二十里洞沟王家湾地方，为倚势夺佃，灭伦殴毙，贿串蒙验，勒结强丧，叩恳提究，以正伦常而伸冤抑事情。

民务农为业，于同治二年凭中谭能启说合，佃巨富堂兄谭义和田地，耕种度日，出押佃钱三十串文，每年议完租谷四十石整。讵料四年遭水，籽粒无收。民无奈，凭中退田，义和执意留耕，情愿每年让租十石，民方允耕。孰意去年七月，义和成收，陡起不良，将田另佃，有贪夺之黄德杨，串同伊婿郑相吉，添租夺佃。民再三求情，和始允限耕一载。今二月初八日，义和复勒交田凭。族谭能和、谭忠彦算明，每年租谷无欠。

民于十三日与弟出外贸易，岂料有素日挟嫌之吴大荣、黄立运，遂唆弄义和捏言民欠伊租谷钱三十余串，欺民父老迈，勒令另算，逼扣民押佃钱三十串，下找民钱一串八百五十文。族等畏势，莫敢言公。突于二月十六日，义和与子谭长娃、雇工谭忠富，蜂拥齐至民家，逼民速搬。民父哀恳容缓数日，奈义和父子不由分说，将民农器、箱柜尽行拖出，并抢去佀挑仓内酒谷四斗。谭长娃复将民祖龛打毁。民母劝阻，义和父子胆敢恃横，将民母揪地拳打足踢，打伤左乳肋骨，踢伤小腹三处，周身青肿，登时气绝。民父拢救，已遭义和毒手打昏，多时方醒。幸谭忠惠解救可证。民与弟能富先后由外贸易到家，见母伤重，周身青肿，命在须臾，即赶投明解救之谭忠惠、生员朱元亨、保正谭能启、地邻张德元、谭忠坤等,就近即向麻柳场巡厅衙门以生死未定具控,蒙差弓兵汪姓验明伤痕,反被滥袒谭德龙贿串,搁案未究。不意民于三月十一日归,见母日复一日,饮食俱废,十七日,因伤吐血身死。民比投绅邻朱元亨等赴县具报。和串族痞、刁棍谭德献、夏德良、讼棍廖长清,贿通门丁谢文理、刑书王老典等,以致县主并不赴厂检验,谕抬城内相验。刁等饱贿忤作罗天胡,将母伤痕隐匿不报。奈县主见案系孙殴祖母、侄伤婶命,有关伦常,亦不深究,惟谕照例讯办。后义和父子上堂六次,并未讯出口供,见民对质情急,蒙将长娃责杖一百,断结民钱一百六十八串,勒民领尸安葬。民不从,强要将民责押。民无奈,只得领回浅殡。和知情亏,见民浅殡,恐生后患,商同差役王老七并伊胞兄谭能佑,率领多人,黑夜将母尸抢去,有谭能杰、谭能启解劝可讯。民复以统众抢丧催恳并拘严究,赴县具禀,无如县主置若罔闻,终不究办。

民赴府泣诉,未沐批准。民欲赴省控,奈恶屡欲害民以灭口。可怜民母年迈六旬,一旦遭豪恶父子逆伦殴毙,舞弊沉冤,民如畏势隐忍,则人子不孝之罪鬼神不容!若不叩提严究,则不共戴天之仇何日得伸?为此匍匐来京,奔叩乞赏提讯究办,以伸母冤而正伦常,以惩凶恶而安良善,生死感戴,激切上叩![①]

○五二　特参盐大使刘肇堂请旨革职提究片

同治七年十二月初五日(1869年1月17日)

再,据署射洪县知县程熙春详称:同治七年六月十五日,访闻县境青堤渡盐大使刘肇堂、盐关巡役,因盘验货船,擅用炮铳轰吓,以致船沉,溺毙多命。正查办间,即据客民朱克典等呈报:本月十四日早,身等共雇脚夫左万禄,挑银一千二百两,同陈永春、陈在让回铜梁县买货,由治属太和镇上船,舱内已有搭客数十人,行至青堤渡盐关,因水势急溜,船难靠验,被巡役罗黄等放炮吓追,致船在矶石上碰漏,沉溺多命,尸俱漂没,银亦落水,报乞勘究等情。当将勘讯大概供情通详,一面打捞尸身无着,移提巡役罗黄等到案,讯系管关李蓉、门丁宋沅、典史赵恒泰等主使开炮等供。叠次移提,未准解质。并经前兼署督臣崇实批饬,将盐大使刘肇堂撤任,并委员往提人证来省审办。

该盐大使将李蓉等匿不交出,仅提巡役罗黄等到省,并据原告朱克典等投质,发委成都府提集人证审办,供与县详相符。惟该府以管关李蓉等避不到案,饬催该盐大使交出,置若罔闻,实属有心徇庇,兹据藩、臬两司暨盐茶道会详请参前来。

臣查此案客船过关,系因水溜不能停靠听其查验,该巡役等辄敢轰炮追船,以致沉溺多命,是否管关李蓉等主使所致,抑系巡役罗黄等推诿狡供,案情重大,定断为难。该盐大使既不防范于前,犹复祖庇于后,若不参革勒交,必致案延莫结。除催司道勒令该盐大使赶将李蓉等交案审办,并行潼川府转饬射洪县严缉务获报解、届限无获照例开参外,相应请旨俯赐将青堤渡盐大使刘肇堂革职,勒令交出管关李蓉、门丁宋沅、典史赵恒泰等到案,以便提同巡役罗蓂等确审究办,期无枉纵。理合附片具陈,伏乞圣鉴训示。谨奏。

同治七年十二月十九日,军机大臣奉旨:刘肇堂着即行革职,勒交李蓉等到案讯究,按律定拟。该部知道。钦此。①

○五三　奏报拨银分解陕、甘济饷片

同治七年十二月初五日(1869年1月17日)

再,臣棠前奉寄谕:左宗棠奉命西征,饷项刻不容缓,着于川省盐厘项下提拨银二十万两解陕,仍于四川欠解甘饷归并采买甘粮等款内分别划除等因。钦此。仰见圣主于筹画军储之中,寓酌剂盈虚之意,下怀钦佩难名!伏查川省本年防边剿夷及援黔、援滇、援陕共一百余营,连月欠饷甚巨,加以滇、黔各省委员赴川守提协饷,纷至沓来,司、盐两库万分竭蹶。富荣盐厘向系专供援黔各军勇粮,由局员尽收尽解,并无存剩。

兹先于犍、渝两局新收盐厘项下凑集银三万两,委员候补知县毛隆恩,协同甘省催饷委员候补副将黄照临管解,于本年十一月二十八日起程,运交汉中转运局查收转解,以应急需。余俟盐厘收有成数,分起赶拨。又准署陕西督臣穆图善咨,时值严冬,该省兵勇身无完衣,于川省指拨采买布匹银一万两,均属难缓。已凑集盐厘银一万两,委员候补巡检恂曾解交甘省来川催饷之卸署巩秦阶道豫师查收,赶紧采办。以上共拨解盐厘银四万两,先后由藩司蒋志章、盐

---

① 中国第一历史档案馆藏:军机录副,档案编号:03-4885-081。此片具奏日期未确,兹据同批折件校正。

茶道傅庆贻会详前来。除分咨外，理合附片陈明，伏乞圣鉴。谨奏。

同治七年十二月十九日，军机大臣奉旨：知道了。钦此。①

○五四　奏为命盗各案酌情解省交审片

同治七年十二月初五日(1869年1月17日)

再，命盗各案例由州县审明解府，专司提解督抚衙门勘定，分别拟解。咸丰三年，前兼署督臣裕瑞②因川省防堵楚匪正当吃紧，恐有奸匪窥探，土匪滋扰，一经拿获讯实，立予就地正法，不必解勘。其寻常命案盗件，仍照常解勘，俟军务告竣，遇有匪案，再行照例遵办，奏奉谕旨允准；并以该地方官倘有纵匪不拿，或妄拿枉杀等弊，着即严参等因，奉经通饬钦遵办理。

迨至同治四年间，前督臣骆秉章通饬各州县，将强盗案件无论人数多寡、道路远近，讯明通禀，听候批司委员会审，或批府州提

---

① 中国第一历史档案馆藏：军机录副，档案编号：03-4823-077。此片具奏日期未确，兹据同批折件校正。

② 裕瑞(? —1868)，佟佳氏，道光五年(1825)，充銮仪卫整仪尉。十一年(1831)，补治仪正。翌年，授云麾使。十五年(1835)，任协理办事章京、冠军使、办事章京。十八年(1838)，署正白旗蒙古副都统、镶黄旗蒙古副都统。十九年(1839)，补山海关副都统。二十年(1840)，调广州满洲副都统。次年，赏戴花翎。二十二年(1842)，兼署广州将军。二十七年(1847)，擢江宁将军。二十九年(1849)，调福州将军。咸丰元年(1851)，兼署闽浙总督。同年，补授成都将军。翌年，兼署四川总督。三年(1853)，授四川总督。六年(1856)，调喀拉沙尔办事大臣。八年(1858)，补叶尔羌参赞大臣。次年，任正红旗汉军副都统、理藩院左侍郎。十一年(1861)，署镶红旗满洲都统。是年，兼署镶蓝旗护军统领、兵部左、右侍郎。同治元年(1862)，署正蓝旗护军统领。同年，任武会试较射大臣、右翼监督。二年(1863)，授武职六班大臣，署正蓝旗护军统领、镶白旗汉军副都统，充稽查坛庙大臣。三年(1864)，署正红旗护军统领、正黄旗护军统领、镶红旗满洲副都统。四年(1865)，授正白旗护军统领、管理营房大臣。五年(1866)，调正白旗蒙古都统，兼署察哈尔都统。六年(1867)，补授绥远城将军。七年(1868)，卒于任。谥恪勤。

审,俟审定后,再行禀候批饬,就地正法。办理本属周详。惟近来各州县辄以村庄盗劫、道路抢劫各案,援案禀请就地正法。如果赃众犯多,自应就近惩办,以儆凶顽。第有获犯数人,赃无一起,或起有微赃,犯供不确,甚至供情纠葛,锻炼成招,赃证未明,株连受累。凡此情节,殊难遽定爰书,窃恐日久弊生,转难以消弭盗案。若不循照向例解省勘办,必致贻害善良。

现在川省情形,虽云贵、陕甘军务未藏,交界处所匪徒窃发,出没不常,防范不容稍懈。惟腹地已一律肃清,所有呈报盗案,自应酌其地方远近、案情大小,分别办理。拟请嗣后盗案离省较近之成都府、嘉定府、潼川府三府所属并眉州、邛州、资州、绵州四州及所发盗案,仍照定例扣限,解省审勘。遇有大伙盗案,仍由臣随时酌办。

此外各属或距省较远,或地方瘠苦,仍免解省,由该州县通禀,听候批司委员会审,或批道府州提审,实系犯赃明确,禀候批司就地正法,庶几案招核实,犯不妄拿,于因时制宜之中,寓矜全民命之意。一俟邻省军务告竣,无论远近府州所属盗匪各案,再行循例办理。是否有当,相应附片具陈,伏乞圣鉴。谨奏。

同治七年十二月十九日,军机大臣奉旨:刑部知道。钦此。①

○五五　敬陈川省狱政章程片

同治七年十二月初五日(1869年1月17日)

再,川省幅员辽阔,山谷崇深,匪徒最易混迹,往往单身行旅易

---

① 中国第一历史档案馆藏:军机录副,档案编号:03-5006-025。此片具奏日期未确,兹据同批折件校正。

遭抢夺，居民散处，辄遇窃匪，或在场市绺窃钱衣，或在田野偷取粮食。事主拿捕，动致拒伤。计其各赃，率皆微细，然系持械抢窃，为害闾阎。经地方官拿获，讯有赃证未明，或因犯供狡展，欲办则虑干驳，欲释则恐生事端。即系犯少赃轻，间有责惩保释，迨释放后，仍不免在村市为匪，一经到官，供认再犯，或有未曾得财、亦无持械情事，似无重办可科，于责儆后，概押差房，杜其复扰，以致日积月多，瘐毙后已，殊非慎重刑名之道。更有不肖差役借以差房，看管贼匪，辄收词讼，轻罪人犯无论举、贡、生、监及有顶戴职员，私押差房，任意虐诈。迨经本官坐释，将役究惩，而被押者已受大害，市民控诉，讼狱繁兴，辗转拖延，贻害尤甚！臣自入川以来，叠阅呈词，悉心访察，逐渐整顿。现经通饬司、道、府暨州县各衙门迅清讼狱，其差房管押贼匪之所，饬司遴委明慎之员，分赴各州厅县，会同清理积案，拆毁差房，永禁滥押，取结存案。所有抢窃匪徒罪在军流以上及案关题咨，例有正条各犯，概行收禁外监，并抢窃未得财、别无纠伙带刀情事，暨应行递解保释者分别办理外，其有乘间抢夺，仅系一二人徒手攫取，计赃轻微及叠劫多次，应比照积匪猾贼减等问拟者，或纠伙不及三人绺窃赃轻，讯系再犯并带有刀械者，自宜变通办理。

川省与两湖接壤，情形相同，拟请援照两湖抢窃匪徒罪应拟徒人犯在籍锁带铁杆、石墩五年。如未纠伙犯窃，虽□而赃甚微细，并案科断，罪止满杖者，或纠伙初犯不及三人，带有刀械者，并虽未窃物分赃而甘心随行服役及带刀到处游荡者，亦均在籍锁带铁杆、石墩三年，限满后，如果该犯等畏法悔悟，由该州县详请保释，仍同抢窃分别刺字、免刺。倘释放后复行犯案，分别加等，从严惩办。若年限虽满，并未实在悔悟，仍令酌加锁带，不得即行释放。该州县每办一案，只须通详立案，毋庸解勘，仍责成地保管束，每逢朔望,由典史按名默查,以杜徇纵。

至其余轻罪人犯,随时讯结,不得稽延。且差房滥押既经严禁,此后不肖差役亦不敢乘机肆虐,庶几刑狱无淹禁之苦,士民绝株累之虞。积弊既除,民生可卫,以冀仰体皇上明罚敕法、缉盗案〔安〕民之至意。是否有当,理合附片具陈,伏乞圣鉴训示。谨奏。

同治七年十二月十九日,军机大臣奉旨:知道了。钦此。①

○五六　查办酉阳教案起衅缘由折

同治七年十二月二十日(1869 年 2 月 1 日)

成都将军奴才崇实、头品顶戴四川总督臣吴棠跪奏,为四川酉阳州地方民教仇杀,请将未能事先预防之署任知州暂行革职,现已委员前往接署,查明妥办,恭折具奏,仰祈圣鉴事。

窃查上年酉阳州民教交涉各案,经前督臣骆秉章会同奴才崇实于同治六年五月内奏结在案。该州距省二十余站,僻在川东一隅,本系改土归流,民风俗称强悍,而且界连黔、楚,游匪出没无常。自设立教堂以来,从而习教者大都视教堂为利薮,以为一经入教,民间莫敢谁何,甚或挟教以修其私怨,众心不服,往往起而争斗,在齐民则曰教民欺我,在教民亦曰齐民欺我,以致民教各不想能,猜嫌由此日深,祸患触机而发。奴才等时以为虑,每于拟答文告中不惜三令五申,遇事持平办理,仰体朝廷一视同仁之意。

---

① 中国第一历史档案馆藏:军机录副,档案编号:03-5005-026。此片具奏日期未确,兹据同批折件校正。

　　顷据署酉阳州知州胡圻禀称：本年十月内，教民龙秀元逼索朱永泰退婚，抢掠家财，烧毁民屋，一时激动公忿，该州团民于十月二十日纠众焚烧教堂，烧毙司铎李国安及教民多人，团丁亦有伤亡等情。并据川东主教范若瑟陈，十一月内，酉阳州团民在州属毛坝场，杀死教民刘志荣等，并在苏家河地方掳杀教民九家。二十日夜，聚集多人，将教堂烧毁，伤毙教民一百余人，并有李司铎在内各等语。查该主教所陈与地方官所禀情节大相悬殊，必须彻底查明，方能分别办理。惟署酉阳州知州胡圻先事既未能驾驭，临事又不能弹压，实属咎无可辞！相应请旨将胡圻暂行革职，留于地方协缉首先滋事之犯。

　　现据川东镇道禀称，已派员驰往该州弹压。奴才等一面飞饬川东道锡佩，会督该州文武，查明启衅缘由，持平办理；一面檄委候补知县田秀栗前往接署酉阳州篆，先将团民解散，以靖地方而安人心。除咨明总理各国事务衙门外，所有酉阳州民教仇杀缘由，谨合词恭折具奏，伏乞皇太后、皇上圣鉴训示。谨奏。十二月二十日。

　　同治八年正月初九日，军机大臣奉旨：另有旨。钦此。[①]

　　【案】此折于同治九年正月初九日得允行：

　　军机大臣字寄：成都将军崇、四川总督吴：同治八年正月初九日，奉上谕：崇实等奏，酉阳民教仇杀，现饬查办一折。四川酉阳州教民龙秀沅逼勒朱永泰退婚，并掠财焚屋，该州团民激于公愤，焚毁教堂，烧毙司铎李国安及教民多人，是此案启

---

　　①　中国第一历史档案馆、福建师范大学历史系编：《清末教案》，第1册，第637—638页，中华书局，1996。

衅由于教民龙秀沅。而据主教范若瑟陈称,则该州团民有掳杀教民九家及烧毁教堂,伤毙教民百余人之多,情节不甚相同。酉阳地处边隅,民情强悍,民教各执一词,必至互相寻衅,着崇实、吴棠饬令山〔川〕东道会督该州文武,持平办理,庶可折服民教之心,断不可稍有偏重,致滋事端。署任知州胡圻先事未能驾驭,临事又不能弹压,着暂行革职,留于地方协缉首先滋事之犯,以赎前愆。将此由五百里谕令知之。钦此。遵旨寄信前来。①

○五七　道员刘岳曙年满甄别折

同治七年十二月二十日(1869年2月1日)

头品顶戴四川总督臣吴棠跪奏,为道员候补年满,循例甄别,恭折仰祈圣鉴事。

窃照候补道府等官,到省一年期满,例应察看出考,分别堪胜繁简,专折奏闻。兹查留川尽先补用道员刘岳曙,②年四十九岁,湖南湘乡县文童,投效军营,剿贼出力,经前湖北抚臣胡林翼保奏,以从九品尽先选用。嗣在江西、广西、湖南、四川各省屡次剿贼、克复城池著绩,并筹饷出力,历保知府留于四川,不论班次遇缺即补。同治

---

① 中国第一历史档案馆编:《咸丰同治两朝上谕档》,第19册,第9页;《穆宗毅皇帝实录(六)》,卷二百五十,同治八年正月上,第487页。

② 刘岳曙(1819—?),湖南湘乡人,云贵总督刘岳昭之弟,文童出身,因剿办太平军出力,以从九品尽先选用。咸丰七年(1857),以县丞尽先选用,并戴花翎。九年(1859),以知县尽先选用,并加同知衔。十年(1860),以直隶州知州遇缺即选,并换花翎。同治二年(1863),以知府候升。三年(1864),以知府留于四川遇缺即补。五年(1866),以道员留于四川补用。七年(1868),保繁缺道员。

四年,调赴陕西,叠破贼垒及收复汉南郡城出力,经陕西抚臣刘蓉①
保奏,请以道员仍留四川尽先补用,随经吏部奏奉谕旨:依议。钦
此。同治五年七月初六日,由部带领引见,奉旨:着照例发往。钦
此。是月,领照起程。六年四月初十日到省,十月初九日,准吏部
咨:四川补用知府刘岳曙在陕西克复汉中府城出力,经陕西巡抚刘
蓉保奏,请免补知府,以道员留川补用,于同治五年十一月初五日
钦奉谕旨允准注册在案。计自六年四月初十到省之日起,扣至七
年四月初十一年期满,据藩、臬两司详请甄别前来。

臣察看该员刘岳曙,年强才裕,干练有为,堪膺监司之任,应请
留川以繁缺道员补用。倘该员始勤终怠,仍当随时核办,断不敢稍
事姑容,致滋贻误。理合循例恭折具奏,伏乞皇太后、皇上圣鉴。
谨奏。十二月二十日。

同治八年正月二十一日,军机大臣奉旨:吏部知道。钦此。②

○五八　请以许培身升补宁远府知府折
同治七年十二月二十日(1869 年 2 月 1 日)

成都将军臣崇实、头品顶戴四川总督臣吴棠跪奏,为要缺知府
拣调乏员,遵例以曾经保荐之员奏请升补,以资治理,恭折仰祈圣

---

① 刘蓉(1816—1873),字孟容、孟蓉、霞仙,湖南湘乡人。道光三十年(1850),取生员。
咸丰四年(1854),选训导。五年(1855),拔知县,赏戴花翎。同年,充罗泽南湘军左营管带,
加同知衔。十年(1860),赴四川办理营务。十一年(1861),加三品顶戴,署四川布政使。同
治元年(1862),迁四川布政使。二年(1863),擢陕西巡抚。后夺职回籍。十二年(1873),卒
于里。湘抚王文韶疏闻,命复官。著述有《刘中丞奏议》《养晦堂诗文集》《思辨录疑义》等。
② 中国第一历史档案馆藏:军机录副,档案编号:03-4740-031。

鉴事。

窃查宁远府知府周锡龄丁忧遗缺,前因拣调乏员,经臣崇实在兼署总督任内奏明,以候补知府邓承彬拟补。嗣准部覆:邓承彬保升知府奉文到省日期与缺出同月,例不准补,应毋庸议,令另拣合例人员题补等因。奏奉谕旨:依议。钦此。自应遵照办理。惟查川省省外知府十一缺,除新任重庆府知府瑞亨、雅州府知府黄云鹄①尚未来川,嘉定府知府王昆未经到省,顺庆府知府李书宝履任未久,绥定府知府顾开第调取引见交卸,此外实任知府非现居边要,办理防务,即人地未宜,情形不熟。其候补知府中一时亦乏人地相宜之人。伏思宁远府统辖汉夷,兼理铜银各厂,壤接滇南。值兹夷匪未平,回逆猖獗,政务倍觉殷繁,防范最关紧要,非精明干练、老成持重之员,不克胜任。

臣等督同藩、臬两司,遵照定例,复于应升人员内逐加遴选,查有知府衔泸州直隶州知州许培身,②年四十七岁,浙江举人,拣选知县,并遵例报捐直隶州知州,指分四川。咸丰六年五月引见,奉旨:着照例发往。钦此。十二月到省。十年,委署邛州直隶州知州,因御匪守城出力保奏,奉上谕:着遇缺即补,加知府衔,赏戴花翎。钦

---

① 黄云鹄(1826—1898),字翔云,湖北荆州人。道光二十三年(1843),中式举人。咸丰三年(1853),中式进士,以主事签分刑部。六年(1856),报捐郎中,签分兵部。同治元年(1862),考取军机章京。四年(1865),加四品衔。五年(1866),晋三品衔。六年(1867),补授武选司郎中。七年(1868),放四川雅州府知府。九年(1870),补成都府知府。光绪四年(1878),保道员。十二年(1886),署四川盐茶道。同年,署川臬篆务。十四年(1888),再署臬篆。十五年(1889),迁四川永宁道。十七年(1891),以原品休致。晚年,讲学江汉书院。二十四年(1898),卒于籍。有《兵部公牍》、《粥谱》等行世。

② 许培身(1821—?),浙江钱塘人,道光丙午科举人,由候选知县遵例加捐直隶州知州,指发四川试用。历任泸州直隶州知州、宁远府知府、成都府知府、建昌道、四川盐茶道等职。

此。十一年，准补泸州直隶州知州，同治元年二月初六日到任。四年，大计保荐卓异，奉准部覆。七年，经臣崇实于荐举人材折内保奏，七月二十一日，奉上谕：着送部引见，候旨录用。钦此。该员才具开展，识见明通，历任地方，循声卓著，且谙习军旅，于边防、夷务、铜政均留心熟悉，以之请补宁远府知府，实堪胜任。其正、署各任内并无降革留任展参案件及未结词讼五十起以上、承缉盗案五起以上、经征钱粮不及七分。其余因公处分，例免核计。罚俸银两，饬催完缴。历俸已满五年，与升补之例相符。惟调缺请升稍有未合，第人地实在相需，例得声明奏请，据布政使蒋志章、按察使翁同爵详请会奏前来。

合无仰恳天恩，俯念边疆员缺紧要，以曾膺保荐、奉旨录用之泸州直隶州知州许培身升补宁远府知府，实于边地大有裨益。该员现因两次保荐，交卸泸州篆务，并案给咨送部。如蒙俞允升补，并请于该员到京后并起引见。所遗泸州直隶州知州员缺亦系要缺，应在外拣员调补，俟接准部覆，照例办理。是否有当，谨合词恭折具奏，伏乞皇太后、皇上圣鉴训示。再，此案系遵驳另补，应请毋庸扣限，合并陈明。谨奏。七年十二月二十日。

同治八年正月二十一日，军机大臣奉旨：吏部议奏。钦此。①

○五九　密陈同治七年司、道、府各员考语折

同治七年十二月二十日(1869年2月1日)

头品顶戴四川总督臣吴棠跪奏，为察看司、道、各府，密陈考

---

① 中国第一历史档案馆藏：军机录副，档案编号：03-4645-042。

语,恭折仰祈圣鉴事。

窃照例藩臬两司及道府各员,每届年底应由督抚出考,开单密陈。伏思朝廷设官分职,首重得人。川省内地肃清,邻氛未靖,筹办一切事宜,尤须为守兼优之员,方足以资整饬。臣仰荷天恩,界以边疆重寄。本年入蜀,道经川东、川北,所属各府先后因公晋谒。臣面加咨访,复博采舆论,已得其治行之大略。抵任后,时与在省司道商榷公事,留心察看,人品器识,亦已周知。尚有省外道府各员未经接见者,每于详禀事件中悉心察核,并通饬将地方利弊、属员贤否,分晰胪陈,觇其才识。又复一一密加采访,并亦知其梗概。

兹届年底,谨就臣见闻所及,分别出具切实考语,另缮清单,密陈御览。臣仍随时认真考察,如有改行易辙之员,即当据实参劾,断不敢稍有徇隐,以期仰副圣主整饬官方之至意。理合恭折具奏,伏乞皇太后、皇上圣鉴。谨奏。十二月二十日。

同治八年正月二十一日,军机大臣奉旨:知道了。单、片留中。钦此。[1]

○六○　呈同治七年司、道、府各员考语清单

同治七年十二月二十日（1869 年 2 月 1 日）

谨将川省两司、道、府出具切实考语,缮列清单,密陈御览。

布政使蒋志章,年五十五岁,江西进士,同治七年四月十五日到任。智虑缜密,政绩精勤,理财用人,均能靠实。

---

① 中国第一历史档案馆藏:军机录副,档案编号:03-4645-037。此片具奏日期未确,兹据同批折件校正。

按察使翁同爵，年五十四岁，江苏荫生，同治七年三月初九日到任。器识闳达，心地慈祥，鞫谳持平，鲜有枉纵。

盐茶道傅庆贻，年四十五岁，直隶进士，同治七年闰四月初十日到任。治事精详，办公勤慎。

成绵龙茂道钟峻，年五十九岁，浙江人，由布经历衔洊升今职，同治三年三月初八日到任。吏事勤明，才具稳慎。

建昌道鄂惠，年六十三岁，满洲正红旗监生，咸丰五年三月初二日到任。边防熟悉，朴实耐劳。

川北道包炜，年六十一岁，直隶进士，同治元年四月二十七日到任。老练精勤，属僚敬畏。

川东道锡佩，年三十八岁，蒙古镶黄旗监生，同治四年八月初一日到任，七年八月十七日奉文补授。才具优长，公事勤奋。

永宁道延祜[①]尚未到省。

成都府知府孙濂，年五十五岁，贵州进士，同治四年二月二十五日到任。老成稳练，率属有方。

龙安府知府施灿，年六十五岁，汉军镶黄旗荫生，同治二年八月初十日到任。悃愊无华，安静不扰。

宁远府知府周锡龄丁忧遗缺，以候补知府邓承彬请补；现准部

① 延祜，正红旗满洲人。咸丰十一年(1861)，补授四川永宁道。同治九年(1870)，署四川盐茶道。其生卒年未详。另，中国第一历史档案馆藏《呈新授四川永宁道延祜履历单》曰："延祜，正红旗满洲毓联佐领下人，由捐纳笔帖式，道光二十五年五月，掣分吏部行走。二十三年，加捐知州升双单月选用。二十五年二月，因前在云南捐输经费，奉旨以道员不论双单月选用。咸丰四年九月，投效采买米石处。六年九月，奉旨交部优叙。七年五月，因亲父现任大学士前直隶总督桂良捐输河工经费，奉旨给予子弟奖叙。十一月，遵筹饷例，补交银两，归入新班，不论双单月选用。本年八月，拟选四川永宁道。本月初一日，经吏部带领引见，奉旨：四川永宁道员缺，着延祜补授。"

咨核驳,容俟拣员另补。

雅州府知府黄云鹄尚未到省。

嘉定府知府王昆尚未到任。

保宁府知府福兆,年五十三岁,满洲正白旗监生,同治四年三月十七日到任,现署嘉定府知府。才识练达,表率有方。

顺庆府知府李书宝,年五十八岁,直隶拔贡,同治六年十月二十四日到任。办事既勤,察吏尤慎;实心任事,有益地方。

潼川府知府候补道阮祜,年六十五岁,江苏举人,咸丰三年十二月十八日到任。稳练笃诚,年久无懈。

重庆府知府瑞亨尚未到省。

夔州府知府文勋,年六十七岁,汉军正黄旗贡生,同治元年八月初三日到任。朴诚练达,表率无惭。

绥定府知府顾开第,年六十四岁,江苏进士,咸丰元年七月二十四日到任,六年保荐卓异,现已给咨饬令赴部离任。

叙州府知府朱潮,年五十三岁,浙江进士,同治五年十二月十四日到任。才识明达,有守有为。①

○六一　查明四川学政钟骏声考试情形折

同治七年十二月二十日(1869年2月1日)

头品顶戴四川总督臣吴棠跪奏,为查明学政考试情形,恭折奏闻,仰祈圣鉴事。

---

① 中国第一历史档案馆藏:清单,档案编号:04-01-12-0506-139。此清单具呈日期未确,兹据内容判断其为档案编号03-4645-037折之附件。

窃照各省学政考试有无劣迹，应由督抚于年底陈奏。诚以学政一官，培养人才，主持风教，务须严密关防，衡平去取，庶多士观感奋兴，潜修向上，以期仰副国家广罗俊彦之至意。兹查四川学政钟骏声，[1]历试成都、嘉定、叙州、泸州、叙永、重庆、夔州、绥定、松潘、理番、叙永、石砫、资州、绵州、茂州、眉州、泸州、西阳州等府厅州属生童，臣密加访察，并于各该属因公来省人员广咨博采，该学政考试各属均能严密关防，去取公允，士心悦服，舆论翕然。现在将次举办成都等府属岁试，臣惟有破除情面，留心稽查，如有劣迹，即行据实陈奏，断不敢稍事徇隐。所有查明学政考试情形，理合恭折具奏，伏乞皇太后、皇上圣鉴。谨奏。同治七年十二月二十日。[2]

○六二　奏陈川省提、镇考语片

同治七年十二月二十日(1869年2月1日)

再，实任提、镇各员，每届年底例应出考密陈。伏思提、镇有专阃之责，川省四邻未靖，尤宜讲求武备。臣莅任后，留心察看，查提臣胡中和，戎行久历，胆识素优，现在驻防叙南，颇资得力。建昌镇

---

①　钟骏声(1833—?)，字雨辰，号亦溪，浙江仁和人。咸丰八年(1858)，取举人。十年(1860)，中状元，授翰林院修撰。翌年，充顺天乡试同考官。同治元年(1862)，任会试同考官。六年(1867)，湖北乡试副考官。同年，以翰林院修撰提督四川学政。九年(1870)，回籍修墓。十三年(1874)，补翰林院修撰，充会试同考官。光绪元年(1875)，迁翰林院修撰。二年(1876)，补实录馆修纂官。同年，充山东乡试正考官。三年(1877)，擢日讲起居注官，仍任实录修纂官。同年，授翰林院侍讲学士。有《养自然斋诗话》等行世。
②　台北故宫博物院藏：军机及宫中档，文献编号：408017785。

刘宝国，①申明纪律，兵民相安。重庆镇李得太，训练有方，力求整顿。松潘镇联昌，②边防久任，绥靖番夷。均能整理操防，控制要地。新授川北镇杨复东，尚未到省。臣自当随时访察，如有始勤终怠之员，即行据实奏参，断不敢稍涉徇隐。理合附片密陈，伏乞圣鉴。谨奏。③

○六三　奏报川省同治七年十一月雨泽、粮价折

同治七年十二月二十二日(1869 年 2 月 3 日)

头品顶戴四川总督臣吴棠跪奏，为恭报四川省同治七年十一月份各属具报米粮价值及得雪情形，仰祈圣鉴事。

窃照同治七年十月份通省米粮价值及得雨情形，前经臣恭折奏报在案。兹查本年十一月份成都、重庆、夔州、绥定、潼川、顺庆、嘉定、雅州、叙州九府，资州、绵州、邛州三直隶州，叙永一直隶厅，各属先后具报得雪一二次积至三四寸不等。田水充足，小春畅茂。其通省粮价俱与上月相同，据藩司蒋志章查明列单汇报前来。

臣覆核无异。理合分缮清单，恭呈御览，伏乞皇太后、皇上圣鉴。谨奏。七年十二月二十二日。

---

① 刘宝国，湖北人，同治四年(1865)，任四川建昌镇总兵。次年(1866)，任四川记名提督。十年(1871)，加法克精阿巴图鲁勇号。其他不详，待考。

② 联昌(1821—1879)，富察氏，满洲镶黄旗人。道光十七年(1837)，由一等子爵拣发两江军营。咸丰四年(1854)，补江南河标中军副将。六年(1856)，赏戴花翎。九年(1859)，迁四川松潘镇总兵。同治八年(1869)，兼署重庆镇总兵。十一年(1872)，调补重庆镇总兵。十三年(1874)，兼署四川提督。光绪五年(1879)，卒于任。

③ 台北故宫博物院藏：军机及宫中档，文献编号：408017785-0-A。

同治八年正月二十三日,军机大臣奉旨:知道了。钦此。①

○六四　呈川省同治七年十一月粮价清单

同治七年十二月二十二日(1869年2月3日)

谨将四川省同治七年十一月份各属具报米粮价值,开具清单,恭呈御览。

成都府属,价贵。中米每仓石价银二两八钱八分至三两九钱二分,与上月同。大麦每仓石价银一两八钱四分至二两一分,与上月同。小麦每仓石价银二两一钱九分至二两三钱六分,与上月同。黄豆每仓石价银一两六分至二两四钱六分,与上月同。荞子每仓石价银一两一钱八分至一两七钱二分,与上月同。

重庆府属,价贵。中米每仓石价银二两六钱九分至三两七钱一分,与上月同。大麦每仓石价银一两六钱五分至二两,与上月同。小麦每仓石价银二两三钱三分至二两七钱五分,与上月同。黄豆每仓石价银二两七钱三分至三两三分,与上月同。

保宁府属,价贵。中米每仓石价银二两七钱六分至三两四钱七分,与上月同。大麦每仓石价银一两九钱二分至二两一钱,与上月同。小麦每仓石价银二两八钱八分至三两六钱二分,与上月同。黄豆每仓石价银一两八钱三分至二两一钱三分,与上月同。

顺庆府属,价贵。中米每仓石价银二两九钱四分至三两三钱五分,与上月同。大麦每仓石价银一两六钱二分至一两八钱一分,

---

① 中国第一历史档案馆藏:军机录副,档案编号:03-4964-339。

与上月同。小麦每仓石价银二两一钱二分至二两一钱五分，与上月同。黄豆每仓石价银一两五钱五分至一两六钱七分，与上月同。

叙州府属，价贵。中米每仓石价银三两二钱至三两五钱，与上月同。大麦每仓石价银一两六钱七分至二两三分，与上月同。小麦每仓石价银二两一钱七分至二两六钱七分，与上月同。黄豆每仓石价银一两一钱六分至一两五钱七分，与上月同。

夔州府属，价贵。中米每仓石价银三两至三两三钱五分，与上月同。大麦每仓石价银一两七钱九分至二两四钱七分，与上月同。小麦每仓石价银二两九钱八分至三两六分，与上月同。黄豆每仓石价银二两一钱六分至二两二钱六分，与上月同。

龙安府属，价贵。中米每仓石价银二两七钱至三两四钱，与上月同。青稞每仓石价银一两五钱，与上月同。小麦每仓石价银一两八钱一分至二两二钱，与上月同。黄豆每仓石价银一两八钱五分至一两九钱三分，与上月同。

宁远府属，价贵。中米每仓石价银三两三分至三两三钱六分，与上月同。大麦每仓石价银一两四钱九分至一两六钱一分，与上月同。小麦每仓石价银一两六钱四分至二两二钱五分，与上月同。荞子每仓石价银一两四钱八分，与上月同。黄豆每仓石价银一两五钱六分至一两六钱三分，与上月同。

雅州府属，价中。中米每仓石价银二两九钱五分至三两，与上月同。小麦每仓石价银二两三钱三分至二两六钱八分，与上月同。黄豆每仓石价银一两六钱八分至二两七钱，与上月同。

嘉定府属，价贵。中米每仓石价银三两一分至三两六钱一分，与上月同。小麦每仓石价银二两三钱九分至二两七钱六分，与上月同。黄豆每仓石价银一两四钱九分至二两五分，与上月同。

潼川府属，价贵。中米每仓石价银二两三分至三两三钱一分，与上月同。大麦每仓石价银一两六钱七分至一两九钱五分，与上月同。小麦每仓石价银二两一钱八分至二两五钱三分，与上月同。黄豆每仓石价银一两七钱九分至二两一钱六分，与上月同。

绥定府属，价贵。中米每仓石价银二两七钱一分至三两一分，与上月同。大麦每仓石价银一两五钱八分至一两五钱九分，与上月同。小麦每仓石价银一两六钱五分至一两七钱六分，与上月同。黄豆每仓石价银一两四钱三分，与上月同。

眉州直隶州并属，价贵。中米每仓石价银二两八钱八分至三两一钱八分，与上月同。

邛州直隶州并属，价贵。中米每仓石价银二两七钱八分至三两二钱一分，与上月同。大麦每仓石价银一两九钱三分，与上月同。小麦每仓石价银二两六钱，与上月同。黄豆每仓石价银二两一钱至二两二钱四分，与上月同。

泸州直隶州并属，价贵。中米每仓石价银三两二钱一分至三两二钱二分，与上月同。

资州直隶州并属，价贵。中米每仓石价银二两六钱五分至三两，与上月同。

绵州直隶州并属，价贵。中米每仓石价银二两八钱七分至三两一钱九分，与上月同。小麦每仓石价银二两三钱四分至二两四钱八分，与上月同。

茂州直隶州并属，价中。中米每仓石价银二两七钱，与上月同。小麦每仓石价银二两七钱，与上月同。青稞每仓石价银二两二钱二分，与上月同。荞子每仓石价银一两一钱七分至一两七钱七分，与上月同。

忠州直隶州并属,价贵。中米每仓石价银二两七钱一分至三两三钱九分,与上月同。大麦每仓石价银一两四钱六分至一两六钱,与上月同。小麦每仓石价银二两七分至二两四钱三分,与上月同。黄豆每仓石价银一两二钱七分至一两三钱七分,与上月同。

酉阳直隶州并属,价贵。中米每仓石价银二两七钱二分至三两二钱二分,与上月同。大麦每仓石价银二两三钱至二两六钱二分,与上月同。小麦每仓石价银二两六钱六分至二两八钱,与上月同。黄豆每仓石价银一两三钱九分至一两四钱四分,与上月同。

叙永直隶厅并属,价贵。中米每仓石价银三两一钱,与上月同。小麦每仓石价银一两八钱一分,与上月同。荞子每仓石价银一两三钱六分,与上月同。黄豆每仓石价银一两六钱一分,与上月同。

松潘直隶厅,价中。青稞每仓石价银二两八钱二分,与上月同。荞子每仓石价银一两七钱五分,与上月同。

理番直隶厅,价中。青稞每仓石价银二两四钱六分,与上月同。荞子每仓石价银一两八钱一分,与上月同。

石砫直隶厅,价平。中米每仓石价银一两七钱,与上月同。大麦每仓石价银一两七钱三分,与上月同。小麦每仓石价银二两八分,与上月同。黄豆每仓石价银一两八钱九分,与上月同。

打箭炉厅,价贵。青稞每仓石价银四两九钱九分,与上月同。油麦每仓石价银一两八钱二分,与上月同。

军机大臣奉旨:览。钦此。①

---

① 中国第一历史档案馆藏:清单,档案编号:03-4964-340。

○六五　呈四川省同治七年
十一月得雪情形清单

同治七年十二月二十二日（1869 年 2 月 3 日）

谨将四川省同治七年十一月份四川省所属地方报到得雪情形，开具清单，恭呈御览。

成都府属：简州得雪二次，积至四五寸不等。崇庆州得雪一次，积至一二寸不等。彭县得雪一次，积至寸余。温江县得雪一次，旋落旋消。崇宁县得雪二次，积至二三寸不等。新都县得雪一次，积至一二寸不等。灌县得雪一次，积至二三寸不等。金堂县得雪二次，随落随消。

重庆府属：合州得雪一次，积至八九寸不等。

夔州府属：云阳得雪二次，积至三四寸不等。

绥定府属：新宁县得雪一次，旋落旋消。

潼川府属：乐至县得雪一次，积至寸余。

顺庆府属：邻水县得雪一次，积至一二寸不等。

嘉定府属：峨眉县得雪一次，积至二三寸不等。威远县得雪一次，积至寸余。

雅州府属：雅安县得雪二次，积至二三寸不等。荥经县得雪二次，积至二三寸不等。

叙州府属：南溪县得雪一次，旋落旋消。富顺县得雪二次，积至一二寸不等。筠连县得雪一次，积至寸余。

资州直隶州属：仁寿县得雪一次，积至寸余。内江县得雪一次，积至三四寸不等。

泸州直隶州并属:泸州得雪一次,随落随消。江安县得雪一次,积至三四寸不等。纳溪县得雪一次,积至三四寸不等。

邛州直隶州得雪一次,积至寸余。

叙永直隶厅得雪二次,积至一二寸不等。

军机大臣奉旨:览。钦此。①

○六六　奏报甄别千总劾不及数折

同治七年十二月二十二日(1869 年 2 月 3 日)

头品顶戴四川总督臣吴棠跪奏,为甄别千总不及分数,循例恭折奏祈圣鉴事。

窃照定例,千总等官年底甄别汇咨报部,其甄别不及百之二三者,如该省果无衰庸恋缺、应行甄别之处,该督抚等即将无可参劾缘由声明具奏等因,历经遵照办理在案。查四川省各标营额设千总一百十四员,每年例应劾参三员。同治七年份,查有建昌中营千总黄占先,不守官箴,搪索冒饷,斥革千总一员。此外各标营千总或调派出师,或本省防剿,多未凯撤。其在营各弁经提臣胡中和与臣陆续调省考验,实无衰庸恋缺之员,自未便拘于定额,率行充数,致有屈抑。

仍随时留心查察,如有才庸技劣之员,即行分别勒休参革,以肃营伍,断不敢拘泥甄别年限,稍有姑容。除咨明兵部外,所有同治七年甄别千总不及分数缘由,理合循例具奏,伏祈皇太后、皇上圣鉴。谨奏。七年十二月二十二日。

---

① 中国第一历史档案馆藏:清单,档案编号:03-4964-341。

同治八年正月二十三日，军机大臣奉旨：知道了。钦此。①

○六七　奏报川省同治七年应征新赋完欠折

同治七年十二月二十二日（1869 年 2 月 3 日）

头品顶戴四川总督臣吴棠跪奏，为查明同治七年份川省应征新赋完欠数目，恭折奏闻，仰祈圣鉴事。

窃照新赋完欠实数，例应按年奏报。兹据藩司蒋志章详：同治七年份川省额征地丁、条粮、屯租、折色等项正、闰共银六十九万二千一百四十一两零，业经分别留支批解、造册呈报在案。今下忙完银二十三万一十七两零，内除留支各项外，实在解到司库银一十八万一百三两零，尚未完银六万九千六十三两零。又，应征火耗银一十万三千五百五十五两零。上忙征过银五万八千五百四十七两零，亦经分别留支批解册报。今下忙完银三万五千八百一十一两零，内除扣支各官养廉外，实在解到司库银八千八百三十两零，尚未完银九千一百九十六两零等情，具详请奏前来。

臣查同治七年份川省应征额赋，已完九分有余，比较同治六年年底，收数不相上下。现在督饬该司蒋志章将未完银两实力催提，务在奏销以前扫数全完，以期年清年款。除咨户部查照外，理合循例恭折具奏，伏乞皇太后、皇上圣鉴。谨奏。七年十二月二十二日。

同治八年正月二十三日，军机大臣奉旨：户部知道。钦此。②

---

①　中国第一历史档案馆藏：军机录副，档案编号：03-4740-033。

②　中国第一历史档案馆藏：军机录副，档案编号：03-4855-002。

○六八　审拟包荞溃杀死多命一案折

同治七年十二月二十二日(1869年2月3日)

头品顶戴四川总督臣吴棠跪奏,为杀一家四命重案提省审明正法,恭折仰祈圣鉴事。

窃据开县详报:客民包荞溃杀死谢梆懊、谢梆安、谢夏氏、谢南潮一家四命一案,经前兼署督臣崇实以案情重大,饬提犯证卷宗来省,发委审办。兹据成都府知府孙濂等审明定拟,由按察使翁同爵勘解到臣。亲提研审,缘包荞溃籍隶云阳县,佣工度日。早年包荞溃之故父在日,约借开县民谢梆懊家钱三十千文,本利无偿。同治元年三月间,谢梆懊雇包荞溃帮工,言明工资扣抵伊父借项,利钱情让。六年秋后,包荞溃辞工,算明工钱帐目,扣清借本,撤约回家。

七年闰四月十六日,包荞溃又至县属寻工,谢梆懊复雇包荞溃帮薅田草,许给工钱三百六十文。二十二日上午,包荞溃薅完田草,携锄转回,适谢梆懊站在门首。包荞溃向索工资,谢梆懊称欲扣抵前项利钱。包荞溃斥其不应混扣已让之利,谢梆懊不依谩骂,包荞溃回詈。谢梆懊举拳向殴,包荞溃闪侧,顺用锄背殴伤谢梆懊脑后,锄刃带划伤其发际倒地。谢梆懊之弟谢梆安与妻谢夏氏拢护,包荞溃忆及谢家相待刻薄,现在工资又被扣抵利钱,心怀不甘,一时气忿,起意一并致死,即用锄刃椓伤谢梆安顶心相连偏右、左太阳穴,划伤其左耳轮,并用锄背伤谢夏氏左额角,锄刃椓伤其左腮颊、鼻梁近左,划伤其额颅右角。谢梆安、谢夏氏前后倒地。谢南潮赶拢,用矛刀格落包荞溃铁锄。包荞溃夺过矛刀,连戳伤其右肋,穿透过右脊膂、胸膛近左,穿透过左后肋,刀尖划伤其左肋倒地。刘寅溃趋救无及,声喊包彝溃杀人,将包彝溃抱住。经谢梆等之子谢从俸等并约邻向大发等踵至,夺下矛刀,将包彝溃捆缚,询悉前情。谢梆懊、谢梆安、谢夏氏、谢南潮,移时均各因伤殒命。报验讯详,提省审办。兹据成都府等审明定拟,由臬司解勘前来。臣亲提研鞫,据供前情不讳。诘非预谋致死,亦无起衅别故及帮同下手之人,案无遁饰。

查律载:杀一家非死罪三人者,凌迟处死。又例载:杀一家三命以上凶犯审明后,依律定罪,一面奏闻,一面恭请王命,先行正法各等语。此案包彝溃因向谢梆懊索讨工资不给,将其殴伤。谢梆安、谢夏氏、谢南潮先后拢护,讵该犯挟恨,起意一并致死,均各殒命,实属凶残。查谢梆懊、谢梆安、谢夏氏、谢南潮,系属父子、兄弟、夫妇一家四命,一斗三故,自应按律问拟。包彝溃合依杀一家非死罪三人者凌迟处死律,拟凌迟处死。经臣于审明后,照例恭请王命,即饬按察使翁同爵、署督标中军副将文升,将该犯包彝溃即在省垣绑缚市曹,凌迟处死,仍传首犯事地方枭示,以昭炯戒。该犯并无财产、妻子,无凭断付缘坐。刘寅溃等救阻不及,应毋庸议,无干省释。各尸棺饬埋。凶器矛锄,案结销毁。

除供招咨部外,所有审明正法缘由,理合循例恭折具奏,伏乞皇太后、皇上圣鉴,敕部核覆施行。谨奏。七年十二月二十二日。

同治八年正月二十三日,军机大臣奉旨:刑部知道。钦此。[1]

---

[1] 中国第一历史档案馆藏:军机录副,档案编号:03-5046-001。

○六九　奏报川、陕、楚三省会哨事竣折

同治七年十二月二十二日（1869年2月3日）

头品顶戴四川总督臣吴棠跪奏，为川、陕、楚三省会哨事竣，边界静谧，恭折具奏，仰祈圣鉴事。

窃照川、陕、楚三省交界地方，向定章程于每年十月间，提、镇分年巡哨。同治七年，经前兼署督臣崇实檄委川北、松潘二镇循例会哨去后。兹据署川北镇总兵德茂禀称：于十月初一日行抵川、陕交界之渔渡坝，与陕西派出之署定远营游击松鹤见面会哨。又于十月二十五日，行至川、楚交界之火峰界岭，适湖北宜昌镇总兵黄中元亦抵界所，会同巡哨。并据松潘镇总兵联昌禀报：于十月二十四日在川、甘交界之马尾墩，与河州镇属之文县营都司吴玉华见面会哨。该镇等察看沿边交界处所及往返经过地方，均属安静，居民乐业，并无匪徒匿迹等情前来。

臣查三省交界边隘，现在虽均静谧，而秦、陇回逆未平，时虞窥越，防范不容稍懈。现复严饬各镇、协、营，随时侦探，实力防守，并严缉散勇游匪，以期仰副圣主绥靖边圉之至意。所有三省会哨情形，理合恭折具陈，伏乞皇太后、皇上圣鉴。谨奏。七年十二月二十二日。

同治八年正月二十三日，军机大臣奉旨：知道了。钦此。①

---

① 　中国第一历史档案馆藏：军机录副，档案编号：03-4775-009。

○七○　奏请采办军米运费作正开销片

同治七年十二月二十二日（1869 年 2 月 3 日）

再，上年川省援剿汉南及甘肃阶州各营军米运费，叠经前督臣骆秉章奏请作正开销，均奉旨允准在案。本年派道员唐炯、提督刘鹤龄①等率师援黔，叠拔坚城，转战深入，营垒叠增，道途愈远，黔中田土久荒，间有产粮之区，亦多被贼焚掠，各营采米维艰，运费尤重，力难赔垫。合无仰恳天恩，俯念师行以粮为先，准照汉南、阶州采办军米成案，将此项运费作正开销，免由月饷内支扣，以示朝廷轸恤戎行至意。是否有当，理合附片陈明，伏乞圣鉴训示。谨奏。

同治八年正月二十三日，军机大臣奉旨：着照所请，该部知道。钦此。②

---

①　刘鹤龄（1836—1895），字梅蔚，湖南溆浦人，武童出身。咸丰三年（1853），充银牌记功仟长。翌年，拔哨官，加六品顶戴。八年（1858），补把总，戴蓝翎。九年（1859），保守备。十年（1860），保都司，换花翎。同治元年（1862），保游击，晋参将，委带果毅副前营。次年，充左翼长果毅军统领，加副将衔，统带果毅正副营。三年（1864），加烈勇巴图鲁名号。四年（1865），保副将，晋总兵衔，换勘勇巴图鲁勇号。五年（1866），保总兵，改法什尚阿巴图鲁清字勇号。七年（1858），保提督，任援黔川楚军帮办果毅军统领。光绪四年（1878），督小梵净山匪，总统下游防军。五年（1879），给假回籍。十七年（1891），授湖北襄河水师统领。次年，署湖北宜昌镇总兵。二十一年（1895），授新募鹤字六营统领。是年，卒于任。

②　中国第一历史档案馆藏：军机录副，档案编号：03-4824-043。

同治八年(1869)

○○一 奏为御赐福字谢恩折

同治八年正月二十二日(1869年3月4日)

头品顶戴四川总督臣吴棠跪奏,为恭谢天恩,仰祈圣鉴事。

窃臣赍折差弁回省,奉到御赐福字一方,当即恭设香案,望阙叩头,谢恩祇领。钦惟我皇上向用防畴,自求歌雅,奉慈宫而出治,发珩珠囊;开寿寓以同仁,和调玉烛。中原耆定鹰扬,而盈月捷三;上日书元凤律,则协风从八。

臣西川忝寄,北陆回暄,星明瞻井络之辉,授时巨典;日近仰泰阶之瑞,锡福殊荣。彩焕毫丹,恩铭心赤!臣惟有宣扬德意,先夏屋以胪欢;勉励靖共,惕春冰而图报!所有感激下忱,理合恭折恭谢天恩,伏乞皇太后、皇上圣鉴。[1] 谨奏。正月二十二日。

同治八年二月二十五日,军机大臣奉旨:知道了。钦此。[2]

---

[1]　《望三益斋存稿·谢恩折子》仅作"伏乞圣鉴"。
[2]　中国第一历史档案馆藏:军机录副,档案编号:03-4645-142。

○○二　奏报川省同治七年
十二月雨水、粮价折

同治八年正月二十二日（1869 年 3 月 4 日）

头品顶戴四川总督臣吴棠跪奏，为恭报四川省同治七年十二月份属具报米粮价值及得雪情形，仰祈圣鉴事。

窃照同治七年十一月份通省米粮价值及得雨情形，前经臣恭折奏报在案。兹查同治七年十二月份龙安、雅州、嘉定三府，酉阳一直隶州，各属先后具报得雪一二次，积至三四寸不等。田水充足，小春畅茂。其通省粮价俱与上月相同。据藩司蒋志章查明列单汇报前来。

臣覆核无异。理合分缮清单，恭呈御览，伏乞皇太后、皇上圣鉴。谨奏。

同治八年二月二十五日，军机大臣奉旨：知道了。钦此。[①]

○○三　呈川省同治七年十二月粮价清单

同治八年正月二十二日（1869 年 3 月 4 日）

谨将四川省同治七年十二月份各属具报米粮价值，开具清单，恭呈御览。

成都府属，价贵。中米每仓石价银二两八钱八分至三两九钱二分，与上月同。大麦每仓石价银一两八钱四分至二两一分，与上

---

① 中国第一历史档案馆藏：军机录副，档案编号：03-4964-362。

月同。小麦每仓石价银二两一钱九分至二两三钱六分，与上月同。黄豆每仓石价银一两六分至二两四钱六分，与上月同。荞子每仓石价银一两一钱八分至一两七钱二分，与上月同。

重庆府属，价贵。中米每仓石价银二两六钱九分至三两七钱一分，与上月同。大麦每仓石价银一两六钱五分至二两，与上月同。小麦每仓石价银二两三钱三分至二两七钱五分，与上月同。黄豆每仓石价银二两七钱三分至三两三分，与上月同。

保宁府属，价贵。中米每仓石价银二两七钱六分至三两四钱七分，与上月同。大麦每仓石价银一两九钱二分至二两一钱，与上月同。小麦每仓石价银二两八钱八分至三两六钱二分，与上月同。黄豆每仓石价银一两八钱三分至二两一钱三分，与上月同。

顺庆府属，价贵。中米每仓石价银二两九钱四分至三两三钱五分，与上月同。大麦每仓石价银一两六钱二分至一两八钱一分，与上月同。小麦每仓石价银二两一钱二分至二两一钱五分，与上月同。黄豆每仓石价银一两五钱五分至一两六钱七分，与上月同。

叙州府属，价贵。中米每仓石价银三两二钱至三两五钱，与上月同。大麦每仓石价银一两六钱七分至二两三分，与上月同。小麦每仓石价银二两一钱七分至二两六钱七分，与上月同。黄豆每仓石价银一两一钱六分至一两五钱七分，与上月同。

夔州府属，价贵。中米每仓石价银三两至三两三钱五分，与上月同。大麦每仓石价银一两七钱九分至二两四钱七分，与上月同。小麦每仓石价银二两九钱八分至三两六分，与上月同。黄豆每仓石价银二两一钱六分至二两二钱六分，与上月同。

龙安府属，价贵。中米每仓石价银二两七钱至三两四钱，与上月同。青稞每仓石价银一两五钱，与上月同。小麦每仓石价银一两八钱一分至二两二钱，与上月同。黄豆每仓石价银一两八钱五分至一两九钱三分，与上月同。

宁远府属，价贵。中米每仓石价银三两三分至三两三钱六分，与上月同。大麦每仓石价银一两四钱九分至一两六钱一分，与上月同。小麦每仓石价银一两六钱四分至二两二钱五分，与上月同。荞子每仓石价银一两四钱八分，与上月同。黄豆每仓石价银一两五钱六分至一两六钱三分，与上月同。

雅州府属，价中。中米每仓石价银二两九钱五分至三两，与上月同。小麦每仓石价银二两三钱三分至二两六钱八分，与上月同。黄豆每仓石价银一两六钱八分至二两七钱，与上月同。

嘉定府属，价贵。中米每仓石价银三两一分至三两六钱一分，与上月同。小麦每仓石价银二两三钱九分至二两七钱六分，与上月同。黄豆每仓石价银一两四钱九分至二两五分，与上月同。

潼川府属，价贵。中米每仓石价银二两三分至三两三钱一分，与上月同。大麦每仓石价银一两六钱七分至一两九钱五分，与上月同。小麦每仓石价银二两一钱八分至二两五钱三分，与上月同。黄豆每仓石价银一两七钱九分至二两一钱六分，与上月同。

绥定府属，价贵。中米每仓石价银二两七钱一分至三两一分，与上月同。大麦每仓石价银一两五钱八分至一两五钱九分，与上月同。小麦每仓石价银一两六钱五分至一两七钱六分，与上月同。黄豆每仓石价银一两四钱三分，与上月同。

眉州直隶州并属，价贵。中米每仓石价银二两八钱八分至三两一钱八分，与上月同。

邛州直隶州并属，价贵。中米每仓石价银二两七钱八分至三

两二钱一分,与上月同。大麦每仓石价银一两九钱三分,与上月
同。小麦每仓石价银二两六钱,与上月同。黄豆每仓石价银二两
一钱至二两二钱四分,与上月同。

泸州直隶州并属,价贵。中米每仓石价银三两二钱一分至三
两二钱二分,与上月同。

资州直隶州并属,价贵。中米每仓石价银二两六钱五分至三
两,与上月同。

绵州直隶州并属,价贵。中米每仓石价银二两八钱七分至三
两一钱九分,与上月同。小麦每仓石价银二两三钱四分至二两四
钱八分,与上月同。

茂州直隶州并属,价中。中米每仓石价银二两七钱,与上月
同。小麦每仓石价银二两七钱,与上月同。青稞每仓石价银二两
二钱二分,与上月同。荞子每仓石价银一两一钱七分至一两七钱
七分,与上月同。

忠州直隶州并属,价贵。中米每仓石价银二两七钱一分至
三两三钱九分,与上月同。大麦每仓石价银一两四钱六分至一
两六钱,与上月同。小麦每仓石价银二两七分至二两四钱三分,
与上月同。黄豆每仓石价银一两二钱七分至一两三钱七分,与
上月同。

酉阳直隶州并属,价贵。中米每仓石价银二两七钱二分至
三两二钱二分,与上月同。大麦每仓石价银二两三钱至二两六
钱二分,与上月同。小麦每仓石价银二两六钱六分至二两八钱,
与上月同。黄豆每仓石价银一两三钱九分至一两四钱四分,与
上月同。

叙永直隶厅并属,价贵。中米每仓石价银三两一钱,与上月

同。小麦每仓石价银一两八钱一分，与上月同。荞子每仓石价银一两三钱六分，与上月同。黄豆每仓石价银一两六钱一分，与上月同。

松潘直隶厅，价中。青稞每仓石价银二两八钱二分，与上月同。荞子每仓石价银一两七钱五分，与上月同。

理番直隶厅，价中。青稞每仓石价银二两四钱六分，与上月同。荞子每仓石价银一两八钱一分，与上月同。

石砫直隶厅，价平。中米每仓石价银一两七钱，与上月同。大麦每仓石价银一两七钱三分，与上月同。小麦每仓石价银二两八分，与上月同。黄豆每仓石价银一两八钱九分，与上月同。

打箭炉厅，价贵。青稞每仓石价银四两九钱九分，与上月同。油麦每仓石价银一两八钱二分，与上月同。

军机大臣奉旨：览。钦此。①

○○四　呈川省同治七年十二月得雪情形清单

同治八年正月二十二日（1869 年 3 月 4 日）

谨将四川省同治七年十二月份各属具报得雪情形开具清单，恭呈御览。

龙安府属：彰明县得雪二次，积厚二三寸。

雅州府属：清溪县得雪二次，积厚一二寸。

----

①　中国第一历史档案馆藏：清单，档案编号：03-4964-363。

西阳直隶州属：黔江县得雪一次，旋落旋散。

军机大臣奉旨：览。钦此。①

○○五　奏报川省同治七年征收
地丁比较上三年完欠折

同治八年正月二十二日(1869年3月4日)

头品顶戴四川总督臣吴棠跪奏，为查明同治七年四川省征收地丁钱粮，比较上三年完欠数目，恭折具奏，仰祈圣鉴事。

窃照前准部咨：嗣后各省征收钱粮，统于年底截数，次年二月造报春拨之时，即将新旧赋项下各额若干、蠲免若干、已完未完若干，比较上三年或多或少，另行开单具报等因，历经遵办在案。兹届造报春拨之时，据藩司蒋志章查明开单，详请具奏前来。臣查四川省经征地丁钱粮向系年清年款，所有同治七年份新赋上、下两忙共完过银六十二万三千七十八两零，尚未完银六万九千六十三两零，计欠数不及一分，比较上三年征收尾欠数目不相上下。

除严饬藩司分催各属将未完银两务于奏销前催征全完另行题报外，谨缮三年比较清单，恭呈御览，伏乞皇太后、皇上圣鉴。谨奏。正月二十二日。

同治八年二月二十五日，军机大臣奉旨：户部知道。单并发。钦此。②

---

① 中国第一历史档案馆藏：清单，档案编号：03-4964-364。
② 中国第一历史档案馆藏：军机录副，档案编号：03-4855-013。

○○六　呈川省同治七年征收地丁比较上三年完欠数目清单

同治八年正月二十二日(1869 年 3 月 4 日)

谨将同治七年四川省征收地丁银两比较上三年完欠数目,缮具清单,恭呈御览。

一、同治四年份额征地丁钱粮、屯租、折色、秋粮、黄蜡折价、草籽折征,正、闰共银六十九万二千一百四十一两七钱九分四厘六毫,上忙征完银三十八万三千六百一十二两九钱九分五厘九毫,下忙征完银二十五万七千六百四十七两五钱八分二厘一毫,未完银五万八百八十一两二钱一分六厘六毫,已据批解到司,入于同治六年春拨册内报拨在案。统计全完。

一、同治五年份额征旧管地丁钱粮、屯租、折色、秋粮、黄蜡折价、草籽折征,共银六十六万八千八百五十两五钱一分二厘,上忙征完银三十九万二千二百八十四两四钱九厘八毫,下忙征完银二十三万三千三百五十二两三钱七厘八毫,奏销前征完银四万二千一十四两八分一厘五毫。其名山县未完银一千一百九十九两七钱一分二厘九毫,已据批解到司,入于同治七年秋拨册内报拨在案。统计全完。

一、同治六年份额征旧管地丁钱粮、屯租、折色、秋粮、黄蜡折价、草籽折征,共银六十六万八千□百五十两五钱一分二厘,上忙征完银四十万五千五百二十九两九分四厘五毫,下忙征完银一十九万一千五百五十四两六钱九分一厘七毫,奏销前征完银六万九千九百五十五两六厘九毫,其名山县未完银一千八百一十一两七钱一分八厘九毫。已据批解到司,入于同治八年春拨册内报拨在案。统计全完。

一、同治七年份额征旧管地丁钱粮、屯租、折色、秋粮、黄蜡折价、草籽折征,正、闰共银六十九万二千一百四十一两七钱九分四厘六毫,上忙征完银三十九万三千六十一两五钱一分三厘五毫,下忙征完银二十三万一十七两一钱九分一厘七毫,尚未完银六万九千六十三两八分九厘,定于奏销前催征全完。理合登明。

军机大臣奉旨:览。钦此。①

○○七　审拟新津县孀妇
　　　　刘唐氏京控一案折

同治八年正月二十二日(1869年3月4日)

头品顶戴四川总督臣吴棠跪奏,为京控重案审明定拟,恭折仰祈圣鉴事。

窃前兼署督臣崇实任内准步军统领衙门咨:据四川新津县民孀妇刘唐氏领子刘九封,以胞侄刘添封将伊夫刘元泽砍伤殒命等情赴该衙门呈诉一案,于同治七年三月初三日具奏,奉旨:此案着交崇实督同臬司,亲提人证、卷宗,秉公研讯确情,按律定拟具奏。原告民妇刘唐氏等,该部照例解往备质。钦此。钦遵将原告民妇刘唐氏咨解回川,经崇实当将该原告刘唐氏、抱告刘九封发交华阳县取保候质,一面行提人证、卷宗。旋据华阳县详报:该原告刘唐

---

① 中国第一历史档案馆藏:清单,档案编号:03-4856-033。此清单具呈日期未确,兹据内容断定其为档案编号03-4855-013折之附件。

氏在保病故，批饬验讯，取结拟详。并据新津县申解被告王华、罗顺、革役徐春同原告县卷及该邻右胡显成、被告胡显模、尹焕楠、刘锡光、刘玉封，投审到司。兹据按察使翁同爵督同成都府知府孙濂等，审明定拟，解勘到臣。亲提研审，缘刘唐氏与子刘九封均籍隶新津县，刘唐氏夫刘元泽于同治三年正月十七日，因与胞侄刘添封即刘添风为采食莴笋口角，刘添封将刘元泽砍伤毙命，并刃伤刘唐氏，凶犯逃逸。报县验讯，尸令棺殓，饬差徐春等缉凶无获，先后详报；承缉、接缉暨再接缉不力各职名，揭诘奏参在案。刘唐氏因凶犯在逃，夫棺停放刘添封佃居尹焕楠屋内，无力领埋。刘添封之母刘邬氏因子犯罪潜逃，糊食无度，曾恳刘玉封代向胡显模借钱三十串，以资食用。复因耕种乏人，向业主尹焕楠退佃迁居，冀将退得押钱糊口。尹焕楠以尸棺占屋不肯退押，刘邬氏央刘唐氏迁棺。刘唐氏因无葬费，亦向胡显模及夫弟刘锡光借钱未遂，由此坐嫌停棺不让，刘邬氏控县饬差罗顺、王华，催令刘唐氏领棺埋葬，尹焕楠并应酌帮葬费。刘唐氏嫌少不依，延不迁葬。刘锡光与刘玉封督同雇夫，暗将尸棺抬赴空地掩埋，并不向刘唐氏告知。刘唐氏不得亲夫妥葬怨恨，心怀不甘，又因犯久无获，夫冤不伸，疑系刘锡光等得贿欺瞒，由府赴司，控经前督臣骆秉章批饬，勒限严缉凶犯究办。迟逾两年之久，犯仍无获。刘唐氏痛夫情切，起意京控，恐难邀准，添砌纵凶藏据、串贿逼蒙□□□□□等词，雇不知姓名人写就呈词，携带亲子刘九封至京，赴步军统领衙门投递。讯供奏奉谕旨交审，发华阳县取保候质。讵刘唐氏于是年五月二十九日陡患痫病，医治罔效，至六月初一日在保病故，经署华阳县验讯具详。兹据臬司提集人卷及刘唐氏之母杨刘氏、代□刘九封投质，审明定拟，解勘前来。臣亲提研鞫，据供前情无异。诘无唆讼之人，案无遁饰。

此案刘唐氏因夫胞侄刘添封砍伤伊夫刘元泽身死,并将该氏刃伤,凶犯逃逸,葬夫无资,向胡显模等借钱不遂,停棺未迁;刘锡光与刘玉封将棺私行抬埋,并不向刘唐氏告知,刘唐氏疑系刘锡光等得贿欺瞒,心怀不甘,砌词赴京呈控。查所控各情,以刘添封杀死胞叔,本属得实。嗣刘锡光与刘玉封因差催领棺,辄将刘元泽尸棺抬埋,并不向刘唐氏告知,虽讯无得贿逼蒙各情,而使刘唐氏不得亲夫妥葬,夫冤未伸,远涉京师,病亡省会,实为刘锡光等恃蛮抬葬所致,实属不合。应请将刘锡光、刘玉封均照不应重律各拟杖八十,折责发落。刘锡光系该县代书,并即斥革。胡显模、尹焕楠与县役罗顺等均无贿串纵凶及帮同埋棺情事。徐春承缉不力,业已革役,应与讯无凌虐之保人谢法沅,均免置议。凶犯刘添封饬缉,务获另结。无干省释,未到人证免提。

除全案供结咨刑部各衙门外,所有审明缘由理合恭折具陈,伏乞皇太后、皇上圣鉴,敕部核覆施行。谨奏。正月二十二日。

同治八年二月二十五日,军机大臣奉旨:刑部议奏。钦此。[1]

【案】同治七年三月初三日,步军统领存诚等奏报民妇刘唐氏京控折:

奴才存诚等谨奏,为请旨事。

据四川新津县民妇刘唐氏率子刘九封京控胞侄刘添封将伊夫刘元泽砍伤殒命等情,呈诉前来。奴才等督饬司员详加讯问,据刘唐氏供:我系四川成都府新津县已故民人刘元泽之妻,年三十四岁,在本县宝峰寺地方居住。同治二年正月十七

---

[1] 中国第一历史档案馆藏:军机录副,档案编号:03-5028-012。

日，我夫胞侄刘添封赖我家的猪吃他菜苗，同我男人口角。刘添封用刀将我男人颈项砍伤，并打落门齿一个，当时殒命。我劝解刘添封，又将我右手等处砍伤。我赴本县呈告，刘添封、王友、胡显模出钱二十串，贿买差役徐春等，卧票不传，将正凶放走。刘添封之母刘邬氏又买出魏大坤作抱告，又求出我夫胞弟代书刘锡光，给我钱二十吊，叫我将我男人尸身掩埋，并叫我改嫁。我不允。刘添封堂弟刘玉封等硬将我男人尸棺抬到草地，风雨飘零。我赴本府臬司、总督前具控，均批回本县，至今未将正凶刘添封获案。上年六月二十八日，我儿子刘九封在地内割草，被刘玉封等辱骂。至九月二十日，刘玉封带同县差王华等多人，将我男人尸棺硬行掩埋，声言案已完结。我情急，带同我儿子刘九封来京，赴案呈告的等语。查刘唐氏所控刘添封辄因细故口角，用刀将伊夫刘元泽砍伤殒命，经该氏赴县呈报，被胡显模串贿差役徐春等，捺票不传，致将正凶放走，伊夫尸棺又被刘添封之弟刘玉封等抬掷草坝，伊曾赴本府暨臬司、总督前具控，均批回本县，至今正凶未获。刘玉封复带同县差王华等多人，硬将伊夫尸棺掩埋，声言案已完结。伊情急，率子来京呈诉等情。

如果属实，亟应查办，以儆凶顽而重民命。谨抄录原呈，恭呈御览，伏候训示遵行。再，遵照奏定章程，取具该原告刘唐氏结称历控本府暨臬司、总督衙门，均未亲提。合并声明。为此谨奏请旨。同治七年三月初三日。奴才存诚，奴才崇纶，奴才衡定魁。[①]

---

① 中国第一历史档案馆藏：军机录副，档案编号：03-5026-006。

【附】同治七年三月初三日,步军统领存诚附陈四川民妇刘唐氏京控刘添封呈状:

具状民:寡妇刘唐氏,年三十四岁;抱告子刘九封,年十二岁,住四川省成都府新津县离城二十里长一支宝峰寺。邻右王占均、胡显衡、陈映柱、胡显成。被告正凶刘添封、刘玉封,支凶胡显模,串弊刘锡光,妄控刘邬氏,受贿魏大坤,地主尹焕楠,票差徐春、车洪、李明、刘顺,阙补恶差王华、罗顺、郑超、王伸元等。为泣叩纵凶灭伦、串贿逼嫁事情。

同治二年正月十七日,氏夫刘元泽因猪踏菜苗,遭氏夫胞侄刘添封口角,用扎刀砍伤氏夫左颈项一伤,宽二寸五分、深一寸五分,打落门牙一个,登时殒命。氏见奔救,又砍伤氏右手杆并颈项、额角等处,现县有伤单注卷。氏今子幼成残,衣食无倚,当有氏夫胞侄在夫身侧,声言将根杀尽,以免后患。氏视乃刘玉封。俟后差等卧票不理,胡显模又出钱二千文,将凶支逃不案。县代书刘锡光身为氏夫胞弟,反串凶母刘邬氏,将钱三十串买工人魏大坤作抱告抵案。殊锡光见氏母子家贫,佃业以伸夫冤,恐氏将业失去,套言愿出钱二十千文,令氏母子将夫尸棺掩埋,改嫁存活。氏责以大义不耳。玉封等又言,氏夫尸棺现停凶手家内,此系尹焕楠业,以利害陈说,伊即出钱十千文,乘氏未家,纠十余人,将尸棺抬丢草坝,风雨飘淋,伊徒免累,惨惨! 氏难忍,由县控至府、臬、督,皆批静候。至今四载,尚未捕获,冤沉海底,用物伸路。不料今适同治六年六月二十八日,刘玉封以氏子割草口角,氏问伊叔弟谩骂,伊横不服说,反辱氏不堪。氏忿极痛责,伊仍用扎刀将氏追赶。氏跑回娘家叔唐友友屋内逃出,县案可据。刘锡光与胞佴玉封又于是年九月二十日，纠县恶差王华、罗顺、郑超、王伸元，伙不识姓名共三十余人，手执刀枪剑戟，硬将氏夫尸棺掩埋，饰言案息。

氏思凶犯未获，如此结案，实难忍心，万不得已，母子不惮数千余里，乞食来京。倘夫冤能伸，虽死无怨。但似此灭伦逼嫁，理难容恕，是以泣叩，俯伏百拜。谨呈。①

○○八 奏报委署宜宾县知县等员片

同治八年正月二十二日（1869 年 3 月 4 日）

再，宜宾县知县李光祖，同治七年大计参劾，遗缺系叙州府附郭首邑，政务殷繁，查有新升马边厅同知张秉堃，老成练达，堪以委署。又，犍为县知县陈启衔撤省，遗缺兼管盐厂、厘务，查有甫经引见回川之正任漳州知州姚宝铭，才优守洁，堪以委署。又，署盐源县知县潘方来期满更换，遗缺壤接滇疆，汉夷杂处，查有南充县知县李珽，强干有为，堪以调署。又，署渠县知县吕润椿期满遗缺，查有前经调省之名山县知县段东暹，堪以委署。又，署万县知县王海嘉期满遗缺，以成都县知县费兆钺接署。

该员等正、署各任内并无经征钱粮未完及承缉盗劫已起四参案件，据藩臬两司会详前来。除分饬遵照外，理合附片陈明，伏乞圣鉴。谨奏。

同治八年二月二十五日，军机大臣奉旨：知道了。钦此。②

---

① 中国第一历史档案馆藏：呈状，档案编号：03-5026-007。

② 中国第一历史档案馆藏：军机录副，档案编号：03-4645-141。此片具奏日期未确，兹据同批折件校正。

○○九 请以吴楚雄等补授游击各缺折

同治八年正月三十日(1869 年 3 月 12 日)

头品顶戴四川总督臣吴棠跪奏,为拣员调升游击、都、守,以资治理,恭折仰祈圣鉴事。

窃照提标右营游击陈德新告病,松潘中营守备侯元相阵亡,靖远营守备黄朝高病故。所遗缺经前督臣先后以叶浓盛、马忠岐、黄占先请补,嗣准部咨,与例不符。又,松潘左营游击林耀龙已调补督标右营游击,松潘右营都司赵宪邛已升补松潘中营游击。又,城守营游击沐恩病故,现经臣恭疏题报。以上各缺或驻省城重地,或为夷疆要缺,操防驾驭,最关紧要,未便久旷,亟应拣员分别调补,以重职守而资整顿。

臣等于通省应补、应升及各项尽先名次在前各员内逐加遴选,人地均不甚相宜,且多在别省征防,或由军营保升,尚未回川收标,势难挨次序补。惟查有尽先游击吴楚雄,年三十九岁,屏山县人,由行伍出师贵州等省,剿匪著绩,历保都司花翎。同治三年,从征甘肃,保守兰州省城出力,经陕甘督臣杨岳斌①保奏,同治五年十二月十四日,内阁奉上谕:都司吴楚雄着免补本班,以游击尽先补

---

① 杨岳斌(1822—1890),名载福,字厚庵,湖南善化人,原籍乾州。道光二十六年(1846),充长沙协左营外委,后拔把总。咸丰二年(1852),补宜章营千总。四年(1854),以军功历升守备、前锋、都司、游击、参将,加副将衔。同年,迁湖南常德协副将,晋总兵衔,加彪勇巴图鲁。五年(1855),升湖北郧阳镇总兵,兼署湖北提督。六年(1856),授提督衔。七年(1857),擢福建陆路提督。翌年,补福建水师提督。十一年(1861),授云骑尉。同治三年(1864),督办江西皖南军务。同年,授陕甘总督,加一等轻车都尉、太子少保。光绪元年(1875),授长江水师统帅。五年(1879),以病乞归。九年(1883),赴江南帮办军务。十一年(1885),赴援台湾,旋仍归里。十六年(1890),卒于籍。赠太子太保,谥勇悫。有《杨勇悫公遗集》传世。

用。钦此。该员久历戎行，熟习营务，拟请补授提标中营游击。

又，查有黎雅营游击王虎臣，年四十一岁，山西武进士，由二等侍卫当差期满，于咸丰八年奉旨补授黎雅营游击，历俸十年二个月。该员年强才敏，营伍认真，拟请调补城守营游击。所遗黎雅营游击缺，查有尽先游击马沛，年三十一岁，成都县人，由行伍出师西藏、江南等处，历保都司。嗣在湖北永瀵河击贼获胜，经湖广督臣保奏，同治六年十一月初一日，奉上谕：马沛着免补都司，以游击留于四川，遇缺尽先补用。钦此。该员屡著战功，兼娴弓马，拟请补授黎雅营游击。

又，查有拣发游击定全，年三十九岁，满洲镶黄旗人，由二等侍卫于咸丰十年拣发来川，以游击差委，出师甘肃，守城出力，经陕甘督臣保奏，同治五年十二月十四日，奉上谕：定全着以参将补用，加副将衔。钦此。前经奏补督标左营游击，部臣因已另推有人未准。该员年力富强，差操勤奋，拟请借补松潘左营游击。

又，查有遇缺前先即补都司钟明远，年三十五岁，马边厅人，由行伍拔补把总，洊升守备。同治元年，于殄灭溃匪、生擒逆首李泳和案内保奏，同治七年五月十四日，奉上谕：都司钟明远着仍以都司遇缺前先即补。钦此。该员年壮技娴，缉防奋勉，拟请补授松潘右营都司。

又，查有尽先守备庆和，年三十八岁，满洲正黄旗人，由成都驻防翻译生员派赴西藏换班，升补骁骑校。咸丰八年，以查办里塘夷务夺碉获捷，经驻藏大臣保奏，九年三月初十日，奉上谕：庆和着免补骁骑校，归四川绿营，以守备遇缺尽先即补，兼戴花翎。钦此。该员熟悉边防，练习营务，拟请补授靖远营守备。又，查有靖远营千总陈源济，年三十六岁，四川西昌县人，由行伍出师外省，拔补保安营把总。咸丰十年，升补靖远营千总。是年十一月，承领部札。同治五年九月，初次俸满，送部引见，回任候升。该员年壮技优，谙习边务，拟请升补松潘中营守备。

以上各员均系久历戎行,委任得力,以之请补各缺,实堪胜任。吴楚雄等距籍五百里以外,庆和等亦系隔府别营,皆无违碍事故。至定全由已保将来借补游击,未逾三级;钟明远系由尽先都司复保准遇缺前先即补;陈源济系俸满千总已经保送回任保升,均属合例。惟吴楚雄、马沛、庆和尽先名次较次,例稍未符。第名次在先各员现多远在军营,未经回省,势难悬缺久待,且人地实在相需,例得专折奏请。

合无仰恳天恩,俯准以吴楚雄补授提标右营游击,王虎臣调补城守营游击,马沛补授黎雅营游击,定全借补松潘左营游击,钟明远补授松潘右营都司,庆和补授靖远营守备,陈源济升补松潘中营守备,实于营伍、边防均有裨益。如蒙俞允,王虎臣系对品调补,定全系拣发人员,陈源济前经保送,均毋庸送部。吴楚雄等四员俟接准部覆,再分别送部引见。是否有当,理合会同成都将军臣崇实、提督臣胡中和,合词恭折具奏,伏乞皇太后、皇上圣鉴训示。

再,提标右营游击系部推之缺,因未经推补有人,是以由外拣补。城守营游击系题缺,因此时尽先人员人地未宜,另行拣员调补。至此案调补一员、拟补六员内只借补一员,亦与部议不得过半新章相符。合并陈明。谨奏。正月三十日。

同治八年二月初五日,军机大臣奉旨:兵部议奏。钦此。[1]

○一○　奏请展缓川省军政片

同治八年正月三十日(1869 年 3 月 12 日)

再,查同治六年军政届期,前任督臣骆秉章因川省边防难撤,

---

① 　中国第一历史档案馆藏:军机录副,档案编号:03-4740-068。

将弁多未回营，奏请展缓。六年六月初一日，军机大臣奉旨：着照所请，该部知道。钦此。嗣准兵部咨：令将军政事宜分别补办等因。伏查六年军政，事关激扬大典，如果可以举行，何敢再缓？无如川省自军兴以来，各营员弁征调远出，迄今多未回任归伍。提臣胡中和亦因滇防吃重，久在叙南。所辖四镇，川北镇属现办陕西边防，重庆镇属现办贵州边防，松潘镇属现办甘肃边防，建昌镇属现办分防滇边及越、冕夷匪，均难松劲。各营实缺人员本属无多，若同时纷纷调验，诚恐有误防务，且将备未领实札，即使弓马出色，亦难遵例保荐，先后与提臣往返函商，所有川省应办军政，惟有仰恳天恩，仍照同治六年谕旨，准予展缓，俟边防凯撤，将弁回营，再并案补办，以昭慎重。

现在臣另片奏明，咨调提臣回省，整顿绿营。如有庸劣废弛将弁，即当随时严参，不敢稍有姑息。是否有当，谨会同成都将军臣崇实、提督臣胡中和，合词附片具陈，伏乞圣鉴训示。谨奏。

同治八年二月初五日，军机大臣奉旨：着照所请，兵部知道。钦此。[①]

〇一一　请将千总范金魁革职审办片

同治八年正月三十日(1869年3月12日)

再，据邛州文生文湘呈称：伊兄文明带同长子文紫垣、次子

---

① 中国第一历史档案馆藏：军机录副，档案编号：03-4824-060。此片具奏日期未确，兹据同批折件校正。

文星斗,在普安左营千总范金魁于管带长胜军时办理文案。因索脩银起衅,被范金魁杀死父子三命。营官李述吉与张伦贿和等情。行据统带靖边军记名总兵丁永升呈覆:传讯前充长胜军百长军功邵洪林回称:文明系署都司范金魁延至营中办理文案,其长子文紫垣亦在长胜左营李述吉处帮办笔墨,其幼子文星斗留在营中。同治六年五月初间,范金魁不知因何先将文紫垣杀在白泥湾。文明痛子情切,即欲携幼子辞归,范金魁复将伊父子在中所坝陶家坟营内一并杀害等语,呈请查办前来。

臣查该千总范金魁,前带长胜军防堵,扎营越嶲厅城内,无论文明因索银争角,系属理合之事,即有起衅别情,自应将文明等移厅审理,乃遽擅专杀戮,惨毙三命,实属胆大妄为!相应请旨将普安左营千总前署都司范金魁革职,以便提集人证,确审拟办,以重人命而肃营规。除饬普安营赶将范金魁、李述吉等押解来省发审外,理合附片具陈,伏乞圣鉴训示。谨奏。

同治八年二月初五日,军机大臣奉旨:范金魁着即行革职,提省严讯,按律定拟。钦此。①

○一二　委解滇饷及成禄军营月饷片

同治八年正月三十日(1869 年 3 月 12 日)

再,川省历年拨解滇饷及成禄军营月饷,均经奏报在案。嗣准

---

① 中国第一历史档案馆藏:军机录副,档案编号:03-5046-005。此片具奏日期未确,兹据同批折件校正。

岑毓英、①成禄迭次咨催，待饷极形迫切。川库虽极支绌，不能不设法分拨，以应急需而维大局。兹据藩司蒋志章极力腾挪，凑集协滇饷银二万两，发交云南催饷委员曲靖府知府苏长丰、候补守备杨兰，解交岑毓英军营查收。又凑货厘银一万两，作为同治六年六月份成营协饷，除划扣该营来弁石定邦领过采办军械银二千两外，余银八千两饬委候补县丞段调元，协同来弁石定邦解交甘肃秦州，暂存州库，咨明署陕甘督臣穆图善，委员会解成禄军营交收。该委员等已于七年十二月二十八日分路起程等情，具详前来。除分咨外，理合附片陈明，伏乞圣鉴。谨奏。

同治八年二月初五日，军机大臣奉旨：知道了。钦此。②

○一三　酌加旗丁津贴并咨调提臣回省片

同治八年正月三十日(1869 年 3 月 12 日)

再，伏查提督有统辖本标、节制各镇之责。川省频年防剿，军政久未举行，各营将弁大半征调在外，一时尚难归伍。所有存营士卒必得提臣回驻省城，以督简阅，庶营伍可期起色。查提臣

---

①　岑毓英(1829—1889)，广西西林人，字颜卿，号匡国，秀才出身。咸丰六年(1856)，率团练至迤西围剿义军，占领宜良，署知县。次年，署澄江府知府。同治元年(1862)，受云南巡抚徐之铭之派，与围困昆明之马复初、马如龙回军谈判，遂降之，迁云南布政使。同治二年(1863)，进攻杜文秀义军。五年(1866)，率军至贵州威宁州击败苗军陶新春、陶三春部。七年(1868)，授云南巡抚。十二年(1873)，兼署云贵总督。光绪五年(1879)，调贵州巡抚。九年(1883)，授云贵总督，参加中法战争。十二年(1886)，自越南撤军，会勘边界。

②　中国第一历史档案馆藏：军机录副，档案编号：03-4946-01。此片具奏日期未确，兹据同批折件校正。

胡中和驻防叙南，所部弁勇四千五百余员，各岁需军饷银三十余万两。此外援邻防边各营，视叙南为尤急，而月饷为更巨。截至七年年底已积欠一百五六十万，司、盐两库竭蹶异常。若不力求搏节，则日积月累，愈欠愈多，伊于胡底！臣等悉心筹议，惟减勇可以济饷需之不足，惟练兵可以补勇力之不足。现在滇氛方炽，叙南仍须严防，现饬尽先副将张祖云，另募二千人，接防筠连、高、珙，以便咨调提臣回驻省城，将绿营将士力加整顿，一面将提臣所部湘、果各营筹找欠饷，先行次第酌裁，并有留备调遣驻省之裕字四营，并拟即陆续分别裁撤。惟饷需固宜求节省，而戎备仍不可忽疏。

臣等拟请仿照直隶等省抽练营兵章程，于驻防八旗闲散中挑选精壮五百名，于军、督、提、城等营内挑选精壮一千名，逐日认真操演，无事则分角技能，有警则立时调遣，以备缓急。除八旗壮丁咨会副都统富森保[1]按期督操外，所有十营精兵即可由提臣胡中和督率训练。第营饷粮折例有折扣，该兵丁等逐日操演，实在不敷食用，再四思维，惟有恳照直隶省成案，于例给旗、绿月饷之外，八旗壮丁每名每月酌给银二两，十营精兵每名每月酌给银两五钱。津贴操演之费，较诸楚营勇饷节有甚多。恭查同治三年七月初十日钦奉谕旨：一应军需其例所不及有应酌量变通者，亦必须先行奏禀备案，事竣之日，一体造册报销等因。钦此。

---

[1] 富森保（1822—1873），额尔库勒氏，正蓝旗满洲人。咸丰六年（1856），承袭恩骑尉，充参领，赏戴花翎。七年（1857），加乌勒木吉特伊巴图鲁勇号。十年（1860），承袭世管佐领。次年，保协领，加副都统衔。同治元年（1862），迁成都副都统。三年（1864），统带吉林、黑龙江绿营马队。四年（1865），革职留任。五年（1866），赴成都副都统本任。十一年（1872），进京陛见，乞假归旗。十二年（1873），卒于旗。

遵经通行在案。

此项加给银两系为练兵备御、节省勇粮起见，合无仰恳天恩，俯准于防剿军需项下，核实动支造报，一俟防务凯撤，即行停给，断不敢稍有虚糜。所有咨调提臣回省，整顿营伍及挑选旗绿精兵、酌加津贴缘由，谨合词附片具陈，伏乞圣鉴训示。谨奏。

同治八年二月初五日，军机大臣奉旨：钦此。①

○一四　请以傅庆贻等递署四川臬司等缺折

同治八年二月初二日(1869 年 3 月 14 日)

头品顶戴四川总督臣吴棠跪奏，为委员递署司、道、首府等缺，恭折仰祈圣鉴事。

窃臣接准部咨：同治七年十二月二十六日，内阁抄出二十三日奉上谕：陕西布政使着翁同爵补授。所遗四川按察使，着英祥②补授。钦此。钦遵转行在案。伏查陕西现有军务，藩司筹供饷糈，事关紧要，而英祥远在鄂省，到川尚需时日，自应先行委员接署川臬

---

① 中国第一历史档案馆藏：军机录副，档案编号：03-4824-059。此片具奏日期未确，兹据同批折件校正。

② 英祥(1823—1876)，字豪卿，正红旗满洲人，翻译生员。道光二十一年(1841)，充满票签行走。二十三年(1843)，以本旗贴写中书分缺间用。二十七年(1847)，充学习中书。咸丰元年(1851)，任贴写中书。次年，补军机章京。四年(1854)，授内阁中书。六年(1856)，赏加侍读升衔。次年，候补侍读。八年(1858)，任内阁侍读，并以理事、同知、通判用。十年(1860)，赏四品顶戴。十一年(1861)，升实录馆满总纂官、帮提调官，兼银库员外郎，兼充三库档房行走。同治元年(1862)，署军机处领班章京、方略馆提调官，加道衔。三年(1864)，记名以道员用，补三品衔，加三品衔，并赏戴花翎。次年，任军机处领班章京，兼方略馆提调官。六年(1867)，调补湖北安襄郧荆道，晋二品衔。次年，擢四川按察使。九年(1870)，署四川布政使。光绪元年(1875)，调广西按察使。次年，卒于任。

篆务,以便翁同爵交卸起程。

查有盐茶道傅庆贻,精明稳练,办事实心,堪以委署。所遗盐茶道篆务,查有成都府知府孙濂,干练老成,情形熟悉,堪以委署。所遗成都府知府,查有候补知府李德良,为守兼优,堪以接署。除分饬遵照外,理合恭折具奏,伏乞皇太后、皇上圣鉴。谨奏。二月初二日。

同治八年二月二十九日,军机大臣奉旨:知道了。钦此。①

○一五 知府庆征期满甄别折

同治八年二月初二日(1869 年 3 月 14 日)

头品顶戴四川总督臣吴棠跪奏,为知府试用期满,循例甄别,恭折仰祈圣鉴事。

窃照捐纳道府分发试用一年期满,例应察看才具,分别堪胜繁简,专折奏闻。兹查发川试用知府庆征,年五十岁,镶红旗满洲舒昌佐领下人,由官学生遵例报捐笔帖式,补授刑科笔帖式暨伊犁驼马处章京,保升主事。咸丰元年,补授盛京工部主事,推升户部员外郎,调补理藩院员外郎。同治二年二月,奉上谕:恰克图理事各国商务司员,着庆征去。钦此。五年,回理藩院当差,升补礼部郎中。在京铜局报捐知府,分发四川试用。六年二月,由部带领引见,奉旨:庆征着照例发往。钦此。十二月二十日到省,扣至七年十二月二十日,试用一年期满,据藩、臬两司详请甄别前来。

臣察看该员庆征,年力正强,才识练达,堪膺表率之任。请留川以繁缺知府补用。倘该员始勤终怠,仍当随时核办,断不敢稍事

---

① 中国第一历史档案馆藏:军机录副,档案编号:03-4645-151。

姑容,致滋贻误。理合循例恭折具奏,伏乞皇太后、皇上圣鉴。谨奏。二月初二日。

同治八年二月二十九日,军机大臣奉旨:吏部知道。钦此。[①]

○一六　请照旧章加广川省文武学额折

同治八年二月初二日(1869年3月14日)

头品顶戴四川总督臣吴棠跪奏,为查明川省续收按粮津贴银两,并计前次请奖盈余银数,恳恩加广文武学额,以昭激劝,恭折仰祈圣鉴事。

窃查川省办理按粮津贴以来,节经奏明请加学额,并声明尚有盈余及不敷广额之银归入下届并计请奖在案。兹据布政使蒋志章、按察使翁同爵详称:计自同治六年正月初一日起,至是年十二月底止,续收咸丰四、五、六、七、九、十、十一等年及同治元、二、三、四、五、六等年按粮津贴,共银七十一万一千四百五十九两零,合之五年册报奉准广过学额盈余及不敷广额银五十一万一千三百八十三两零,统计银一百二十二万二千八百四十二两零,恳请分别加广学额,造册具详前来。臣查原定章程:一厅一州一县捐银一万两,请加文武学定额各一名,以此递加,以十名为限。捐银二千两,加广文武试学额各一名,仍不得过原额之数。又,同治七年十一月初七日,准礼部咨:会同兵部、户部议覆御史范熙溥及湖北学臣张之洞奏各省捐输变通广额通行内开:嗣后外省捐输请加学额银数,应照旧章酌加一倍。所加一次学额,大学七名、中学五名、小学三名,

---

以示限制各等因。

伏思川省津贴一项为他省所无,士民系于捐输之外按粮津贴并不请奖,与各省捐输本员已经得奖又加广学额者,迥然不同。新章系为额多人少、杜绝幸进而设,诚以他省原定学额大县多至二十余名,历年迭广,或有历年迭广,或有加至百余名及数百名者。川省大县原额不过十余名,中县、小县仅取进七八名、五六名不等,节年加广,尚有不及他省原额名数者。迩来文风日起,应试人数一州一县多至二三十名。□□□□,本省额满见遗之憾,若照捐输广额之例,银数倍计,额数又减,应试者未免向隅,且各属续解、补解历年津贴到司,均在同治六年冬季以前,而接到新章事在七年冬季,相隔已久。合无仰恳天恩,俯念川省津贴一项系备充京饷要款,并未请奖,且惟一省独有应试人多额少,与别省情形不同,准其仍照旧章,一州一县收津贴银一万两,永加文武学定额各一名;收银二千两,加广一次文武学额各一名。其一次广额并免计七名、五名、三名之限,以示体恤而广作育。如蒙俞允,川省续收同治六年及补收咸丰、同治各年份津贴,按册核计,共应请永加文武学定额各三十四名,又广文武试一次学额各一百九十九名,核与历办成案相符。

此次请广额数,计应开除银七十三万八千两,尚有广额盈余及不敷永广并加广银四十八万四千八百四十二两零,仍请归入下届续收项下并计,非但士林永沐恩膏,聿彰偃武备文之盛,将见蓬屋念殷,报效同切、急公慕义之忱,实于国家理财、育贤之道均有裨益,且津贴为他省所无,别省自不得援以为例。除册咨部外,是否有当,理合恭折具奏,伏乞皇太后、皇上圣鉴。谨奏。二月初二日。

同治八年二月二十九日，军机大臣奉旨：该部议奏。钦此。[①]

○一七　奏报知府彭毓棻给咨赴部片

同治八年二月初二日(1869年3月14日)

再，据布政使蒋志章详称：分发即补知府彭毓棻捐助陕甘军米，请奖指省四川，现无经手未完事件，禀恳给咨赴部等情。臣查该员彭毓棻系刑部司员出身，熟悉刑名，历在安徽、陕西军营，晓畅戎务，曾经乔松年以秉性忠朴、为守兼优保荐，仰蒙恩旨在案。此次随臣入川以来，于一切民情吏事均能留意讲求。臣于上年十月奏请留川差委，奉旨：吏部议奏。钦此。嗣吏部以川省并非军务省份，照例不准奏调人员，应令将经手事件完竣，给咨赴部等因。覆奏奉旨：依议。钦此。钦遵咨行前来。

该员业已指省四川，查无经手未完事件，应即给咨送部引见。除咨部查照外，理合附片具陈，伏乞圣鉴。谨奏。

同治八年二月二十九日，军机大臣奉旨：知道了。钦此。[②]

○一八　奏报考试捐纳各员折

同治八年二月二十日(1869年4月1日)

头品顶戴四川总督臣吴棠跪奏，为遵旨考试捐纳各官情形，恭折具奏，仰祈圣鉴事。

---

① 中国第一历史档案馆藏：军机录副，档案编号：03-4918-022。

② 中国第一历史档案馆藏：军机录副，档案编号：03-4645-152。此片具奏日期未确，兹据同批折件校正。

窃臣于同治七年十一月三十日准吏部咨：同治七年九月二十二日，奉上谕：御史袁方城奏，仕途流品日杂，请饬考核裁汰一折等因。钦此。钦遵咨行前来。当即恭录行司饬传捐纳出身及由捐纳、保升之实任、候补州县等官，由司备卷送考，先后据藩司蒋志章详送甫经补缺尚未到任之知州易绍琦等三员，暨候补直隶州知州徐斯匡等五十八员，随于本年正月二、十四、十九、二月初四等日，传至臣署，严密关防，以一论一示出题面试，并委道员张舒尊、知府王树汉，随同监察。臣悉心校阅，其中文理优长、议论通达者十余名，余者亦均妥顺，自应准其一体补署。惟内有捐归新班遇缺即补人员，文理虽不至荒谬，然或少年自喜，未习艰辛；或历练尚疏，仍须造就。该员等补缺班次在前，不得不照例先补，但恐骤膺民社，转滋贻误地方。臣惟有督同两司，随时详加察看，如果有未能胜任，仍令留省学习，俾以策励。此外差委在外各员，容饬司陆续调送，另行考较。

至从前由捐纳出身早经补缺赴任有年之州县，各有地方之责，离省远近不一，势难纷纷调考，致旷职守。仍当恪遵谕旨，察其居官之勤惰、行己之贪廉，与正途人员随时秉公举劾，以期仰副圣主澄叙官方、整顿吏治之至意。除将考过捐纳各员造具清册咨部查照外，理合恭折具奏，伏乞皇太后、皇上圣鉴训示。谨奏。二月二十日。

同治八年四月初八日，军机大臣奉旨：知道了。钦此。①

【案】同治七年九月二十二日，奉上谕：此谕旨上谕档载曰：

---

① 中国第一历史档案馆藏：军机录副，档案编号：03-4646-133。

同治七年九月二十二日，内阁奉上谕：御史袁方城奏，仕途流品日杂，请饬考核裁汰一折。据称近年捐纳人员众多，其中流品混淆，请严行裁汰等语。牧令与民最亲，必须公正廉洁，方足以资治理。若如该御史所奏，实恐仕途日杂，亟须严加考核。着各直省督抚于通省州县内，凡由俊秀、监生捐纳之员，无论实缺、署事、候补，随时面加考试，如有文理清顺、议论通达者，方准与正途人员一例升转补用。倘文理荒谬，即以原品休致。考试时仍须严密关防，毋任代倩传递，虚行故事。至居官之勤惰，行己之贪廉，虽正途人员亦当一体随时察看，秉公举劾，以肃官方而清吏治。钦此。[①]

○一九　奏报川省同治八年正月雨水、粮价折

同治八年二月三十日(1869 年 4 月 11 日)

头品顶戴四川总督臣吴棠跪奏，为恭报四川省同治八年正月份各属具报米粮价值及得雨情形，仰祈圣鉴事。

窃照同治七年十二月份通省米粮价值及得雪情形，前经臣恭折奏报在案。兹查同治八年正月份成都、重庆、夔州、龙安、绥定、保宁、顺庆、潼川、雅州、嘉定、叙州等十一府，资州、绵州、忠州、眉州、泸州五直隶州，石砫、叙永二直隶厅，各属先后具报得雨自一二次至八、九、十次不等。小春茂盛，堰水充盈。其通省粮价俱与上月相同，据藩司蒋志章查明列单汇报前来。

---

① 中国第一历史档案馆编：《咸丰同治两朝上谕档》，第 18 册，第 349 页；《穆宗毅皇帝实录(六)》，卷二百四十三，同治七年九月下，第 371—372 页。

臣覆核无异。理合分缮清单,恭呈御览,伏乞皇太后、皇上圣鉴。谨奏。二月三十日。

同治八年四月初八日,军机大臣奉旨:知道了。钦此。[1]

○二○　呈川省同治八年正月粮价清单

同治八年二月三十日(1869 年 4 月 11 日)

谨将四川省同治八年正月份各属具报米粮价值,开具清单,恭呈御览。

成都府属,价贵。中米每仓石价银二两八钱八分至三两九钱二分,与上月同。大麦每仓石价银一两八钱四分至二两一分,与上月同。小麦每仓石价银二两一钱九分至二两三钱六分,与上月同。黄豆每仓石价银一两六分至二两四钱六分,与上月同。荞子每仓石价银一两一钱八分至一两七钱二分,与上月同。

重庆府属,价贵。中米每仓石价银二两六钱九分至三两七钱一分,与上月同。大麦每仓石价银一两六钱五分至二两,与上月同。小麦每仓石价银二两三钱三分至二两七钱五分,与上月同。黄豆每仓石价银二两七钱三分至三两三分,与上月同。

保宁府属,价贵。中米每仓石价银二两七钱六分至三两四钱七分,与上月同。大麦每仓石价银一两九钱二分至二两一钱,与上月同。小麦每仓石价银二两八钱八分至三两六钱二分,与上月同。黄豆每仓石价银一两八钱三分至二两一钱三分,与上月同。

顺庆府属,价贵。中米每仓石价银二两九钱四分至三两三钱

---

①　中国第一历史档案馆藏:军机录副,档案编号:03-4964-421。

五分，与上月同。大麦每仓石价银一两六钱二分至一两八钱一分，与上月同。小麦每仓石价银二两一钱二分至二两一钱五分，与上月同。黄豆每仓石价银一两五钱五分至一两六钱七分，与上月同。

叙州府属，价贵。中米每仓石价银三两二钱至三两五钱，与上月同。大麦每仓石价银一两六钱七分至二两三分，与上月同。小麦每仓石价银二两一钱七分至二两六钱七分，与上月同。黄豆每仓石价银一两一钱六分至一两五钱七分，与上月同。

夔州府属，价贵。中米每仓石价银三两至三两三钱五分，与上月同。大麦每仓石价银一两七钱九分至二两四钱七分，与上月同。小麦每仓石价银二两九钱八分至三两六分，与上月同。黄豆每仓石价银二两一钱六分至二两二钱六分，与上月同。

龙安府属，价贵。中米每仓石价银二两七钱至三两四钱，与上月同。青稞每仓石价银一两五钱，与上月同。小麦每仓石价银一两八钱一分至二两二钱，与上月同。黄豆每仓石价银一两八钱五分至一两九钱三分，与上月同。

宁远府属，价贵。中米每仓石价银三两三分至三两三钱六分，与上月同。大麦每仓石价银一两四钱九分至一两六钱一分，与上月同。小麦每仓石价银一两六钱四分至二两二钱五分，与上月同。荞子每仓石价银一两四钱八分，与上月同。黄豆每仓石价银一两五钱六分至一两六钱三分，与上月同。

雅州府属，价中。中米每仓石价银二两九钱五分至三两，与上月同。小麦每仓石价银二两三钱三分至二两六钱八分，与上月同。黄豆每仓石价银一两六钱八分至二两七钱，与上月同。

嘉定府属，价贵。中米每仓石价银三两一分至三两六钱一分，与上月同。小麦每仓石价银二两三钱九分至二两七钱六分，与上月同。黄豆每仓石价银一两四钱九分至二两五分,与上月同。

潼川府属,价贵。中米每仓石价银二两三分至三两三钱一分,与上月同。大麦每仓石价银一两六钱七分至一两九钱五分,与上月同。小麦每仓石价银二两一钱八分至二两五钱三分,与上月同。黄豆每仓石价银一两七钱九分至二两一钱六分,与上月同。

绥定府属,价贵。中米每仓石价银二两七钱一分至三两一分,与上月同。大麦每仓石价银一两五钱八分至一两五钱九分,与上月同。小麦每仓石价银一两六钱五分至一两七钱六分与上月同。黄豆每仓石价银一两四钱三分,与上月同。

眉州直隶州并属,价贵。中米每仓石价银二两八钱八分至三两一钱八分,与上月同。

邛州直隶州并属,价贵。中米每仓石价银二两七钱八分至三两二钱一分,与上月同。大麦每仓石价银一两九钱三分,与上月同。小麦每仓石价银二两六钱,与上月同。黄豆每仓石价银二两一钱至二两二钱四分,与上月同。

泸州直隶州并属,价贵。中米每仓石价银三两二钱一分至三两二钱二分,与上月同。

资州直隶州并属,价贵。中米每仓石价银二两六钱五分至三两,与上月同。

绵州直隶州并属,价贵。中米每仓石价银二两八钱七分至三两一钱九分,与上月同。小麦每仓石价银二两三钱四分至二两四钱八分,与上月同。

茂州直隶州并属,价中。中米每仓石价银二两七钱,与上月同。小麦每仓石价银二两七钱,与上月同。青稞每仓石价银二两二钱二分,与上月同。荞子每仓石价银一两一钱七分至一两七钱七分，与上月同。

忠州直隶州并属，价贵。中米每仓石价银二两七钱一分至三两三钱九分，与上月同。大麦每仓石价银一两四钱六分至一两六钱，与上月同。小麦每仓石价银二两七分至二两四钱三分，与上月同。黄豆每仓石价银一两二钱七分至一两三钱七分，与上月同。

酉阳直隶州并属，价贵。中米每仓石价银二两七钱二分至三两二钱二分，与上月同。大麦每仓石价银二两三钱至二两六钱二分，与上月同。小麦每仓石价银二两六钱六分至二两八钱，与上月同。黄豆每仓石价银一两三钱九分至一两四钱四分，与上月同。

叙永直隶厅并属，价贵。中米每仓石价银三两一钱，与上月同。小麦每仓石价银一两八钱一分，与上月同。荞子每仓石价银一两三钱六分，与上月同。黄豆每仓石价银一两六钱一分，与上月同。

松潘直隶厅，价中。青稞每仓石价银二两八钱二分，与上月同。荞子每仓石价银一两七钱五分，与上月同。

理番直隶厅，价中。青稞每仓石价银二两四钱六分，与上月同。荞子每仓石价银一两八钱一分，与上月同。

石砫直隶厅，价平。中米每仓石价银一两七钱，与上月同。大麦每仓石价银一两七钱三分，与上月同。小麦每仓石价银二两八分，与上月同。黄豆每仓石价银一两八钱九分，与上月同。

打箭炉厅，价贵。青稞每仓石价银四两九钱九分，与上月同。油麦每仓石价银一两八钱二分，与上月同。

军机大臣奉旨：览。钦此。[1]

---

[1] 中国第一历史档案馆藏：清单，档案编号：03-4964-422。

○二一　呈川省同治八年正月得雨清单

同治八年二月三十日(1869 年 4 月 11 日)

谨将四川省同治八年正月份各属具报雨水情形,开具清单,恭呈御览。

成都府属:成都、华阳两县得雨四次,小春滋长。简州得雨七次,小春滋长。崇庆州得雨四次,荞子播种。汉州得雨五次,小春滋长。温江县得雨十次,小春茂盛。郫县得雨六次,小春滋长。新都县得雨八次,豆麦滋长。什邡县得雨七次,小春滋长。

重庆府属:江北厅得雨五次,小春茂盛。巴县得雨二次,小春荣茂。江津县得雨五次,小春茂盛。长寿县得雨三次,小春滋长。永川县得雨三次,小春茂盛。荣昌县得雨一次,小春畅茂。合州得雨四次,冬粮扬花。南川县得雨五次,小春滋长。璧山县得雨三次,小春茂盛。涪州得雨二次,堰水充盈。大足县得雨四次,小春茂盛。定远县得雨一次,小麦滋长。

夔州府属:万县得雨二次,小春畅茂。

龙安府属:江油县得雨四次,春荞播种。

绥定府属:新宁县得雨一次,小春滋长。

保宁府属:苍溪县得雨一次,小春滋长。巴州得雨三次,田水充足。

顺庆府属:南充县得雨四次,豆麦茂盛。蓬州得雨四次,堰水充足。营山县得雨四次,豆麦滋长。岳池县得雨八次,豆麦滋长。邻水县得雨二次,小春畅茂。

潼川府属:盐亭县得雨三次,豆麦畅茂。蓬溪县得雨二次,豆麦茂盛。乐至县得雨七次，小春滋长。

雅州府属：雅安县得雨七次，小春茂盛。

嘉定府属：乐山县得雨二次，小春滋长。峨眉县得雨二次，豆麦滋长。荣县得雨一次，小春滋长。威远县得雨六次，豆麦茂盛。

叙州府属：南溪县得雨五次，小春吐秀。富顺县得雨四次，小春扬花。马边厅得雨五次，小春扬花。

资州直隶州并属：资州得雨九次，小春茂盛。资阳县得雨六次，小春滋长。内江县得雨七次，小春滋长。

绵州直隶州并属：绵州得雨三次，二麦滋长。梓潼县得雨四次，小春茂盛。罗江县得雨五次，豆麦争荣。

忠州直隶州并属：忠州得雨三次，冬粮滋长。酆都县得雨三次，小春滋长。垫江县得雨三次，小春茂盛。

眉州直隶州属：彭山县得雨六次，豆麦滋长。

泸州直隶州属：纳溪县得雨四次，小春吐蕊。

叙永直隶厅并属：叙永厅得雨四次，小春扬花。永宁县得雨二次，小春扬花。

石砫直隶厅：石砫厅得雨二次，小春畅茂。

军机大臣奉旨：览。钦此。①

○二二　审明蔡允初京控案按律定拟折

同治八年二月三十日（1869 年 4 月 11 日）

头品顶戴四川总督臣吴棠跪奏，为京控重件审明定拟，恭折仰

---

① 中国第一历史档案馆藏：清单，档案编号：03-4964-423。

祈圣鉴事。

　　窃前兼署督臣崇实任内准都察院咨:据四川监生蔡允初以捏详冤办等词赴该衙门呈诉一案,于同治四年十一月三十日具奏,十二月初一日,内阁奉旨:此案着交崇实、骆秉章,督同臬司,亲提人证、卷宗,秉公严讯确情,按律定拟具奏。原告蔡允初着该部照例解往备质。钦此。钦遵将该原告蔡允初咨解回川。崇实遵即行司委提全案人证、卷宗、簿据到省,督同藩、臬两司审办。经臣到任接准移交,催据布政使蒋志章、按察使翁同爵,督同成都府知府孙濂、候补知县施蓉昌等审明定拟,解勘前来。

　　臣亲提研审,缘监生蔡允初籍隶资州,蔡家祺系蔡允初之父。咸丰五年三月间,蔡家祺因州民黄启修向刘光昶卖业未成,代黄启修作词呈控,得钱二千文。经前任州恒保集讯,究出情由,饬差查拿,蔡家祺逃逸。十年,滇匪窜扰州境,前署州董贻清奉文募勇防剿,经费无出,传集殷实绅粮李蔚林等劝捐注簿,认捐钱三万五千余串,因仅收得钱七千三百四十一串不敷支用,又经绅粮公议,禀请按粮每两捐保境经费钱六千六百文,举派津贴局首士职员廖成忠、曾廷琮、徐士适、张崇愿,附入津贴局内经收,支发勇粮,一切俱系该局士等经理。

　　嗣因所收经费不齐,需用孔急,陆续将所收津贴钱九千余钏照价值合银四千八百六十一两零挪垫,请俟收得民捐保境经费归还。嗣董贻清管带珠江勇出境剿办滇匪,禀请提用当商生息本银一万七千七百五十九两五钱,咸丰九、十年生息利银三千九百六十八两,糖厘银三百二十五两,罗泉井盐厘银四千两,俱经照例报销。董贻清旋即交卸。计该局士等先后经收十年、十一年、同治元年保境经费共钱五万五千九百六十四钏五百四十三文。除董贻清任内提发练勇局支销勇粮钱二万五千三百六十九钏一百四十八文，又提交职员徐士适补修州城炮台钱三千五百二十四钏五百三十五文，接署州范涞清、刘彝德暨本任州黄济各任内支销练勇口粮、伤亡恤赏，并据修水洞及局内印红、薪水等项，共钱二万五千一百七十八钏四百六十文，尚存钱一千八百九十二钏四百文，付交接管局士易赞元接收，因系民捐民用，故未报销。该局士等挪用咸丰十年份津贴钱文，因民捐经费拨支各项所剩无多，是以迄未归款。廪生刘光京等疑系局士滥支侵吞，并因挪用津贴少广学额，赴学院衙门呈控，批州查讯，因值办理军务，人证不齐未结。

同治二年二月间，蔡家祺因事□回州，向曾廷琮借钱不允口角，即自作收多报少呈词，嗣更名蔡翼元，捏写监生，赴藩司呈控，批州审讯，蔡家祺匿不到案。三月间，蔡从宗之子蔡松善在樊邓邦家帮工，因病自缢身死。蔡家祺唆令蔡从宗具控，代作身死不明呈词，赴州呈控。经该州知州黄济验讯，实系自缢。蔡从宗供出蔡家祺唆讼情由，具悔结案。饬据巡役将蔡家祺访获。蔡家祺虑恐到案受刑，仍捏称监生，并令蔡允初赴内江县捐局代伊更名蔡逢伯，蒙捐监生，希图扛案。复经该州查明，讯供详革，审拟解司。蔡家祺翻异原供，发委成都府审讯。因要证蔡从宗远贸，将蔡家祺发回。嗣经该州唤获蔡从宗，一并解省。经成都府讯明，将蔡家祺比照积惯讼棍拟军例上减一等，拟杖一百、徒三年，解司讯明，详经前兼署督臣崇实批饬，照拟充徒，按季汇咨，奉准部覆在案。蔡允初当伊父复解赴省之时，虑办重罪，起意京控，撮拾伊父及刘光京等前控情节，并随意添砌酷刑逼供各情，自作呈词，赴都察院呈控，奏奉谕旨交审。饬据藩、臬两司委提人证、卷宗、簿据到省，核算各款。旋据廖成忠等将挪垫津贴银两如数赔缴，审明定拟，解勘前来。臣亲提研鞫，据供前情无异，诘无不实不尽，案无遁饰。

此案蔡允初因伊父蔡家祺作词唆讼，经州讯明拟办，恐问重罪，赴京呈控。查所控董贴清提用当商生息盐厘、糖厘等款及按粮每两派捐钱六千六百文，均有其事。所称局士廖成忠等滥支、侵吞捐输津贴钱文，讯明廖成忠等挪移津贴属实，均系事出有因，与凭空诬告者有间。惟伊父蔡家祺因唆讼拟罪，并无屈抑，辄即添砌酷刑逼供呈词，赴京呈诉，究有不合。蔡允初应照不应轻律，拟笞四十，系监生，照例纳赎。廖成忠等经管津贴，任意挪移，虽已于讯明后如数赔缴，按因公挪移一年限内完缴，例得免罪。惟因此未解及时请广学额，实属违误旷典。廖成忠、曾廷琼、徐士适、张崇悫，均请照违制律，各拟杖一百。徐士适、张崇悫均已病故，廖成忠、曾廷琼均照例革去职员，免其发落。蔡家祺因唆讼拟徒，并无屈抑，业经发配充徒，应毋提质。本任知县黄济并无嘱令署任严办之事，前署县董贴清因办理军务，奉文提用当商生息盐糖厘银等款，业已照例报销。民捐经费钱文，陆续支销勇粮等项，均由局士经手，亦复提齐簿据，逐一算明，并无侵挪浮冒情事，均毋庸议。前项钱文系民捐民用，免其报销。该局士等所缴津贴银两，由藩司汇案请广学额。该州欠解咸丰十一年津贴，实欠在民，仍饬照案随同地丁代缴审解。无干省释。

除将人证发回取保并供卷分咨部院外，所有审拟缘由理合恭折具奏，伏乞皇太后、皇上圣鉴，敕部核覆施行。谨奏。二月三十日。

同治八年四月初八日，军机大臣奉旨：刑部议奏。钦此。[1]

---

① 中国第一历史档案馆藏：军机录副，档案编号：03-9989-015。

【案】同治四年十月三十日，左都御史全庆等奏报川省监生蔡允初京控折：

都察院左都御史全庆等跪奏，为奏闻请旨事。

据四川监生蔡允初以捏详宽办等词，赴臣衙门呈递。臣等公同讯问，据蔡允初供：年二十六岁，四川资州人。缘咸丰九年匪窜本州，州主董串同局士廖成忠、曾廷琮等，以军务为名，勒捐各项，为数不少，又私吞津贴银两。查津贴一项，原系加广学额。十年、十一年，约收银一万余千，乃十年仅解银一百余两，十一年仅解银二千九百余两，余银均被伊等侵吞，以致学额未广，曾经廪生刘光京等呈控学宪。生父蔡家麒于同治元年、二年亦再控藩宪，均批州讯。州主黄受董主之托，不论曲直，屡将生父酷责，迫生上控臬宪，仍批回本州，数月不讯。后以蔡松善命案及刘光昶买卖田土案，诬生父习使唆讼，随捏供结详解。三年，成都府委员初讯尚是持平，继逼生父招供，至今年正月，共讯八十三堂，受尽酷刑。三月间，生叩督宪，经新任成都府孙饬委任本州州主黄查得廖成忠等实吞捐输钱三万一千、津贴钱九千九百余串。又，刘光昶等各具生父并无教唆甘结，生以为自此无事，乃委任黄主卸事，而本任黄主回任，又将生父解省收禁。生为此情急，抄具全案，来京沥陈等语。余与原呈大略相同。

臣等查该监生蔡允初呈控局绅廖成忠等侵吞公项，节经上控批州，该州捏详宽办各情，公项岂容丝毫侵蚀！据称查出实吞钱数，已累万千。且查抄呈该署州牧详文，有"本任嘱令蔡家麒一犯必须从严照办"等语，是否该州牧意存回护、致有冤抑？虚实亟应严究，以期水落石出。谨抄录原呈，恭呈御览,伏乞圣鉴训示。

再,据该监生结称在成都府、臬司、总督衙门各控告二次,均未亲提。合并声明。谨奏。同治四年十一月二十日。都察院左都御史臣全庆,左都御史臣董恂,左副都御史臣宗室恒恩,左副都御史臣潘祖荫,左副都御史臣贺龄慈。[①]

【附】同治四年十一月三十日,全庆等附陈四川监生蔡允初呈状:

具呈人:四川省直隶州资州监生蔡允初,年二十六岁,为回护奸党,捏详冤办,恳奏伸究事。

缘生父蔡家麒以蔡逢伯之名捐纳监生,祖籍资州,累世绅粮,毫不染非,里邻可结。衅由咸丰九年贼匪入州,州牧董串同惯钻管公之局士廖成忠、曾廷琮、徐世适、张崇恵等,架名办理军务,勒捐城乡铺户、绅粮银数万千,并勒捐李蔚林等三万余千,即各寺僧人亦勒出钱一万余千。又提生息糖厘、盐厘数万,更于大量夫马津贴外,每两粮又勒派钱六千六百文,共计十余万,均有簿据可质。乃伊等串管党弊,仗董主权势,不遵旧规,一切应用皆任意浮滥,且除浮滥外,并无支销去数,被伊等侵食者三万余千,而伊等心犹不足,犹敢私吞津贴。窃川省津贴原广学额,此系圣皇广恩。资州咸丰十年、十一年,约收银一万余千,乃十年仅解银一百三十九两三钱,十一年仅解银二千九百四十九两五钱,余钱均被伊等鲸食,致使学额少广多名,激廪生刘光京等呈控学宪,批另录。同治元年六月初三,生父等亦呈控藩宪,批另录。生父等遵批回州,殊本任州主黄

---

① 中国第一历史档案馆藏:军机录副,档案编号:03-5015-039。

与前任董主系属交好，概置不理。生父等呈催，州批与藩批违抗，批另录。

同治二年二月二十三日，生父等再以收多解少恳藩，批另录，生父等遵回。比日董主遣门丁徐世甫来州，不知如何弊托黄主，黄主遂暴厉颠顸，欲以刑威骇压绅粮，不论曲直。四月初十，屈将生父责嘴，收卡十一，责小板一千四百一十三，责条子一千五百，迫生五月初三以卡抑无辜呈控臬宪，批另录，生遵批回州候审。拖塌数月，不沐州主一讯，但出招告告示，四处张贴，究无一人将生父控告。延及腊初，平空抓生堂叔祖蔡从宗命案，逼令从宗结具，刁诬及咸丰五年刘光昶买卖田土案，诬生父教唆词讼，蒙混捐监；不思蔡从宗系生父堂叔，伊子蔡松善在樊登寅家缢毙，控案验讯，并无生父在场，何为教唆？况伊子二月十五身毙，生父尚在藩被押候批，路隔三百余里，亦何得教唆？即伊子五月上控，生父已在卡内，更何能教唆？若刘光昶系生父表弟，黄启修控伊买业，屡请生父做中不成，控累生父，又何云教唆？至于捏称生父蒙混捐监，何为生父领照在前，州主捏办在后，乃不分是否，不由分诉，假诬供结捏详督宪，详另录，督批尚未发。初五，突屈办生父解省。初七，督批始下，批另录。初八，黄主卸事。十三，生随以无据久卡恳臬，批另录。

同治三年二月十二日，沐臬司将生父发成都府委讯。委员傅主、沈主、杨主等初讯二三堂，犹云生父被冤，务须提集人证，质讯明确否。黄主在省，不知如何舞弊，讯至四堂，忽逼勒生父招供。生父无案可供，便加酷刑，并严将生父掌责，发坐押保店两月，饬缴生父监照，生遵缴在案。自去年二月至今年正月,叠讯八十三堂,跪链子二十二堂,跪美人庄二十三堂,上架子七堂,责板四百五十个,责嘴八百一十个,昏绝数次,惨苦已极。迫生今年三月以恳怜无辜呈叩督宪,批另录,始沐新任成都府孙提讯数次,知生父受屈,禀请臬司将生父核回,饬令委任州主黄,提集人证,质讯生父有无教唆,禀批录。比时绅粮罗心周等亦叠次呈控督宪,仍沐批发回,敕令委任州主黄,查算廖成忠等多寡侵吞,初批另录。委任州主黄当即票唤廖成忠等到案查算,查得捐输实吞钱三万一千,津贴实吞钱九千九百四十九串四百零八十文,禀覆藩宪,卷宗可质。当即又票唤刘光昶及要证等到案质讯,均各具生父并无教唆甘结,亦沐禀覆臬宪,禀批均录。乃委任秉公之黄主卸事,本任回护奸党、捏办生父之黄主仍回州任,不惟不着追吞项,反将生父覆办,解省收禁,并将生弟发坐押保店,迄今不知生死。

惨生父年将五十,忠于公事,冤遭屈办,禁监数岁,苦楚难堪,屡受酷责,身无完肤,生心何甘!只得匍匐来京,奔叩辕下,伏乞迅速转奏圣皇,哀怜生父因公受累,无辜被办,差员到川追究廖成忠等鲸吞,以济公用而惩奸党,以广学额而培士风,庶生父公忠之志能伸、数年之冤得雪,不但生世代戴德不朽,即阆州士民亦被恩不忘也。迫切上叩。①

---

① 中国第一历史档案馆藏:呈状,档案编号:03-5015-040。

○二三 委解本年京饷银数、日期片

同治八年二月三十日(1869年4月11日)

再,臣吴棠前奉寄谕:户部奏预拨同治八年京饷,着分批起解等因。钦此。单开指拨四川盐厘银十八万两,按粮津贴银十八万两。伏查川省援邻防边,并筹拨各邻省协饷,经费虽极浩繁,惟京饷关系尤重,自应先其所急。臣吴棠督同藩司蒋志章等竭力筹措,兹先凑集按粮津贴银四万两、盐厘银四万两,共银八万两,饬委候补知县李莲生管解,定期同治八年三月初十日自川起程。第因川至京必须取道陕西,现在陕省回氛未靖,驿路通塞靡定,长途解运,疏失堪虞。惟有援照上届汇兑成案,饬令委员按照库砝兑齐,交天成亨等各银号承领,取具汇票,到京赴各银号将银如数兑齐,解赴部库交纳,用昭慎重等情,由藩司蒋志章、署盐茶道孙濂会详前来。除分咨外,理合附片陈明,伏乞圣鉴。谨奏。

同治八年四月初七日,军机大臣奉旨:户部知道。钦此。[①]

○二四 川省士民续捐银两开单请奖片

同治八年二月三十日(1869年4月11日)

再,川省请办同治三年份捐输,所有崇庆等州县士民捐输银两内足敷议叙各捐生姓名、银数及官职、履历,经前督臣四次奏

[①] 中国第一历史档案馆藏:军机录副,档案编号:03-4946-055。此片具奏日期未确,暂据推补。

请救部奖叙在案。兹复查成都、梁山等州县士民陆续捐输银三十三万一千四百四十二两零,均已解司兑收,拨充各路军饷,支用无存,统归军需项下汇案报销。其各州县捐生足敷议叙者,计银三万五百三十六两,造具花名、履历、银数清册,由捐输厘金总局司道查明请叙各项,核与筹饷及现行常例减成银数均属相符,详请奏奖前来。

合无仰恳天恩,救部迅予核议给奖,用昭激劝。除将清册分咨部、监外,理合附片具奏,伏乞圣鉴训示。谨奏。

同治八年四月初八日,军机大臣奉旨:户部议奏。钦此。①

○二五　奏委吴宝林等员署理同知等缺片

同治八年二月三十日(1869 年 4 月 11 日)

再,现署江北厅同知事忠州直隶州知州蒋拱辰患病,所遗署缺查有成都府水利同知吴宝林,堪以调署。又,简州知州叶美荣调省,遗缺以夹江县知县刘钟璟接署。该员等正、署各任内无经征钱粮未完及承缉盗劫已起四参案件,据藩、臬两司会详前来。〈除〉檄饬遵照外,理合附片陈明,伏乞圣鉴。谨奏。

同治八年四月初八日,军机大臣奉旨:知道了。钦此。②

---

　　①　中国第一历史档案馆藏:军机录副,档案编号:03-4918-044。此片具奏日期未确,兹据同批折件校正。

　　②　中国第一历史档案馆藏:军机录副,档案编号:03-4646-130。此片具奏日期未确,兹据同批折件校正。

○二六　奏报委解陕省饷银日期片

同治八年三月十五日(1869 年 4 月 26 日)

再,臣棠前奉寄谕:于川省盐厘项下提拨银二十万两,迅速解陕,仍于四川欠解甘饷银并采买甘粮等款内分别划除等因。遵即督同司道两次筹拨银七万两,委员解交河中转运局及甘省催饷道员豫师查收,并将起程日期先后奏报在案。咨复饬据司道凑集盐厘银三万两,委试用同知汪金砺管解,定期于同治八年二月二十九日自成都起程,驰赴河中转运局,交道员陈丕业查收转解。计先后共解过盐厘银十万两,遵旨在于欠解甘饷内先行照数划除,余俟盐厘续收有项,再行报解。除分咨陕甘督、抚臣外,理合附片陈明,伏乞圣鉴。谨奏。

同治八年三月十五日,军机大臣奉旨:知道了。钦此。①

○二七　奏委音德布署理川北道片

同治八年三月十五日(1869 年 4 月 26 日)

再,臣棠接据署保宁府知府宋仕辉禀称:川北道包炜因感冒风寒,医治不愈,于本年二月二十三日出缺,所遗川北道篆务,应即委员接署。查有候补道音德布,在川年久,熟悉地方情形,堪以委署。除檄饬遵照并另行照例具题外,所有川北道系冲、繁请旨缺,且地接陕西,边防紧要,相应请旨迅赐简放,以重职守。理合附片具奏,

---

① 中国第一历史档案馆藏:军机录副,档案编号:03-4946-032。

伏乞圣鉴。谨奏。

同治八年三月十五日,军机大臣奉旨:钦此。①

【案】此片于是年三月十五日获清廷批覆:

同治八年三月十五日,内阁奉上谕:四川川北道员缺,着张兆辰补授。钦此。②

○二八　请以联昌等递署总兵等缺片

同治八年三月十五日(1869年4月26日)

再,四川重庆镇总兵共管辖十四营、马、步、守兵四千余名,营汛远隔,控制最难。该总兵官李得太自履任后,颇思振作有为,惟未自戎行,于绿营经制不能透彻。臣等现于省城练兵,而各镇兵马亦须次第讲求。川东营务殷繁,地当冲要,尤非老成谙练之才,不足以资整顿。查有松潘镇总兵联昌,朴诚稳练,例官数省,由将领以至专阃,洞悉绿营利弊,合无仰恳天恩,俯准以联昌调署重庆镇总兵,俾饬将备认真操防,庶可日有起色。李得太年力方强,应请暂留省城,加以历练,他日可期得力。所遗松潘镇一缺,查有署维州协副将赓良,熟悉番务,堪以委署。所遗维州协副将一缺,查有署迭溪营游击尽先副将江国林,久任边缺,堪以委署。所遗迭溪营游击一缺,查有拣发游击庆安,堪以委署。

除分檄各该员赴任外,臣等为整饬营伍起见,所有实缺总兵调

---

① 中国第一历史档案馆藏:军机录副,档案编号:03-4646-062。
② 中国第一历史档案馆编:《咸丰同治两朝上谕档》,第19册,第61页。

省历练，递委各缘由，合词附片具奏，伏乞圣鉴训示。谨奏。

同治八年三月十五日，军机大臣奉旨：着照所请，兵部知道。钦此。[1]

●军机大臣字寄：成都将军崇、四川总督吴、湖南巡抚刘、贵州巡抚曾：同治八年三月十五日，奉上谕：崇实、吴棠奏，援黔各军获胜一折。川省陈希祥一军援剿贵州上游，克复定南城后，招抚七十余堡，收降贼党三千余人，乘胜荡平郎岱所属各贼巢，斩馘甚众。下游唐炯悬军深入，叠破苦竹等苗寨。提督刘鹤龄复分军跟踪掩击，连下重拜等数十寨，收复重安要隘。各军同出，清平县城不难即下，惟下游环境皆苗，彼众我寡，前本令陈希祥移师下游，会同唐炯进剿，现在陈希祥办理上游军务正在得手，黔省兵单，若将该军移赴下游，转致松劲。着曾璧光[2]饬令陈希祥，即由安顺扫荡直前，务将首恶岩黄各逆悉数歼除，肃清上游各境，以专责成！至下游诸苗，必须痛加剿洗，陈希祥既不能移师合剿，唐大有所部又调赴滇中，唐炯兵力过单，不敷分布。着崇实、吴棠檄饬该道增募五营，以资厚集，仍饬令迅速图功，毋得虚糜饷项！刘崐亦当严饬楚军，会同川军早戡黔乱，毋稍观望！其上游、下游两路军情并

---

① 中国第一历史档案馆藏：军机录副，档案编号：03-4740-112。
② 曾璧光（1795—1875），字枢桓，四川嘉定府洪雅柳江人。道光三十年（1850），中式进士，选庶吉士。咸丰二年（1852），授翰林院编修。六年（1856），任教习庶吉士。次年，充上书房行走。九年（1859），补贵州镇远府知府。同治元年（1862），署贵东道。次年，赏戴花翎。三年（1864），署贵州粮储道。四年（1865），擢贵州按察使。六年（1867），署贵州布政使。同年，署贵州巡抚，加二品顶戴。七年（1868），擢贵州巡抚。十二年（1873），加太子少保，晋头品顶戴，封云骑尉世职。光绪元年（1875），卒于任，追赠太子太保，谥文诚。

着曾璧光随时妥筹兼顾,将此由五百里各谕令知之。钦此。遵旨寄信前来。①

○二九　奏报川省同治八年二月雨水、粮价折

同治八年三月三十日(1869年5月11日)

头品顶戴四川总督臣吴棠跪奏,为恭报四川省同治八年二月份各属具报米粮价值及得雨情形,仰祈圣鉴事。

窃照同治八年正月份通省米粮价值及得雨情形,前经臣恭折奏报在案。兹查同治八年二月份成都、重庆、夔州、龙安、绥定、保宁、顺庆、潼川、雅州、嘉定、叙州十一府,资州、绵州、忠州、酉阳、眉州、泸州、邛州七直隶州,石砫、叙永二直隶厅,各属先后具报得雨自一、二次至八、九、十次不等。小春滋长,田水充盈。其通省粮价俱与上月相同,据藩司蒋志章查明列单汇报前来。

臣覆核无异。理合分缮清单,恭呈御览,伏乞皇太后、皇上圣鉴。谨奏。三月三十日。

同治八年五月初一日,军机大臣奉旨:知道了。钦此。②

○三○　呈川省同治八年二月粮价清单

同治八年三月三十日(1869年5月11日)

谨将四川省同治八年二月份各属具报米粮价值,开具清单,恭

---

① 台北故宫博物院藏:军机及宫中档,文献编号:408018074。
② 中国第一历史档案馆藏:军机录副,档案编号:03-4964-439。

呈御览。

成都府属，价贵。中米每仓石价银二两八钱八分至三两九钱二分，与上月同。大麦每仓石价银一两八钱四分至二两一分，与上月同。小麦每仓石价银二两一钱九分至二两三钱六分，与上月同。黄豆每仓石价银一两六分至二两四钱六分，与上月同。荞子每仓石价银一两一钱八分至一两七钱二分，与上月同。

重庆府属，价贵。中米每仓石价银二两六钱九分至三两七钱一分，与上月同。大麦每仓石价银一两六钱五分至二两，与上月同。小麦每仓石价银二两三钱三分至二两七钱五分，与上月同。黄豆每仓石价银二两七钱三分至三两三分，与上月同。

保宁府属，价贵。中米每仓石价银二两七钱六分至三两四钱七分，与上月同。大麦每仓石价银一两九钱二分至二两一钱，与上月同。小麦每仓石价银二两八钱八分至三两六钱二分，与上月同。黄豆每仓石价银一两八钱三分至二两一钱三分，与上月同。

顺庆府属，价贵。中米每仓石价银二两九钱四分至三两三钱五分，与上月同。大麦每仓石价银一两六钱二分至一两八钱一分，与上月同。小麦每仓石价银二两一钱二分至二两一钱五分，与上月同。黄豆每仓石价银一两五钱五分至一两六钱七分，与上月同。

叙州府属，价贵。中米每仓石价银二两二钱至二两五钱，与上月同。大麦每仓石价银一两六钱七分至二两三分，与上月同。小麦每仓石价银二两一钱七分至二两六钱七分，与上月同。黄豆每仓石价银一两一钱六分至一两五钱七分，与上月同。

夔州府属，价贵。中米每仓石价银三两至三两三钱五分，与上月同。大麦每仓石价银一两七钱九分至二两四钱七分，与上月同。小麦每仓石价银二两九钱八分至三两六分，与上月同。黄豆每仓石价银二两一钱六分至二两二钱六分，与上月同。

龙安府属，价贵。中米每仓石价银二两七钱至三两四钱，与上月同。青稞每仓石价银一两五钱，与上月同。小麦每仓石价银一两八钱一分至二两二钱，与上月同。黄豆每仓石价银一两八钱五分至一两九钱三分，与上月同。

宁远府属，价贵。中米每仓石价银三两三分至三两三钱六分，与上月同。大麦每仓石价银一两四钱九分至一两六钱一分，与上月同。小麦每仓石价银一两六钱四分至二两二钱五分，与上月同。荞子每仓石价银一两四钱八分，与上月同。黄豆每仓石价银一两五钱六分至一两六钱三分，与上月同。

雅州府属，价中。中米每仓石价银二两九钱五分至三两，与上月同。小麦每仓石价银二两三钱三分至二两六钱八分，与上月同。黄豆每仓石价银一两六钱八分至二两七钱，与上月同。

嘉定府属，价贵。中米每仓石价银三两一分至三两六钱一分，与上月同。小麦每仓石价银二两三钱九分至二两七钱六分，与上月同。黄豆每仓石价银一两四钱九分至二两五分，与上月同。

潼川府属，价贵。中米每仓石价银二两三分至三两三钱一分，与上月同。大麦每仓石价银一两六钱七分至一两九钱五分，与上月同。小麦每仓石价银二两一钱八分至二两五钱三分，与上月同。黄豆每仓石价银一两七钱九分至二两一钱六分，与上月同。

绥定府属，价贵。中米每仓石价银二两七钱一分至三两一分，与上月同。大麦每仓石价银一两五钱八分至一两五钱九分，与上月同。小麦每仓石价银一两六钱五分至一两七钱六分，与上月同。黄豆每仓石价银一两四钱三分，与上月同。

眉州直隶州并属，价贵。中米每仓石价银二两八钱八分至三两一钱八分，与上月同。

邛州直隶州并属，价贵。中米每仓石价银二两七钱八分至三两二钱一分，与上月同。大麦每仓石价银一两九钱三分，与上月同。小麦每仓石价银二两六钱，与上月同。黄豆每仓石价银二两一钱至二两二钱四分，与上月同。

泸州直隶州并属，价贵。中米每仓石价银三两二钱一分至三两二钱二分，与上月同。

资州直隶州并属，价贵。中米每仓石价银二两六钱五分至三两，与上月同。

绵州直隶州并属，价贵。中米每仓石价银二两八钱七分至三两一钱九分，与上月同。小麦每仓石价银二两三钱四分至二两四钱八分，与上月同。

茂州直隶州并属，价中。中米每仓石价银二两七钱，与上月同。小麦每仓石价银二两七钱，与上月同。青稞每仓石价银二两二钱二分，与上月同。荞子每仓石价银一两一钱七分至一两七钱七分，与上月同。

忠州直隶州并属，价贵。中米每仓石价银二两七钱一分至三两三钱九分，与上月同。大麦每仓石价银一两四钱六分至一两六钱，与上月同。小麦每仓石价银二两七分至二两四钱三分，与上月同。黄豆每仓石价银一两二钱七分至一两三钱七分，与上月同。

西阳直隶州并属，价贵。中米每仓石价银二两七钱二分至三两二钱二分，与上月同。大麦每仓石价银二两三钱至二两六钱二分，与上月同。小麦每仓石价银二两六钱六分至二两八钱，与上月同。黄豆每仓石价银一两三钱九分至一两四钱四分，与上月同。

叙永直隶厅并属，价贵。中米每仓石价银三两一钱，与上月同。

小麦每仓石价银一两八钱一分,与上月同。荞子每仓石价银一两三钱六分,与上月同。黄豆每仓石价银一两六钱一分,与上月同。

松潘直隶厅,价中。青稞每仓石价银二两八钱二分,与上月同。荞子每仓石价银一两七钱五分,与上月同。

理番直隶厅,价中。青稞每仓石价银二两四钱六分,与上月同。荞子每仓石价银一两八钱一分,与上月同。

石砫直隶厅,价平。中米每仓石价银一两七钱,与上月同。大麦每仓石价银一两七钱三分,与上月同。小麦每仓石价银二两八分,与上月同。黄豆每仓石价银一两八钱九分,与上月同。

打箭炉厅,价贵。青稞每仓石价银四两九钱九分,与上月同。油麦每仓石价银一两八钱二分,与上月同。

军机大臣奉旨:览。钦此。[1]

○三一　呈川省同治八年二月得雨情形清单

同治八年三月三十日(1869 年 5 月 11 日)

谨将四川省同治八年二月份各属具报雨水情形,开具清单,恭呈御览。

成都府属:成都、华阳两县得雨四次,小春茂盛。简州得雨六次,稻谷播种。崇庆州得雨八次,荞子长发。汉州得雨七次,小春扬花。温江县得雨六次,二麦青葱。郫县得雨八次,小春结实。新都县得雨六次,胡豆结实。双流县得雨三次,荞子滋长。什邡县得雨六次,麦苗滋长。

---

[1]　中国第一历史档案馆藏:清单,档案编号:03-4964-440。

重庆府属：江北厅得雨一次，小春扬花。巴县得雨一次，小春吐穗。江津县得雨九次，早秧下种。长寿县得雨四次，小春放花。永川县得雨三次，沟田蓄水。荣昌县得雨五次，小春畅茂。合州得雨四次，冬粮结实。璧山县得雨一次，小春扬花。涪州得雨一次，小春茂盛。铜梁县得雨三次，田水充足。大足县得雨二次，早麦含苞。定远县得雨二次，稚粮播种。

夔州府属：云阳县得雨二次，荍麦滋长。开县得雨一次，豆麦畅茂。万县得雨一次，大麦扬花。

龙安府属：平武县得雨一次，豆麦茂长。江油县得雨六次，春荞茂盛。

绥定府属：新宁县得雨二次，胡豆苁发。

保宁府属：阆中县得雨二次，禾苗茂盛。苍溪县得雨一次，豆麦畅茂。南部县得雨四次，豆麦滋长。巴州得雨四次，豆麦茂盛。通江县得雨二次，二麦滋长。南江县得雨一次，豆麦渐长。剑州得雨五次，麦豆滋长。

顺庆府属：南充县得雨三次，葫豆结实。蓬州得雨四次，田水充足。营山县得雨一次，小麦吐穗。岳池县得雨八次，田亩翻犁。邻水县得雨一次，小春扬花。

潼川府属：射洪县得雨三次，小春畅茂。盐亭县得雨四次，葫豆结实。蓬溪县得雨一次，豆麦滋长。乐至县得雨三次，堰水充足。

雅州府属：雅安县得雨三次，小春茂盛。清溪县得雨一次，小春稍长。

嘉定府属：乐山县得雨九次，堰水充盈。峨眉县得雨五次，豆麦扬花。犍为县得雨四次，小春扬花。荣县得雨三次，小春结实。威远县得雨四次，豆麦结实。峨边厅得雨二次，小春畅茂。

叙州府属：南溪县得雨五次，秧苗播种。富顺县得雨十次，田水充足。马边厅得雨三次，小春扬花。

资州直隶州并属：资州得雨六次，小春结实。资阳县得雨四次，小春扬花。内江县得雨四次，小春扬花。

绵州直隶州并属：绵州得雨五次，二麦滋长。梓潼县得雨四次，小春扬花。罗江县得雨一次，豆麦茂盛。

忠州直隶州并属：忠州得雨一次，小春含花。酆都县得雨一次，葫豆结实。垫江县得雨二次，小春滋长。

酉阳直隶州属：黔江县得雨二次，小春茂盛。

眉州直隶州属：彭山县得雨三次，豆麦结实。丹棱县得雨十次，堰水充盈。

泸州直隶州并属：泸州得雨二次，农民播种。江安县得雨一次，田水不缺。合江县得雨七次，秧针出水。纳溪县得雨七次，小春成熟。

邛州直隶州并属：邛州得雨七次，葫豆结实。

石砫直隶厅：石砫厅得雨二次，田有蓄水。

叙永直隶厅并属：叙永厅得雨二次，田水充足。永宁县得雨二次，小春扬花。

军机大臣奉旨：览。钦此。①

○三二　奏报同知冯会等期满甄别折

同治八年三月三十日(1869 年 5 月 11 日)

头品顶戴四川总督臣吴棠跪奏，为同知、州、县期满甄别，恭折

---

① 中国第一历史档案馆藏：清单，档案编号：03-4964-441。

仰祈圣鉴事。

窃查吏部奏定章程：道府州县无论何项劳绩保奏归入候补班者，以到省之日起，予限一年，令督抚详加察看，出具切实考语，奏明分别繁简补用等因，遵办在案。兹查有候补同知直隶州知州冯会等九员，均已一年期满，应照新章甄别，据布政使蒋志章、按察使傅庆贻造具该员履历、考语清册，会详请奏前来。

臣查候补同知直隶州知州冯会年强才练，候补同知吕润椿才具明敏，知州翁道花办事奋勉，饶宪华勤勉奉公，知县承绶年壮才明，胥星炜当差勤慎，汪立镛才具勤干，均请留川以繁缺补用。候补同知直隶州知州汪筒办事平妥，知县丁嚚冒才具谨饬，均请留川以简缺补用。除将该员等履历清册咨部外，理合恭折具奏，伏乞皇太后、皇上圣鉴训示。谨奏。三月三十日。

同治八年五月初一日，军机大臣奉旨：知道了。钦此。[1]

○三三　委署涪州知州等员片

同治八年三月三十日(1869 年 5 月 11 日)

再，署涪州知州吕继衣署事年满，该州接连黔江，现有防务，查有西充县知县徐德，稳练朴诚，堪以调署。所遗西充县缺以秀山县知县沈士元接署。又，大足县知县罗廷权调省差委，遗缺以纳溪县吴嗣伯调署。该员等正、署各任内无经征钱粮未完及承缉盗劫已起四参案件，据藩、臬两司会详前来。除分饬遵照外，理合附陈，伏乞圣鉴。谨奏。

---

[1]　中国第一历史档案馆藏：军机录副，档案编号：03-4647-003。

同治八年五月初一日,军机大臣奉旨:知道了。钦此。①

〇三四　请准钟肇立等暂缓赴部片

同治八年三月三十日(1869 年 5 月 11 日)

再,臣前经奏调遇缺即选道钟肇立、道员用江苏候补知府张桐赴川差遣委用,奉旨允准在案。现准部咨:议奏该督前经奏调各员,应一并照此次奏定章程,饬令将经手事件完竣,一面给咨仍回原省候补及赴部候选,一面咨部备查等因。臣查奏调别省候补及归部候选人员,自应遵照现定章程办理。今该二员奉调来川后,已据该道钟肇立遵例报捐指省,分发四川候补。该府张桐本系曾经引见之员,现亦捐离原省,改指四川补用。该二员既系川省人员,与别省候补及候选者均属有间,且经臣檄委钟肇立会办防剿报销事件,并饬张桐办理通省捐输厘金局务,俱称得力。

合无仰恳天恩,准予先行差遣委用,暂缓给咨送部,仍俟经手事件完竣,再行分别办理。臣为差委需人起见,理合附片陈明,伏乞圣鉴训示。谨奏。

同治八年五月初一日,军机大臣奉旨:着照所请,吏部知道。钦此。②

●军机大臣字寄:成都将军崇、四川总督吴:同治八年三

---

① 中国第一历史档案馆藏:军机录副,档案编号:03-4667-002。此片具奏日期未确,兹据同批折件校正。

② 中国第一历史档案馆藏:军机录副,档案编号:03-4647-001。此片具奏日期未确,兹据同批折件校正。

月三十日，奉上谕：本日据周达武奏，川省边防紧要，未便以重兵久驻夷地，补拨善后八条，开单呈览等语。四川越巂等处夷地，现经官军戡定，亟须地方文武各官妥筹善后，认真经理，方能夷汉相安。该提督所陈慎选文武及善后八条，即着崇实、吴棠悉心会商，妥为办理！原片、单均着抄给阅看。将此由四百里各谕令知之。钦此。遵旨寄信前来。①

○三五　为马夫递送黔抚夹板
遗失咨请补发公文事

同治八年四月初六日（1869年5月17日）

头品顶戴兵部尚书都察院右都御史总督四川等处地方提督军务兼理粮饷管巡抚事臣吴，为详请咨明补发事。

据署按察使傅庆贻详：案据奉节县知县孟书城详称：同治八年二月初五日，据本城站号书乔荣莘禀称：本月初三日亥正三刻，准本县马夫送到兵部火票，限行五百里发递军机处。正月二十二日，寄贵州巡抚部院夹板公文一副，当即登明号簿，交马夫熊玉递送县属麽塘站转递。初四日，未见熊玉领取收管回站。当往麽塘站查明，并未接到上项公文，随沿途探访，有朱家河口民人王德向称：初三日夜三更时候，在门外出恭，见马夫踩水过河，被水冲没等语，理合禀请讯办等情。当即亲诣勘得朱家河口距城二十五里，该处有小河一道，通出大江，连日阴雨，山水暴涨。随差传王德到案，讯据供称：在朱家河口居住。同治八年二月初三日夜三更后，小的在门

①　台北故宫博物院藏：军机及宫中档，文献编号：408018076。

外出恭,见一马夫手提灯笼,踩水过河,走到河心,被水冲倒。那时因是黑夜,无从赶救。次日,乔荣莘走来查问,小的告知具禀的是实等供。

查卓县额设驲马三匹,向因山路崎岖,并有深沟渊涧,遇有山水涨发,则不能行走。所有往来文报无论限行,俱系专派马夫递送。兹该马夫熊玉递送夹板公文,踩水过河,被水冲没,公文遗失,现据王德供证确凿,并无捏饰情事。除饬差并移下游一体打捞该马夫熊玉尸身验报外,理会详请察核详请补发等情到司。本署司覆查无异,理合具文详请察核,咨明军机处查明,照案补发,并请咨明贵州抚部院查照,实为公便等情。据此,除分咨外,相应咨送。为此合咨贵大臣,请烦查明补发施行。须至咨者。计咨送结一套。右咨军机处。四月初六日。①

〇三六　奏委王廉先管解本年京饷片

同治八年四月十七日(1869年5月28日)

再,臣吴棠前奉寄谕:户部奏,预拨同治八年京饷,着分批起解等因。钦此。单开指拨四川盐厘银十八万两、按粮津贴银十八万两,当经饬司竭力筹措,江汉关洋税银三十万两,天津凑集按粮津贴、盐厘银共八万两,委候补知县李莲生承领,由号汇解,并将起程日期奏报在案。伏查川省现在防边援邻之师共一百十余营,所需月饷及陕、甘、滇、黔各省协饷,催檄频仍,急于星火,而司库入少出多,实有兼顾不及之虑。惟京饷关系甚重,自应先务为急,兹臣督

① 中国第一历史档案馆藏:咨文,档案编号:03-4984-019。

同藩司蒋志章等严催各属,复凑集按粮津贴银四万两、盐厘银四万两,共银八万两,委候补知县王廉先管解,定期于同治八年四月初八日自川起程。

第查由川至京,必须取道陕西,该省回氛未靖,驿路通塞靡常,长途解运,疏失堪虞,惟有援照上届汇兑成案,饬令委员按照库砝兑交天成亨等各银号承领,取具汇票,于到京后赴各号将银如数兑齐,解赴部库交纳,用昭慎重,由藩司蒋志章、署盐茶道孙濂会详前来。除分咨外,理合附片陈明,伏乞圣鉴。谨奏。

同治八年四月十七日,军机大臣奉旨:户部知道。钦此。①

【案】户部奏,预拨同治八年京饷:同治七年十二月初三日,户部尚书宝鋆等具奏预拨八年京饷曰:

户部尚书臣宝鋆等谨奏,为豫拨来年京饷,恭折仰祈圣鉴事。窃查历届京饷,均系年前豫拨。上年奏拨七年份京饷银七百万两,又另案令江西、江苏、浙江、湖北、广东五省各提制钱三十万串,奏准以二年为率,连应需运脚等项均在京饷内划抵,行知遵办在案。现届应行豫拨同治八年份京饷,臣等公同商酌,拟即在各省地丁、盐课、关税等款内仍拨银七百万两,内如山西地丁向系拨银一百八十万,旋因该省设防,叠次请减,改为一百万。本年该抚以司库入不敷出,复将京饷奏请停缓,当经臣部于议覆折内声明来年京饷,俟年终体察情形,再行指拨。今核计该省尤属完善,且本年京饷业已减而又减,未便再

---

① 中国第一历史档案馆藏:军机录副,档案编号:03-4946-062。此片具奏日期未确,兹据同批折件校正。

行减拨，应即照本年数目，仍拨银一百万两。此外所拨款项均系就各省缓急，斟酌提用。谨缮清单，恭呈御览。请旨饬下各该督抚、将军、通商大臣、盐政、藩司、运司、盐道、监督等，务于来年开印后，分批起解，限五月前解到一半，十二月初间，全数解清，不准截留改拨，借词延误。倘届限不到，即照奏定章程，指名严参。其本年未解京饷，节经臣部奏咨飞催，现已年终，报解仍未踊跃，应再催令迅速报解，以供开放。所有酌拨来年京饷缘由，理合恭折具奏，伏乞皇太后、皇上圣鉴。谨奏。同治七年十二月初三日。户部尚书臣宝鋆，户部尚书臣罗惇衍，户部左侍郎臣魁龄，户部左侍郎臣庞钟璐，户部右侍郎臣宗室延煦，户部右侍郎臣潘祖荫。①

【附】同日，户部尚书宝鋆呈拟拨京饷清单曰：

谨将拟拨同治八年份京饷缮具清单，恭呈御览。计开：山西地丁银一百万两，山东地丁银三十万两，浙江地丁银三十万两，湖北地丁银三十万两，湖南地丁三十万两，安徽地丁银二十万两，江西地丁银二十万两，长芦盐课银二十五万两，两淮盐课三十五万两、盐厘银五万两，两浙盐课、盐厘银三十五万两，河东加课银十万两、羡余银五万两，广东盐课银十五万两、帑息银五万两，山东盐课银十四万两、加价银七万两，福建盐课银十万两，湖北盐厘银十万两，湖南盐厘银五万两，四川盐厘银十八万两、按粮津贴银十八万两，福建茶税银十五万两，粤海关税银十五万两，闽海关常税银十万两、洋税银二十万两，九江关常、洋两税银三十五万两，浙海关洋税银二十五万

---

① 中国第一历史档案馆藏：军机录副，档案编号：03-4945-011。

两,江海关洋税银二十八万两、关常税银五万两、洋税银十万两,江西厘金银五万两,江苏厘金银五万两,浙江厘金银五万两,广东厘金银十万两,湖北厘金银五万两。以上共银七百万两。[①]

【案】前奉寄谕：户部奏……等因；此寄谕《清实录》载曰：

谕军机大臣等：户部奏,豫拨来年京饷一折。据称历届京饷均系年前豫拨,现届应拨同治八年京饷,拟在各省地丁、盐课、关税等款内指拨银七百万两,请饬各该省于来年分批起解等语。京饷关系最为紧要,现经该部就各省缓急情形斟酌动拨,自应遵照奏定数目源源报解,以济要需。着各该将军、通商大臣、督、抚、盐政、监督等务于来年开印后,分批起解,限五月前解到一半,十二月初间全数解清,不准截留改拨,借词延误。倘届限不到,即照奏定章程指名严参。原单均着钞给阅看。至本年未解京饷,前经该部节次奏咨飞催,现届年终,仍未如数解清。着各该督抚等迅速筹解,毋再迟延干咎！另片奏,内务府同治八年份应需经费,拟拨两淮盐课银六万两,两浙盐课银六万两,福建茶税银六万两,江汉关洋税银五万两,江海关洋税银五万两,闽海关常税银五万两,浙海关常税银五万两,九江关常、洋两税银五万两,湖北盐厘银五万两,广东盐课银四万两,四川按粮津贴银四万两,太平关常税银三万两,淮安关常税银一万两,共银六十万两,请饬勒限完解等语。着该将军、督、抚、盐政、监督等各按拨定数目,务于来年开印后陆续径解内务府收纳,并将起程日期报部,限六月前解到一

---

① 中国第一历史档案馆藏：清单,档案编号:03-4945-152。

半,十二月初间扫数解清,毋稍延缓。其九江等处参价等项,应由该部催令按限报解。将此由五百里谕知福州将军、三口通商大臣、直隶、两江、湖广、闽浙、两广、四川、江苏、安徽、江西、福建、浙江、湖北、湖南、山东、山西、广东各督抚,并传谕粤海、淮安各关监督知之。①

○三七 奏报川省春季合操省标官兵折

同治八年四月二十六日(1869年6月6日)

成都将军臣崇实、头品顶戴四川总督臣吴棠跪奏,为合操省标官兵技艺情形,恭折仰祈圣鉴事。

窃照成都省标官兵向于每年春秋二季合操一次,以申纪律。兹届春操之期,臣等于三月二十九日调集军、督、提、城十营官弁兵丁,齐赴较场考校。各兵排演阵式,步伐整齐;施放连环枪炮,声响联贯;长矛、藤牌各技,亦俱进退便捷。复按照各营官兵饷册,逐名考核,弓箭、枪炮并马步箭中靶统计七成有余,弓用六七力不等。各兵演放抬枪、鸟枪,中靶成份亦在七成以上。爰择其技艺娴熟者,当场分别奖赏、记拔。间有生疏者,亦即勒限练习,用示劝惩。伏思川省为边陲重地,省标为各营表率,现在邻氛未靖,防剿紧要,武备尤应认真。臣等严谕各将备等督率弁兵,仍按日轮流操演,勤加训练,务使各兵技艺日益精进,咸成劲旅,不得以春操已过,稍行懈弛,以期仰副圣主整饬戎行、绥靖边陲之至意。

所有春季合操省标官兵技艺情形,谨合词恭折具奏,伏乞皇太

---

① 《穆宗毅皇帝实录(六)》,卷二百四十八,同治七年十二月上,第449—450页。

后、皇上圣鉴。再，提臣胡中和现赴叙南散勇，是以未经会较，合并陈明。谨奏。四月二十六日。

同治八年五月十四日，军机大臣奉旨：知道了。钦此。[①]

○三八　委解京饷及内务府经费银两、日期片

同治八年四月二十六日（1869 年 6 月 6 日）

再，臣吴棠前奉寄谕：户部奏，预拨同治八年京饷，着分批起解等因。钦此。单开指拨四川盐厘银十八万两、按粮津贴银十八万两，又内务府八年份经费另拨四川按粮津贴银四万两，当经臣督同司道两次筹拨京饷十六万两，委员分解，于三月初十、四月初八等日起程，先后奏报在案。兹复督同司道竭力筹画，凑集京饷三万两、内务府经费二万两，共银五万两，饬委试用知州程廷扬承领，定期四月二十八日起程。惟陕西驿路通塞靡常，仍照成案发交天成亨等银号汇解，委员至京兑齐，分解户部、内务府交纳，用昭慎重，据司道会详前来。除分咨外，理合附片陈明，伏乞圣鉴。谨奏。

同治八年五月十四日，军机大臣奉旨：该衙门知道。钦此。[②]

○三九　凑解滇饷数目、日期片

同治八年四月二十六日（1869 年 6 月 6 日）

再，臣吴棠查川省三次奉拨滇饷，业经解过银十二万两，先后

---

①　中国第一历史档案馆藏：军机录副，档案编号：03-4767-010。

②　中国第一历史档案馆藏：军机录副，档案编号：03-4946-082。此片具奏日期未确，兹据同批折件校正。

奏明在案。兹复准云南抚臣岑毓英委员来川守提。该省军情紧急,川库虽极支绌,不能不勉力筹拨,以顾大局。臣饬据藩司蒋志章设法腾挪,凑集协滇饷银二万两,发交云南催饷委员安宁州知州郭时郁承领,定期于本年四月十五日自川起程,解赴岑毓英军营查收支用。除分咨外,理合附片陈明。伏乞圣鉴。谨奏。

同治八年五月十四日,军机大臣奉旨:知道了。钦此。[①]

○四○　拨解甘肃委员饷银数目片

同治八年四月二十六日(1869 年 6 月 6 日)

再,臣吴棠前奉寄谕:于川省盐厘项下提拨银二十万两,迅速解陕,仍于四川欠解甘饷银并采买甘粮等款内分别划除等因。钦此。当经督同司道三次筹拨盐厘银十万两,委员解交汉中转运局及甘省催饷道员豫师查收,并将起程日期先后奏报在案。兹据甘肃委员前甘凉道杨柄锃具禀:以甘肃制办军器、帐棚等件经费、物料亟形缺乏,经陕甘总督批饬在川请拨盐厘银二万两,承领制办等情。

臣查甘省防剿吃紧,需用军器甚急,川库虽极支绌,不能不勉力代筹。随即饬据司道,凑集盐厘银二万两,发交该委员杨柄锃承领制办。计先后共拨解过盐厘银十二万两,遵旨在于欠解甘饷内先行照数划除,俟盐厘续收有项,再行报解。除分咨陕甘督抚臣外,理合附片陈明,伏乞圣鉴。谨奏。

[①]　中国第一历史档案馆藏:军机录副,档案编号:03-4825-079。此片具奏日期未确,兹据同批折件校正。

同治八年五月十四日，军机大臣奉旨：知道了。钦此。①

○四一　奏请开复副都统富森保处分片

同治八年四月二十六日(1869 年 6 月 6 日)

再，成都副都统富森保，同治五年七月履任后，整饬旗营，遇事一秉至公，驻防官兵均极爱戴。上年复经臣等挑选八旗余丁五百人，操演阵法，奏奉谕旨，督同富森保实力训练。数月以来，显著成效。臣等查该副都统转战数省，屡立功勋，从前从征河南，主帅僧格林沁阵亡，部议革职留营。钦奉上谕：富森保事后尚知愧奋，着加恩改为革职留任等因。钦此。计自同治四年闰五月初五日奉旨之日起，扣至八年五月初四日四年期满，例应开复，应扣俸银，照数扣完，此外并无降革留任处分，相应吁恳天恩，准将成都副都统富森保革职留任处分，照例开复，出自皇上鸿施。除咨兵部外，谨合词附片具陈，伏乞圣鉴训示。谨奏。

同治八年五月十四日，军机大臣奉旨：富森保着准其照例开复，该部知道。钦此。②

① 中国第一历史档案馆藏：军机录副，档案编号：03-4825-080。此片具奏日期未确，兹据同批折件校正。

② 中国第一历史档案馆藏：军机录副，档案编号：03-4741-018。此片具奏日期未确，兹据同批折件校正。

○四二　请将补用副将鲍昌寿革职片

同治八年四月二十六日（1869 年 6 月 6 日）

再，臣吴棠准前浙江提督臣鲍超函称：总兵衔留川补用副将彦永巴图鲁鲍昌寿，系夔州府奉节县人，前因随同霆营攻剿发、捻各逆，洊升今职，乃敢擅作威福，败坏营规。时超适因病乞假，未及究治，迨回籍后，该副将不知悛改，故态复萌，乃敢倚官势压，乡里横行，诚恐将来滋事，为害地方，关系实非浅鲜，是以据实胪陈，请附奏参办等因。当饬夔州府、奉节县逐细查明讯办。嗣据该府县禀称：鲍昌寿倚官势压，被控累累，详请参革前来。

查鲍昌寿以勇丁洊保副将，〈受〉恩已深，自应恪循本分，乃回籍未久，不知检束，以致被控钱债等案甚多。其倚官恃势，横行乡曲，已可概见。除被控各案由臣督饬司道檄催该府县赶紧讯结外，相应请旨将留川补用副将鲍昌寿即行革职，交地方官严加管束，以为恃势横行者戒。是否有当，理合附片具奏，伏乞圣鉴训示。谨奏。

同治八年五月十四日，军机大臣奉旨：依议，该部知道。钦此。①

○四三　奏报川省同治八年三月雨水、粮价折

同治八年四月二十八日（1869 年 6 月 8 日）

头品顶戴四川总督臣吴棠跪奏，为恭报四川省同治八年三月

---

①　中国第一历史档案馆藏：军机录副，档案编号：03-4741-019。此片具奏日期未确，兹据同批折件校正。

份各属具报米粮价值及得雨情形,仰祈圣鉴事。

窃照同治八年二月份通省粮价及得雨情形,前经臣恭折奏报在案。兹查〈本〉年三月份成都、重庆、夔州、龙安、绥定、保宁、顺庆、潼川、雅州、嘉定、叙州十一府,资州、绵州、忠州、酉阳州、眉州、泸州六直隶州,石砫、叙永两直隶厅各属先后具报得雨自一二次至八九次不等。小春收获,堰水充盈。其通省粮价俱与上月相同。据藩司蒋志章查明,列单汇报前来。

臣覆核无异。理合分缮清单,恭呈御览,伏乞皇太后、皇上圣鉴。谨奏。四月二十八日。

同治八年六月十三日,军机大臣奉旨:知道了。钦此。[1]

○四四　呈川省同治八年三月粮价清单

同治八年四月二十八日(1869年6月8日)

谨将四川省同治八年三月份各属具报米粮价值,开具清单,恭呈御览。

成都府属,价贵。中米每仓石价银二两八钱八分至三两九钱二分,与上月同。大麦每仓石价银一两八钱四分至二两一分,与上月同。小麦每仓石价银二两一钱九分至二两三钱六分,与上月同。黄豆每仓石价银一两六分至二两四钱六分,与上月同。荞子每仓石价银一两一钱八分至一两七钱二分,与上月同。

重庆府属,价贵。中米每仓石价银二两六钱九分至三两七钱一分,与上月同。大麦每仓石价银一两六钱五分至二两,与上月

---

[1] 中国第一历史档案馆藏:军机录副,档案编号:03-4964-494。

同。小麦每仓石价银二两三钱三分至二两七钱五分，与上月同。黄豆每仓石价银二两七钱三分至三两三分，与上月同。

保宁府属，价贵。中米每仓石价银二两七钱六分至三两四钱七分，与上月同。大麦每仓石价银一两九钱二分至二两一钱，与上月同。小麦每仓石价银二两八钱八分至三两六钱二分，与上月同。黄豆每仓石价银一两八钱三分至二两一钱三分，与上月同。

顺庆府属，价贵。中米每仓石价银二两九钱四分至三两三钱五分，与上月同。大麦每仓石价银一两六钱二分至一两八钱一分，与上月同。小麦每仓石价银二两一钱二分至二两一钱五分，与上月同。黄豆每仓石价银一两五钱五分至一两六钱七分，与上月同。

叙州府属，价贵。中米每仓石价银三两二钱至三两五钱，与上月同。大麦每仓石价银一两六钱七分至二两三分，与上月同。小麦每仓石价银二两一钱七分至二两六钱七分，与上月同。黄豆每仓石价银一两一钱六分至一两五钱七分，与上月同。

夔州府属，价贵。中米每仓石价银三两至三两三钱五分，与上月同。大麦每仓石价银一两七钱九分至二两四钱七分，与上月同。小麦每仓石价银二两九钱八分至三两六分，与上月同。黄豆每仓石价银二两一钱六分至二两二钱六分，与上月同。

龙安府属，价贵。中米每仓石价银二两七钱至三两四钱，与上月同。青稞每仓石价银一两五钱，与上月同。小麦每仓石价银一两八钱一分至二两二钱，与上月同。黄豆每仓石价银一两八钱五分至一两九钱三分，与上月同。

宁远府属，价贵。中米每仓石价银三两三分至三两三钱六分，与上月同。大麦每仓石价银一两四钱九分至一两六钱一分，与上月同。小麦每仓石价银一两六钱四分至二两二钱五分，与上月同。荞子每仓石价银一两四钱八分，与上月同。黄豆每仓石价银一两五钱六分至一两六钱三分，与上月同。

雅州府属，价中。中米每仓石价银二两九钱五分至三两，与上月同。小麦每仓石价银二两三钱三分至二两六钱八分，与上月同。黄豆每仓石价银一两六钱八分至二两七钱，与上月同。

嘉定府属，价贵。中米每仓石价银三两一分至三两六钱一分，与上月同。小麦每仓石价银二两三钱九分至二两七钱六分，与上月同。黄豆每仓石价银一两四钱九分至二两五分，与上月同。

潼川府属，价贵。中米每仓石价银二两三分至三两三钱一分，与上月同。大麦每仓石价银一两六钱七分至一两九钱五分，与上月同。小麦每仓石价银二两一钱八分至二两五钱三分，与上月同。黄豆每仓石价银一两七钱九分至二两一钱六分，与上月同。

绥定府属，价贵。中米每仓石价银二两七钱一分至三两一分，与上月同。大麦每仓石价银一两五钱八分至一两五钱九分，与上月同。小麦每仓石价银一两六钱五分至一两七钱六分，与上月同。黄豆每仓石价银一两四钱三分，与上月同。

眉州直隶州并属，价贵。中米每仓石价银二两八钱八分至三两一钱八分，与上月同。

邛州直隶州并属，价贵。中米每仓石价银二两七钱八分至三两二钱一分，与上月同。大麦每仓石价银一两九钱三分，与上月同。小麦每仓石价银二两六钱，与上月同。黄豆每仓石价银二两一钱至二两二钱四分，与上月同。

泸州直隶州并属，价贵。中米每仓石价银三两二钱一分至三两二钱二分，与上月同。

吴棠集

资州直隶州并属,价贵。中米每仓石价银二两六钱五分至三两,与上月同。

绵州直隶州并属,价贵。中米每仓石价银二两八钱七分至三两一钱九分,与上月同。小麦每仓石价银二两三钱四分至二两四钱八分,与上月同。

茂州直隶州并属,价中。中米每仓石价银二两七钱,与上月同。小麦每仓石价银二两七钱,与上月同。青稞每仓石价银二两二钱二分,与上月同。荞子每仓石价银一两一钱七分至一两七钱七分,与上月同。

忠州直隶州并属,价贵。中米每仓石价银二两七钱一分至三两三钱九分,与上月同。大麦每仓石价银一两四钱六分至一两六钱,与上月同。小麦每仓石价银二两七分至二两四钱三分,与上月同。黄豆每仓石价银一两二钱七分至一两三钱七分,与上月同。

酉阳直隶州并属,价贵。中米每仓石价银二两七钱二分至三两二钱二分,与上月同。大麦每仓石价银二两三钱至二两六钱二分,与上月同。小麦每仓石价银二两六钱六分至二两八钱,与上月同。黄豆每仓石价银一两三钱九分至一两四钱四分,与上月同。

叙永直隶厅并属,价贵。中米每仓石价银三两一钱,与上月同。小麦每仓石价银一两八钱一分,与上月同。荞子每仓石价银一两三钱六分,与上月同。黄豆每仓石价银一两六钱一分,与上月同。

松潘直隶厅,价中。青稞每仓石价银二两八钱二分,与上月同。荞子每仓石价银一两七钱五分,与上月同。

理番直隶厅，价中。青稞每仓石价银二两四钱六分，与上月同。荞子每仓石价银一两八钱一分，与上月同。

石砫直隶厅，价平。中米每仓石价银一两七钱，与上月同。大麦每仓石价银一两七钱三分，与上月同。小麦每仓石价银二两八分，与上月同。黄豆每仓石价银一两八钱九分，与上月同。

打箭炉厅，价贵。青稞每仓石价银四两九钱九分，与上月同。油麦每仓石价银一两八钱二分，与上月同。

军机大臣奉旨：览。钦此。①

○四五　呈川省同治八年三月得雨情形清单

同治八年四月二十八日(1869 年 6 月 8 日)

谨将四川省同治八年三月份四川省所属地方报到得雨情形，开具清单，恭呈御览。

成都府属：成都、华阳两县得雨三次，小春成熟。简州得雨二次，秧苗滋长。崇庆州得雨五次，晚秧滋长。汉州得雨三次，小春收获。温江县得雨三次，秧针出水。郫县得雨五次，堰水充盈。新都县得雨一次，秧苗播种。双流县得雨二次，早禾发生。什邡县得雨一次，荞子播种。

重庆府属：江北厅得雨六次，早秧滋长。巴县得雨二次，早禾滋长。江津县得雨八次，早秧插齐。长寿县得雨七次，田亩翻犁。永川县得雨三次，小春收获。荣昌县得雨二次，田水充足。合州得雨四次，田水充足。南川县得雨三次，蓄水充盈。璧山县

---

① 中国第一历史档案馆藏：清单，档案编号：03-4964-495。

得雨三次,小春含胎。涪州得雨一次,田水充足。铜梁县得雨二次,秧针滋长。大足县得雨一次,早麦扬花。定远县得雨二次,田亩翻犁。

夔州府属:开县得雨一次,田水充足。万县得雨二次,晚秧滋长。

龙安府属:平武县得雨二次,豆麦青葱。江油县得雨三次,籽种滋长。石泉县得雨一次,二麦滋长。

绥定府属:达县得雨二次,农民撒秧。东乡县得雨四次,田水充足。新宁县得雨四次,秧针出水。渠县得雨一次,小春含胎。

保宁府属:南部县得雨二次,地土滋润。巴州得雨二次,葫豆结实。通江县得雨三次,稻秧如针。南江县得雨一次,田水充足。剑州得雨一次,小麦扬花。

顺庆府属:南充县得雨三次,田水充盈。蓬州得雨二次,堰水充足。营山县得雨三次,小麦成熟。岳池县得雨四次,豆麦成熟。邻水县得雨三次,田水充盈。

潼川府属:盐亭县得雨二次,小麦成熟。蓬溪县得雨二次,二麦吐穗。乐至县得雨三次,秧苗渐长。

雅州府属:雅安县得雨二次,小春黄熟。清溪县得雨二次,粮价如常。天全州得雨三次,田水充足。

嘉定府属:乐山县得雨五次,小春结实。峨眉县得雨四次,田水充足。荣县得雨三次,秧针出水。威远县得雨三次,早秧萌芽。峨边厅得雨三次,小春结实。

叙州府属:南溪县得雨九次,田水充足。富顺县得雨二次,小春成熟。马边厅得雨三次,小春结实。

资州直隶州并属:资州得雨五次,秧苗滋长。资阳县得雨五次，秧苗滋长。内江县得雨四次，早秧滋长。

绵州直隶州并属：梓潼县得雨一次，小春扬花。罗江县得雨一次，堰水足用。

忠州直隶州并属：忠州得雨三次，秧针出水。酆都县得雨二次，大麦收割。

酉阳州直隶州并属：黔江县得雨三次，早麦收割。彭水县得雨三次，秋荞收毕。

眉州直隶州并属：彭山县得雨二次，豆麦收获。

泸州直隶州并属：江安县得雨一次，田水不缺。纳溪县得雨四次，田水充足。

石砫直隶厅得雨二次，田有蓄水。

叙永直隶厅并属：叙永厅得雨七次，晚秧播种。永宁县得雨七次，小春结实。

军机大臣奉旨：览。钦此。①

○四六　奏报张轴新年满甄别折

同治八年四月二十八日（1869 年 6 月 8 日）

头品顶戴四川总督臣吴棠跪奏，为知府候补年满，循例甄别，恭折仰祈圣鉴事。

窃照候补道府等官，到省一年期满，例应察看出考，分别繁简，专折奏闻。兹查留川补用知府张轴新，年四十八岁，贵州举人，由正二品荫生于咸丰四年正月引见，奉旨：张轴新着以通判

---

① 中国第一历史档案馆藏：清单，档案编号：03-4964-496。

用。十年,遵例加捐同知,指发四川试用,五月引见,奉旨:张轴新着照例发往。钦此。十一年七月,丁艰回籍。同治二年服阕,以在籍委办团练、保守清镇县城出力,经前云贵督臣劳崇光、①贵州抚臣张亮基②保奏,三年五月,奉上谕:四川试用同知张轴新,着服阕到省后,免补本班,仍留原省以知府补用,并赏戴花翎。钦此。五年,随同官军二次克复清镇县城出力,经贵州抚臣张亮基保奏,是年五月,奉上谕:补用知府张轴新,着先行到省差委,俟补缺后,再行送部引见。钦此。六年,请咨赴川,七年二月初八日到省,扣至八年二月初八日,候补一年期满,据藩、臬两司详请甄别前来。

臣察看该员张轴新,年强才裕,练达有为,堪膺表率之任,应请

---

① 劳崇光(1802—1867),字辛阶、辛皆,湖南善化人。道光五年(1825),中式举人。十二年(1832),中式进士,选庶吉士,散馆授编修。十九年(1839),任河南乡试副考官。次年,任湖北乡试正考官。二十一年(1841),补山西平阳府知府。次年,调山西太原府知府,署山西冀宁道。二十六年(1846),迁山西冀宁道,署山西按察使。二十八年(1848),调补广西按察使,署广西布政使。是年,任宣封越南国王差。次年,补湖北布政使。三十年(1850),授广西布政使,署广西巡抚,会办广西军务。咸丰二年(1852),擢广西巡抚,署广西提督,督办广西军务。九年(1859),调补广东巡抚,署两广总督。同年,实授两广总督,会同办理通商事务。十一年(1861),兼粤海关监督。同治元年(1862),兼广东巡抚。次年,调补云贵总督。六年(1867),卒于任。赠太子太保衔,谥文毅,恤如例。著有《易图详说》《奉使越南日记》等。
② 张亮基(1807—1871),字采臣,号石卿,江苏铜山人。道光十四年(1834),中式举人。十七年(1837),捐内阁中书。二十年(1840),补文渊阁校阅。二十二年(1842),加侍读衔,赏戴花翎。二十五年(1845),授内阁侍读。二十六年(1846),补云南府遗缺知府。次年,调云南临安府知府。二十八年(1848),补云南永昌知府。次年,升云南按察使。三十年(1850),迁云南布政使,擢云南巡抚,署云贵总督。咸丰二年(1852),调补湖南巡抚,署湖广总督。三年(1853),兼署湖北巡抚,旋调补山东巡抚。八年(1858),补授云南巡抚,升云贵总督。同治元年(1862),兼署贵州巡抚。二年(1863),改以总督衔署贵州巡抚兼署提督。后因被劾褫职。同治十年(1871),卒,追谥惠肃。有《张大司马奏稿》存世。

留川以繁缺知府补用。倘该员始勤终怠，仍当随时核办，勿庸贻误。理合循例恭折具奏，伏乞皇太后、皇上圣鉴。谨奏。四月二十八日。

同治八年六月十三日，军机大臣奉旨：吏部知道。钦此。①

○四七　请准都司范永福暂缓赴部片

同治八年四月二十八日（1869 年 6 月 8 日）

再，臣接准部咨：新补松潘右营都司范永福，应令给咨赴部引见等因。自应遵照办理。惟查该员范永福，前经委署松潘中营游击。该营汉番杂居，管辖夷寨数十处，兼与甘肃夷地毗连，值此陇回不靖，番民归化未久，时虞蠢动，内抚外防，均关紧要。该员洞悉夷情、边务，办理尚臻妥协，若更易生手，恐难得力。合无仰恳天恩，俯准暂缓北上，敕部先给署札，一俟边疆静谧，接替有人，即给咨送部引见。是否有当，理合附片陈明，伏乞圣鉴训示。谨奏。

同治八年六月十三日，军机大臣奉旨：着照所请，兵部知道。钦此。②

---

① 中国第一历史档案馆藏：军机录副，档案编号：03-4647-108。
② 中国第一历史档案馆藏：军机录副，档案编号：03-4647-107。此片具奏日期未确，兹据同批折件校正。

○四八　遵旨办理川省厘金片

同治八年四月二十八日（1869年6月8日）

再，臣前准户部咨：钦奉上谕：前因毛昶熙①奏军务渐平，请饬裁减厘金，当经降旨谕令各督抚体察情形，酌留大宗，裁去分局，零星杂贩，概免抽厘，以纾民力。各该省督抚等务当懔遵前旨，体察情形，分别裁留，迅速具奏。钦此。正在遵照筹议间，复奉上谕：厘金一项现据各该省奏报，每年减收已不下数百万两，若办理不善，经费将何所出？各该督抚仍须悉心酌核，力除中饱，毋得徒博虚誉，率行减免，遇有局卡太密，重复征收者，仍随时裁汰惩办。钦此。

遵查川省僻处西陲，壤接陕、甘、云、贵，四邻均有军务，客商过

---

① 毛昶熙（1817—1882），字煦初、达泉，号镜海，河南武陟人。道光十九年（1839），取举人。二十五年（1845），中式进士，改翰林院庶吉士。三十年（1850），授翰林院检讨。咸丰五年（1855），补实录院协修。六年（1856），充会试同考官，补江南道监察御史、山西道监察御史。七年（1857），授工科给事中。八年（1858），充顺天乡试内帘监试官，补顺天府府丞。十年（1860），加都察院左副都御史衔。十一年（1861），授顺天府府尹、太仆寺卿。同年，迁内阁学士，兼礼部侍郎衔。同治元年（1862），补礼部右侍郎、礼部左侍郎。次年，授吏部右侍郎。三年（1864），补吏部左侍郎。五年（1866），授户部左侍郎，兼管三库事务。同年，选经筵讲官。次年，充顺天乡试正考官，兼署吏部左侍郎。七年（1868），任国史馆副总裁、都察院左都御史。同年，兼署工部尚书。八年（1869），擢工部尚书，充总理各国事务衙门行走。九年（1870），兼署三口通商大臣。十年（1871），兼署吏部尚书。十一年（1872），授吏部尚书。次年，兼署都察院左都御史，管理三库事务。十三年（1874），兼署礼部尚书，授翰林院掌院学士，署教习庶吉士。光绪元年（1875），授实录馆总裁。二年（1876），兼署户部尚书。三年（1877），兼署礼部尚书，授武英殿总裁。次年，丁母忧。六年（1880），任总理各国事务衙门行走。次年，授翰林院掌院学士。八年（1882），补授兵部尚书，寻卒。赠太子少保，谥文达。

往甚稀。其本省商贾仅只贩运土物及民间日用之需，本少力轻，与楚粤等省情形迥异。溯查上年创办，先在重庆设局试抽，自前任督臣骆秉章因本省军饷浩繁，始于省城设立货厘总局，并在外府州县先后添设分局，共计二十八处，委员抽办，兼有归地方官就近兼办者。嗣因川西、川北设局，地方多有不通舟楫之处，商旅鲜至，办无成效，陆续裁撤十处，仅留十八处，均系相择冲途，扼要安设。各局非相距甚远，即取道互异，不致重复征收。所抽之厘，按照货价百取一二，悉数拨充军饷，尚无利归中饱等弊。数年以来，商民相安无事。

臣于去秋抵任，悉照骆秉章任内成规办理，仍不时严檄局员认真整顿，严防偷漏。刻下援师四出，各营月饷与邻省协饷积欠累累，不得不借厘金稍资接济，未便率行减免。惟查有南川县厘局因地僻货少，所抽仅只土产、笋、铁，计一年所收，数不满千，无裨实用。又，省城厘局除在城门分收外，向有坐贾厘金一项，系按各铺大小，每月每铺抽厘钱一二百文至千余文不等，每年约可收钱一万余千，名为门面厘金。该铺户等贸迁靡常，时开时歇，势难抽齐，且各项货物已于进城之时按价抽纳，应免重收。

臣与司道公同商酌，自同治八年正月初一日为始，所有省城各铺户门面厘金，除典当、银铺两项资本较厚且城门无厘可抽、应照旧办理外，其余各铺厘金已出示晓谕，一律停抽，并将南川县厘局裁撤，用示体恤。现在共存厘局一十七处，应请照常抽收，以助军需。由臣督同司道严密稽查，杜绝弊窦，务使涓涓归公，一俟军务大定，库储稍裕，再行奏请裁撤，冀纾民力，不敢徒博虚誉。是否有当，理合附片陈明，伏乞圣鉴训示。谨奏。

同治八年六月十三日,军机大臣奉旨:户部知道。钦此。[①]

○四九　请将郭洪远等扣除免议片

同治八年四月二十八日(1869 年 6 月 8 日)

再,同治七年奏销六年茶税银两案内,有雅安县未完银一千四百六十一两三钱五分八厘,当将经征不力各官职名随案附参。又,已革知县李从简前署洪雅县任内欠解同治四年份田房契税银二百九十四两三钱九分,屡催未完,经前督臣于办理四年奏销时汇案奏参各在案。兹据司道具详:该县等欠解前项茶课税契银两均已如数全完,分收存库等情前来。

合无仰恳天恩,将前参经征不力之代办雅安县知县雅州府经历郭洪远、署雅安县知县试用通判祝士荣、坐补江北厅同知葆符各职名及李从简参追之案,敕部分别扣除查销,免其议处,出自鸿慈。除咨部外,谨附片陈奏,伏乞圣鉴训示。谨奏。

同治八年六月十三日,军机大臣奉旨:着照所请,该部知道。钦此。[②]

---

① 中国第一历史档案馆藏:军机录副,档案编号:03-4891-015。此片具奏日期未确,兹据同批折件校正。

② 中国第一历史档案馆藏:军机录副,档案编号:03-4891-016。此片具奏日期未确,兹据同批折件校正。

○五○　奏报委署合州知州等各员片

同治八年四月二十八日（1869 年 6 月 8 日）

再，署合州知州沈翼年满调省遗缺，查有卸署华阳县事新都县知县霍为棻，历练勤明，堪以委署。所遗华阳县缺系省会首邑，政务殷繁，查有大足县知县罗廷权，稳练明干，堪以调署。又，署通江县知县黄华镐调省遗缺，以邻水县知县刘敬业调署。该员等正、署各任内并无经征钱粮及承缉盗劫已起四参案件，据藩、臬两司会详前来。除分饬遵照外，理合附片陈明，伏乞圣鉴。谨奏。

同治八年六月十三日，军机大臣奉旨：知道了。钦此。[①]

○五一　奏报川省同治八年四月雨水、粮价折

同治八年五月二十八日（1869 年 7 月 7 日）

头品顶戴四川总督臣吴棠跪奏，为恭报四川省同治八年四月份各属具报米粮价值及得雨情形，仰祈圣鉴事。

窃照同治八年三月份通省粮价及得雨情形，前经臣恭折奏报在案。兹查本年四月份成都等十一府，资州等八直隶州，石砫、叙永两直隶厅，各属先后具报得雨自一二次至六七次不等。田水充足，秧苗滋长。其通省粮价惟中米、小麦、荞子、青稞价值较上月减一二分不等，余俱与上月相同，据藩司蒋志章查明列单汇报前来。

---

① 中国第一历史档案馆藏：军机录副，档案编号：03-4647-106。此片具奏日期未确，兹据同批折件校正。

臣覆核无异。理合分缮清单,恭呈御览,伏乞皇太后、皇上圣鉴。谨奏。五月二十八日。

同治八年七月二十日,军机大臣奉旨:知道了。钦此。[①]

○五二　呈川省同治八年四月粮价清单

同治八年五月二十八日(1869年7月7日)

谨将四川省同治八年四月份所属地方各项粮价,开具清单,恭呈御览。

成都府属,价贵。中米每仓石价银二两八钱七分至三两九钱一分,较上月减一分。大麦每仓石价银一两八钱四分至二两一分,与上月同。小麦每仓石价银二两一钱七分至二两三钱四分,较上月减二分。黄豆每仓石价银一两六分至二两四钱六分,与上月同。荞子每仓石价银一两一钱七分至一两七钱一分,较上月减一分。

重庆府属,价贵。中米每仓石价银二两六钱七分至三两六钱九分,较上月减二分。大麦每仓石价银一两六钱五分至二两,与上月同。小麦每仓石价银二两三钱一分至二两七钱三分,较上月减二分。黄豆每仓石价银二两七钱三分至三两三分,与上月同。

保宁府属,价贵。中米每仓石价银二两七钱五分至三两四钱六分,较上月减一分。大麦每仓石价银一两九钱二分至二两一钱,与上月同。小麦每仓石价银二两八钱六分至三两六钱,较上月减二分。黄豆每仓石价银一两八钱三分至二两一钱三分,与上月同。

顺庆府属,价贵。中米每仓石价银二两九钱二分至三两三钱

---

　①　中国第一历史档案馆藏:军机录副,档案编号:03-4964-540。

三分较上月减二分。大麦每仓石价银一两六钱二分至一两八钱一分，与上月同。小麦每仓石价银二两一钱一分至二两一钱四分，较上月减一分。黄豆每仓石价银一两五钱五分至一两六钱七分，与上月同。

叙州府属，价贵。中米每仓石价银三两一钱八分至三两四钱八分，较上月减二分。大麦每仓石价银一两六钱七分至二两三分，与上月。小麦每仓石价银二两一钱五分至二两六钱五分，较上月减二分。黄豆每仓石价银一两一钱六分至一两五钱七分，与上月同。

夔州府属，价贵。中米每仓石价银二两九钱八分至三两三钱三分，较上月减二分。大麦每仓石价银一两七钱九分至二两四钱七分，与上月同。小麦每仓石价银二两九钱六分至三两四分，较上月减二分。黄豆每仓石价银二两一钱六分至二两二钱六分，与上月同。

龙安府属，价贵。中米每仓石价银二两六钱八分至三两三钱八分，较上月减二分。青稞每仓石价银一两五钱，与上月同。小麦每仓石价银一两八钱至二两一钱九分，较上月减一分。黄豆每仓石价银一两八钱五分至一两九钱三分，与上月同。

宁远府属，价贵。中米每仓石价银三两一分至三两三钱四分，较上月减二分。大麦每仓石价银一两四钱九分至一两六钱一分，与上月同。小麦每仓石价银一两六钱二分至二两二钱三分，较上月减二分。荞子每仓石价银一两四钱六分，较上月减二分。黄豆每仓石价银一两五钱六分至一两六钱三分，与上月同。

雅州府属，价中。中米每仓石价银二两九钱三分至二两九钱八分，较上月减二分。小麦每仓石价银二两三钱至二两六钱六分，较上月减二分。黄豆每仓石价银一两六钱八分至二两七钱，与上月同。

嘉定府属，价贵。中米每仓石价银三两至三两六钱，较上月减一分。小麦每仓石价银二两三钱七分至二两七钱四分，较上月减二分。黄豆每仓石价银一两四钱九分至二两五分，与上月同。

潼川府属，价贵。中米每仓石价银二两一分至三两二钱九分，较上月减二分。大麦每仓石价银一两六钱七分至一两九钱五分，与上月同。小麦每仓石价银二两一钱六分至二两五钱一分，较上月减二分。黄豆每仓石价银一两七钱九分至二两一钱六分，与上月同。

绥定府属，价贵。中米每仓石价银二两七钱至三两，较上月减一分。大麦每仓石价银一两五钱八分至一两五钱九分，与上月同。小麦每仓石价银一两六钱三分至一两七钱四分，较上月减二分。黄豆每仓石价银一两四钱三分，与上月同。

眉州直隶州并属，价贵。中米每仓石价银二两八钱六分至三两一钱六分，较上月减二分。

邛州直隶州并属，价贵。中米每仓石价银二两七钱六分至三两一钱九分，较上月减二分。大麦每仓石价银一两九钱三分，与上月同。小麦每仓石价银二两五钱九分，较上月减一分。黄豆每仓石价银二两一钱至二两二钱四分，与上月同。

泸州直隶州并属，价贵。中米每仓石价银三两一钱九分至三两二钱，较上月减二分。

资州直隶州并属，价贵。中米每仓石价银二两六钱三分至二两九钱八分，较上月减二分。

绵州直隶州并属，价贵。中米每仓石价银二两八钱五分至三两一钱七分，较上月减二分。小麦每仓石价银二两三钱四分至二两四钱八分，与上月同。

茂州直隶州并属，价中。中米每仓石价银二两六钱九分，较上月减一分。小麦每仓石价银二两六钱八分，较上月减二分。青稞每仓石价银二两二钱二分，与上月同。荞子每仓石价银一两一钱五分至一两七钱五分，较上月减二分。

忠州直隶州并属，价贵。中米每仓石价银二两七钱至三两三钱八分，较上月减一分。大麦每仓石价银一两四钱六分至一两六钱，与上月同。小麦每仓石价银二两五钱分至二两四钱一分，较上月减二分。黄豆每仓石价银一两二钱七分至一两三钱七分，与上月同。

酉阳直隶州并属，价贵。中米每仓石价银二两七钱一分至三两二钱一分，较上月减一分。大麦每仓石价银二两三钱至二两六钱二分，与上月同。小麦每仓石价银二两六钱四分至二两六钱，较上月减二分。黄豆每仓石价银一两三钱九分至一两四钱四分，与上月同。

叙永直隶厅并属，价贵。中米每仓石价银三两九分，较上月减一分。小麦每仓石价银一两八钱一分，与上月同。荞子每仓石价银一两三钱四分，较上月减二分。黄豆每仓石价银一两六钱一分，与上月同。

松潘直隶厅，价中。青稞每仓石价银二两八钱一分，较上月减一分。荞子每仓石价银一两七钱四分，较上月减一分。

理番直隶厅，价中。青稞每仓石价银二两四钱六分，与上月同。荞子每仓石价银一两八钱一分，与上月同。

杂谷直隶厅，价中。青稞每仓石价银二两四钱五分，较上月减一分。荞子每仓石价银一两七钱九分,较上月减二分。

石砫直隶厅,价平。中米每仓石价银一两六钱九分,较上月减一分。大麦每仓石价银一两七钱三分,与上月同。小麦每仓石价银二两六分,较上月减二分。黄豆每仓石价银一两八钱九分,与上月同。

打箭炉厅,价贵。青稞每仓石价银四两九钱七分,较上月减二分。油麦每仓石价银一两八钱一分,较上月减一分。

军机大臣奉旨:览。钦此。①

○五三　呈川省同治八年四月得雨情形清单

同治八年五月二十八日(1869年7月7日)

谨将同治八年四月份四川省所属地方报到得雨情形,开具清单,恭呈御览。

成都府属:成都、华阳两县得雨三次,秧苗栽插。简州得雨二次,黄豆播种。崇庆州得雨一次,大麦收获。汉州得雨四次,堰水充足。温江县得雨五次,小春收毕。郫县得雨二次,早秧栽插。新都县得雨一次,秧苗栽毕。新津县得雨二次,禾苗滋长。什邡县得雨一次,荞子结实。

重庆府属:巴县得雨三次,田水充足。江津县得雨二次,禾苗茂盛。长寿县得雨一次,塘水充足。永川县得雨二次,塝田栽插。荣昌县得雨三次,田水充足。南川县得雨二次,山土滋润。璧山县得雨三次,禾苗畅茂。大足县得雨一次,早麦黄熟。定远县得雨一

---

① 中国第一历史档案馆藏:清单,档案编号:03-4964-541。

次，稚粮滋长。

夔州府属：开县得雨一次，田亩翻犁。万县得雨二次，田水充盈。

龙安府属：平武县得雨一次，棉花茂盛。江油县得雨三次，堰塘积水。石泉县得雨二次，足资灌溉。彰明县得雨二次，塘水充足。

绥定府属：达县得雨二次，黄豆播种。东乡县得雨四次，田水充足。新宁县得雨三次，小麦收获。大足县得雨一次，大麦收获。渠县得雨二次，春荞结实。太平县得雨二次，堰水洋溢。

宁远府属：西昌县得雨二次，田水蓄积。会理州得雨一次，禾苗滋长。盐源县得雨二次，田堰积水。

保宁府属：阆中县得雨四次，秧苗栽插。苍溪县得雨三次，田水充足。南部县得雨二次，早秧栽插。广元县得雨三次，田土滋润。昭化县得雨二次，堰水不缺。巴州得雨四次，葫豆成熟。通江县得雨五次，二麦黄熟。南江县得雨三次，田水不缺。剑州得雨二次，早秧茂盛。

顺庆府属：南充县得雨三次，二麦收获。西充县得雨五次，田水充盈。蓬州得雨三次，晚秧栽插。岳池县得雨二次，豆麦收毕。邻水县得雨四次，早秧栽毕。

潼川府属：三台县得雨四次，田水充足。射洪县得雨六次，秧苗栽插。盐亭县得雨二次，葫豆收毕。中江县得雨二次，大麦黄熟。遂宁县得雨三次，田水充足。蓬溪县得雨三次，秧苗栽插。安岳县得雨三次，二麦收获。乐至县得雨四次，田水充足。

雅州府属：雅安县得雨二次，豆麦收毕。名山县得雨三次，田水不缺。荥经县得雨四次，秧苗滋长。芦山县得雨二次，秧苗栽插。清溪县得雨三次,二麦成熟。

　　嘉定府属:乐山县得雨三次,早秧茂盛。峨眉县得雨二次,葫豆收毕。洪雅县得雨四次,秧苗畅茂。夹江县得雨二次,田水充足。犍为县得雨五次,早秧滋长。荣县得雨三次,秧苗栽插。威远县得雨三次,田水充足。峨边厅得雨二次,大麦收毕。

　　叙州府属:宜宾县得雨三次,田土滋润。南溪县得雨二次,早秧栽插。富顺县得雨四次,小春收毕。隆昌县得雨二次,田水充盈。长宁县得雨五次,二麦收毕。兴文县得雨七次,秧苗畅茂。屏山县得雨二次,二麦收毕。

　　资州直隶州并属:资州得雨五次,黄豆发青。资阳县得雨二次,稚粮发青。仁寿县得雨四次,早禾青葱。内江县得雨四次,晚秧滋长。

　　绵州直隶州并属:安县得雨三次,小麦登场。绵竹县得雨一次,禾苗青葱。

　　忠州直隶州并属:忠州得雨三次,播种棉花。酆都县得雨三次,禾苗勃兴。垫江县得雨一次,黄豆青葱。

　　酉阳州直隶州并属:黔江县得雨二次,稚粮畅茂。彭水县得雨三次,棉花茂盛。

　　茂州直隶州并属:汶川县得雨一次,秧苗滋长。

　　眉州直隶州并属:眉州得雨三次,秧苗栽插。彭山县得雨三次,二麦收获。

　　邛州直隶州并属:邛州得雨四次,田水充足。大邑县得雨二次,小春收毕。蒲江县得雨五次,秧苗滋长。

　　泸州直隶州并属:合江县得雨二次,早秧栽插。纳溪县得雨三次,田水充足。

石砫直隶厅得雨二次，田有蓄水。

叙永直隶厅并属：叙永厅得雨四次，田水不缺。永宁县得雨四次，小春收获。

军机大臣奉旨：览。钦此。[①]

○五四 请将瞿树荫等摘顶勒追折

同治八年五月二十八日(1869 年 7 月 7 日)

头品顶戴四川总督臣吴棠跪奏，为知县经征税契延不解清，请旨摘顶勒追，恭折仰祈圣鉴事。

窃照各属经征税契银两，例应按年全完，不容丝毫蒂欠。今查同治七年份各属应完税契，屡次催提，已据陆续解司完纳。惟有屏山、长宁二县经征七年份税契银两，屡催未解，均属泄玩。若不分别参追，何以儆玩愒而重赋税！据藩、臬两司详请奏参前来。相应请旨将屏山县知县瞿树荫、长宁县知县葛汝麟各摘去顶戴，同已故长宁县知县汪承恩家属名下勒限严追，如能依限解清，再行奏恳恩施。倘逾限不解，或解不足数，即予从严参办。

至叙永厅同治七年连闰额征盐杂税银一千四百二两零，计本任同知葛凤修未完银一千六百八十六两零，系因滇、黔逆氛不靖，商贾稀少、税源不旺所致，与经征不力者有间。现在严饬该厅设法赔缴，另行办理。除咨部外，理合恭折具奏，并将各员欠解银数、衔名谨缮具清单，恭呈御览，伏乞皇太后、皇上圣鉴训示。谨奏。五月二十八日。

---

① 中国第一历史档案馆藏：清单，档案编号：03-4964-542。

同治八年七月二十日,军机大臣奉旨:瞿树荫、葛汝麟均着摘去顶戴,勒限严追。该部知道。余依议。钦此。[1]

○五五　呈同治七年瞿树荫
　　　 等未完税契银两清单

同治八年五月二十八日(1869 年 7 月 7 日)

谨将同治七年份未完税契银两各员,开具清单,恭呈御览。

屏山县同治七年份额征税契银八百一十四两一钱六分八厘。现任屏山县知县瞿树荫接收交代,屡次催提,延不批解,应请旨将瞿树荫摘去顶戴,勒限一个月完解。逾限不完,从严参办。

长宁县同治七年额征税契银四百五两七钱五分。前任该县汪承恩自正月起至八月病故止,征收税契银一百五十八两七钱二分,未据申解。现署长宁县知县葛汝麟征收税契银二百四十七两三分,亦屡催未解,应请旨将葛汝麟摘去顶戴,同汪承恩家属勒限一个月完解。逾限不完,从严参办。

叙永厅同治七年连闰应征盐杂税银七千四十二两零。本任同知葛凤修任内短征银一千六百八十六两五钱三分五厘三毫八丝,系因滇、黔不靖、商贩稀少、税源不旺所致,并非经征不力。现已饬催设法赔缴,另案办理。

军机大臣奉旨:览。钦此。[2]

---

①　中国第一历史档案馆藏:军机录副,档案编号:03-4891-019。
②　中国第一历史档案馆藏:清单,档案编号:03-4891-020。

○五六　奏报张舒尊等年满甄别折

同治八年五月二十八日(1869 年 7 月 7 日)

头品顶戴四川总督臣吴棠跪奏，为道府试用期满，循例甄别，恭折仰祈圣鉴事。

窃照捐纳道府，分发试用一年期满，例应察看才具，分别堪胜繁简，专折奏闻。兹查发川试用道张舒尊，年五十四岁，浙江副榜，选授通城县教谕。道光三十年，大计卓异。咸丰二年，俸满保荐以知县用，丁忧回籍。五年，以办团募勇、克复德安出力，保加同知衔，并戴蓝翎。六年，服阕，报捐指省，分发陕西。同治三年，捐升道员不论双单月选用，以署扶风县任内催科剿贼出力，历保以道员本班尽先前选用，并换花翎。六年，指捐四川，十月引见，奉旨：着发往四川，以道员试用。钦此。七年四月十一日到省，扣至八年四月十一日，试用一年期满。

又，查发川试用知府王云同，年三十一岁，安徽监生。咸丰五年，捐修湖南城工，议叙布理问衔，投效湖南援江军营，克服江西抚州等处，保准以通判尽先即选。嗣在贵州绥阳、黎平等处剿匪出力，保升同知直隶州选用，并戴蓝翎。十一年十月，于克复瓮安案内出力保奏，奉旨：着免选本班，以知府遇缺选用，并赏换花翎。钦此。同治六年，报捐指省分发。七月引见，奉旨：着发往四川，以知府试用。钦此。七年四月二十八日到省，扣至八年四月二十八日，试用一年期满。先后据藩、臬两司详请甄别前来。

臣察看该员张舒尊，老成练达，才识明通，请留川以繁缺道员用；王云同才具优长，办事勤干，请留川以繁缺知府用。倘该员等始勤终怠,即当随时察办,断不敢稍事姑容,致滋贻误。理合循例恭折具陈,伏乞皇太后、皇上圣鉴。谨奏。五月二十八日。

同治八年七月二十日,军机大臣奉旨:吏部知道。钦此。①

○五七　委署成都县知县等员片

同治八年五月二十八日(1869 年 7 月 7 日)

再,署成都县知县李玉宣另有差委,遗缺系省会首邑,政务殷繁,查有现署巴县事南江县知县金凤洲,老成练达,堪以调署。又,署松潘厅同知刘廷植期满调省,遗缺地当边隅,汉夷杂处,查有巴州知州陈洪绪,抚字有方,堪以调署。所遗巴州知州缺,地方辽阔,政务亦繁,查有卸任南充县知县李燧,明干有为,堪以委署。该员等正、署各任内并无经征钱粮及承缉盗劫已起四参案件,据藩、臬两司会详前来。除分饬遵照外,理合附片陈明,伏乞圣鉴。谨奏。

同治八年七月二十日,军机大臣奉旨:知道了。钦此。②

○五八　捐建霆军昭忠祠并
　　　将捐躯诸人附祀折

同治八年五月二十八日(1869 年 7 月 7 日)

头品顶戴四川总督臣吴棠跪奏,为川省绅民捐建霆军昭忠祠,并将近年通省殉节诸人一并设位附祀,以彰忠荩,恭折仰祈圣

---

① 中国第一历史档案馆藏:军机录副,档案编号:03-4648-052。
② 中国第一历史档案馆藏:军机录副,档案编号:03-4648-054。此片具奏日期未确,兹据同批折件校正。

鉴事。

窃查前准部咨：浙江提督臣鲍超奏，霆军捐输欠饷，请广额建祠一折，同治五年二月十七日，奉旨：所奏霆军报捐欠饷情形，具见悃忱，着准作为霆军捐输，毋庸再行补发。其应如何永增四川文武乡试中额及夔州府奉节县学额之处，着该部议奏。至欠饷实数，着鲍超造具清册，咨部核办。该军从事日久，历次阵亡员弁勇丁，着准其于湖北、湖南、四川各省城及夔州府城建立昭忠祠，以慰忠魂等因。钦此。经部臣议奏，行令分别加广举额、学额，劝谕绅富捐建霆军昭忠等祠及各处应准附祀阵亡诸人按名列位祠内，知照前来。旋准鲍超查明历年阵亡员弁兵勇，造册咨送，当经前督臣骆秉章转行去后。

除加广举额、学额前已奏咨遵办外，兹据忠节局司道蒋志章等详查，同治六年秋间，经前任司道遵照谕旨、部议，于省城南门内择地建立霆军昭忠祠，并查明近年通省殉难阵亡诸人，于昭忠祠左右分楹设位，春秋附祀，一面分饬各州县倡率绅民，劝捐解办。嗣据各属先后报捐银三万七千六百两，经委办忠节局试用道文通督率妥绅，鸠工庀材，择于同治六年九月初三日，动工兴修，至七年十二月十八日工竣，详经前兼署督臣崇实，率同司道亲诣考察，公同勘验，俱系工坚料实，毫无草率偷减。综计用过各项工料银二万七千八百十七两九钱零外，支给绅董、杂役薪水、口食及添补平耗银一千二百七十九两六钱零。以上共用银二万九千九十七两零，均系实支实销，并无浮冒。据在事绅董汇报工段及支用银数，由司道核明造册，详请具奏前来。

臣覆核无异。除册咨部外，理合恭折具奏，伏乞皇太后、皇上圣鉴，敕部查照施行。再，此项捐输银两并不请奖，亦未借用正款。

除支用外，余存及未解银八千五百二两零，一俟解齐，汇储司库，作为本省公用。其夔州府应建专祠，现亦饬催赶办。合并陈明。谨奏。五月二十八日。

同治八年七月二十日，军机大臣奉旨：该部知道。钦此。①

○五九　请以许培身升补宁远府知府折

同治八年五月二十八日(1869年7月7日)

成都将军臣崇实、头品顶戴四川总督臣吴棠跪奏，为知府要缺升调乏员，仍以曾经保荐之员奏请升补，以资治理，恭折仰祈圣鉴事。

窃查宁远府知府周锡龄丁忧遗缺，前因拣调乏员，经臣等请以知府衔泸州直隶州知州许培身升补。嗣准部覆：该员虽经卓异保荐，尚未赴部引见，不得作为卓异应升之员。折内声明实任知府及候补知府，人地均未相宜，未将劳绩应升人员声叙，核与奏定章程不符，行令另拣合例人员升补等因。奉旨：依议。钦此。自应遵照办理。伏查宁远府统辖汉番，壤接滇南，兼理铜、铅各厂，现在夷氛甫靖，滇防吃重，政务倍觉殷繁，非精明干练、老成持重之员，不克胜任。

除实缺候补知府一时实无调补之员，已于前折陈明外，臣等督同藩司蒋志章、署臬司傅庆贻，于应升各项劳绩人员内逐加遴选，查劳绩保举以知府用之叙永厅同知葛凤修、资州直隶州知州黄济等及补缺后以知府用之打箭炉厅同知沈宝昌等，或催调引见，或到任未久，均与请升之例未符，此外实无人地相宜之人。该员许培身，年四十八岁，浙江举人，拣选知县，遵筹饷例报捐直隶州知州，

---

① 中国第一历史档案馆藏：军机录副，档案编号：03-4990-041。

指分四川。咸丰六年五月引见，奉旨：着照例发往。钦此。十二月到省。十年，委署邛州直隶州知州，因御匪守城出力保奏，奉上谕：着遇缺即补，加知府衔，赏戴花翎。钦此。十一年，准补泸州直隶州知州，同治元年二月初六日到任。四年，大计，保荐卓异，接准部覆。七年，经臣崇实于荐举人材折内保奏，七月二十一日，奉上谕：着送部引见，候旨录用。钦此。该员才具开展，识见明通，历任地方，循声卓著，且谙习军旅，于边防、铜政均留心熟悉，以之升补宁远府知府，实堪胜任。其正、署各任内并无降革留任展参案件及未结词讼五十起以上、承缉盗案五起以上、经征钱粮不及七分，其余因公处分，例免核计。罚俸银两饬催完缴。历俸已满五年，与升补之例相符。惟调缺请升稍有未合，第查同治三年，前宁远府知府李祜保升道员开缺，经臣崇实会同前任督臣奏请，以曾经保荐听候简用之石砫厅同知周锡龄升补，经部臣议准在案。今以曾膺保荐之泸州直隶州知州许培身升补周锡龄遗缺，事同一律，且此外升补乏员，臣等与藩、臬两司再三筹商，为地方择人起见，又不得不行吁请者，据该司等会详请奏前来。

合无仰恳天恩，俯念边疆员缺紧要，准以该员许培身升补宁远府知府，实于边地大有裨益。该员因两次保荐，前已并案给咨送部，如蒙俞允升补，并请敕部于该员到京后，并起引见。所遗泸州直隶州知州缺亦系要缺，应在外拣员调补，俟接准部覆，照例办理。是否有当，谨合词恭折具奏，伏乞皇太后、皇上圣鉴训示。再，此案应请毋庸扣限，合并陈明。谨奏。五月二十八日。

同治八年七月二十日，军机大臣奉旨：吏部议奏。钦此。①

---

① 中国第一历史档案馆藏：军机录副，档案编号：03-4648-051。

○六○　察看前浙江提督鲍超病体片

同治八年六月十一日(1869年7月19日)

再,臣崇实于同治六年十二月初四日承准军机大臣字寄:同治六年十月二十四日,奉上谕:前任陕甘总督杨岳斌、前任浙江提督鲍超,从前办理军务,素著功绩,均因患病开缺等因。钦此。维时鲍超病尚未痊,未能覆奏。臣吴棠入川后,访问该提督本籍官绅,知其病势渐瘥,于本年夏初函招鲍超到省,往返数次。

臣等察看该提督,动履如常,虽尚需人扶持,而疾已十愈七八。每与纵谈军事及朝廷眷念之隆,辄觉恋阙情深,安边志切,精神焕发,久而忘疲,良由忠义性成,不敢稍耽安逸。听其论断事理,皆能得大体而具实心,于古名臣之有文武威风者,尤津津称道,有见善如不及之意。该提督年甫四十有二,气度从容,出于自然,不仅谋勇兼优,实足以结士心而寄军政。惟以精力未能复原,尚欲吁恳天恩稍假休息,顷已由省返棹,回籍养疴。

臣等因国家需才孔亟,诚如圣训,若令投闲置散,未免可惜,谨将该提督到省接晤情形据实奏闻。至其功绩昭著,久在圣明洞鉴之中,无俟臣等琐渎陈词。所有奉旨查询前浙江提督鲍超病体曾否就痊缘由,谨合词附片具陈,伏祈圣鉴训示。谨奏。

同治八年六月十一日,军机大臣奉旨:钦此。[①]

---

　　① 中国第一历史档案馆藏:军机录副,档案编号:03-4741-053。此片具奏日期未确,兹以奉旨日期暂代。

【案】此片于是年六月获批覆。军机及宫中档载曰：

军机大臣字寄：成都将军崇、四川总督吴、云贵总督刘、云南巡抚岑。同治八年六月十一日，奉上谕：崇实、吴棠奏，川军援滇、会克寻甸州城一折，已明降谕旨，将出力、阵亡各员弁分别奖恤矣。前据刘岳昭奏，官军叠克要隘，寻甸逆匪畏惧求抚，惟回逆变诈多端，遽许就抚，恐堕诡计，仍饬在事员弁并力攻剿等语。此次崇实等所奏会克州城情形，系由回匪开门纳款，是否畏慑军威，真心悔罪，抑系暂图免死，饥附饱扬，刘岳昭务当督饬各营严密防范，不可消涉大意。一切抚绥事宜，着饬道员彭瑞毓等妥为筹办，以期永久。寻甸得手，则嵩明自当迎刃而解，省城亦可解围，着岑毓英激励将士，乘屡胜之威，与刘岳昭暨川省援滇各军联络声势，迅扫逆氛，以靖边徼。崇实、吴棠另片奏，鲍超病已就痊，惟精力尚未复元，吁恳稍假休息等语。鲍超病体全愈，可为国家宣力，深慰廑念。伊现由省城回籍休息，谅一两月后，必可调理复元。着崇实、吴棠传知该提督即行来京陛见。将此由五百里各谕令知之。钦此。遵旨寄信前来。①

【案】此前，宁夏将军穆图善奏请饬催鲍超带旧部赴甘助剿，未获允行。《清实录》：

谕军机大臣等：穆图善奏，通筹全局，请饬催马队助剿，并请饬鲍超酌带旧部来甘，专顾南路各折片。前调吉林、黑龙江马队，据富明阿、德英等先后陈奏，因存营兵数无多，各挑派五

---

① 台北故宫博物院藏：军机及宫中档，文献编号：408018079；《穆宗毅皇帝实录（六）》，卷二百六十，同治八年六月上，第616页。

百名,业已起程赴甘。穆图善于此项马队到后,即可斟酌军情,派往助剿,以壮声威。左宗棠现已派兵分道入陇,并带亲军驰赴泾州,即着迅速前进,恪遵历次谕旨,接受督篆,筹办一切。该大臣抵泾接篆后,距兰州尚远,省城防剿事宜应如何严密布置之处,计早统筹全局,着即迅速奏闻。磴口现无贼踪,前谕金顺会合张曜、宋庆两军,扼要堵截。刘松山一军现向花定进发,着即饬令迎头截击,毋令窜出边外。宁夏回众久经安抚,此次官兵追截窜匪,逼进宁、灵,恐致怀疑惊惧,左宗棠务当派员剀切晓谕,弹压抚绥,以免别生枝节。董志原踞匪窜并金积堡后,贼势若何,着即随时具奏。南路河、狄回匪负隅已久,穆图善以秦州吃紧,暂时撤军回顾。左宗棠接篆后,着即酌量情形,权衡缓急,次第剿办。穆图善所请调鲍超带兵赴甘专顾南路之处,着毋庸议。甘省回匪四处纷扰,兼以饷需缺乏,穆图善尚能支持危局,力任其难。左宗棠与该将军同办一事,务当和衷共济,随时商办,以副委任。将此由六百里各谕令知之。①

○六一 奏报川省同治八年五月雨水、粮价折

同治八年六月三十日(1869年8月7日)

头品顶戴四川总督臣吴棠跪奏,为恭报四川省同治八年五月份各属具报米粮价值及得雨情形,仰祈圣鉴事。

窃照同治八年四月份通省粮价及得雨情形,前经臣恭折奏报在案。兹查本年五月份成都等十二府,资州等八直隶州,石砫、叙

---

① 《穆宗毅皇帝实录(六)》,卷二百六十,同治八年六月上,第610—611页。

永两直隶厅各属先后具报得雨自一二次至八九次不等。堰水充盈，秧苗含胎。其通省粮价俱与上月相同，据布政使蒋志章查明列单汇报前来。

臣覆核无异。理合分缮清单，恭呈御览，伏乞皇太后、皇上圣鉴。谨奏。六月三十日。

同治八年八月初七日，军机大臣奉旨：知道了。钦此。①

○六二 呈川省同治八年五月粮价清单

同治八年六月三十日（1869年8月7日）

谨将同治八年五月份四川省所属地方各项粮价，开具清单，恭呈御览。

成都府属，价贵。中米每仓石价银二两八钱七分至三两九钱一分，与上月同。大麦每仓石价银一两八钱四分至二两一分，与上月同。小麦每仓石价银二两一钱七分至二两三钱四分，与上月同。黄豆每仓石价银一两六分至二两四钱六分，与上月同。荞子每仓石价银一两一钱七分至一两七钱一分，与上月同。

重庆府属，价贵。中米每仓石价银二两六钱七分至三两六钱九分，与上月同。大麦每仓石价银一两六钱五分至二两，与上月同。小麦每仓石价银二两三钱一分至二两七钱三分，与上月同。黄豆每仓石价银二两七钱三分至三两三分，与上月同。

保宁府属，价贵。中米每仓石价银二两七钱五分至三两四钱六分，与上月同。大麦每仓石价银一两九钱二分至二两一钱，与上

---

① 中国第一历史档案馆藏：军机录副，档案编号：03-4965-011。

月同。小麦每仓石价银二两八钱六分至三两六钱，与上月同。黄豆每仓石价银一两八钱三分至二两一钱三分，与上月同。

　　顺庆府属，价贵。中米每仓石价银二两九钱二分至三两三钱三分，与上月同。大麦每仓石价银一两六钱二分至一两八钱一分，与上月同。小麦每仓石价银二两一钱一分至二两一钱四分，与上月同。黄豆每仓石价银一两五钱五分至一两六钱七分，与上月同。

　　叙州府属，价贵。中米每仓石价银三两一钱八分至三两四钱八分，与上月同。大麦每仓石价银一两六钱七分至二两三分，与上月同。小麦每仓石价银二两一钱五分至二两六钱五分，与上月同。黄豆每仓石价银一两一钱六分至一两五钱七分，与上月同。

　　夔州府属，价贵。中米每仓石价银二两九钱八分至三两三钱三分，与上月同。大麦每仓石价银一两七钱九分至二两四钱七分，与上月同。小麦每仓石价银二两九钱六分至三两四分，与上月同。黄豆每仓石价银二两一钱六分至二两二钱六分，与上月同。

　　龙安府属，价贵。中米每仓石价银二两六钱八分至三两三钱八分，与上月同。青稞每仓石价银一两五钱，与上月同。小麦每仓石价银一两八钱至二两一钱九分，与上月同。黄豆每仓石价银一两八钱五分至一两九钱三分，与上月同。

　　宁远府属，价贵。中米每仓石价银三两一分至三两三钱四分，与上月同。大麦每仓石价银一两四钱九分至一两六钱一分，与上月同。小麦每仓石价银一两六钱二分至二两二钱三分，与上月同。荞子每仓石价银一两四钱六分，与上月同。黄豆每仓石价银一两五钱六分至一两六钱三分，与上月同。

　　雅州府属，价中。中米每仓石价银二两九钱三分至二两九钱八分，与上月同。小麦每仓石价银二两三钱至二两六钱六分，与上月同。黄豆每仓石价银一两六钱八分至二两七钱，与上月同。

嘉定府属，价贵。中米每仓石价银三两至三两六钱，与上月同。小麦每仓石价银二两三钱七分至二两七钱四分，与上月同。黄豆每仓石价银一两四钱九分至二两五分，与上月同。

潼川府属，价贵。中米每仓石价银二两一分至三两二钱九分，与上月同。大麦每仓石价银一两六钱七分至一两九钱五分，与上月同。小麦每仓石价银二两一钱六分至二两五钱一分，与上月同。黄豆每仓石价银一两七钱九分至二两一钱六分，与上月同。

绥定府属，价贵。中米每仓石价银二两七钱至三两，与上月同。大麦每仓石价银一两五钱八分至一两五钱九分，与上月同。小麦每仓石价银一两六钱三分至一两七钱四分，与上月同。黄豆每仓石价银一两四钱三分，与上月同。

眉州直隶州并属，价贵。中米每仓石价银二两八钱六分至三两一钱六分，与上月同。

邛州直隶州并属，价贵。中米每仓石价银二两七钱六分至三两一钱九分，与上月同。大麦每仓石价银一两九钱三分，与上月同。小麦每仓石价银二两五钱九分，与上月同。黄豆每仓石价银二两一钱至二两二钱四分，与上月同。

泸州直隶州并属，价贵。中米每仓石价银三两一钱九分至三两二钱，与上月同。

资州直隶州并属，价贵。中米每仓石价银二两六钱三分至二两九钱八分，与上月同。

绵州直隶州并属，价贵。中米每仓石价银二两八钱五分至三两一钱七分，与上月同。小麦每仓石价银二两三钱四分至二两四钱八分，与上月同。

茂州直隶州并属,价中。中米每仓石价银二两六钱九分,与上月同。小麦每仓石价银二两六钱八分,与上月同。青稞每仓石价银二两二钱二分,与上月同。荞子每仓石价银一两一钱五分至一两七钱五分,与上月同。

忠州直隶州并属,价贵。中米每仓石价银二两七钱至三两三钱八分,与上月同。大麦每仓石价银一两四钱六分至一两六钱,与上月同。小麦每仓石价银二两五分至二两四钱一分,与上月同。黄豆每仓石价银一两二钱七分至一两三钱七分,与上月同。

西阳直隶州并属,价贵。中米每仓石价银二两七钱一分至三两二钱一分,与上月同。大麦每仓石价银二两三钱至二两六钱二分,与上月同。小麦每仓石价银二两六钱四分至二两六钱,与上月同。黄豆每仓石价银一两三钱九分至一两四钱四分,与上月同。

叙永直隶厅并属,价贵。中米每仓石价银三两九分,与上月同。小麦每仓石价银一两八钱一分,与上月同。荞子每仓石价银一两三钱四分,与上月同。黄豆每仓石价银一两六钱一分,与上月同。

松潘直隶厅,价中。青稞每仓石价银二两八钱一分,与上月同。荞子每仓石价银一两七钱四分,与上月同。

理番直隶厅,价中。青稞每仓石价银二两四钱六分,与上月同。荞子每仓石价银一两八钱一分,与上月同。

杂谷直隶厅,价中。青稞每仓石价银二两四钱五分,与上月同。荞子每仓石价银一两七钱九分,与上月同。

石砫直隶厅,价平。中米每仓石价银一两六钱九分,与上月同。大麦每仓石价银一两七钱三分,与上月同。小麦每仓石价银二两六分,与上月同。黄豆每仓石价银一两八钱九分,与上月同。

打箭炉厅,价贵。青稞每仓石价银四两九钱七分,与上月同。油麦每仓石价银一两八钱一分,与上月同。

军机大臣奉旨:览。钦此。①

○六三　呈川省同治八年五月得雨清单

同治八年六月三十日(1869年8月7日)

谨将同治八年五月份四川省所属地方报到得雨情形,开具清单,恭呈御览。

成都府属:成都、华阳两县得雨八次,秧苗含胎。简州得雨四次,稻谷扬花。崇庆州得雨三次,棉花滋长。汉州得雨三次,禾苗滋长。温江县得雨四次,秧苗成熟。郫县得雨二次,堰水充盈。崇宁县得雨一次,田水充足。新都县得雨四次,秧苗耘薅。灌县得雨二次,黄豆滋长。金堂县得雨六次,晚秧茂盛。彭县得雨二次,棉花青葱。新津县得雨二次,黄豆茂盛。什邡县得雨二次,晚稻插毕。

重庆府属:江北厅得雨四次,早秧吐秀。巴县得雨三次,早稻含胎。江津县得雨四次,田水充足。长寿县得雨三次,黄豆收获。永川县得雨四次,禾苗出齐。荣昌县得雨三次,嘉禾呈穗。南川县得雨三次,山田滋润。璧山县得雨三次,田水积盈。铜梁县得雨四次,禾苗扬花。大足县得雨三次,早禾含苞。定远县得雨三次,田水充足。

---

① 中国第一历史档案馆藏:清单,档案编号:03-4965-012。

夔州府属：奉节县得雨三次，棉花条达。云阳县得雨三次，早禾吐穗。开县得雨三次，黄豆收获。万县得雨三次，早禾畅茂。

龙安府属：平武县得雨三次，塘堰积水。江油县得雨四次，早禾茂盛。石泉县得雨六次，晚禾滋长。彰明县得雨三次，二麦收割。

绥定府属：达县得雨三次，堰水充足。东乡县得雨七次，早禾芃发。新宁县得雨三次，晚禾滋长。大竹县得雨三次，晚禾茂盛。渠县得雨四次，早禾吐穗。城口厅得雨三次，早禾吐穗。

宁远府属：西昌县得雨三次，田水充足。会理州得雨三次，晚禾茂盛。冕宁县得雨三次，塘水充盈。

保宁府属：阆中县得雨四次，稻谷含胎。苍溪县得雨三次，禾苗吐穗。南部县得雨四次，田水充足。广元县得雨三次，稻粟扬花。昭化县得雨三次，晚稻畅茂。巴州得雨三次，稻禾结实。通江县得雨四次，早稻扬花。南江县得雨三次，晚稻含苞。剑州得雨三次，早秧结实。

顺庆府属：蓬州得雨三次，晚禾畅茂。营山县得雨三次，早禾结实。广安州得雨四次，田水充足。岳池县得雨三次，早稻结实。邻水县得雨三次，晚稻扬花。

潼川府属：三台县得雨二次，黄豆结实。射洪县得雨四次，禾苗吐秀。盐亭县得雨五次，晚秧茂盛。中江县得雨三次，黄豆滋长。安岳县得雨三次，早禾扬花。乐至县得雨四次，秧苗吐穗。

雅州府属：雅安县得雨五次，田水充盈。名山县得雨四次，稻谷扬花。荥经县得雨五次，黄豆扬花。天全州得雨三次，黄豆结实。

嘉定府属：乐山县得雨三次，禾苗畅茂。峨眉县得雨八次，晚秧栽毕。犍为县得雨三次，早秧含苞。荣县得雨三次，早秧茂盛。威远县得雨二次，禾苗滋长。

叙州府属：宜宾县得雨四次，禾苗含苞。南溪县得雨三次，田水充足。富顺县得雨二次，秧苗茂盛。隆昌县得雨四次，秧苗滋长。庆符县得雨二次，田水不缺。长宁县得雨三次，田水充足。兴文县得雨三次，秧苗茂盛。屏山县得雨四次，早秧含苞。

资州直隶州并属：资州得雨四次，堰水平稳。资阳县得雨二次，晚禾含苞。内江县得雨七次，早稻扬花。仁寿县得雨二次，晚禾青葱。井研县得雨一次，早禾滋长。

绵州直隶州并属：绵州得雨二次，秧苗滋长。德阳县得雨五次，黄豆滋长。安县得雨三次，田水充足。绵竹县得雨二次，堰水充足。梓潼县得雨五次，早禾立节。罗江县得雨一次，堰水足用。

忠州直隶州并属：忠州得雨五次，棉花滋长。酆都县得雨三次，禾苗勃兴。垫江县得雨二次，山土滋润。梁山县得雨三次，禾苗青秀。

酉阳州直隶州并属：酉阳州得雨二次，稚粮含胎。黔江县得雨二次，晚稻扬花。彭水县得雨三次，足资灌溉。

茂州直隶州并属：汶川县得雨三次，早稻扬花。

眉州直隶州并属：眉州得雨九次，田水充盈。彭山县得雨四次，秧苗长茂。青神县得雨四次，禾苗长秀。

邛州直隶州并属：邛州得雨五次，田水充足。大邑县得雨三次，黄豆滋长。蒲江县得雨四次，秧苗茂盛。

泸州直隶州并属：泸州得雨三次，早秧青葱。江安县得雨二次，早秧吐穗。纳溪县得雨四次，秧苗畅茂。

石砫直隶厅得雨三次，田有蓄水。

叙永直隶厅并属:叙永厅得雨四次,早秧青葱。永宁县得雨四次,晚稻耘蓐。

军机大臣奉旨:览。钦此。[①]

○六四　奏报川省同治八年夏熟收成分数折

同治八年六月三十日(1869 年 8 月 7 日)

头品顶戴四川总督臣吴棠跪奏,为恭报四川夏熟收成分数,仰祈圣鉴事。

窃照每年夏熟收成,例应约计分数,先行奏报。兹据各府厅州县将大小二麦成熟分数先行报由藩司会禀前来。臣覆加查核,通省各府厅州县内,雅州一府、汶川一县,均收成七分。成都、重庆、叙州、龙安、宁远、嘉定、潼川、绥定、理番、眉州、泸州、忠州、酉阳八府一厅四州,均收成六分有余。顺庆、叙永、石砫、邛州一府二厅一州,均收成六分。保宁、夔州、绵州二府一州,均收成五分有余。资州一州收成四分有余。统计通省夏熟收成,实在六分有余。至茂州一州,松潘、懋功、打箭炉三厅,向不出产夏粮。

除照例造册题报外,所有夏粮收成分数,理合恭折奏闻,伏乞皇太后、皇上圣鉴。谨奏。六月三十日。

同治八年八月初七日,军机大臣奉旨:知道了。钦此。[②]

---

① 中国第一历史档案馆藏:清单,档案编号:03-4965-013。
② 中国第一历史档案馆藏:军机录副,档案编号:03-4959-042。

○六五　审拟崇庆民人彭
照狗杀人一案折

同治八年六月三十日(1869年8月7日)

头品顶戴四川总督臣吴棠跪奏，为故毙一家二命重案提省审明定拟，恭折仰祈圣鉴事。

窃据崇庆州详报：民人彭照狗故杀田李氏母子二命一案，经前任按察使翁同爵以案情重大，饬提犯证来省，发委审办。兹据署成都府知府李德良等审明定拟，由署按察使傅庆贻勘解到臣。亲提研讯，缘彭照狗籍隶崇庆州，与田玉春之妻田李氏及子田洪登素识无仇。同治七年七月十六日，田玉春之雇工王老大向彭照狗谈及田家待人刻薄，期另觅雇主。彭照狗因稻谷成熟，正期雇人收割，即令王老大向田玉春辞工，至伊家帮工。十七日下午，彭照狗同王老大在田收谷。田玉春走至，斥说彭照狗不应唆使王老大辞工，误伊收割。彭照狗分辩，田玉春不依拳殴。彭照狗顺用割稻镰刀戳伤田玉春右腿肚，王老大将田玉春劝回各散。田李氏询悉情由，傍晚带同幼子田洪登往向彭照狗理论，令给养伤钱文。彭照狗不允，田李氏撒泼，扑向抓殴。彭照狗顺携防夜尖刀戳伤田李氏左胳肘、左手腕脉倒地。田李氏在地滚骂，辱及彭照狗父母。彭照狗一时气忿，起意致死，用刀连向砍戳，伤及其左胳肘、左乳、肚脐、右后肋、左右腰眼，当即因伤殒命。彭照狗正拟跑逃，田洪登拢前，拉住衣襟哭喊。彭照狗虑恐惊动邻右，难以走逃，起意一并致死，用刀连砍伤田洪登额颅、左手腕、左脊膂，戳伤其右乳相连右肋、肚脐近右，倒地，亦即因伤身死。王潮福趋救无及，向彭照狗盘悉前情。彭照狗带刀逃逸。报验,获犯讯详,提省审办。兹据成都府等审明定拟,由臬司解勘前来。臣亲提研鞫,据供前情不讳,诘无预谋致死及起衅别故并逃后行凶不法与知情容留之人,案无遁饰。

查例载:杀一家非死罪二人者,拟斩立决枭示,酌断财产一半给被杀之家养赡等语。此案彭照狗因田李氏向索伊夫田玉春养伤钱文,不允争角,将其戳伤倒地。复因辱骂气忿,迭砍戳伤身死,并因其子田洪登拉衣哭喊,起意一并砍戳致毙,故杀母子二命,自应按例问拟。彭照狗除戳伤田玉春平复轻罪不议外,合依杀一家非死罪二人者斩立决枭示例,拟斩立决枭示,照例刺字,仍断财产一半给被杀之家养赡。王潮福救阻不及,应毋庸议,无干省释。各尸棺饬埋,凶刀案结销毁。除供招咨部外,所有审明定拟缘由,理合循例恭折具陈,伏祈皇太后、皇上圣鉴,敕部核覆施行。谨奏。六月三十日。

同治八年八月初七日,军机大臣奉旨:刑部速议具奏。钦此。①

○六六　奏报盐茶羡截银两请准通融接济片

同治八年六月三十日(1869年8月7日)

再,查川省司库年例应支杂款为数甚巨,历由盐茶道征收盐茶耗羡银两,陆续解司支放。近年因滇、黔军务未平,盐茶边引口岸尚未疏通,兼之淮盐上驶,楚岸滞销,以致同治七年盐茶羡截及带

---

① 中国第一历史档案馆藏:军机录副,档案编号:03-5047-004。

征历年积欠，仅据各属征解银八万三千六十九两九钱零，拨到司库例支各款，尚不敷银五万有奇，而应支之银均系书吏、水手工食及故兵月米等项，断难缺缓，亟应设法筹款接济。兹据藩司蒋志章详称：查司库正、杂各款已搜索无遗，惟按粮津贴及养廉截旷两项积有成数，拟请在于津贴项下筹借银一万三千六百两，并将同治七年文职养廉截旷银一万九千两、文职养廉抵减三一成银二万二千两，尽数借拨，共银五万三千六百两，一并入于同治七年盐茶查销案内新收项下，照数开支，核实造报等情前来。

臣查该司所详系属通融接济要款俾免缺乏起见，除饬催盐茶道将各属未完盐茶羡截银两勒限严催，征缴齐全，解交司库，分别归款支发并咨部外，理合附片陈明，伏乞圣鉴。谨奏。

同治八年八月初七日，军机大臣奉旨：知道了。钦此。①

○六七　奏报夔关应解上年份参价银两片

同治八年六月三十日（1869 年 8 月 7 日）

再，查夔关应征参价银两，经前督臣奏准自咸丰八年起，仍照向章，每年二千四百余两之数，由该关自行筹解。兹据藩司蒋志章详：现在任夔州府知府文勋自同治七年正月初一日起至十二月底止，应摊缴参价银二千四百七十九两零，已如数解存司库，俟有便员赴京，即委解内务府交纳。其自咸丰十年至十一年八月十二日止该关未解参价银两，现在严催措解等情具详前来。除批饬藩司

---

① 中国第一历史档案馆藏：军机录副，档案编号：03-4891-022。此片具奏日期未确，兹据同批折件校正。

速解暨分咨外,理合附片陈明,伏乞圣鉴。谨奏。

同治八年八月初七日,军机大臣奉旨:该衙门知道。钦此。[①]

〇六八　请免叙永厅同治五、
六两年短征税银片

同治八年六月三十日(1869年8月7日)

再,查叙永厅每年额征盐杂税银及盈余共银六千四百余两。同治二、三、四等年,该厅葛凤修任内因滇、黔道路不通,商贩裹足,征收关税短绌,经前兼署臣崇实查明,奏请赔缴二成,宽免余欠,经部议准,并令以后务须实力征收等因。当经转饬遵办在案。嗣据葛凤修先后具禀:历年滇、黔不靖,商贩仍前稀少,五年复短征四千五百三两零,六年短征银四千二百九两零,共短征银八千七百一十一两零。经前督臣骆秉章、崇实奏明,责令全数赔缴。因屡催未解,复将葛凤修撤任严追。兹据藩司蒋志章详称:葛凤修撤省后,迭次严催全行措缴。据禀五、六两年短征关税,委因军务吃紧、商贩不通所致,实为众目共见,不敢稍存欺饰,交卸后告贷设措,勉凑银二千七百两,赔缴二成,实在筋疲力尽,余欠万难再筹,恳请援案宽免等情。

伏查该厅关税,全恃滇、黔两省商贩畅行始能征收足额,而五、六两年正值滇、黔交界之大定、镇雄、黔西毕节一带遭贼踞扰,逼近厅境,奔突靡常。该厅悉力防御,靡有休息,商贾顾命惜资,不肯冒险前进,以致引盐滞销,杂税无出。其疲惫情形共见共闻,当非经

---

　　① 中国第一历史档案馆藏:军机录副,档案编号:03-4891-023。此片具奏日期未确,兹据同批折件校正。

征不力。若全数勒赔,不特撤任之员万难设法,亦与实在经征不力者漫无区别。二、三、四年短征关税奏准赔缴二成,余悉宽免。今五、六两年共短征银八千七百一十一两零,现据赔缴银二千七百两,核计已在二成以上,余欠银六千一十一两零,恳仍照案宽免等情,详请具奏前来。

臣覆查无异。合无仰恳天恩,准予宽免余欠,以示体恤,出自圣裁。除饬接管该厅陈枝莲等将七年以后关税设法招徕,以期渐复旧额外,是否有当,谨附片陈明,伏乞皇太后、皇上圣鉴训示。谨奏。

同治八年八月初七日,军机大臣奉旨:户部议奏。钦此。①

○六九 审拟陈廷瑞假官募勇一案折

同治八年七月初二日(1869年8月9日)

头品顶戴四川总督臣吴棠跪奏,为遵旨审明假官募勇,按例定拟,恭折仰祈圣鉴事。

窃臣前准军机大臣字寄:同治七年十二月二十日,奉上谕:刘典奏,请将擅行募勇之主事惩办等语。本日已明降谕旨,将陈廷瑞先行革职矣。着吴棠将陈廷瑞私行募勇情形确切查明,就地拿获,按律从重惩办。其所招募勇丁,并着该督选派干员,妥为遣散,毋令滋生事端。原片着抄给阅看。钦此。遵查七年十月十八日臣接准陕西抚臣刘典来咨,当经饬令成都、华阳两县暨各城盘查委员将陈廷瑞拿获,并起获木质关防、功牌、书稿一纸,并先后缉获跟役刘

---

① 中国第一历史档案馆藏:军机录副,档案编号:03-4878-065。此片具奏日期未确,兹据同批折件校正。

玉顺等十七名,讯无别情,即先行分别递籍管束。又据巴县拿获守备张连声解省,咨部斥革,一并发交成都府等审办去后。兹据署成都府李德良督同委员施蓉昌等,审明定拟,由布政司蒋志章、按察司傅庆贻勘解到臣。亲督提研讯,缘陈廷瑞籍隶湖北麻城县,移居汉口,前在胜保军营出力,赏给五品功牌。同治二年,投效陕西军营,办理文案。七年五月,请假来川探亲,虑恐沿途盘诘,求由营务处转禀署陕西抚臣刘典给予路票。六月间,行抵川境,因思剿办回逆,情殷报效,起意劝人,自备资斧招勇,归伊统带,赴陕助剿,希图保举官职,又恐沿途州县盘阻,忆及曾与署陕西抚臣刘典见过一面,随自行铺张情词,禀请咨调,并虑勇丁不服管带,假冒补用主事,自镌“统领陕西刚字营显扬军补用主事关防”十六字木质关防一颗,借资约束,先行私招勇丁、跟随刘玉顺等十七人。旋遇提标尽先守备张连声,谎称伊奉派来川募勇一千五百名,分作三营,已经筹银万两,预备制造旗帜、器械,令其捐资募勇二百名,同往陕西立功。张连声信以为实,声明必须陈廷瑞禀明陕西抚院,发给委札,方敢举办。陈廷瑞假意允为禀求。嗣张连声因杳无信息,亦即辞赴重庆措资。

陈廷瑞以前禀久未批回,进省探听。维时署陕西抚臣刘典据禀咨川严拿,并以陈廷瑞称系选用主事,奏奉谕旨革职,饬拿严惩。经臣饬令县委将陈廷瑞拿获,并起获木质关防等件,解散随从,并据巴县缉获张连声解省,咨部斥革,一并发交成都府等审明定拟,由布、按两司勘解前来。臣亲提研鞠,据供前情不讳,诘无撞骗需索滋扰情事。其前称故兄陈晋吉代为报捐补用主事,系借以假冒,此外亦无不法别案。坚供不移,案无遁饰。

查例载:无官而诈称有官并未造有凭札但系图行事,犯该徒罪以下者,发近边充军等语。此案陈廷瑞私募勇丁,意图赴陕助剿,立功保委,虽刻有木质关防,究与假造各衙门信印、关防不同。惟仅得军功顶戴,辄敢冒称主事,实与无官而诈称有官无异,自应按例问拟。陈廷瑞合依无官而诈称有官并未造有凭札但系图行一事,犯该徒罪以下者发近边充军例,拟发近边充军,到配折责安置。张连声讯不知陈廷瑞假冒主事及私募勇丁情事,其允俟得委札方敢举办,尚无不合,应请开复守备,免其置议。勇丁尚未招募,其刘玉顺等讯系跟随服役,业经分别递籍管束,亦无庸议。木质关防、功牌,案结销毁。除供招咨部外,理合恭折具奏,伏乞皇太后、皇上圣鉴,敕部核覆施行。谨奏。七月初二日。

同治八年七月十七日,军机大臣奉旨:刑部议奏。钦此。[1]

【案】刘典奏……之主事惩办:同治七年十二月,署理陕西巡抚刘典奏参主事陈廷瑞曰:

再,有选用主事陈廷瑞,于本年正月间赴典行营,投禀晋谒,询系湖北麻城县人,自称于咸丰九年由文童报捐主事选用,现由山西来陕,拟赴四川探亲等语。核其新递禀词,系言□剿逆回之事,空谈敷衍,毫无机宜,而且别字甚多,当即挥之使退。次日,复来请见。臣因其人浮而不实,未再接见。据该主事因赴川,沿途盘诘,恳发护照,由办理营务委员代禀,给发护照一张,以备盘诘。讵于十月初六日接据该主事由川来禀,称已在川募勇三营,筹备口粮万金,从权先立营名,刊刻关防,恳乞咨川调陕助剿等语。臣查该主事于正月间到营,一见之

---

① 中国第一历史档案馆藏军机录副,档案编号:03-5074-037。

后,未准再见,并未令其招勇。且直、东各省军务肃清,督臣左宗棠统带数十营,反旆西征,即日到陕。现因饷力不敷,陕军尚在酌量裁撤,何能再添营份? 该主事辄敢在川招摇,擅行募勇,复敢妄立营名,私刻关防,实属胆玩已极! 当即飞咨四川督臣严拿究办,并查明如果招有勇丁,速即遣散在案,至今未准咨覆,诚恐日久生骄,别滋事端,理合据实奏参,请旨将选用主事陈廷瑞先行革职,敕下四川督臣严拿惩办;并查明如有招募勇丁,即行遣散,以靖地方。谨会同陕甘督臣左宗棠,合词具奏,伏乞圣鉴训示。谨奏。同治七年十二月二十日,军机大臣奉旨:钦此。①

○七○ 请以文升等调补副将等缺折

同治八年七月初二日(1869 年 8 月 9 日)

头品顶戴四川总督臣吴棠跪奏,为拣员调升副将、游击、守备,以资治理,恭折具奏,仰祈圣鉴事。

窃查前准部咨:川省督标中军副将刘国斌在湖南告病开缺,又维州协副将傅昆报丁母艰,建昌左营游击伍安邦离军年久,查无下落;会盐营守备陈嘉泰于咸丰十一年十一月二十九日,在浙江省城力战阵亡,均经恭疏题报在案。所遗各缺或驻省垣重地,表率各营;或系夷疆要缺,边防吃重,非精明干练、熟悉营伍、地方之员,不克胜任,亟应拣员调补,以免贻误。臣等于通省应补、应升各项尽先名次在前各员内详加遴选,人地均不甚相宜,且多在别省征防,

---

① 中国第一历史档案馆藏:军机录副,档案编号:03-5027-060。

或由军营保升，势难挨次序补。

惟查有军标中军副将文升，年五十五岁，满洲镶白旗人，由护军校历升四川越嶲营参将。咸丰七年，升补绥宁协副将，调补军标中军副将。本年四月，以前署建昌镇任内御匪出力，奏奉上谕：着以总兵用，并戴花翎。钦此。历俸十一年六个月，现署督标中军副将。该员精细老练，熟悉情形，拟请调补督标中军副将。所遗军标中军副将缺，查有尽先副将贵成，年四十六岁，满洲镶蓝旗人，由外火器营护军出师广西、山东、湖北、安徽等省著绩，历保即选参将，捐指四川。同治元年，以攻克安徽庐州府出力，保准以副将留川，遇缺尽先即补。六年进京，经王大臣验放，奉旨发川，委署军标中军副将。该员久历戎行，办事稳练，拟请补授军标中军副将。

又，查有拣发副将赓良，年六十岁，蒙古镶白旗人，由世管佐领升补印务参领，出师直隶，保戴蓝翎。咸丰六年，引见奉旨：着发往四川，以副将差遣委用。钦此。嗣因攻克贵州猫猫山出力，奏奉谕旨，以总兵升用，历署川北、重庆、松潘总兵。该员晓畅营务，能辑番夷，拟请补授维州协副将。

又，查有尽先游击潞州营都司孙廷槐，年四十九岁，松潘厅人，由行伍历升永宁营守备。咸丰十年，剿办滇匪出力，升补泸州营都司。同治元年，于绵州解围案内保准以游击尽先补用。该员讲求边防，熟悉营伍，拟请升补建昌左营游击。

又，查有川北左营守备许百禄，年四十九岁，山西解州人，由武进士于道光二十九年部推川北左营守备，调署城口营都司，换防台藏，历俸十八年。该员年强才奋，有益操防，拟请调补会盐营守备。所遗川北左营守备缺，查有保安营千总萧鸣炳，年四十岁，西昌县人，由行伍出师瞻对、越巂、云贵等处出力。咸丰十年，拔补保安营千总，承领部札，于追剿滇匪、克复元通场案内保戴蓝翎。同治六年，带勇力解盐源城围，收复盐井，迭著劳绩，历俸七年三个月。该员年力富强，差操无误，拟请升补川北左营守备。

以上各员，均系久历戎行，委任得力，以之调补各缺，可期胜任。贵成等籍隶别省，孙廷槐等距籍在五百里以外，现在均无违碍事故。惟军标中军副将系调缺，现补尽先人员，孙廷槐尽先名列较次，前与文升升补各缺尚未引见。赓良、萧鸣炳未保尽先，与例稍有未符。第查川省实缺副将八员，新补夔州协副将瑞玺甫经到任，阜和协副将况文榜尚未来川，马边协副将明耀光请咨赴部，绥宁协副将毛湘庵因病开缺，一时别无堪调之员。其尽先副将、游击、守备名次在前各员，多在别省征防。萧鸣炳历俸早满，且出兵著绩，人地均实在相需，例得声明奏请。

合无仰恳天恩，俯念员缺紧要，准以文升调补督标中军副将，贵成补授军标中军副将，赓良补授维州协副将，孙廷槐升补建昌左营游击，许百禄调补会盐营守备，萧鸣炳升补川北左营守备，实于营伍、边防、夷务均有裨益。如蒙俞允，贵成、赓良系验放拣发人员，许百禄系对品调补，均毋庸送部。文升、孙廷槐、萧鸣炳俟接准部覆后，给咨赴部引见。是否有当，理合会同成都将军臣崇实、提督臣胡中和，合词恭折具奏，伏乞皇太后、皇上圣鉴训示。

再，查前准部咨：督标中军副将缺系题补之缺，该省现有尽先人员，由部另行拟补等因。现在尚未准部拟补有员，且缺甚繁要，遴选尽先人员，均不相宜，是以由外拣员调补。合并陈明。谨奏。七月初二日。

同治八年七月十七日，军机大臣奉旨：兵部议奏。钦此。[1]

〇七一　请各省协饷汇寄重庆解滇折

同治八年七月初二日（1869 年 8 月 9 日）

成都将军臣崇实、头品顶戴四川总督臣吴棠跪奏，为云南军务日有起色，请将各省协饷就各省商号汇寄四川重庆，源源解滇，早助成功，仰祈圣鉴事。

窃臣吴棠于五月十五日承准军机大臣字寄：户部奏，遵议改拨滇饷一折。滇省需用军饷，即改由四川每月拨银三万两，湖北每月拨银二万两，湖南每月拨银二万两，江南每月拨银二万两，浙江每月拨银三万一千六百六十六两零。着在于各该省厘金、捐输及无论何款内，通融凑拨，每月提交滇省委员，陆续领解。该省军务紧要，需饷孔亟，该督抚等务当力顾大局，不得推诿迟误等因。钦此。昨复接据云南抚臣岑毓英屡次来函，以各路军务得手，需饷万分紧急，两湖、江、浙等省标饷若专恃委员按月提解，往返需时，难应急需，拟于四川重庆设一滇饷总局，并各省派一委员前往坐催，领护饷银，即由商号汇至重庆，由重庆总局转解来滇，庶期迅速而免迟误。又以浙江、两湖距滇较远，不能立救目前之急，请由川省先行挪款接济，俟协饷过境，截留归款。迭经委员商办前来。

臣等喜闻滇事渐有转机，而又虑其无米为炊，仍不能驱饥军而御强寇。当此事全可乘之际，蜀为邻疆，恨不能竭财赋以资其士饱马腾而收功于一旦，顾四邻多事，力与愿违。各路援军及各省协饷

---

[1]　中国第一历史档案馆藏：军机录副，档案编号：03-4741-096。

姑弗具论,第就援滇而言,云贵督臣刘岳昭、前云南提督唐友耕,又道员刘岳曙所部,共一万一千五百人有奇,通计军饷、军火等项,月须拨银七万两,若加协饷三万两,每岁则数逾百万。在蜀已力不能久,在滇仍时复觖望。臣等现与总局司道筹商,即照岑毓英来函,先行挪垫银四万五千两,委员星夜解往云南抚臣行营交投,以应其急,冀可速解省围,俟湖北协滇饷银过境,即行如数截留,以清款项;并一面檄饬驻川捐局云南迤南道吴镐,设法筹捐,以补协饷之不足。

惟兵贵乘势,饷必应时,多助一分之力,即多见一分之效,可否敕下江西、浙江、湖南、湖北等省,奉拨云南协饷即如岑毓英所议,按月提交该抚臣委员,就各省商号汇至四川重庆府滇饷总局,俾得源源转解,实于滇省军务大有裨益。所有云南抚臣函商各省协饷,请就商号汇寄四川重庆以期迅速缘由,谨合词恭折具奏,伏祈皇太后、皇上圣鉴训示。谨奏。七月初二日。

同治八年七月十七日,军机大臣奉旨:钦此。[1]

【案】此折于是年八月十七日得允行。军机及宫中档载曰:

军机大臣字寄:协办大学士湖广总督一等肃毅伯李、成都将军崇、两江总督马、四川总督吴、云贵总督刘、江西巡抚刘、浙江巡抚李、湖北巡抚郭、湖南巡抚刘、云南巡抚岑:同治八年七月十七日,奉上谕:崇实、吴棠奏,请将各省应协滇饷汇川转解一折。前经户部议拨滇饷,当经谕令四川等省按月提交滇

---

① 中国第一历史档案馆藏:军机录副,档案编号:03-4826-051。

省委员,陆续领解。兹据崇实等奏称,接据岑毓英来函,以滇省军务正在得手,需饷万分紧急,两湖、江、浙等省协饷若专恃委员提解,难应急需,请于四川重庆设立滇饷总局,并派员前往各省坐催,即将饷银由商号汇至重庆,由总局转解滇省等语。所奏自系为转输迅速起见,着马新贻、刘坤一、李瀚章、李鸿章、郭柏荫、刘崐即将江西、浙江、湖北、湖南等省应解滇饷按月提交该委员等,就各省商号汇川,源源转解。至川省应协滇饷,并着按月就近拨解,以济要需。其四川垫解银四万五千两,即着于各省协饷过境时,如数截留归款。现在滇事既有转机,饷需亦已有着,刘岳昭、岑毓英务当督饬将士,速解省围,力图扫荡,毋稍延缓!将此由五百里各谕令知之。钦此。遵旨寄信前来。①

○七二　奏报川省同治八年六月雨水、粮价折

同治八年七月二十九日(1869年9月5日)

头品顶戴四川总督臣吴棠跪奏,为恭报四川省同治八年六月份各属具报米粮价值及得雨情形,仰祈圣鉴事。

窃照同治八年五月份通省粮价及得雨情形,前经臣恭折奏报在案。兹查本年六月份成都等十二府,资州等八直隶州,石砫、叙永两直隶厅,各属先后具报得雨自一二次至六七次不等。田水充足,禾苗吐穗。其通省粮价俱与上月相同。据布政使蒋志章查明列单汇报前来。

---

① 台北故宫博物院藏:军机及宫中档,文献编号:408018081。

臣覆核无异。理合分缮清单,恭呈御览,伏乞皇太后、皇上圣鉴。谨奏。七月二十九日。

同治八年九月初四日,军机大臣奉旨:知道了。钦此。[1]

○七三 呈同治八年六月川省粮价清单

同治八年七月二十九日(1869 年 9 月 5 日)

谨将同治八年六月份四川省所属地方各项粮价,开具清单,恭呈御览。

成都府属,价贵。中米每仓石价银二两八钱七分至三两九钱一分,与上月同。大麦每仓石价银一两八钱四分至二两一分,与上月同。小麦每仓石价银二两一钱七分至二两三钱四分,与上月同。黄豆每仓石价银一两六分至二两四钱六分,与上月同。荞子每仓石价银一两一钱七分至一两七钱一分,与上月同。

重庆府属,价贵。中米每仓石价银二两六钱七分至三两六钱九分,与上月同。大麦每仓石价银一两六钱五分至二两,与上月同。小麦每仓石价银二两三钱一分至二两七钱三分,与上月同。黄豆每仓石价银二两七钱三分至三两三分,与上月同。

保宁府属,价贵。中米每仓石价银二两七钱五分至三两四钱六分,与上月同。大麦每仓石价银一两九钱二分至二两一钱,与上月同。小麦每仓石价银二两八钱六分至三两六钱,与上月同。黄豆每仓石价银一两八钱三分至二两一钱三分,与上月同。

顺庆府属,价贵。中米每仓石价银二两九钱二分至三两三

---

① 中国第一历史档案馆藏:军机录副,档案编号:03-4965-037。

钱三分，与上月同。大麦每仓石价银一两六钱二分至一两八钱一分，与上月同。小麦每仓石价银二两一钱一分至二两一钱四分，与上月同。黄豆每仓石价银一两五钱五分至一两六钱七分，与上月同。

叙州府属，价贵。中米每仓石价银三两一钱八分至三两四钱八分，与上月同。大麦每仓石价银一两六钱七分至二两三分，与上月同。小麦每仓石价银二两一钱五分至二两六钱五分，与上月同。黄豆每仓石价银一两一钱六分至一两五钱七分，与上月同。

夔州府属，价贵。中米每仓石价银二两九钱八分至三两三钱三分，与上月同。大麦每仓石价银一两七钱九分至二两四钱七分，与上月同。小麦每仓石价银二两九钱六分至三两四分，与上月同。黄豆每仓石价银二两一钱六分至二两二钱六分，与上月同。

龙安府属，价贵。中米每仓石价银二两六钱八分至三两三钱八分，与上月同。青稞每仓石价银一两五钱，与上月同。小麦每仓石价银一两八钱至二两一钱九分，与上月同。黄豆每仓石价银一两八钱五分至一两九钱三分，与上月同。

宁远府属，价贵。中米每仓石价银三两一分至三两三钱四分，与上月同。大麦每仓石价银一两四钱九分至一两六钱一分，与上月同。小麦每仓石价银一两六钱二分至二两二钱三分，与上月同。荞子每仓石价银一两四钱六分，与上月同。黄豆每仓石价银一两五钱六分至一两六钱三分，与上月同。

雅州府属，价中。中米每仓石价银二两九钱三分至二两九钱八分，与上月同。小麦每仓石价银二两三钱至二两六钱六分，与上月同。黄豆每仓石价银一两六钱八分至二两七钱，与上月同。

嘉定府属，价贵。中米每仓石价银三两至三两六钱，与上月同。小麦每仓石价银二两三钱七分至二两七钱四分，与上月同。黄豆每仓石价银一两四钱九分至二两五分，与上月同。

潼川府属，价贵。中米每仓石价银二两一分至三两二钱九分，与上月同。大麦每仓石价银一两六钱七分至一两九钱五分，与上月同。小麦每仓石价银二两一钱六分至二两五钱一分。黄豆每仓石价银一两七钱九分至二两一钱六分，与上月同。

绥定府属，价贵。中米每仓石价银二两七钱至三两，与上月同。大麦每仓石价银一两五钱八分至一两五钱九分，与上月同。小麦每仓石价银一两六钱三分至一两七钱四分，与上月同。黄豆每仓石价银一两四钱三分，与上月同。

眉州直隶州并属，价贵。中米每仓石价银二两八钱六分至三两一钱六分，与上月同。

邛州直隶州并属，价贵。中米每仓石价银二两七钱六分至三两一钱九分，与上月同。大麦每仓石价银一两九钱三分，与上月同。小麦每仓石价银二两五钱九分，与上月同。黄豆每仓石价银二两一钱至二两二钱四分，与上月同。

泸州直隶州并属，价贵。中米每仓石价银三两一钱九分至三两二钱，与上月同。

资州直隶州并属，价贵。中米每仓石价银二两六钱三分至二两九钱八分，与上月同。

绵州直隶州并属，价贵。中米每仓石价银二两八钱五分至三两一钱七分，与上月同。小麦每仓石价银二两三钱四分至二两四钱八分，与上月同。

茂州直隶州并属，价中。中米每仓石价银二两六钱九分，与上月同。小麦每仓石价银二两六钱八分，与上月同。青稞每仓石价银二两二钱二分，与上月同。荞子每仓石价银一两一钱五分至一两七钱五分，与上月同。

忠州直隶州并属，价贵。中米每仓石价银二两七钱至三两三钱八分，与上月同。大麦每仓石价银一两四钱六分至一两六钱，与上月同。小麦每仓石价银二两五分至二两四钱一分，与上月同。黄豆每仓石价银一两二钱七分至一两三钱七分，与上月同。

酉阳直隶州并属，价贵。中米每仓石价银二两七钱一分至三两二钱一分，与上月同。大麦每仓石价银二两三钱至二两六钱二分，与上月同。小麦每仓石价银二两六钱四分至二两六钱，与上月同。黄豆每仓石价银一两三钱九分至一两四钱四分，与上月同。

叙永直隶厅并属，价贵。中米每仓石价银三两九分，与上月同。小麦每仓石价银一两八钱一分，与上月同。荞子每仓石价银一两三钱四分，与上月同。黄豆每仓石价银一两六钱一分，与上月同。

松潘直隶厅，价中。青稞每仓石价银二两八钱一分，与上月同。荞子每仓石价银一两七钱四分，与上月同。

理番直隶厅，价中。青稞每仓石价银二两四钱六分，与上月同。荞子每仓石价银一两八钱一分，与上月同。

杂谷直隶厅，价中。青稞每仓石价银二两四钱五分，与上月同。荞子每仓石价银一两七钱九分，与上月同。

石砫直隶厅，价平。中米每仓石价银一两六钱九分，与上月同。大麦每仓石价银一两七钱三分，与上月同。小麦每仓石价银二两六分，与上月同。黄豆每仓石价银一两八钱九分，与上月同。

打箭炉厅，价贵。青稞每仓石价银四两九钱七分，与上月同。油麦每仓石价银一两八钱一分，与上月同。

军机大臣奉旨:览。钦此。①

○七四　呈川省同治八年六月得雨清单

同治八年七月二十九日（1869 年 9 月 5 日）

谨将同治八年六月份四川省所属地方报到得雨情形,开具清单,恭呈御览。

成都府属:成都、华阳两县得雨五次,秧苗含胎。简州得雨四次,稻谷出穗。崇庆州得雨三次,黄豆长发。汉州得雨三次,堰水充足。温江县得雨三次,田水充足。郫县得雨三次,早稻吐穗。新都县得雨四次,秧苗含胎。灌县得雨三次,黄豆长发。金堂县得雨四次,晚秧茂盛。彭县得雨三次,堰水充足。新津县得雨三次,黄豆茂盛。双流县得雨五次,晚禾畅茂。什邡县得雨三次,早稻含苞。

重庆府属:江北厅得雨四次,早秧吐秀。巴县得雨三次,早稻含胎。江津县得雨四次,田水充足。长寿县得雨三次,黄豆收获。永川县得雨四次,禾苗出齐。荣昌县得雨四次,嘉禾呈穗。南充县得雨三次,山田滋润。璧山县得雨三次,田水积盈。铜梁县得雨四次,禾苗扬花。大足县得雨三次,早禾含苞。定远县得雨三次,田水充足。

夔州府属:奉节县得雨三次,棉花条达。云阳县得雨三次,早禾吐穗。开县得雨三次,黄豆收获。万县得雨三次,早禾畅茂。

龙安府属:平武县得雨三次,塘堰积水。江油县得雨四次,早

---

① 中国第一历史档案馆藏:清单,档案编号:03-4965-038。

禾茂盛。石泉县得雨六次，晚禾滋长。彭县得雨三次，二麦收割。

绥定府属：达县得雨三次，田水充足。东乡县得雨七次，早禾芃发。新宁县得雨三次，晚禾滋长。大竹县得雨三次，晚禾茂盛。渠县得雨四次，早禾吐穗。城口厅得雨三次，早禾吐穗。

宁远府属：西昌县得雨三次，田水充足。会理州得雨三次，晚禾茂盛。盐源县得雨三次，黄豆收获。冕宁县得雨三次，塘水充盈。

保宁府属：阆中县得雨四次，稻谷含胎。苍溪县得雨三次，禾苗吐穗。南部县得雨四次，田水充足。广元县得雨三次，稻粟扬花。昭化县得雨三次，晚稻畅茂。巴州得雨三次，稻禾结实。通江县得雨四次，早稻扬花。南江县得雨三次，晚稻含苞。剑州得雨三次，早稻结实。

顺庆府属：蓬州得雨三次，晚禾畅茂。营山县得雨三次，早禾结实。广安州得雨四次，田水充足。岳池县得雨三次，早稻结实。邻水县得雨三次，晚稻扬花。

潼川府属：三台县得雨二次，黄豆结实。射洪县得雨四次，禾苗吐秀。盐亭县得雨五次，晚稻茂盛。中江县得雨三次，黄豆滋长。安岳县得雨三次，早禾扬花。乐至县得雨四次，秧苗吐穗。

雅州府属：雅安县得雨五次，田水充足。名山县得雨四次，稻谷扬花。荥经县得雨五次，黄豆扬花。天全州得雨三次，黄豆结实。

嘉定府属：乐山县得雨四次，禾苗畅茂。峨眉县得雨四次，早禾放花。洪雅县得雨四次，晚禾含苞。夹江县得雨三次，早稻出穗。荣县得雨三次，黄豆畅茂。威远县得雨四次，早稻结实。峨边厅得雨三次，黄豆扬花。

　　叙州府属:宜宾县得雨四次,晚禾扬花。南溪县得雨四次,早禾结实。富顺县得雨三次,田水充足。隆昌县得雨五次,稻谷黄熟。庆符县得雨四次,黄豆扬花。筠连县得雨五次,晚稻茂盛。兴文县得雨四次,晚禾吐穗。屏山县得雨四次,秧苗茂盛。

　　资州直隶州并属:资州得雨五次,黄豆结实。资阳县得雨四次,禾苗扬花。内江县得雨六次,早稻结实。仁寿县得雨三次,田水充盈。井研县得雨四次,黄豆收获。

　　绵州直隶州并属:绵州得雨四次,堰水充盈。德阳县得雨五次,秧苗茂盛。安县得雨三次,田水充足。绵竹县得雨三次,早稻含胎。梓潼县得雨五次,秧苗立节。罗江县得雨三次,堰水充盈。

　　忠州直隶州并属:忠州得雨六次,棉花滋长。酆都县得雨三次,早稻扬花。垫江县得雨三次,早稻含苞。梁山县得雨三次,晚禾茂盛。

　　西阳州直隶州并属:西阳州得雨三次,田水充盈。黔江县得雨四次,晚稻扬花。彭水县得雨三次,早禾含苞。

　　茂州直隶州并属:汶川县得雨三次,杂粮茂盛。

　　眉州直隶州并属:眉州得雨六次,早稻扬花。彭山县得雨六次,晚稻含苞。丹棱县得雨五次,晚禾畅茂。青神县得雨六次,田水充足。

　　泸州直隶州并属:泸州得雨四次,晚稻扬花。江安县得雨三次,黄豆结实。纳溪县得雨四次,禾苗吐穗。

　　邛州直隶州并属:邛州得雨五次,早禾含苞。大邑县得雨四次,早禾扬花。蒲江县得雨四次,晚稻扬花。石砫直隶厅得雨三次,田有蓄水。

　　叙永直隶厅并属:叙永厅得雨五次,黄豆结实。永宁县得雨五次，晚禾含苞。

军机大臣奉旨：览。钦此。[①]

〇七五　奏报知府德荫循例甄别折

同治八年七月二十九日(1869 年 9 月 5 日)

头品顶戴四川总督臣吴棠跪奏，为知府试用年满，循例甄别，恭折仰祈圣鉴事。

窃照试用道府等官，到省一年期满，例应察看出考，分别繁简，专折奏闻。兹查发川试用知府德荫，年四十七岁，内务府镶黄旗汉军耀安佐领下人，由奉宸苑捐唐〔府〕经历，蒙议叙，升补苑丞。咸丰八年二月，以恭修《玉牒》全书告成保奏，奉上谕：着以知县不论双单月即选。钦此。签掣四川垫江县知县，九年到任，捐升知府，分发四川试用，请咨赴部。同治七年四月初二日，吏部带领引见，奉旨：着照例发往。钦此。领照起程，五月二十九日到省，扣至八月二十九日，试用一年期满，据藩、臬两司详请甄别前来。

臣察看该员德荫，年强才裕，办事勤能，堪膺表率之任，应请留川以繁缺知府补用。倘该员始勤终怠，仍当随时核办，勿庸贻误。理合循例恭折具奏，伏乞皇太后、皇上圣鉴训示。谨奏。七月二十九日。

同治八年九月初四日，军机大臣奉旨：吏部知道。钦此。[②]

[①]　中国第一历史档案馆藏：清单，档案编号：03-4965-039。
[②]　中国第一历史档案馆藏：军机录副，档案编号：03-4649-009。

○七六　请以魏松亭等调补游击等缺折

同治八年七月二十九日(1869年9月5日)

头品顶戴四川总督臣吴棠跪奏,为拣员调补游击、守备,以资治理,恭折仰祈圣鉴事。

窃照川北镇标中营游击杨得春,由江南军营拟补,已逾八载,尚未来川,悬缺过久。查该营为川北各营领袖,界连陕、甘,现值邻氛未靖,必须实缺人员认真整顿,以期有备无患,亟应拣员调补。臣等查有川北左营游击魏松亭,年三十四岁,湖南长沙县武童,捐效军营,在湖南、江南等省打仗著绩。嗣赴川剿办滇匪,立解井研、□州等处城围,攻克铁山贼巢,擒获巨逆各案出力,历保副将,并戴花翎,蒙赏给冠勇巴图鲁名号,加总兵衔。因前在军营打仗受伤,重至损骨,难以挽强运重,经前督臣骆秉章验明,奏免骑箭。奉上谕:着照所请。钦此。同治四年,借补川北左营游击,护理川北镇篆务。该员久历戎行,熟悉营务。以之调补川北中营游击,实堪胜任。所遗川北左营游击缺,请即以杨得春调补。

又,平番营守备宋泽坤因病出缺,前经恭疏题报。该营悬处番地,勘定未久,兼有口外野番时扰边地,防御尤赖得人。臣等于通省尽先名列在前各守备及俸满应升千总内详加遴选,或人地不宜,或在邻省军营未回,势难挨次序补。惟有茂州营千总杨步青,年三十九岁,清溪县武生,以军功拔补茂州营千总。同治五年三月十六日,接领部札。五年,以克复松潘厅城、剿平番逆著绩,经前督臣骆秉章保奏,以守备尽先补用,并戴蓝翎,是年八月初九日奉旨允准在案。该员年力富强，边防谙习，历俸已逾三年，籍隶隔府别营，历署南坪、茂州等营都司，番夷詟服，以之升补平番营守备，实堪胜任。惟尽先名次较次，稍有未符，第人地实在相需，例得声明奏请。该员与魏松亭均无违碍事故。

合无仰恳天恩，俯念边疆员缺紧要，准以魏松亭调补川北中营游击，杨得春调补川北左营游击，杨步青升补平番营守备，实于营务、边防均有裨益。如蒙俞允，魏松亭系对品调补，毋庸送部，应换给实札。杨得春俟由营回川，杨步青俟接准部覆，分别送部引见。是否有当，理合会同成都将军臣崇实、提督臣胡中和，合词恭折具奏，伏乞皇太后、皇上圣鉴训示。谨奏。七月二十九日。

同治八年九月初四日，军机大臣奉旨：兵部议奏。钦此。[①]

〇七七　请以霍为棻升补邛州知州折

同治八年七月二十九日（1869 年 9 月 5 日）

头品顶戴四川总督臣吴棠跪奏，为知州员缺紧要，恳恩俯准升补，以资治理，恭折仰祈圣鉴事。

窃照邛州直隶州知州胡兴倬于同治八年五月二十七日丁母艰，经臣具题开缺声明。所遗员缺，例应在外拣员调补。查该州民情强悍，政务殷繁，且管辖二县，有表率之责，必须精明干练之员，方克胜任，经臣督同藩、臬两司于通省现任直隶州知州内，逐加遴选，一时实无堪调之人。虽有候补同知直隶州知州及劳绩应升

---

① 中国第一历史档案馆藏：军机录副，档案编号：03-4741-150。

各员,均与是缺不甚相宜。

惟查有新都县知县霍为荣,年五十岁,陕西举人,丁未科中式进士,引见奉旨以知州即用,签掣浙江,委署太平县知县,丁忧服满起复,因前署太平县任内交代未完,奏参暂行革职,俟交代清楚,奏请开复。遵例捐离原省,仍以知县改发四川即用本班尽先补用。咸丰六年,赴部引见,奉旨:霍为荣着准其开复知县原官,照例用。钦此。七年到省,复因在籍劝捐出力保奏,奉上谕:着俟补缺后,以同知直隶州知州尽先补用。钦此。补授新都县知县,同治四年八月到任,调署成都、华阳等县知县各印务、交卸,现署合州知州,并无贻误。该员心地朴诚,才具老练,历任地方俱能实心整顿,以之升补邛州直隶州知州,实堪胜任。该员系奉旨尽先补用同知直隶州知州,今请补邛州直隶州知州,与例相符,正、署各任内并无积案五十起以上、承缉盗案五起以上、经征钱粮不及七分已起降调革职参限。其余因公处分,例免核计。罚俸银两现饬完缴,历俸已满三年。惟调缺请升尚有应补、应升各员,与例稍有未符,第人地实在相需,例得声明奏请,据藩、臬两司会详前来。

合无仰恳天恩,俯念员缺紧要,准以尽先补用同知直隶州知州新都县知县霍为荣升补邛州直隶州知州,洵于地方有裨。如蒙俞允,俟接准部覆,送部引见。所遗新都县知县员缺,应归部选,但川省现有应补人员,容俟接准部覆,拣员请补。是否有当,理合恭折具奏,伏乞皇太后、皇上圣鉴训示。谨奏。七月二十九日。

同治八年九月初四日,军机大臣奉旨:吏部议奏。钦此。①

---

① 中国第一历史档案馆藏:军机录副,档案编号:03-4649-012。

○七八　奏报征收同治七年地丁并八年新赋各数折

同治八年七月二十九日(1869 年 9 月 5 日)

头品顶戴四川总督臣吴棠跪奏,为恭报同治七年份四川省征收地丁并八年新赋完欠各数,仰祈圣鉴事。

窃照每年钱粮完欠各数目,例应于奏销时查明奏报。兹查办理同治七年奏销,据布政使蒋志章详称:七年额征地丁钱粮、屯租等项,正、闰共银六十九万二千一百四十一两零,随征加一五火耗银一十万五千五百五十五两零,共应征正、闰、耗银七十九万五千六百九十七两零,实在上下两忙征完银七十一万一千四百三十七两零,续完银七万八千二百五十九两零。又,一切杂项、课税等款共银三十二万六千三百五十六两零,内惟屏山、长宁、叙永、打箭炉等厅县短征及欠解、豁免共银四千一百三两零,业经另案分别参办,余俱全完。又,额征米豆一万三千三十石七斗五升零,均于奏销前扫数全完,此外并无丝毫拖欠。至同治八年份额征地丁钱粮、屯租、折色等项,已据各属册报,共征收银四十三万四千八百二十二两零,未完银三十三万四千九十二两零等情,造册详请具奏前来。

臣查川省钱粮,历系年清年款。同治八年新赋已完过半,其未完银两仍当督饬藩司严催各属赶紧征解,断不敢稍有延欠。除恭梳具题并将清册送部外,理合循例缮折奏闻,伏乞皇太后、皇上圣鉴。谨奏。七月二十九日。

同治八年九月初四日,军机大臣奉旨:户部知道。钦此。[①]

○七九　奏报知县国璋等循例甄别片

同治八年七月二十九日(1869 年 9 月 5 日)

再,查吏部奏定章程,州县无论何项劳绩保奏归入候补班者,以到省之日起,予限一年,令督抚详加察看,出具切实考语,奏明分别繁简补用等因,遵照在案。兹查劳绩保举之候补知县国璋等六员,均已到省一年期满,自应照章甄别。据布政使蒋志章、署按察使傅庆贻造具该员等履历、考语清册,详请具奏前来。

臣查候补知县国璋年壮才明,刘湘甲办事勤敏,汤俊才具明练,夏需田吏事稳慎,苏鸿逵才具老成,孙光冶办公勤奋,均请留川以繁缺知县补用。除将该员等履历清册咨部外,理合附片具陈,伏乞圣鉴。谨奏。

同治八年九月初四日,军机大臣奉旨:吏部知道。钦此。[②]

○八○　奏报遣犯拥滞请旨设法调剂折

同治八年八月初六日(1869 年 9 月 11 日)

成都将军臣崇实、头品顶戴四川总督臣吴棠跪奏,为驻防拥滞,设法调剂,以纾兵力,恭折仰祈圣鉴事。

本年五月十九日,据八旗协领等禀称:窃照成都驻防额设大小

---

① 中国第一历史档案馆藏:军机录副,档案编号:03-4856-001。

② 中国第一历史档案馆藏:军机录副,档案编号:03-4649-007。此片具奏日期未确,兹据同批折件校正。

官弁七十二员，领催、前锋、马甲一千六百名，责重操防，本形艰苦，向奉拨给为奴遣犯，历因各兵丁力难雇养，是以均按大小官弁，轮流拨给。溯查咸丰六、七年以前，奉拨遣犯为数无多，该员弁等轮奉拨管，力尚能支。自咸丰七年之后，逐渐加增，迨同治五、六年以来，益形拥挤，每年奉拨有三四十名至五六十名不等。各员弁节奉轮拨，管束綦难，不得已呈准改议在于各甲兵内择其稍能养赡者，一体轮交管养。惟是川省自军务后，物价迄未平减，而旗营各粮有额，生齿日繁，官弁兵丁无不家口嗷嗷，各旗闲散且俱无以资生。加以该犯等非积匪巨盗，即邪教迭拿，桀骜性成，罔知悛改。各官兵等又须日应差操，不能时为防范，日积日众，群聚一隅，滋事潜逃，固已可虑；渐濡习染，尤极非宜。再四筹商，合无仰恳设法调剂，俾免疏虞等情，禀由成都副都统臣富森保咨商前来。

臣等查定例，应发各省驻防为奴人犯原共二十七条，发川数本无几，嗣于咸丰七年因新疆各犯拥滞，接准部议，择其情罪稍轻者，改发驻防三条。旋于同治四年，又因由新疆改发黑龙江各犯为数过多，议将各省应发新疆及由新疆改发黑龙江遣犯，凡系应发往为奴者，俱改发各省驻防，给官兵为奴。其曾为职官及进士、举贡、生、监，或职官子弟，并八旗另户正身犯该发遣送黑龙江等处当差者，酌拨各省驻防，交该将军酌量安插。又，应发黑龙江等处严行管束者，亦改发各省驻防严加管束。自兹之后，遣发日多，现在各旗官弁及稍堪养赡兵丁，实已轮拨迨遍，无可再拨。况若辈怙中稔恶，岂甘枵腹安居！川省驻防额兵最少，复无接管旗租，瘠苦素著，据禀力难兼养，洵属实在情形。

惟查黑龙江停发未久，新疆则道路不通，势难遽议请复旧制，熟筹至再，计惟有川省绿营额设四镇，大小官弁不下千有余员，可否将例发驻防为奴之二十七条人犯,仍乃拨发旗营,酌给官弁为奴外,其续由新疆、黑龙江改发各犯,统按绿营各营之额大小,均匀酌拨,分别安插管束为奴,庶几一转移间既于旗民生计稍纾,且可免梗顽之徒群聚滋事。是否有当,理合会衔恭折具奏,伏乞皇太后、皇上圣鉴,敕部核覆施行。谨奏。八月初六日。

同治八年八月二十二日,军机大臣奉旨:该部议奏。钦此。[①]

○八一　委解京饷等项起程日期折

同治八年八月初六日(1869 年 9 月 11 日)

头品顶戴四川总督臣吴棠跪奏,为川省委解本年京饷暨内务府经费起程日期,恭折仰祈圣鉴事。

窃查四川省本年原拨京饷银三十六万两,前已解过银十九万两;内务府原拨本年经费银四万两,前已解过银二万两,迭经奏报在案。嗣于六月间两次奉拨京饷银十五万两,亦经转饬遵办。现在川库积欠各省协饷暨各路援军勇粮,共以数百万计,惟京饷关系紧要,自应先其所急,竭力筹措。臣督同司道严催各属,设法垫解津贴银四万余两,以三万两作为原拨京饷,以一万两作为内务府经费,并随解平余银三百三十两,又在司库凑集二两平银二万两,作为第二次续拨京饷。以上共银六万三百三十两,饬委候补知县王樽管解,定期于七月初十日自川起程。惟前准部咨:南北各省大路已通,京饷径解现银,闽、粤等省由海转运等语。

第由川至京必须取道陕西汉中一带,兹查陇回东潜,溃匪游勇

---

① 中国第一历史档案馆藏:军机录副,档案编号:03-5074-040。

窃越靡常，长途解运，疏失堪虞，只有援照上届成案，发交天成亨等银号汇解，委员至京兑齐，解赴户部、内务府交纳，用昭慎重。一俟秦中驿路大通，再照旧办理，据藩司蒋志章具详前来。臣覆查无异。理合恭折具奏，伏乞皇太后、皇上圣鉴。谨奏。八月初六日。

同治八年八月二十二日，军机大臣奉旨：该衙门知道。钦此。[①]

○八二　审拟三台文生苏向荣等京控一案折

同治八年八月初六日（1869 年 9 月 11 日）

头品顶戴四川总督臣吴棠跪奏，为京控案件审明定拟，恭折仰祈圣鉴事。

窃前兼署督臣崇实任内准都察院咨：据四川文生苏向荣等遣抱告胡春如吞公串弊等词，赴该衙门呈诉一案，于同治六年十月二十二日奏，二十三日奉旨：此案着交骆秉章亲提人证、卷宗，秉公研审确情，按律定拟具奏。抱告民人胡春如，该部照例解往备质。钦此。钦遵知照前来。兼署督臣崇实遵即行司，委提全案、人证卷宗至省，尚未取供，讵案证曹士焕、周怀鉴、羊荣山均在保染患时疫，医治不愈，曹士焕于七年五月十九日、周怀鉴于五月三十日、羊荣山于八月初三日，因病身死。先后檄委署成都县知县李玉宣验明，实系病死，并无别故。研讯保户人等，并无凌虐情弊。详经批审。

臣到任后，接准移交，督催两司审办。兹据署成都府李德良等审明定拟，由布政使蒋志章、署按察使傅庆贻解勘前来。臣亲提研

---

① 中国第一历史档案馆藏：军机录副，档案编号：03-4947-013。

讯,缘文生苏向荣、韩欣荣、胡春如均籍隶三台县。该县路当孔道,
差务络绎,向于县署外设夫马局,公举殷实公正绅粮经管,随粮派
钱,支应差役。每年额征丁条粮银一万零八百九十六两五钱五分二
厘,议明水冲空粮、祠庙公田及畸零粮户兑派□□□,前承平之时,
派钱无多,迨后差务倍烦,夫马钱文逐渐加增。咸丰十年,每粮一
两,派夫马钱四百二十文,是年支用甚多,不敷甚巨。十一年份,每
粮一两,派钱三千文。同治元年,每两派钱二千六百文。二年,每两
派钱三千文。三年,每两派钱三千八百文。均作为例支夫马,并分
还历年办理城防挪支各款之用。四年,因借款将次完清,众议酌减,
每两派钱一千八百文。五年,每两派钱二千文。连年由局士收支,
按五日将簿送县查核过珠,并逐年开列收支细帐,赴县报销,以杜侵
吞浮冒,不准书役染指润色,粮民相安无异。先是咸丰十年,前藩司
蒋文庆①统带湘楚五军由楚入川,剿办陕匪,取道三台进省。是年三
月初间,前任知县刘瑞琳以县境辽阔,分委局士余大鹏、罗世才预备
柴米、豆草等物,分往县属景福院、观音桥各站口接办兵差,又另委
文生章学渊、贡生王绍菜等,在鲁班桥及县城内支应。四月望后,楚
军过毕,清算各账,余大鹏、罗世才等支钱三千八百零七千四百六十
六文,章学渊、王绍菜等分支钱二千五百六十七千六百三十五文,计
共用钱五千一百七十五串一百零一文,归入是年夫马项下报销。

---

① 蒋文庆(1793—1853),字蔚亭,汉军正白旗人。嘉庆十五年(1810),中式举人。
十九年(1814),中式进士。道光二年(1822),充吏部验封司主事。同年,选考功司员外郎。
五年(1825),放云南曲靖府知府。十年(1830),调云南府知府。十二年(1832),升甘肃宁
夏道。十七年(1837),署甘肃按察使。二十一年(1841),迁浙江按察使。同年,署浙江布
政使。二十三年(1843),护理浙江巡抚。二十五年(1845),授安徽布政使。咸丰元年
(1851),擢安徽巡抚。二年(1852),赏戴花翎。三年(1853),以城破服毒自尽。谥忠愍,赠
骑都尉。

十一年，逆首蓝大蒅率贼众十余万围攻潼川府城，余大鹏等随同知府阮祜及刘瑞琳募勇，办防守城，置备器械、军火，并请兵援剿，供应口食实需及一切杂用，经费无出，先后劝拨绅粮捐助粮钱米谷，共合银五万九千九百一十七两一钱二分五厘。复因被围日久，尚不敷用，又挪借各铺商银二万四百九十一两、钱三万八百五十六千六百四十文、米一千九十三石五斗。嗣后将贼击退，刘瑞琳造册详报防剿总局核明，详经前督臣骆秉章批准，将绅粮捐款归入民捐团防办理。其挪借各款，原禀在历年夫马项下陆续拨还，业已清款。所有原借绅粮铺商领钱附卷。嗣有文生周怀鉴等，听闻人言余大鹏等□□楚军过境夫马，只用钱三千余串，而报销夫马总帐共用钱五千余串，不知另有章学渊、王绍棻二人分支二千五百余串之事，遂疑余大鹏等用少报多，历控司府，欲余大鹏、罗世才二人赔还钱二千五百千文。适余大鹏因事出外，旋即赴府投审，自认不谙军需定例，支应尚有糜费挪用，账系实支实销。且周怀鉴等□□□系章学渊、王绍棻分支，与伊二人无干，□□允赔，保经结案。

又，同治元年，举行通省捐输，该县派银二万二千两，发有各项执照。刘瑞琳会同劝捐委员华炜，集众筹议，因时已岁暮，劝捐缓不济急，议明欲向县属殷实粮户借银先解，俟来年劝收归还，当派局士张拱宸等分赴各乡挪借，照章扣除绳鞘、路费及委员、局绅薪水、杂用外，计先后批解银二万一千一百八十两零七分八厘。二年春间，刘瑞琳督同张拱宸等，劝导绅民谌义清等捐缴银二万三千九百零八两四钱，将捐银足数议叙者分别填给执照，造册详经前督臣奏请议叙，一面归还□□□□□□。其捐不敷议叙者一千九百零八两四钱，经局士罗士猷等禀明，拨入育婴堂，归功生息，由县通禀立案。时有监生秦瀚章等僻处乡间，不知二年捐输即系归还元年借款，心疑张拱宸等蒙混重捐，控经司府批饬接署县□□讯明，并非重捐，禀覆完案。

三年，该县续办通省捐输，仍派银二万二千两。刘瑞琳集绅筹商，金以上年专劢富户，类多趋避，请按照粮数，分别多寡，均匀捐输。其田业已经典当他人者，归收租之典当各户代为输纳，事后请加学额，□□议叙。公田及水冲空粮暨载粮□以□□□，概予免捐。议明每粮一两，捐银二两。并钱□□□□教谕罗士猷等随同夫马征收，照章扣除绳鞘、路费，计先后解省银二万一千七百八十两。因事属创办，当田之户籍难稽查，尚多漏捐，续经绅粮查明劝补。统计是年除免捐各户计粮银一万零二百二十五两，共收银二万五千五百六十二两五钱。除批解及扣除绳鞘、路费外，尚余续收捐项银三千五百六十二两五钱。适四年份奉文，再行接办捐输，该县派银一万九千两，经局士罗士仪等与众绅粮议明，将续收三年余项拨作四年捐输。至不敷之一万三千四百三十七两五钱，仍按粮□□□□□□水冲空粮暨公田零户免捐，计粮□□零二百九十一两六钱。每两议捐银一两五钱，除扣绳鞘、路费，实解银一万八千八百一十两。文生梁成等见罗士猷弟兄连年接管局务，因该县教谕罗从新与罗士猷等联宗情厚，疑系串通贪缘，控经前署县郑继昌查讯，罗士猷等并无贪缘侵蚀，将梁成等严行申饬。梁成等被饬不甘，控经前署督臣崇实批府提审未结。五年份接办捐输，该县派银一万六千两，系副贡梁登俊、武生吴平定接管局务，与绅粮议明，仍照粮摊派。

十年，水冲之户较多，连公田零户扣除免捐，计银一万两。每两议捐银一两六钱，扣除绳鞘、路费，计先后批解银一万五千八百两□□□。是年冬间，局柜丢失四百两银票一张，遗字帖上写"保真子，游天下，借三百，三年还"等语，鄙俚不通。梁登俊等寻查银票无获，当向出票之钱铺内告知注簿作为废纸，一面将银两取回，并粘字帖、禀县存案。苏向荣传闻失票不得，银已取回，疑系局士作弊，又闻该县连年筹办夫马、城防捐输至三十余万两之多，意欲借词邀免摊派，忆及局士屡被呈控有案，起意商允李欣荣联名京控，即自作呈词，遣抱告胡春如进京，赴都察院衙门投递。讯供奏奉谕旨，咨解回川，经前兼署督臣崇实饬司委提人卷、证据，来省审办。讵曹士焕、周怀鉴、羊荣山先后在保病故。臣到任后，接准移交，遵即督同在省司道详加研审，并查对该县历年夫马、捐输局簿，详细核算，捐支数目均属相符，局士并无侵冒。兹据该司道等审明，解勘前来。臣亲提研鞫，据供前情无异，诘无唆讼之人，案无遁饰。

查例载：军民人等遇有冤抑之事，如未经在本籍地方及该上司先行具控，或现在审办未经结案遽行来京控告者，治以越诉之罪。又，律载：越诉者，笞五十。又不应为而为者，笞四十。又，名例律载：共犯罪以造意为首，随从者减一等各等语。此案文生苏向荣因该县连年筹办夫马、城防捐输至二十余万两之多，意欲借词邀免摊派，忆及局士屡次被控有案，起意商允李欣荣联名，胪列京控。如控局士侵吞各情，概系无中生有。即所控被贼盗去局柜银四百两、划题逆词等语，亦因传闻失实，又疑银已取回，且局内究曾失去银票，遗有字帖，与虚捏不同。惟案经批府提讯，尚未断结，辄即赴京呈渎，实属越诉，自应按例问拟。苏向荣合依现在审办未经结案遽行来京控者治以越诉之罪例、越诉者笞五十律，拟笞五十，系文生，照例纳赎。李欣荣听从联名，胡春如听从作抱，均合依随从者减一等律，于苏向荣笞五十罪上减一等，各拟四十，折责发落。千总余大鹏、职员罗世才讯无侵吞情弊，惟办理楚军过境夫马，于地方公款并不撙节支用，致多糜费，实属经理不善。余大鹏、罗世才均请酌照不应为而为者笞四十律,各拟笞四十,照例纳赎,仍酌断赔缴钱七百五十千文,归夫马局支用,以重公项。文生梁成等均在本省上控,均未指实,且因怀疑所致,事出有因,应请免议。周怀鉴等已在保病故,罗士猷与历年局士讯无夤缘浮吞作弊情事,应与究无凌虐情弊之保户人等及询属无干之三台县教谕罗从新、差役涂元并证人等,俱毋庸讯。案已讯结,未到人证免提省累。各尸棺已据饬埋。文生章学渊等分办楚军过境夫马有无糜费,饬县查明,分别办理。

至川省历年捐输,系因邻省贼氛未平,积欠勇粮、协饷过多,迭经奏准奉行,应仍照旧办理。惟腹地业已肃清,过往兵勇甚稀,夫马一项臣已严饬各属分别裁减,另将办理情形附陈。除供册咨部并咨覆都察院外,所有审结缘由理合恭折具奏,伏乞皇太后、皇上圣鉴训示。谨奏。八月初六日。

同治八年八月二十二日,军机大臣奉旨:刑部议奏。钦此。①

【案】同治六年十月二十二日,左都御史灵桂等奏报四川文生苏向荣京控一案折:

都察院左都御史臣宗室灵桂等跪奏,为奏闻请旨事。

据四川文生苏向荣、民人李欣荣遣抱胡春如,以吞公串弊等词赴臣衙门呈诉。臣等公同讯问,据胡春如供:年二十六岁,与苏向荣、李欣荣等均系四川三台县人。缘三台县系潼川府首县,正供征银一万零八百九十余两。来往夫马杂差,每两派钱一百三十文,官为管理收支,历年无绌。自咸丰十年军兴以来,余大鹏等借事生风,除正粮、津贴、按粮、加派、捐输逐年

黏呈不计外，每年派夫马钱二三万不等。递至同治五年，惟夫马一项并城防各款约计二十余万之多。果能实用实支，民等敢不踊跃输将？及历查各帐，均由伊等含混报销，侵吞冒滥。同治二年，经邑绅李献廷、周怀鉴等历控府、县、藩、督，各批另录，委罗本府审讯。余大鹏等自知罪无可逭，临审逃扬，当经罗本府详请通缉在案。嗣阮本府接任，先后拿获余大鹏等到案，审实侵吞。首先查萧兵过境一款，两宿一尖，胆敢浮报费钱五千余串。阮府断令赔出钱二千五百串，限半月呈缴。其余连年各帐亦俟查算明确，逐款追赔。不知余大鹏等用何伎俩，有断无追，案悬莫结。又，同治元年，周道宪来县劝捐，已得银二万余两批解。乃次年，局士刘善庆、张拱辰交通，除正粮、津贴外，又按粮加派银二万五千余两，全未批解，又无别项报销。又，罗世猷等视公款可嚼，串滥衿李安可保伊专管局务，伊弟罗世仪帮管二、三、四年局帐，浮冒不少。去岁，经阖县绅粮、训导曹士焕、监生羊荣山等多名集算明确，罗世猷等浮冒数过万余。当经文生梁成、训导魏东玉黏具算帐清单，叠控藩、督，委府提讯。世猷仗教官罗从新夤缘于内、滥衿李安可弥缝于外，不候审竟往宜宾县赴教官任，案悬数载，未获一讯。后来局士梁登俊、吴平定等弊窦愈出愈奇，局设县衙二门内，去冬突称被贼盗去局柜银四百余两，禀县批缉未获。窃三台自滇匪窜扰以后，民力已极困惫，世猷、大鹏等攘窃公款，以饱私囊，上被加派虚名，下受剥削实祸，是以苏向荣等抄呈清单，遣身来京沥诉等语。余与原呈大略相同。

臣等查该文生苏向荣等遣抱呈称该县自咸丰十年以来，除正粮、津贴、按粮、加派、捐输不计外，每年派夫马钱二三万不等。递至同治五年,夫马一项并城防各款,约计二十余万之多。历查各帐,均由局士余大鹏等含混报销,侵吞冒滥。同治二年,邑绅李献廷等控省,委府审讯,余大鹏畏罪逃扬。嗣拿获到案,审实侵吞。首先查萧兵过境一款,浮报费银五千余串,该府断令赔钱二千五百串未缴。又,元年劝捐,该县已解银二万余两。次年,局士刘善庆、张拱辰又按粮加派银二万五千余两,全未批解,亦无别项报销。又,罗世猷等管局二、三、四年,经阖县绅粮算明,浮冒数过万余。文生梁成等呈帐控省,委府提讯。乃世猷仗教官罗从新夤缘于内,滥衿李安可弥缝于外,竟不候审赴任,案悬数年,未获一讯。后来局士梁登俊等复有声称被贼盗去局银各情。公项巨款,讵容浮冒侵吞!所控如实,亟应集算明确,按例严惩。谨抄录原呈,并黏呈清单,恭呈御览,伏乞圣鉴训示。

再,据该抱告结称,苏向荣在本府控告四次,藩司、总督衙门各控告二次,经府提讯。合并声明。谨奏。同治六年十月二十二日。都察院左都御史臣宗室灵桂,左都御史臣谭廷襄,左副都御史臣觉罗达庆,左副都御史臣继格,左副都御史臣鲍源深(差),左副都御史臣温葆深。①

【附】同治六年十月二十二日,左都御史灵桂等附陈文生苏向荣呈状:

具告状:四川潼川府三台县文生苏向荣,年五十四岁;民人李欣荣,年三十三岁;抱告胡春如,年二十六岁;均系三台县载粮民籍。为交通串弊,黎庶难生,恳祈圣鉴,以苏民困事。

---

① 中国第一历史档案馆藏:录副奏折,档案编号:03-5025-005。

　　缘三台系潼川府首县，山多田少，原非富饶，正供征银一万零八百九十余两。来往夫马杂差，按征银每两派钱一百三十文，官为管理收支，历经多年，支应无绌。自咸丰十年军兴以来，余大鹏等借事生风，除正粮、津贴、按粮、加派、捐输逐年黏呈不计外，每年派夫马钱二三万不等。递至同治五年，惟夫马一项并城防各款约计二十余万之多，杂派过于应完正款，有碍大局。果能实用实支，民等敢不踊跃输将？及历查各帐，均由伊等含混报销，侵吞冒滥不少。

　　同治二年，经邑绅李献廷、周怀鉴等由县、府控经藩、督，各批另录，沐委本府罗祖示审讯。余大鹏等自知罪无可逭，又畏罗祖严明，临审逃扬。当经罗府祖详请各大宪通缉在案。嗣阮府祖接任，先后拿获余大鹏等到案，审讯侵吞属实。首先查萧兵过境一款，两宿一尖，胆敢浮报费钱五千余串。阮府断令赔出钱二千五百串，半月呈缴。其余连年各帐亦俟查算明确，逐款追赔。不知大鹏等用何伎俩，有断无追，案悬莫结。又，同治元年，周道宪来县劝捐一款，刘县主当即通禀各大宪，一面选派县中绅粮，分驰四乡，劝以官阶、功名。当劝得谌义清等官阶、贡监百余名，获银二万余两，陆续批解。随即缮写捐生三代年貌清册，详请报部在案。次年，局士刘善庆、张拱辰不知何术交通，除正粮、津贴外，又按粮加派银二万五千余两，全未批解，又无别项报销。又，罗世猷等视公款可嚼，串支业尽无脚之滥衿李安可联名保伊专管局务。殊世猷等利令致〔智〕昏，串支伊弟罗世仪帮管二、三、四年局帐，其中浮冒不少。去岁，经阖县绅粮、训导曹士焕、监生羊荣山、徐焜、职员赖福山、廪生陈锦棠等多名集算明确，世猷等浮冒数过万余，当经文生梁成、训导魏东玉先后黏具算帐清单,由县、府控经督、藩各批另录,沐委府宪提讯。世猷仗有无事不干之县学教官罗从新夤缘于内、惯于住局包揽之滥衿李安可弥缝于外,上下钻营,竟不候审。今五月,竟往宜宾县赴教官任,致案悬数载,未获一讯。后来局士梁登俊、吴平定等因而弊窦愈出愈奇,局设县衙二门内,去冬月突称被贼盗去局柜银四百余两,又划逆词于壁。经县绅监生徐均、从九品胡庆祥等抄黏禀县,陈县主虽批缉究,不知何故,数月未获赃贼。其余登俊等所经手各帐并不凭众清算,其中浮冒显然。窃三台自滇匪窜扰之后,民力已极困惫,津贴、捐输、劝捐、加派,种种征徭,民犹踊跃输将,以报二百余年惠爱之深,所以急公奉上,竭尽膏髓而不辞也。

世猷、大鹏等攘窃公款,以饱私囊,上被加派虚名,下受剥削实祸,伊等于中得利,置业捐官,又能弊蒙不究,只得着抱胡春如,不避斧钺,奔叩阙下,冒昧上陈,恳提各案人证、卷宗,追出若辈侵吞之项,以济军饷,剪除奸贪而苏民困。不胜激切屏营之至。上叩。①

【附】同日,灵桂等附陈三台县每年派夫马各款查账清单:

计开:三台县正供征银一万零八百九十六两七钱三分,每征银一两外额加津贴银一两。

一、咸丰十年,除正粮、额征津贴外,每征银一两,加夫马钱四百六十文,共收夫马钱五千余串。

一、咸丰十一年,除正粮、额征津贴外,每征银一两,加捐输银三两,共收捐输钱三万二千六百九十余两。每征银一两,

---

① 中国第一历史档案馆藏:呈状,档案编号:03-5025-006。

加夫马钱三串，共收钱三万二千六百九十余串。又，办理城防，绅粮、铺户共捐银二万零四百九十一两，劝捐钱二万六千八百四十三串。又劝借钱二万零八百五十六串。

一、同治元年，除正粮、额征津贴外，每征银一两，加捐输银三两，共收银三万二千六百九十余两。是年冬月，县中复行劝捐，劝获谙义清等实职、官阶、贡监一百九十余名，共银二万余两，当即批解。又征银一两，加夫马钱二千六百文，共收钱二万八千三百三十余串。

一、同治二年，除正粮、额征津贴外，每征银一两，加捐输银二两五钱，共收银二万七千二百四十余两。此项捐输并未批解，亦无报销。又，每征银一两，加夫马钱三串，共收钱三万二千六百九十余串。

一、同治三年，除正粮、额征津贴外，每征银一两，加捐银二两五钱，共收银二万七千二百四十余两。每征银一两，加夫马钱三千八百文，共收钱四万一千四百八十九串。

一、同治四年，除正粮、额征津贴外，每征银一两，加捐输银一两五钱，共收银一万六千三百四十余两。每征银一两，加夫马钱一千八百文，共收钱一万九千六百一十一串。

一、同治五年，除正粮、额征津贴外，每征银一两，加捐输银一两九钱，共收银二万余两。每征银一两，加夫马钱二千文，共收钱二万一千余串。

计开：文生周怀鉴等由县、府控经藩、督各批。

三台县批：此案昨据贡生罗世猷具禀，已签传上年管理局士、绅粮会算在案。仰该生等即亲身赴局，听候督同查算核夺。至咸丰十年，办理楚军过境，系局士余大鹏经管银钱出入,前县陈因费过多,曾经批饬有案,并候查案核办可也。

潼川府批:查支应一切差务,均应实支实用,不准浮冒侵吞。仰三台县调齐各底簿,饬令公正谙练绅粮,会同在局首士,将节年收支各帐,大庭广众,秉公算清,揭榜周知,以杜侵蚀而服众心。

布政司批:该县路当孔道,差使络绎,需夫浩繁,是以向议按粮均摊,借资民力,原系万不得已之举。至军兴以来办理城防,亦有照地丁多寡派收者,虽以公济公,然民膏脂丝毫为重,司事者自应格外撙节,公局省一分开销,小民少一分征派,岂容稍涉冒滥,致归中饱?据呈该县杂派夫马、城防等项自咸丰十年起至同治二年止,计收银钱二十余万之多,并指出萧兵过境一款,局士浮冒用帐,如果情真,何以阖县绅粮甘心缄默?独该原呈等于事数年之后始行出头呈渎,是否图管不遂,挟嫌妄讦?仰潼川府就近明察暗访,局士余大鹏等有无假公济私、侵蚀冒滥各情,一面提集原、被告人证,调集各年收支各底簿,督同两造,秉公核算明确,分别实惩虚坐,照例究办具覆,毋稍偏袒迟延!词、黏并发,仍缴该原呈,着自赴府投质。

督部堂批:现据潼川府详:余大鹏等临审脱逃。本部堂以罗守业已交卸,当经批司通饬严拿余大鹏等务获,解交本任府归案审办在案。仰布政司即饬潼川府阮守,亦俟余大鹏等缉获到案,刻即提同应讯人证,调集卷宗簿据,彻底覆讯明确,秉公究逭结报。词发仍缴。

计开:文生梁成等由府控经藩督各批。

潼川府批:夫马一项系阖县公事,罗世猷等充当夫马局士,果有私自提用局内银钱情事,何以阖县绅粮均皆缄默不言,独该生数人出头呈控? 如谓该绅民等亦是绅粮,因夫马局士舞弊控案并不为过,何以当时不行指实具控,必待事阅年余或时隔数月,始就他人控案恳请提究? 查核情形恐系挟嫌,借案波累。惟控关私用公项,虚实均应察究,仰现署三台县郑令,即速唤集人证,查核局帐,秉公严讯,实则究追,虚则照例加等坐诬,妥拟覆夺。该令系接任人员,无所用其回护,切勿稍事颟顸,偏袒稽延,致滋口实! 词发仍缴。

布政司批:此案该县究系如何集算,岂有平空将该原呈押勒之理? 所呈显有隐捏。仰潼川府查照现今批示,提案彻讯,究追具报。词发同缴。抱告蒋谦,着成都县押解收审。

督部堂批:据呈该县局士罗世猷等经管局帐历年,侵吞至一万余金之多,禀经该府饬县集讯,并不究追,转将该原呈等押勒,控司批府提审复被弊塌各情,一面之词,并无实在证据,仰布政司即饬潼川府,立提人卷到案,按照控词,秉公研审,分别实惩虚坐,照例究办,毋稍徇纵,并将讯断缘由覆后核夺。词、黏并发仍缴。原告文生梁成,着自赴府呈明候审。[1]

〇八三　奏报成都等县续捐军费请奖片

同治八年八月初六日(1869 年 9 月 11 日)

再,查川省收前办同治四年捐输,所有崇庆、乐山等州县捐输银两足敷议叙各捐生姓名、银数及官职、履历,经臣于七年十一月十七日第三次奏请敕部奖叙在案。嗣据成都、华阳等县士民陆续

---

① 中国第一历史档案馆藏:清单,档案编号:03-5025-061。

捐输银一十四万七千二百两零,已解司库,拨充各路军饷,支用无存,统归军需项下汇案报销,查明各县捐生足敷议叙者,计银八千一百七十四两,造具花名、银数、履历清册,由捐输厘金总局司道核明,会详前来。

臣查册开请叙各项,核与筹饷及现行常例减成银数相符,合无仰恳天恩,敕部迅予核议给奖,用昭激劝。除将清册分咨部、监外,理合附片具陈,伏乞圣鉴。谨奏。

同治八年八月二十二日,军机大臣奉旨:户部核议具奏。钦此。①

○八四　奏报饬查州县浮派滥支片

同治八年八月初六日(1869 年 9 月 11 日)

再,川省自军兴以来,增兵办防,历时已久。咸丰九年,滇匪阑入腹地,迭陷城邑。厥后土匪、发逆相继窜扰,本省兵勇不敷分御,屡次调募楚、滇、黔各省勇丁,分路救援,师行迅速,沿途船只、夫马、米粮、油薪,历由地方官委绅设局,按粮派银,预备支应。其各州县自行募勇御贼、制造军械、补修城堤等费,亦取资于局。□□□□□□设有兵差防费局之处,十居七八无不借资民力,原因彼时军务紧急,事非得已。至近年腹地肃清,各属散勇撤防,楚、黔等省勇丁亦多派援邻省,或久防边境,离腹地已远,虽冲途大道,间有调派营勇来往,及催解饷糈、军火、探送军书折报员弁过境,不无

---

① 中国第一历史档案馆藏:军机录副,档案编号:03-4919-015。此片具奏日期未确,兹据同批折件校正。

零星支应，视往年实轻减倍蓗。所有各州县向设差费等局若不确切查明、分别减撤，深恐民力难支。

臣于去年九月抵蜀后，即督同在省司道通饬各属明定限期，勒令不当大道州县，先将向设差费局赶紧裁撤，停止按粮摊收，不许借口兵差，影射私征。其距边当道地方，亦饬分别减派，视差务之多寡，暂留数处，将每月收支细数据实通报，以杜弊混。俟边防凯撤，即全行停止，俾兵燹余生稍获休息，上副圣主轸念民依至意。如有不肖牧令阳奉阴违，浮派滥支，一经查明，即随时核实参劾，用昭儆惕，不敢姑息。是否有当，理合附片陈明，伏乞圣鉴训示。谨奏。

同治八年八月二十二日，军机大臣奉旨：知道了。钦此。[1]

○八五　委署夔州府知府等员缺片

同治八年八月初六日(1869 年 9 月 11 日)

再，夔州府知府文勋因病出缺，所遗员缺有经征关税并表率之责，必须谙练老成之员，方克胜任。查有保宁府知府福兆，清廉练达，为守皆优，堪以调署。其保宁府缺，查有先用知府王树汉，明干有为，堪以委署。又，署泸州直隶州知州事合州知州徐璂调省差委，所遗署缺查有新补巴县知县李玉宣，办事勤勉，堪以委署。又，署眉州直隶州知州邓承彬因病请假，遗缺以新补茂州直隶州知州张祺接署。又，广安州知州湛溥调省察看，遗缺以盐源县知县裴嗣

---

① 中国第一历史档案馆藏：军机录副，档案编号：03-4826-081。此片具奏日期未确，兹据同批折件校正。

锦接署。又，署遂宁县知县韩道原期满更换，遗缺以盐亭县知县李汝湘调署。又，仁寿县知县王履兴调省，遗缺以广元县知县盖星阶接署。该员等正、署各任内并无经征钱粮未完及承缉盗劫已起四参案件，据藩、臬两司会详前来。

除分饬遵照并将文勋出缺月日照例题报外，理合附片陈明，伏乞圣鉴。谨奏。

同治八年八月二十二日，军机大臣奉旨：知道了。钦此。[①]

〇八六　循例甄别川省州县各员折

同治八年八月初八日（1869 年 9 月 13 日）

头品顶戴四川总督臣吴棠跪奏，为甄别州县以肃吏治，仰祈圣鉴事。

窃为州县为亲民之官，责任綦重，民生之休戚，地方之安危，胥基乎此。前数十年间，发、捻肆横，群盗蜂起。追原祸始，要由于州县之不得其人。臣尝私忧窃叹，以为疲冗之吏纵民为盗贼，贪酷之吏驱民为盗贼，未有州县诚求保赤心悉为民，而地方有意外之变者也。臣以菲材渥荷殊恩，由牧令擢至兼圻，夙夜悚惶，惧难报称。既深知州县之难为，又深知州县之可以为所欲为，二者□□，每于属员来见，必殷殷告诫，以勤政爱民为念，以薄赋省刑为务，力矫疲冗、贪酷之习。其道远者，即再三通饬，援引律令，时俾警惕。大抵天地生人，中材居多，但得小心奉法，有所劝而为善，有所惮而不敢

---

① 　中国第一历史档案馆藏：军机录副，档案编号：03-4648-145。此片具奏日期未确，兹据同批折件校正。

为不善,逐渐转移,未尝不于吏治、民风稍有裨益。

臣莅蜀以来,已近有年,时与在省司道详慎考核,其不称职者,当即随时分别记过撤任,人心稍知敛抑。惟习染已深,阘茸玩泄之弊所在多有,川省内地虽已肃清,而民间元气未复,况值邻疆多事,年来征兵筹饷,物力倍极艰难,一切绥辑之方、治理之要,在在亟须讲求。若不将疲冗惯习力与振刷,久恐遗患地方。

兹谨悉心核察,量加甄别,用示惩儆,缮列清单,恭呈御览。是否有当,理合恭折具陈,伏乞皇太后、皇上圣鉴训示。谨奏。八月初八日。

同治八年八月二十四日,军机大臣奉旨:钦此。[①]

○八七　呈报甄别州县各员情形清单

同治八年八月初八日(1869 年 9 月 13 日)

谨将甄别州县缮具清单,恭呈御览。

筠连县知县傅有霖、井研县知县王凤翥,年力已衰,难期整顿。该二员平日居官尚无劣迹,应请以原品休致。

广安州知州湛溥,办事迟钝,于通饬月报词讼多未讯结,惟年力尚富,似可造就。该员现已撤省,应请开缺,俟有相当缺出,再行请补。

犍为县知县陈启衔、永川县知县方翊清,屡有控案,虽查无贪酷劣迹,惟才具短绌,究属难膺民社。该二员应请以府经历、县丞归部铨选。

---

① 中国第一历史档案馆藏:军机录副,档案编号:03-4648-149。

南部县知县庆泰,信任家丁,才识卑陋。西昌县知县姚继祖,质地庸暗,谳狱失平。前署合江县知县候补通判王容章,控案多起,声名平常。

前任邛州直隶州知州胡兴倬、前署名山县知县试用通判寇用平,于州县考试不恰士情,平日吏事亦多疲玩。该五员均请勒令休致。

军机大臣奉旨:览。钦此。①

〇八八　请将道员刘岳曙摘顶片

同治八年八月二十一日(1869 年 9 月 26 日)

再,臣等于八月初五日,接准云贵督臣刘岳昭②咨称:云南省围未解,昨经饬令道员刘岳曙,于所部内拣派四营,赴省会剿。本月十六日,甫经传谕,该勇丁声言积欠月饷,当经该管带等晓以大义,听候发饷。其时川饷初到,正在核算支发间,讵勇丁等不听开导,于十七日卯刻,该四营内有八百余人,各带军火逃走,云往四川请饷等语。并据道员刘岳曙禀称:此次传令进征,本有惮于远涉之势,且闻有奸人煽惑,欲借欠饷为名,以为脱身之计。现奉云贵督臣札饬,调齐后军,跟踪阻截。又据永宁道延祜禀报:接据云南威宁州来信,该散勇不服劝阻,业将该营官四员裹去,有沿途截拆公文各等语。余与咨报大略相同。

臣等立即批饬刘岳曙,妥为办理,并饬边防文武,一体严密防

---

① 中国第一历史档案馆藏:清单,档案编号:03-4648-145。
② 原稿因避讳空"昭"字,兹据前后折件校证,以下同。

范，勿使逃勇阑入境内。旋又接准刘岳昭咨称：接据宣威、威宁文武及委员等禀报，各溃勇等均已行抵威宁州，驻扎城外，惟该营勇丁既已溃散，则存留各营人数渐单，难以独当一面，已令分扎边界，听候川省酌核饬遵各等因。伏查四川援剿之费，每岁入不敷出，以致各营历有积欠月饷，固不独果后后军为然，亦不自近年为始。臣等于无可筹拨之中，仍饬防剿局司道设法匀拨，自去年九月至今，已解果后后营九万六千余两。乃该营勇丁不溃于待饷之日，而溃于发饷之时，其为惮于赴省会剿，已属显然。而分带营官，或另有激变情事，亦应严密查究，现已札饬刘岳曙，查拿首犯惩办，其余逃散勇丁，勒令呈缴器械，遣散归籍。

至所存未散各勇，臣等稔知该营因逐年伤亡更换，大半籍隶川、黔，无复楚营旧制。该道所部向系二千八百名，现在溃散，闻尚不止八百余名，既据刘岳昭咨称人数渐单、难以独当一面，自未便仍留境〔滇〕境，徒糜饷项。现由臣等饬局酌拨银数万两，委员解交刘岳曙，饬令一律资遣回籍，不准借索欠饷，多生枝节。道员刘岳曙身为统带，未能约束勇丁，咎有应得，相应请旨将刘岳曙先行摘去顶戴，以示薄惩，仍责成妥为遣散，倘该勇丁等别滋事端，肆行扰害，及查有激变情事，再当从严参办。谨合词附片陈明，伏乞圣鉴训示。谨奏。

同治八年八月二十　日，由驿附片具奏。于本年九月二十一日，准兵部火票递回原片，后开军机大臣奉旨：另有旨。钦此。[①]

【案】此片于是年九月初六日得批覆，清廷饬令将刘岳曙

---

① 吴棠等：《游蜀疏稿》，第3—10页，全国图书馆缩微复制中心影印，2005。

摘顶惩儆,廷寄曰:

军机大臣字寄:成都将军崇、四川总督吴、云贵总督刘、贵州巡抚曾:同治八年九月初六日,奉上谕:崇实、吴棠奏,果后后军勇丁溃散,现筹遣散等语。刘岳曙所部勇丁因派赴云南省垣会剿,辄借欠饷为名,逃走八百余人,现已行抵威宁州城外驻扎。此次勇丁溃散,该营官等有无激变情事,着崇实、吴棠严查惩办。勇丁不服调度,竟敢相率溃逃,此风断不可长!着即饬令刘岳曙,查拿起意首犯,从严惩治,其余勇丁即行设法遣散,毋任别滋事端。该将军等以此军人数渐单,难以独当一面,仍留滇境,徒糜饷项,现已酌拨银两,一律资遣回籍,着即妥为办理。道员刘岳曙于所部勇丁不能约束,咎无可辞,着先行摘去顶带,以示薄惩。仍责成妥为遣散,倘任该勇丁滋事扰害及查有激变情事,即着从严参办。前因曾璧光奏,兴义等处需军剿办,谕令刘岳昭将刘岳曙一军酌调回黔,现在此军既经遣撤,着曾璧光另行筹派兵勇,前往剿办,迅扫逆氛。昭通回匪聚众抗拒,唐友耕一军近日剿办情形若何,着刘岳昭迅速筹办。省围日久未解,亦当迅筹援应,毋为一隅牵掣顾此失彼也。将此由五百里各谕令知之。钦此。遵旨寄信前来。[①]

●军机大臣字寄:成都将军崇、四川总督吴、云贵总督刘、湖南巡抚刘、云南巡抚岑、贵州巡抚曾:同治八年八月二十二日,奉上谕:崇实、吴棠奏,援黔官军叠胜,阵斩苗酋,现筹进取一折。黔省下游自楚军黄飘失利后,苗酋张老熊等纠集各股

---

① 台北故宫博物院藏:军机及宫中档,文献编号:408018084;《穆宗毅皇帝实录(六)》,卷二百六十六,同治八年九月上,第691—692页。

苗匪，窥扑牛场、瓮安，经唐炯檄饬副将向长曙等军分路进剿，将该匪金幹幹等击败，阵斩逆酋多名。张老熊仍率党由翁巴而来，官军突起，即将该逆枪毙，余贼由罗坳、五里桥等处回巢，复为伏兵邀杀。其出扑重安之贼，现已退至河外，而擦耳崖、王家牌各处苗匪，亦经官军先后击退。此次川军进剿黔苗，屡歼贼首，实足以壮声援。本日已明降谕旨宣示，并将副将向长曙等分别奖叙矣。惟黔境下游处处皆贼，非各路官军合力剿办，不能痛扫逆氛。崇实等仍当饬令唐炯稳固后路，一面檄催总兵李有恒迅率所部，前往会击。刘嵩亦当分饬席宝田等军探踪前进，与川、黔各军联络声势，乘胜规取，并着曾璧光统筹全局，调拨黔中将士，分投兜剿，不得专借客援，坐失机会。崇实等另片奏，昭通文武禀留提督唐友耕等语。昭通为迤东门户，关系紧要，前谕刘岳昭饬令唐友耕将汉回各事妥办，即带张文林等驰援省城。兹据称该处狪匪招聚外回、抗拒官军各情，是唐友耕一军，势难克期前进。惟滇省城围未解，岑毓英等待援甚切，若将该军专守昭通，则于省事无济，此时或留唐友耕剿办昭通回匪，或分军往解省围之处，均着刘岳昭熟审情形，从长办理。岑毓英于诸军未到之前，仍着懔遵前旨，会同马如龙督军防剿，毋稍疏虞。将此由六百里各谕令知之。钦此。遵旨寄信前来。①

【附】同治八年七月，云贵总督刘岳昭附片具报曰：

再，省围未解。臣前饬昭通镇总兵李家福，督同总兵钟福俊、王维金、吴奇忠等各率所部，开拔赴省，与抚臣、提臣会筹

---

① 台北故宫博物院藏：军机及宫中档，文献编号：408018082。

攻剿。顷据该镇禀报,省军进规禄丰、易门、安宁、昆阳、新兴等州县,附城贼累,负固如常。我军先扎南门之大梵宫、三节桥、田坝等处,现拟截断该逆粮路,即可会攻江右馆一带巨巢,又饬马天顺带领民兵五百名赴省,由提臣调遣,令其立功赎罪。臣接据普安解围之捷,即拟将张松林、刘奇义等营调回,亲带赴省。适接署昭通镇全祖凯及各委员等禀称:回众实系扎营自固,汉民意在报仇,必欲剿回,提臣唐友耕因汉民阻止,尚无拔营援省确期等情。臣以昭鲁之事,本起于奸匪浮言,其中附和者众。如不分别重轻,权宜办理,非特宣威、威宁等处群起惊疑,铤而走险,且恐三迤安分之回,闻风生变,实于大局有关。臣与抚臣、提臣出示晓谕,并饬全祖凯会同该地方文武,严拿滋事首犯,设法解散胁从,先行保护汉民村寨,免其借口。又密饬东川府孔昭鈖,体察实在情形,再行酌办。统俟稍有端倪,臣即驰赴会垣,与抚臣、提臣通筹全域,庶咽喉无梗阻之虞,肘腋无仓猝之变。至道员刘岳曙所部,前经奏明驻扎寻甸马如龙各隘。所有寻甸善后事宜渐有调理,先派该道之后军提督胡志祺、副将王荫南、李志高、黄正久等四营驰赴省垣,与李家福等合力会剿,以期迅解城围。惟臣进省在即,东路渐觉空虚,随处宜防缓急,仍饬该部酌留数营,择要分布,以壮声威而期周密。为此附片缕陈,伏乞圣鉴。谨奏。[①]

【附】同治八年八月初八日,刘岳昭此片得允行。《清实录》:

---

① 刘岳昭撰:《滇黔奏议》,第 451—454 页,《近代中国史料丛刊》第五十一辑,(台北)文海出版社,1966。

谕军机大臣等：刘岳昭奏，滇省尚未解围，拟俟昭通等处汉回构衅办有端倪，即行赴省会剿等语。云南省城围尚未解，虽经刘岳昭饬令总兵李家福等率兵赴省，与岑毓英等会筹攻剿，而附城贼垒，负固如常。官军现扎南门之大梵宫等处，拟将该逆粮路截断，以期会攻江右馆一带巨巢，即着岑毓英会商马如龙，督饬各军，迅图扫荡。惟贼垒尚众，兵力甚单，刘岳昭若俟昭通等处布置就绪，方行进援，未免缓不济事，着一面饬令唐友耕等，将汉回各事妥为筹办，一面即带张松林、刘奇义等营，驰援省城，会合夹攻，尽歼丑类，不得稍涉迟回，致误大局。派出之提督胡志祺等四营，并着催令迅速前进，毋稍玩误。将此由六百里各谕令知之。①

○八九　请奖川省捐输甘肃军米各员折

同治八年八月二十九日(1869年10月4日)

头品顶戴四川总督臣吴棠跪奏，为官员捐输援甘军米、价脚银两，四次开单恳恩给奖，以示鼓励，恭折仰祈圣鉴事。

窃照川省司道暨各府厅州县捐输援甘军米、价脚，经前督臣崇实、骆秉章三次开单奏恳恩施，敕部核议给奖，声明尚有请叙未定各员催齐另办，奉旨允准在案。兹续据各府厅州县先后共捐解银九千三百八两有奇，均已交存司库，尚属情殷报效。据禀或请封典，或请本身议叙，或移奖子弟，各造具三代年贯、履历，由防剿局司道查明所请各项议叙，与援甘米捐章程均属有盈无绌，造册详请

①《穆宗毅皇帝实录(六)》，卷二百六十四，同治八年八月上，第666页。

具奏前来。

臣覆核无异。合无仰恳天恩,敕部核议奖叙,以昭激劝,出自鸿慈。其未经请叙及前经部议与例不符各员,俟催齐到日,核明另办。除将清册分咨部、监外,理合恭折具奏,并将各员捐输银数、请叙衔名开单,恭呈御览,伏乞皇太后、皇上圣鉴。谨奏。八月二十九日。

同治八年十月初十日,军机大臣奉旨:户部核议具奏,单并发。钦此。①

○九○　呈川省捐输甘肃军米各员请奖清单

同治八年八月二十九日(1869 年 10 月 4 日)

谨将川省官员捐输甘肃军米、脚价、银数及请奖衔名开具清单,恭呈御览。

前署邛州直隶州事候补同知直隶州知州张鼎生捐银一千两,拟请旨将该员由同知直隶州知州加一级,请叙从四品封典,并将本身妻室应得封典貤封胞兄张震生,由候选复设训导及张震生之妻杨氏、继妻孙氏,均请从四品封典,胞弟张晋生由监生请叙同知职衔,胞侄张景泉、张景成均由俊秀请叙监生。

前任汶川县知县丁忧知县朱懋汉捐银一百七两六钱,拟请旨将该员由知县加寻常二级。

已革中江县知县李步瀛,捐银三百五十五两一钱,拟请旨将该员亲子李穗由俊秀请叙监生,加捐盐运司经历,归部双月选用。

---

① 中国第一历史档案馆藏:军机录副,档案编号:03-4827-015。

前渠县知县张钟瑛捐银一千两，拟请旨将该员亲子张渐迨由府经历请叙盐课大使，指省浙江，分发补用；侄孙张树森由俊秀请叙从九品，不论双单月归部选用；胞侄张鸿书、堂侄张带河均由俊秀请叙从九品职衔。

江北厅同知曾定泰捐银一千五百两，拟请旨将该员由运同衔加四级，请从二品封典，并将妻室应得封典驰封曾祖父母，并胞弟曾仰模由俊秀请叙监生，加捐州吏目，归部不论双单月选用，曾从矩由俊秀请叙监生，加捐从九品，归部不论双单月选用。

署理叙永厅同知陈枝莲捐银五百两，拟请旨将该员之胞弟陈枝蔚由监生请叙府经历，归部双月选用；胞侄陈翰光由俊秀请叙监生，加捐县丞，归部双月选用。

运同衔简州知州叶庆荣捐银一千两，拟请旨将该员之弟叶桢由俊秀请叙监生，加捐盐课大使，归部选用。

前任温江县知县丁忧知县吴崇阶，前在仪陇县任内捐银五百两，拟请旨将该员之子吴清高由俊秀请叙监生，加捐詹事府主簿双月选用，堂弟吴崇欢由俊秀请叙监生。

同知衔前嘉定府乐山县知县刘大智捐银六百二十一两，拟请旨将该员之子刘毓傑由俊秀请叙监生，加捐州吏目，归部不论双单月选用；刘毓傁由俊秀请叙监生，加捐翰林院待诏，归部不论双单月选用。

同知衔前署彭水县事补用知县侯维桢，前于二次捐输甘米案内汇奏请叙，嗣奉部咨：清单内开该员请给予曾祖父母并本生祖父母五品封典，另行加倍报捐，计欠银一百六十三两，应另补交等因。兹据如数补解银一百六十三两，拟请旨将该员仍由同知衔知县议叙五品封典，驰封曾祖父母并本生祖父母。

署宁远府事候补知府彭名湜捐银一千五百两,拟请旨将该员之子彭会模由俊秀请叙监生,加捐盐课大使,归部选用;嫡孙彭成慈由俊秀请叙监生,加捐县丞,不论双单月选用;侄孙彭承惠由俊秀请叙监生,加捐县丞,不论双单月选用。

南溪县知县雷尔卿捐银五百六十一两三钱七分,拟请旨将该员亲子雷震远由府经历请叙按经历,加捐通判,归部双月选用。

前署仁寿县知县试用通判濮琮捐银五百两,拟请旨将该员由试用通判加同知升衔,并移奖亲子濮文晫、濮文晙,均由俊秀议叙监生。

军机大臣奉旨:览。钦此。[1]

○九一　增设贡额以育人材折

同治八年八月二十九日(1869 年 10 月 4 日)

头品顶戴四川总督臣吴棠、四川学政臣钟骏声跪奏,为请增贡额以育人材,恭折仰祈圣鉴事。

窃照四川成都府属之新繁、彭县两县原系分治。康熙七年,省彭县并入新繁。雍正七年,复改分治,各设学校、廪增,每县各十名学额,岁科各八名岁贡,两县轮挨,惟拔贡一途无分轮次,历十二年始合两县拔取一名,历经照办在案。兹据新繁、彭县两县均以自改分治后至今百数十年,多士涵濡已久,人文蔚起,现在应试文生,新繁实有一百三十余名,彭县实有一百七十余名,其间敦品励学、堪

---

① 中国第一历史档案馆藏:清单,档案编号:03-4827-016。

膺选拔者，正复不少。若仍两县合拔，不能不取此置彼，取彼置此，未免有遗珠之叹，恳请加增拔额，由藩司具详前来。

臣等会查无异，核与学校人数至百余名再增选拔之部议相符。合无仰恳天恩，俯准将新繁、彭县两县各设拔额一名，俾遇选拔之年两县士子均得拔取，以彰乐育人材之盛。如蒙俞允，即请自下届癸酉科为始，会同秉公遴选，认真考核，用副圣主拔取真才至意。谨合词恭折具陈，伏乞皇太后、皇上圣鉴。谨奏。八月二十九日。

同治八年十月初十日，军机大臣奉旨：礼部议奏。钦此。①

○九二　请以马晋铭等调补参将等缺折

同治八年八月二十九日(1869年10月4日)

头品顶戴四川总督臣吴棠跪奏，为拣员调补参将、游击、都司等缺，以资治理，恭折仰祈圣鉴事。

窃照提标中军参将黎光照，于同治二年由江南军营推补，已逾六载之久，尚未赴任。查提标驻扎省垣重地，操练巡防，最关紧要，兼管制造本省、外省军营药品、军械，事甚烦剧，必须实缺人员认真整顿，自应拣员调补，俾免旷误。臣等于通省实缺参将内逐加遴选，查有合川营参将马晋铭，年四十八岁，清溪县人，由行伍出师马边、会理等处，打仗著绩，历升夔州左营都司，委署峨边营参将，办理营务甚属得力。同治七年，升补合川营参将，接准部覆。该员营务熟谙，才具稳练，以之调补提标中军参将，实堪胜任。所遗合川营参将缺，请即以提标中军参将黎光照调补。

---

① 中国第一历史档案馆藏：军机录副，档案编号：03-5005-017。

又,松潘左营游击林耀龙调补督标右营游击,遗缺前经臣等会同拣选通省应补、应升及尽先人员,人地均不相宜,奏请以拣发游击补用参将定全借补。嗣准部咨,以定全未保尽先,川省保举参、游尽先注册人员尚有百余员,应另行拣补等因。伏思川省连年遇有参、游缺出,均以尽先人员请补,未用别项班次,而尽先人员犹如此之多,此后各处军营续保参、游尽先来川之员,尤难预计。若必俟尽先人员用竣再用别项班次,则此项奉旨来川人员永无补缺之望,未免向隅。况松潘收复未久,毗连甘省,口外野番时虞蠢动,亟须得力之员借资弹压整顿,未便稍涉牵拘,致滋贻误。该员定全年三十九岁,满洲镶黄旗人,由二等侍卫于咸丰十年指〔拣〕发来川,以游击差委,出师甘肃,守城出力,经陕甘督臣保奏,同治五年十二月十四日奉旨:着以参将补用,加副将衔。钦此。经前督臣奏补督标左营游击,因部推有人,未经议准。该员年力富强,操防勤奋,虽未保有参将尽先,而奉旨来川已及十载,营务最为熟悉,拟仍借补松潘左营游击。

又,夔州左营都司马晋铭前升合川营参将,遗缺尚未拟补有人。查有遇缺前先即补都司钟明远,年三十五岁,马边厅人,由行伍拔补把总,洊升守备。同治元年,于生擒滇逆李泳和案内保准以都司尽先补用。嗣因殄灭马边教匪出力保奏,同治七年五月十四日奉上谕:都司钟明远着以都司遇缺前先即补。钦此。前经奏补松潘右营都司,以部推有人未准。该员差操勤奋,弓马娴熟,拟请补授夔州左营都司。

以上各员,均距籍在五百里以外,现在并无违碍事故。定全由已保参将借补松潘右营游击,未逾三级,因拣选尽先人员人地不宜,复请以该员借补,实为要缺需材起见。钟明远尽先都司续保遇缺前先即补,较尽先班次尤优。

合无仰恳天恩，俯准以马晋铭调补提标中军参将，黎光照借补合川营参将，定全借补松潘左营游击，钟明远补授夔州左营都司，实于营伍、边防均有裨益。如蒙俞允，定全系拣发人员，毋庸送部。马晋铭现已给咨北上，应俟到京引见后，由部发给实札。黎光照俟凯撤来川，钟明远俟接准部覆，再行送部。是否有当，理合会同成都将军臣崇实、提督臣胡中和，合词恭折具奏，伏乞皇太后、皇上圣鉴训示。谨奏。八月二十九日。

同治八年十月初十日，军机大臣奉旨：兵部议奏。钦此。①

○九三　奏报川省同治八年七月雨水、粮价折

同治八年八月二十九日(1869 年 10 月 4 日)

头品顶戴四川总督臣吴棠跪奏，为恭报四川省同治八年七月份各属具报米粮价值及得雨情形，仰祈圣鉴事。

窃照同治八年六月份通省粮价及得雨情形，前经臣恭折奏报在案。兹查本年七月份成都等十二府，资州、绵州、忠州、酉阳、茂州、眉州、泸州等七直隶州，石砫、叙永两直隶厅，各属先后具报得雨自一二次至十余次不等。田水充盈，稻谷收获。其通省粮价俱与上月相同，据布政使蒋志章查明列单汇报前来。

臣覆核无异。理合分缮清单，恭呈御览，伏乞皇太后、皇上圣鉴。谨奏。八月二十九日。

同治八年十月初十日，军机大臣奉旨：知道了。钦此。②

---

① 中国第一历史档案馆藏：军机录副，档案编号：03-4742-015。
② 中国第一历史档案馆藏：军机录副，档案编号：03-4965-097。

○九四　呈川省同治八年
七月各属粮价清单

同治八年八月二十九日(1869 年 10 月 4 日)

谨将同治八年七月份四川省所属地方各项粮价,开具清单,恭呈御览。

成都府属,价贵。中米每仓石价银二两八钱七分至三两九钱一分,与上月同。大麦每仓石价银一两八钱四分至二两一分,与上月同。小麦每仓石价银二两一钱七分至二两三钱四分,与上月同。黄豆每仓石价银一两六分至二两四钱六分,与上月同。荞子每仓石价银一两一钱七分至一两七钱一分,与上月同。

重庆府属,价贵。中米每仓石价银二两六钱七分至三两六钱九分,与上月同。大麦每仓石价银一两六钱五分至二两,与上月同。小麦每仓石价银二两三钱一分至二两七钱三分,与上月同。黄豆每仓石价银二两七钱三分至三两三分,与上月同。

保宁府属,价贵。中米每仓石价银二两七钱五分至三两四钱六分,与上月同。大麦每仓石价银一两九钱二分至二两一钱,与上月同。小麦每仓石价银二两八钱六分至三两六钱,与上月同。黄豆每仓石价银一两八钱三分至二两一钱三分,与上月同。

顺庆府属,价贵。中米每仓石价银二两九钱二分至三两三钱三分,与上月同。大麦每仓石价银一两六钱二分至一两八钱一分,与上月同。小麦每仓石价银二两一钱一分至二两一钱四分,与上月同。黄豆每仓石价银一两五钱五分至一两六钱七分,与上月同。

叙州府属,价贵。中米每仓石价银三两一钱八分至三两四钱八分，与上月同。大麦每仓石价银一两六钱七分至二两三分，与上月同。小麦每仓石价银二两一钱五分至二两六钱五分，与上月同。黄豆每仓石价银一两一钱六分至一两五钱七分，与上月同。

夔州府属，价贵。中米每仓石价银二两九钱八分至三两三钱三分，与上月同。大麦每仓石价银一两七钱九分至二两四钱七分，与上月同。小麦每仓石价银二两九钱六分至三两四分，与上月同。黄豆每仓石价银二两一钱六分至二两二钱六分，与上月同。

龙安府属，价贵。中米每仓石价银二两六钱八分至三两三钱八分，与上月同。青稞每仓石价银一两五钱，与上月同。小麦每仓石价银一两八钱至二两一钱九分，与上月同。黄豆每仓石价银一两八钱五分至一两九钱三分，与上月同。

宁远府属，价贵。中米每仓石价银三两一分至三两三钱四分，与上月同。大麦每仓石价银一两四钱九分至一两六钱一分，与上月同。小麦每仓石价银一两六钱二分至二两二钱三分，与上月同。荞子每仓石价银一两四钱六分，与上月同。黄豆每仓石价银一两五钱六分至一两六钱三分，与上月同。

雅州府属，价中。中米每仓石价银二两九钱三分至二两九钱八分，与上月同。小麦每仓石价银二两三钱至二两六钱六分，与上月同。黄豆每仓石价银一两六钱八分至二两七钱，与上月同。

嘉定府属，价贵。中米每仓石价银三两至三两六钱，与上月同。小麦每仓石价银二两三钱七分至二两七钱四分，与上月同。黄豆每仓石价银一两四钱九分至二两五分，与上月同。

潼川府属，价贵。中米每仓石价银二两一分至三两二钱九分，与上月同。大麦每仓石价银一两六钱七分至一两九钱五分，与上月同。小麦每仓石价银二两一钱六分至二两五钱一分，与上月同。

黄豆每仓石价银一两七钱九分至二两一钱六分,与上月同。

绥定府属,价贵。中米每仓石价银二两七钱至三两,与上月同。大麦每仓石价银一两五钱八分至一两五钱九分,与上月同。小麦每仓石价银一两六钱三分至一两七钱四分,与上月同。黄豆每仓石价银一两四钱三分,与上月同。

眉州直隶州并属,价贵。中米每仓石价银二两八钱六分至三两一钱六分,与上月同。

邛州直隶州并属,价贵。中米每仓石价银二两七钱六分至三两一钱九分,与上月同。大麦每仓石价银一两九钱三分,与上月同。小麦每仓石价银二两五钱九分,与上月同。黄豆每仓石价银二两一钱至二两二钱四分,与上月同。

泸州直隶州并属,价贵。中米每仓石价银三两一钱九分至三两二钱,与上月同。

资州直隶州并属,价贵。中米每仓石价银二两六钱三分至二两九钱八分,与上月同。

绵州直隶州并属,价贵。中米每仓石价银二两八钱五分至三两一钱七分,与上月同。小麦每仓石价银二两三钱四分至二两四钱八分,与上月同。

茂州直隶州并属,价中。中米每仓石价银二两六钱九分,与上月同。小麦每仓石价银二两六钱八分,与上月同。青稞每仓石价银二两二钱二分,与上月同。荞子每仓石价银一两一钱五分至一两七钱五分,与上月同。

忠州直隶州并属,价贵。中米每仓石价银二两七钱至三两三钱八分,与上月同。大麦每仓石价银一两四钱六分至一两六钱,与上月同。小麦每仓石价银二两五分至二两四钱一分,与上月同。

黄豆每仓石价银一两二钱七分至一两三钱七分，与上月同。

酉阳直隶州并属，价贵。中米每仓石价银二两七钱一分至三两二钱一分，与上月同。大麦每仓石价银二两三钱至二两六钱二分，与上月同。小麦每仓石价银二两六钱四分至二两六钱，与上月同。黄豆每仓石价银一两三钱九分至一两四钱四分，与上月同。

叙永直隶厅并属，价贵。中米每仓石价银三两九分，与上月同。小麦每仓石价银一两八钱一分，与上月同。荞子每仓石价银一两三钱四分，与上月同。黄豆每仓石价银一两六钱一分，与上月同。

松潘直隶厅，价中。青稞每仓石价银二两八钱一分，与上月同。荞子每仓石价银一两七钱四分，与上月同。

理番直隶厅，价中。青稞每仓石价银二两四钱六分，与上月同。荞子每仓石价银一两八钱一分，与上月同。

杂谷直隶厅，价中。青稞每仓石价银二两四钱五分，与上月同。荞子每仓石价银一两七钱九分，与上月同。

石砫直隶厅，价平。中米每仓石价银一两六钱九分，与上月同。大麦每仓石价银一两七钱三分，与上月同。小麦每仓石价银二两六分，与上月同。黄豆每仓石价银一两八钱九分，与上月同。

打箭炉厅，价贵。青稞每仓石价银四两九钱七分，与上月同。油麦每仓石价银一两八钱一分，与上月同。

军机大臣奉旨：览。钦此。①

---

① 中国第一历史档案馆藏：清单，档案编号：03-4965-098。

○九五　呈川省同治八年
七月得雨情形清单

同治八年八月二十九日(1869 年 10 月 4 日)

谨将同治八年份四川省所属地方报到得雨情形,开具清单,恭呈御览。

成都府属:成都、华阳两首县得雨五次,稻谷结实。简州得雨六次,稻谷黄熟。崇庆州得雨四次,早稻黄熟。汉州得雨三次,稻谷黄熟。温江县得雨六次,稻谷黄熟。新都县得雨六次,晚稻成熟。金堂县得雨三次,晚稻成熟。新津县得雨二次,早禾黄熟。双流县得雨四次,晚稻扬花。什邡县得雨五次,早稻成熟。

重庆府属:江北厅得雨七次,早稻收获。巴县得雨五次,早禾获毕。江津县得雨五次,早稻获毕。永川县得雨四次,禾稼收获。荣昌县得雨五次,五谷收获。合州得雨三次,五谷收获。南川县得雨六次,早稻收获。璧山县得雨四次,早稻收获。铜梁县得雨二次,禾苗收获。大足县得雨二次,早禾收获。定远县得雨四次,田禾成熟。

夔州府属:巫山县得雨二次,早禾收获。万县得雨二次,早禾收获。

龙安府属:平武县得雨二次,秧苗扬花。江油县得雨一次,早稻成熟。石泉县得雨一次,二麦收获。

绥定府属:达县得雨五次,晚稻吐穗。新宁县得雨四次,早禾扬花。太平县得雨二次,早禾收获。

宁远府属:西昌县得雨一次,早禾收获。会理州得雨一次,早禾收获。

保宁府属：阆中县得雨三次，稻谷成熟。南部县得雨三次，稻谷扬花。巴州得雨四次，早稻成熟。通江县得雨三次，早稻成熟。

顺庆府属：南充县得雨四次，稻谷收获。蓬州得雨五次，早稻成熟。营山县得雨四次，早稻成熟。岳池县得雨十一次，早谷收获。邻水县得雨四次，早稻黄熟。

潼川府属：射洪县得雨三次，黄豆滋长。盐亭县得雨二次，稻谷成熟。乐至县得雨七次，早谷收获。天全州得雨三次，稻谷成熟。

嘉定府属：乐山县得雨四次，早稻黄熟。峨眉县得雨二次，早稻黄熟。犍为县得雨四次，早稻收获。荣县得雨四次，晚稻结实。威远县得雨五次，晚稻结实。

叙州府属：南溪县得雨九次，早稻收获。富顺县得雨八次，早禾收获。马边厅得雨三次，苞谷黄熟。

资州直隶州并属：资州得雨五次，堰水充足。资阳县得雨二次，禾苗结实。内江县得雨五次，晚稻收毕。

绵州直隶州并属：绵州得雨三次，早稻黄熟。梓潼县得雨二次，晚禾吐穗。罗江县得雨三次，秧苗吐穗。

忠州直隶州并属：忠州得雨四次，早稻黄熟。酆都县得雨五次，早稻收获。垫江县得雨四次，早稻结实。

西阳直隶州并属：黔江县得雨七次，晚禾结实。秀山县得雨二次，早稻收获。

茂州直隶州并属：汶川县得雨二次，杂粮茂盛。

眉州直隶州并属：彭山县得雨四次，田禾收获。

泸州直隶州并属:泸州得雨五次,早稻收获。江安县得雨二次,晚稻成熟。纳溪县得雨六次,早稻收毕。

石硅直隶厅得雨四次,早稻黄熟。

叙永直隶厅得雨四次,晚稻黄熟。

军机大臣奉旨:览。钦此。[①]

○九六　请准免郑仁昌来川差委片

同治八年八月二十九日(1869 年 10 月 4 日)

再,臣于去年春间由闽起程时,查有江苏候补同知直隶州郑仁昌,精明干练。臣前在漕督任内差委,均资得力,奏调来川差遣,奉旨:着照所请,该部知道。钦此。兹准吏部咨:准漕运督臣张之万咨:据郑仁昌具禀,该员之母早岁迎养江北,现在年逾七旬,未敢远离。川省相距数千里,势难前往等情,咨川奏明办理。

臣查郑仁昌既因母老,势难远离原省,刻下川中差委亦不乏人,自应准如所请,免其来川。理合附片陈明,伏乞圣鉴。谨奏。

同治八年十月初十日,军机大臣奉旨:知道了。钦此。[②]

○九七　奏报委解黔省协饷片

同治八年九月初六日(1869 年 10 月 10 日)

再,川省奉拨黔省协饷,前经屡次拨解,先后奏报在案。兹贵

---

① 中国第一历史档案馆藏:清单,档案编号:03-4965-099。

② 中国第一历史档案馆藏:军机录副,档案编号:03-4649-111。此片具奏日期未确,兹据同批折件校正。

州抚臣曾璧光复委员至川守催。伏思川省连年筹办防剿，分军援黔、援滇、援陕，月需饷银三十余万两，司库入不敷出，积欠甚巨，兼须筹拨京、藏及陕、甘、云南各省协饷，实属异常竭蹶。惟查滇省军情愈紧，需饷孔殷，不能不赶紧筹解，力顾大局，现经臣饬据藩司蒋志章，竭力腾挪，凑集按粮津贴银一万两，饬交黔省来川催饷委员前候补通判李绍培管解，定期于十月十五日自蜀起程，赴贵州省城交收，以济急需，由司详请具奏前来。除分咨外，理合附片陈明，伏乞圣鉴。谨奏。

同治八年九月初六日，军机大臣奉旨：知道了。钦此。[1]

○九八　王应昌声名狼藉驱逐回籍片

同治八年九月初六日(1869年10月10日)

再，已革同知直隶州知州王应昌，因前署中江县任内声名狼藉，控案累累，经原任督臣骆秉章奏参，奉旨革职。该革员旋赴贵州军营投效，开复原官，回川请咨赴部。嗣准吏部来咨：同治六年八月十八日，奉上谕：已革知县王应昌在四川中江县任内声名狼藉，经骆秉章奏参革职等因。钦此。伏查王应昌前年在川领咨，并未赴部，自应懔遵续奉谕旨，缴咨回籍。乃该革员仍逗留成都，多方狡诈，延不缴咨，实属异常抗玩。现饬成都府县勒令该革员迅速缴咨，驱逐回籍，如再抗延，即派员押解起程等情。由藩司蒋志章详请具奏前来。除批饬迅速办理毋任逗留滋事外，理合附片陈明，

---

① 中国第一历史档案馆藏：军机录副，档案编号：03-4947-018。此片具奏日期未确，因缺军机处随手登记档，无从确定，暂以奉旨日期代。

伏乞圣鉴。谨奏。

同治八年九月初六日,军机大臣奉旨:知道了。钦此。①

【案】同治六年八月十八日,奉上谕:此谕旨上谕档载曰:

同治八年八月十八日,内阁奉上谕:前因升任翰林院侍读学士景其濬奏参署贵州巡抚张亮基玩兵侵蚀、纵暴殃民等款,叠经谕令严树森确切查明,据实具奏。兹据严树森奏称,查明张亮基被参各款,奏请议结等语。此案张亮基于收过广东、四川、湖南各款,虽不至侵渔过半,惟巡抚支发银两,不尽由司局核放,而由内署存发,是原参该署抚添设内粮台之说,实属有因。已革知县王应昌,在四川中江县任内声名狼藉,经骆秉章奏参革职,永不叙用。张亮基带往贵州,附入城防保举,开复原官,虽曾奏捐资四千两,与原参馈送三千金之数微有不符,惟以蠹政害民之员,辄为奏请开复,亦有不合。知府茹含章与张亮基次子张胪寿往还尤密,久居优缺,厚贽拜门,虽无凭指证,而张胪寿浪游招摇,茹含章与抚署子弟交接,均属不知自爱。知县白振采原名白升,本系张亮基家丁,托名委员,调赴贵州,经张亮基优请奖励,以致厮养贱役,滥厕冠裳。张亮基以封疆大吏,不知振作,竟有办事粗率、袒护劣员、纵容子弟、滥保家丁等情,着交部严加议处,先行开缺,听候部议。同知直隶州知州王应昌、道员张胪寿、知府茹含章、知县白振采,均着一并革职。王应昌、白振采二员,并着永不叙用,驱逐回籍,

---

① 中国第一历史档案馆藏:军机录副,档案编号:03-4649-014。此片具奏日期未确,因缺军机处随手登记档,无从确定,暂以奉旨日期代。

以昭炯戒。该部知道。余依议。钦此。[①]

○九九　查勘云阳等县水患分别抚恤折

同治八年九月二十六日(1869 年 10 月 30 日)

　　头品顶戴四川总督臣吴棠跪奏,为川省云阳等县沿河居民猝遭水患,现经分别委员查勘抚恤,恭折仰祈圣鉴事。

　　窃臣先后接据云阳、巫山、大宁、大竹、清溪等县禀报:本年六七月间,阴雨连绵,河水泛涨,沿河民房、汛地、田亩、井灶间被冲淹,民人迁避不及,亦有溺毙。现经筹款赈恤,民情尚属安贴等情。臣查沿河居民大约穷苦居多,一旦猝遭水患,荡析离居,深恐复业不易。虽经该地方官筹给资粮,舆情安定,应再从优抚恤,以期各安生业,免致流离失所。即批司委员兼程前往查勘,并飞饬该管知府及各地方官,赶紧查明被淹若干户、溺毙大小、男女若干丁口,除富厚之家毋庸赈济外,其贫难自存之户,先确查户口人丁数目,分别被水轻重,就近设法筹款,并劝谕未经被灾之殷实绅粮,不论银钱谷米,公同捐助,优加抚恤;冲毁房屋量给修价,俾有栖止;淹毙人口,捞获掩埋;井灶淘浚开煎,田亩挑挖补种。其汛地营房亦即筹款修筑,总期人民安辑,渐复旧业,不致一夫失所,以仰副圣主惠爱黎元之至意。

　　除俟覆到再行奏报外,所有云阳等县沿河居民被水及现在办理情形,谨恭折由驿奏闻,伏乞皇太后、皇上圣鉴训示。再,其余各

---

　　①　中国第一历史档案馆编:《咸丰同治两朝上谕档》,第 17 册,第 257—258 页;《穆宗毅皇帝实录(五)》,卷二百十,同治六年八月下,第 723 页。

府厅州县均雨旸时若,合并陈明。九月二十六日。

同治八年十月十四日,军机大臣奉旨:知道了。着饬该管地方各官,认真确查,筹款抚恤,毋令一夫失所。钦此。[①]

一〇〇　委解本年京饷等款起程日期折

同治八年九月二十六日(1869 年 10 月 30 日)

头品顶戴四川总督臣吴棠跪奏,为川省委解本年京饷暨固本军饷起程日期,恭折仰祈圣鉴事。

窃查四川省本年原拨京饷银三十六万两,前已解过银二十二万两,又续拨京饷银十五万两,前于委解原拨京饷案内附解过银二万两。复遵奉谕旨,兑解西藏达赖喇嘛罗布桑伊什等熬茶银五万两,计共解过银七万两,固本饷项月解银五千两,前已解过银十一万两,作为同治五年九月起至七年六月止二十二个月协济之项,迭经奏报在案。现在川省援邻防边及协济各省军饷,需用虽甚浩繁,而京饷与固本饷项均系京畿要需,自应竭力筹解。

臣督同司道凑集津贴、盐厘银五万两,作为原拨京饷,复尽数动拨盐货厘金银二万两,作为同治七年七月至十月应解固本饷项,均饬委候补知县敖立榜管解,定期于本年九月初八日自川起程。惟前准部咨:南北各省大路已通,京饷应解现银,闽、粤等省由海转运等语。第由川至京,必须取道陕西汉中一带,兹查秦陇交界地方,时有回匪窜越抢劫,逼近汉南大路,溃匪游勇亦出没靡常,如解运实银,深虞疏失,只有援照上届成案,发交天成亨等银号汇解,委员至

---

① 中国第一历史档案馆藏:军机录副,档案编号:03-9463-009。

京兑齐，解赴户部交纳，用昭慎重。一俟秦中驿路大通无阻，再照部咨办理，据藩司蒋志章、署臬司傅庆贻、署盐茶道孙濂会详前来。

臣覆查无异。除将汉南驿路未靖万难委解实银情形另行专案附陈外，理合恭折具奏，伏乞皇太后、皇上圣鉴。谨奏。九月二十六日。

同治八年十月十四日，军机大臣奉旨：户部知道。钦此。[1]

一〇一　请以何庆恩升补峨边厅通判折

同治八年九月二十六日(1869 年 10 月 30 日)

头品顶戴四川总督臣吴棠跪奏，为拣员升补要缺通判，以重边防而资治理，恭折仰祈圣鉴事。

窃照嘉定府属峨边厅通判赵绥铭，于同治八年六月初二日在汶川县署任病故，遵例以病故本日作为开缺日期，经臣恭疏题报，声明所遗峨边厅通判缺系题调边缺，应由外拣员升调在案。查峨边厅壤接夷疆，汉番杂处，抚绥巡防，均关紧要，必须精明强干之员，方克胜任。臣督同藩、臬两司于现任通省通判内，逐加遴选，非现居要缺，即人地未宜。复查应升班内现无卓异引见已经回任人员，此外劳绩保举应升、应补各员，亦与是缺不甚相宜。惟查有彭明县知县何庆恩，年六十一岁，广西举人，考取景山官学汉教习。咸丰二年二月，期满引见，奉旨照例发往，九年九月到省，委解广西军饷，协守省城，随在平乐等处剿匪出力保奏，十年五月初五日，奉上谕：着归原省以知县归军功候补班尽先补用。钦此。差竣回川，

---

① 中国第一历史档案馆藏：军机录副，档案编号：03-4947-109。

补授彰明县知县,同治四年十月二十九日到任。该员年健才优,办事稳练,且在川年久,熟悉边情,以之升补峨边厅要缺通判,实堪胜任;其正、署各任内并无积案五十起以上、承缉盗案五起以上、经征钱粮不及七分已起降调、革职、参限。其余因公处分,例免核计。罚俸银两,饬催完缴;历俸已满三年,与例相符。惟调缺请升尚有劳绩保举应升人员,稍有未合,第人地实在相需,例得声明奏请,据藩司蒋志章、署臬司傅庆贻会详前来。

合无仰恳天恩,俯念员缺紧要,准以彰明县知县何庆恩升补峨边厅通判,实于边防要缺有裨。如蒙俞允,俟接准部覆,再行给咨送部引见。所遗彰明县知县缺应归部选,川省现有应补人员,俟接准部文,再行拣员请补。是否有当,理合会同成都将军臣崇实,合词恭折具奏,伏乞皇太后、皇上圣鉴训示。谨奏。九月二十六日。

同治八年十月十四日,军机大臣奉旨:吏部议奏。钦此。[1]

一〇二 奏报京饷仍请汇兑片

同治八年九月二十六日(1869年10月30日)

再,查前准部咨:现在直、东、皖、豫等省军务平靖,大路已通,各省、关应解京饷、洋税改解实银,派员亲赉交库,不准交商汇兑,奏奉谕旨,咨行遵照等因。伏查川省上年奉拨京饷,均系委员运解实银,由陕进京赴部交纳。嗣因陕省回、捻麇集,道路梗阻,而京师根本重地,饷需紧要,经前督臣设法交商汇兑,声明一俟秦中道路肃清,仍报解实银,以符定制在案。现在陕西军务虽平,而汉南一

带近日迭据探报，秦、陇、汉中交界地方，时有回匪窜越抢劫，逼近汉南大路附近，溃匪游勇亦出没靡常，京饷实银万难冒险前进，轻蹈不测。

川省距海尤远，江流滩高水急，著名凶险，舟行动多触碍，更难绕越。既与滨海之闽、粤等省情形不同，亦与皖、豫、江、楚等省取道各别。体察情形，委难运解实银。惟有仰恳天恩，俯念川省历年汇兑京饷毫无贻误，亦未滥行开销，仍准援照成案，交商汇兑，以昭慎重而期迅速。现有委员王樽、敖立榜先后汇带京饷进京，并请敕部照常兑收，一俟秦陇交界地方回氛肃清、驿路无阻，再照部议改解实银等情，由藩司蒋志章具详前来。臣覆查无异。理合附片陈明，伏乞圣鉴训示。谨奏。

同治八年十月十四日，军机大臣奉旨：户部议奏。钦此。①

一〇三　委解穆图善采买籽种银两日期片

同治八年九月二十六日（1869 年 10 月 30 日）

再，查前奉寄谕：穆图善奏，请四川筹拨银两，采买籽种等语。着吴棠于月拨甘饷外筹拨银三万辆，星速解甘，准其在协甘月饷内扣还，以清款目等因。钦此。当经臣督饬藩司、盐茶道筹拨盐厘银一万两，于本年五月汇解赴甘，奏报在案。伏思川省频年以来以一省之财力分供数省兵饷，转输不绝于道，库储罗掘一空，征防各军欠饷累累，实有竭蹶不遑之势。惟甘省兵荒交迫，籽种、民食攸关，

---

　　①　中国第一历史档案馆藏：军机录副，档案编号：03-4947-110。此片具奏日期未确，兹据同批折件校正。

不能不设法接济,以维大局。

兹据该司道在新收厘金项下续拨银一万两,作为甘省采买籽种之需,发交在川之甘肃兰州道豫师管解,定期于本年八月二十九日自川省起程,解赴甘肃秦州交收,连前五次解甘盐厘银十七万八千两,计共解过银十八万八千两,遵旨于协甘月饷内照数划扣。除分咨穆图善等查照外,理合附片陈明,伏乞圣鉴。谨奏。

同治八年十月十四日,军机大臣奉旨:知道了。钦此。①

【案】前奉寄谕……等因:此谕旨《清实录》载曰:

又谕:穆图善奏,请饬四川筹拨银两,采买籽种等语。甘肃频年被贼扰害,田地荒芜,经穆图善在阿拉善旗借办籽种、牛只,发给乡民,稍资接济,现届青黄不接,民食维艰,该旗垫款尚未清还,殊难再行商办。四川毗连甘省,自应力顾邻封,着吴棠于月协甘饷外,另行筹拨银三万两,星速解甘,毋误该省播种之期。所拨银两仍准其在协甘月饷内扣还,以清款目。将此由五百里谕令知之。②

一〇四 奏报川省同治八 年八月雨水、粮价折

同治八年九月三十日(1869年11月3日)

头品顶戴四川总督臣吴棠跪奏,为恭报四川省同治八年八月

---

① 中国第一历史档案馆藏:军机录副,档案编号:03-4827-018。此片具奏日期未确,兹据同批折件校正。

② 《穆宗毅皇帝实录(六)》,卷二百五十五,同治八年三月下,第559—560页。

份各属具报米粮价值及得雨情形，仰祈圣鉴事。

窃照同治八年七月份通省粮价及得雨情形，前经臣恭折奏报在案。兹查本年八月份成都等十二府，资州、绵州、忠州、酉阳、茂州、眉州、泸州等七直隶州，叙永一直隶厅，各属先后具报得雨自二三次至十余次不等。田水充盈，晚稻收获。其通省粮价俱与上月相同。据布政使蒋志章查明列单汇报前来。

臣覆核无异。理合分缮清单，恭呈御览，伏乞皇太后、皇上圣鉴。谨奏。九月三十日。

同治八年十一月初八日，军机大臣奉旨：知道了。钦此。[1]

一〇五　呈川省同治八年八月粮价清单

同治八年九月三十日(1869 年 11 月 3 日)

谨将同治八年八月份四川省所属地方各项粮价，开具清单，恭呈御览。

成都府属，价贵。中米每仓石价银二两八钱七分至三两九钱一分，与上月同。大麦每仓石价银一两八钱四分至二两一分，与上月同。小麦每仓石价银二两一钱七分至二两三钱四分，与上月同。黄豆每仓石价银一两六分至二两四钱六分，与上月同。荞子每仓石价银一两一钱七分至一两七钱一分，与上月同。

重庆府属，价贵。中米每仓石价银二两六钱七分至三两六钱九分，与上月同。大麦每仓石价银一两六钱五分至二两，与上月同。小麦每仓石价银二两三钱一分至二两七钱三分，与上月同。

---

① 中国第一历史档案馆藏：军机录副，档案编号：03-4965-123。

黄豆每仓石价银二两七钱三分至三两三分，与上月同。

保宁府属，价贵。中米每仓石价银二两七钱五分至三两四钱六分，与上月同。大麦每仓石价银一两九钱二分至二两一钱，与上月同。小麦每仓石价银二两八钱六分至三两六钱，与上月同。黄豆每仓石价银一两八钱三分至二两一钱三分，与上月同。

顺庆府属，价贵。中米每仓石价银二两九钱二分至三两三钱三分，与上月同。大麦每仓石价银一两六钱二分至一两八钱一分，与上月同。小麦每仓石价银二两一钱一分至二两一钱四分，与上月同。黄豆每仓石价银一两五钱五分至一两六钱七分，与上月同。

叙州府属，价贵。中米每仓石价银三两一钱八分至三两四钱八分，与上月同。大麦每仓石价银一两六钱七分至二两三分，与上月同。小麦每仓石价银二两一钱五分至二两六钱五分，与上月同。黄豆每仓石价银一两一钱六分至一两五钱七分，与上月同。

夔州府属，价贵。中米每仓石价银二两九钱八分至三两三钱三分，与上月同。大麦每仓石价银一两七钱九分至二两四钱七分，与上月同。小麦每仓石价银二两九钱六分至三两四分，与上月同。黄豆每仓石价银二两一钱六分至二两二钱六分，与上月同。

龙安府属，价贵。中米每仓石价银二两六钱八分至三两三钱八分，与上月同。青稞每仓石价银一两五钱，与上月同。小麦每仓石价银一两八钱至二两一钱九分，与上月同。黄豆每仓石价银一两八钱五分至一两九钱三分，与上月同。

宁远府属，价贵。中米每仓石价银三两一分至三两三钱四分，与上月同。大麦每仓石价银一两四钱九分至一两六钱一分，与上月同。小麦每仓石价银一两六钱二分至二两二钱三分，与上月同。荞子每仓石价银一两四钱六分，与上月同。黄豆每仓石价银一两五钱六分至一两六钱三分，与上月同。

雅州府属，价中。中米每仓石价银二两九钱三分至二两九钱八分，与上月同。小麦每仓石价银二两三钱至二两六钱六分，与上月同。黄豆每仓石价银一两六钱八分至二两七钱，与上月同。

嘉定府属，价贵。中米每仓石价银三两至三两六钱，与上月同。小麦每仓石价银二两三钱七分至二两七钱四分，与上月同。黄豆每仓石价银一两四钱九分至二两五分，与上月同。

潼川府属，价贵。中米每仓石价银二两一分至三两二钱九分，与上月同。大麦每仓石价银一两六钱七分至一两九钱五分，与上月同。小麦每仓石价银二两一钱六分至二两五钱一分，与上月同。黄豆每仓石价银一两七钱九分至二两一钱六分，与上月同。

绥定府属，价贵。中米每仓石价银二两七钱至三两，与上月同。大麦每仓石价银一两五钱八分至一两五钱九分，与上月同。小麦每仓石价银一两六钱三分至一两七钱四分，与上月同。黄豆每仓石价银一两四钱三分，与上月同。

眉州直隶州并属，价贵。中米每仓石价银二两八钱六分至三两一钱六分，与上月同。

邛州直隶州并属，价贵。中米每仓石价银二两七钱六分至三两一钱九分，与上月同。大麦每仓石价银一两九钱三分，与上月同。小麦每仓石价银二两五钱九分，与上月同。黄豆每仓石价银二两一钱至二两二钱四分，与上月同。

泸州直隶州并属，价贵。中米每仓石价银三两一钱九分至三两二钱，与上月同。

资州直隶州并属，价贵。中米每仓石价银二两六钱三分至二两九钱八分，与上月同。

　　绵州直隶州并属，价贵。中米每仓石价银二两八钱五分至三两一钱七分，与上月同。小麦每仓石价银二两三钱四分至二两四钱八分，与上月同。

　　茂州直隶州并属，价中。中米每仓石价银二两六钱九分，与上月同。小麦每仓石价银二两六钱八分，与上月同。青稞每仓石价银二两二钱二分，与上月同。荞子每仓石价银一两一钱五分至一两七钱五分，与上月同。

　　忠州直隶州并属，价贵。中米每仓石价银二两七钱至三两三钱八分，与上月同。大麦每仓石价银一两四钱六分至一两六钱，与上月同。小麦每仓石价银二两五分至二两四钱一分，与上月同。黄豆每仓石价银一两二钱七分至一两三钱七分，与上月同。

　　酉阳直隶州并属，价贵。中米每仓石价银二两七钱一分至三两二钱一分，与上月同。大麦每仓石价银二两三钱至二两六钱二分，与上月同。小麦每仓石价银二两六钱四分至二两六钱，与上月同。黄豆每仓石价银一两三钱九分至一两四钱四分，与上月同。

　　叙永直隶厅并属，价贵。中米每仓石价银三两九分，与上月同。小麦每仓石价银一两八钱一分，与上月同。荞子每仓石价银一两三钱四分，与上月同。黄豆每仓石价银一两六钱一分，与上月同。

　　松潘直隶厅，价中。青稞每仓石价银二两八钱一分，与上月同。荞子每仓石价银一两七钱四分，与上月同。

　　理番直隶厅，价中。青稞每仓石价银二两四钱六分，与上月同。荞子每仓石价银一两八钱一分，与上月同。

　　杂谷直隶厅，价中。青稞每仓石价银二两四钱五分，与上月同。荞子每仓石价银一两七钱九分，与上月同。

　　石砫直隶厅，价平。中米每仓石价银一两六钱九分，与上月同。大麦每仓石价银一两七钱三分,与上月同。小麦每仓石价银二两六分,与上月同。黄豆每仓石价银一两八钱九分,与上月同。

打箭炉厅,价贵。青稞每仓石价银四两九钱七分,与上月同。油麦每仓石价银一两八钱一分,与上月同。

军机大臣奉旨:览。钦此。①

一〇六　呈川省同治八年
八月得雨情形清单

同治八年九月三十日(1869年11月3日)

谨将同治八年八月份四川省所属地方报到得雨情形,开具清单,恭呈御览。

成都府属:成都、华阳两县得雨五次,稻谷收获。简州得雨九次,棉花采摘。崇庆州得雨六次,晚稻收毕。汉州得雨六次,堰水充足。温江县得雨八次,稻谷收获。新都县得雨十一次,二稻收获。新繁县得雨五次,二稻收获。新津县得雨三次,禾稻收获。什邡县得雨五次,二稻获毕。

重庆府属:江北厅得雨十次,冲田积水。巴县得雨七次,田塘积水。永川县得雨四次,冬水灌齐。繁昌县得雨三次,五谷收获。南川县得雨三次,晚稻登场。璧山县得雨四次,水田翻犁。定远县得雨四次,田亩翻犁。

夔州府属:巫山县得雨二次,稻谷收获。万县得雨三次,稻谷收毕。

---

① 中国第一历史档案馆藏:清单,档案编号:03-4965-124。

龙安府属:江油县得雨三次,晚稻获毕。彰明县得雨三次,稻谷收毕。

绥定府属:新宁县得雨二次,晚禾现收。太平县得雨二次,稻谷收毕。

保宁府属:阆中县得雨二次,杂粮成熟。南部县得雨二次,稻谷收获。巴州得雨二次,晚稻成熟。剑州得雨四次,小麦播种。

顺庆府属:南充县得雨六次,田水充足。蓬州得雨三次,稻谷收毕。营山县得雨二次,稻谷收获。岳池县得雨二次,稻谷收获。邻水县得雨四次,晚稻收获。

潼川府属:盐亭县得雨二次,黄豆成熟。乐至县得雨五次,晚禾收获。

雅州府属:雅安县得雨三次,早稻收获。

嘉定府属:乐山县得雨五次,稻谷成熟。峨眉县得雨二次,早稻登场。犍为县得雨二次,早谷盈仓。荣县得雨四次,晚谷收毕。

叙州府属:南溪县得雨四次,田亩翻犁。富顺县得雨三次,田水充足。马边厅得雨五次,稻谷成熟。

资州直隶州并属:资州得雨四次,田堰水足。资阳县得雨七次,田水充足。内江县得雨九次,田水充足。

绵州直隶州并属:绵州得雨七次,堰水充盈。绵竹县得雨二次,稻谷收获。罗江县得雨三次,堰水充足。

忠州直隶州并属:忠州得雨四次,棉花结实。酆都县得雨四次,棉花收捡。

酉阳直隶州属:黔江县得雨二次,禾稻收获。

茂州直隶州属:汶川县得雨二次,杂粮收毕。

眉州直隶州属:彭山县得雨二次,田禾收获。

泸州直隶州并属：泸州得雨四次，禾稼收获。纳溪县得雨七次，田水充足。

叙永直隶厅并属：叙永厅得雨五次，早稻收毕。永宁县得雨五次，早稻收毕。

军机大臣奉旨：览。钦此。①

一〇七　委令瞿树荫等署理知县片

同治八年九月三十日(1869 年 11 月 3 日)

再，署合江县知县事新补铜梁县知县杨利川，现准部覆，饬赴新任。所遗署缺，查有屏山县知县瞿树荫，谙练老成，堪以调署。又，署丹棱县知县涂翔麟调省遗缺，查有冕宁县知县叶交，堪以委署。该员等各本任内并无经征钱粮未完及承缉盗劫已起四参案件，据藩、臬两司会详前来。除分饬遵照外，理合附片陈明，伏乞圣鉴。谨奏。

同治八年十一月初八日，军机大臣奉旨：吏部知道。钦此。②

一〇八　请增郫县等县贡额折

同治八年九月三十日(1869 年 11 月 3 日)

头品顶戴四川总督臣吴棠、四川学政臣钟骏声跪奏，为请增贡额，以育人才，恭折仰祈圣鉴事。

窃照四川成都府属之郫县、崇宁，嘉定府属之荣县、威远各县，

---

① 中国第一历史档案馆藏：清单，档案编号：03-4965-125。
② 中国第一历史档案馆藏：军机录副，档案编号：03-4650-024。

均于雍正初年由并而分,各设学校。其文武学额分设时,每县各拔一半,均系六名。现因节年加广,郫县取进十一名,崇宁九名,荣县十二名,威远十名,拔贡无分轮次,历十二年,郫县与崇宁合拔一名,荣县与威远合拔一名,历经照办在案。兹据郫县、崇宁、荣县、威远各县,均以自分设以来,多士举目濯磨,文风蒸蒸日上,现在应试文生郫县实有一百五十余名,崇宁实有一百四十余名,荣县实有一百六十一名,威远实有一百二十二名,洵属人才蔚起。其间敦品励学、堪膺选拔者,各县均不乏人,恳请分设拔额,由藩司先后具详前来。

臣等分别确查无异,核与学校人数至百余名再增选拔之部议相符。合无仰恳天恩,俯准将郫县、崇宁、荣县、威远四学各设拔额一名,俾遇选拔之年四县士子均得拔取,以彰乐育人材之盛。如蒙俞允,即请自下届癸酉科为始,会同秉公遴选,认真考核,用昭圣主拔取真材至意。谨合词恭折具奏,伏乞皇太后、皇上圣鉴,敕部议覆施行。谨奏。九月三十日。

同治八年十一月初八日,军机大臣奉旨:礼部议奏。钦此。[①]

一〇九 请赏还知县瞿树荫等顶戴片

同治八年九月三十日(1869年11月3日)

再,查同治七年份税契银两前于奏销时,因屏山县知县瞿树荫欠解银八百一十四两一钱六分八厘,署长宁县知县葛汝麟欠解银二百四十七两三分,已故长宁县知县汪承恩欠解银一百五十八两七钱二分,经臣奏明请旨将该员瞿树荫、葛汝麟摘去顶戴,同故员汪承恩

---

① 中国第一历史档案馆藏:军机录副,档案编号:03-5003-048。

家属勒限一个月完解在案。兹据布政使蒋志章、署按察使傅庆贻会详：该员瞿树荫等及故员汪承恩家属欠解前项银两，已于限内如数解缴司库收储，尚知愧奋，合无仰恳天恩，俯准将前参摘顶之屏山县知县瞿树荫、署长宁县知县葛汝麟准予赏还顶戴，并将已故长宁县知县汪承恩家属勒追之案一并敕部查销等情，详请具奏前来。

臣覆查无异。除咨部外，理合附片陈明，伏乞圣鉴训示。谨奏。

同治八年十一月初八日，军机大臣奉旨：瞿树荫、葛汝麟均着赏还顶戴。该部知道。余依议。钦此。[①]

一一〇　审明达县知县
　　　　王辂负债自尽折

同治八年九月三十日(1869 年 11 月 3 日)

头品顶戴四川总督臣吴棠跪奏，为署任知县因负债无偿，与妻负责自尽，提省讯明，恭折仰祈圣鉴事。

窃查前督臣骆秉章任内，据绥定府知府顾开第禀报：署达县事试用同知直隶州知州王辂，因交卸在即，负欠私债，无力措还，情急轻生，于同治六年九月十六日夜自服洋药，至十七日早，毒发身死。其继配之王邹氏悲泣，痛不欲生，亦乘间潜吞所余洋药，于是日午刻毒发殒命，据达县典史翁植转据王辂家丁李斌转报前来。当即亲诣查看属实，一面檄委新宁县驰往验报等情。经骆秉章批司飞饬该委员驰诣验讯，并访查王辂大妇自尽起衅实情，暨提该丁属、

---

①　中国第一历史档案馆藏：军机录副，档案编号：03-4650-025。

丁役人等来省审办。旋据署新宁县知县李忠清带领刑仵,报同该故员之子甘肃典史王继祖勘验讯详,并查覆王辂夫妇服毒自尽,实因该故员候补有年,积欠私债六七千金无力措还所致。复经前兼署督臣崇实批司赶提人证,并臣饬催审办在案。并据布政使蒋志章、署按察使傅庆贻转据署成都府知府李德良等审拟具详到臣。覆加核看,缘王辂籍隶陕西咸宁县,由监生报捐知县,分发四川。因会剿彭县匪徒出力汇保免补本班,以同知直隶州用,委署达县知县印务,于同治六年二月十二日到任,至九月十二日,因闻交卸在即,追思候补有年,积欠私债六七千金,无力偿还,回省虑被催逼,愁急莫释,常向家属愁叹不如早死,经伊妻王邹氏及子王继祖、家丁李斌等多方劝慰,终难解愁。九月十六日夜,王辂乘伊妻王邹氏等睡熟,潜将平日刷贴头风所用洋药调和烧酒吞服,旋时毒发呻吟。王邹氏惊觉起视,得悉情由,喊起其子王继祖等救治无及,至十七日早殒命。王邹氏因此悲泣,痛不欲生,乘间亦服所余洋药,经王继祖等瞥见灌救不愈,即于是日午刻,毒发身死。报经批司委验讯详,行提人证,来省审办。兹据成都府等审拟,由藩、臬两司会详前来。

臣覆核无异。此案试用同知直隶州知州王辂于署达县任内,与其继配王邹氏服毒身死之处,业经验讯明确,委因负债无偿、愁急莫释及痛夫情切、先后吞服洋药所致,均无别故,短见自尽,与人无尤,应毋庸议。无干省释。尸棺已据家属领埋。除供招咨部外,合将审拟缘由恭折具奏,伏祈皇太后、皇上圣鉴,敕部核覆施行。九月三十日。

同治八年十一月初八日,军机大臣奉旨:刑部知道。钦此。①

---

① 中国第一历史档案馆藏:军机录副,档案编号:03-5081-052。

一一一 委解同治八年京饷起程日期折

同治八年十月初九日（1869 年 11 月 12 日）

成都将军臣崇实、头品顶戴四川总督臣吴棠跪奏，为川省委解本年京饷起程日期，恭折仰祈圣鉴事。

窃查川省本年原拨京饷银三十六万两，已解过银二十七万两，又续拨京饷银十五万两，前经饬委候补知县王樽领解银二万两，复兑解西藏达赖喇嘛罗布桑伊什等熬茶银五万两，计共解过银七万两，迭次奏报在案。现在川省援邻防边，需用虽甚浩繁，而京饷最关紧要，自应竭力筹解。臣现督同司道凑集津贴银二万两、盐厘银二万两，共银四万两，作为原拨京饷，饬委候补同知邓林管解，定期于十月初十日起程。复尽数动拨津贴银二万两、盐厘银二万两，共银四万两，作为续拨京饷，饬委候补知县和闰管解，定期于十月十二日起程。惟前准部咨：南北各省大路已通，京饷应解现银，闽、粤等省由海转运等语。

第由川至京必须取道陕西汉中一带，兹查秦陇交界地方时有回匪窜越抢劫，逼近汉南大路附近，溃匪游勇亦出没靡常，京饷实银万难冒险前进，轻蹈不测。只有仍照上届奏案，发交天成亨等银号汇解，委员至京兑齐，解赴户部交纳，用昭慎重。一俟秦中驿路无阻，再照部咨办理，据藩司蒋志章、署盐茶道孙濂会详前来。臣覆查无异。理合恭折具奏，伏乞皇太后、皇上圣鉴。谨奏。十月初九日。

同治八年十月二十四日，军机大臣奉旨：户部知道。钦此。①

---

① 中国第一历史档案馆藏：军机录副，档案编号：03-4947-051。

一一二　川盐行楚井灶难以封禁折

同治八年十月初九日(1869 年 11 月 12 日)

头品顶戴四川总督臣吴棠跪奏,为妥筹川盐行楚未能遽停并井灶势难封禁,恭折仰祈圣鉴事。

窃臣前准军机大臣字寄:同治七年十二月十一日,奉上谕:曾国藩奏,请禁川私入楚,收复淮南引地,当交户部议奏等因。钦此。并准抄寄户部原折前来。臣查川盐行楚已久,商民尚属相安,现在骤议停止,事关数省,不得不通盘筹画。连月督同署盐茶道孙濂,博访舆论,复委员详察情形,觉川盐济楚目前难以遽停者,凡有数端,请为皇上陈之。

川商行楚之地除本省外,向惟滇、黔两边。咸丰四年以后,黔匪猖狂,滇匪相继煽乱,两省边地人民流亡,引岸全失,川省井厂亦遭滇匪蹂躏,商号不行,节年引滞税悬,始议改代济楚。旋因川、鄂军糈支绌,俱各设局添收厘税。商人本重利微,办理仍形竭蹶,不但旧引尚未销竣,新引亦多停滞,综计积欠税羡逾百万,此时旧岸未复,若又停止济楚,边商苦无销路,所欠新旧税羡势难责令空赔。此不可遽禁者一也。

川省本年京饷,两次指拨盐厘共二十三万两,此外如援黔勇粮、陕甘协饷,均取给于盐厘,年以数十万计。如停止济楚,各局厘源顿绝,京外要需无款可以改拨,深恐贻误大局。此不可遽禁者二也。

楚民喜食川盐由来已久,官商纵停,私贩势难禁绝。盖利之所在,众所共趋。如欲严塞漏卮,必须于水陆要隘多派丁役,四出拦截，而川、楚交界地方绵亘数千里，处处可通，不但难以悉堵，且恐办理稍有未善，既易滋生事端，复虑扰累行旅，况鄂省鹤峰、来凤等八州县本系川省引岸，官司影射，界限难清。此不可遽禁者三也。

两淮、黄海为盐，其本甚轻，川省取盐于井，井眼之深浅自数十丈至二三百丈不等，椎凿甚属费力，须十余年或数十年始能见卤，凿井之费，盈千累万，井户类多鬻产借债以取给，一旦饬令封禁，恐难甘服，且未禁之先何处井灶应封，何处应留，官既不能意为区别；既禁之后，或封或不封，又不逐日监视，若令吏胥查催，势必讹索抑勒，弊窦繁滋。况附厂人夫、丁役以数十万计，一经封禁，难保不流而为匪，致贻隐患。此不可遽禁者四也。

以上数议均系实在情形，由盐茶道详请具奏到臣。正据情缮折间，适准湖广督臣李鸿章咨会：以体察鄂省情形，川盐亦难遽停，已奏明在荆州、沙市设局配销，暂定为川盐八成、淮盐二成，试行筹办，以期渐复渐减，抄送折稿前来。

臣覆查李鸿章所奏，实为通筹全局起见。刻下滇、黔军事颇有转机，如能一律肃清，民人渐次复业，川省边岸畅销，则行楚之盐将不禁而自减，淮南引地不难仍复旧制。此时实未便勉强从事，致多窒碍。所有川盐行楚未能遽停并井灶难以封禁情形，理合恭折具陈，伏乞皇太后、皇上圣鉴训示。谨奏。十月初九日。

同治八年十月二十四日，军机大臣奉旨：户部议奏。钦此。[①]

【案】军机大臣字寄……当交户部议奏：此廷寄上谕档

---

① 中国第一历史档案馆藏：军机录副，档案编号：03-4886-049。

载曰：

军机大臣字寄：协办大学士湖广总督一等肃毅伯李、两江总督马、四川总督吴、署湖广总督湖北巡抚郭、湖南巡抚刘，传谕护理湖北巡抚布政使何璟：同治七年十二月十一日，奉上谕：前据曾国藩奏，请禁川私入楚，收复淮南引地，以复旧制。当交户部议奏。兹据该部遵议请旨办理一折，淮南引地以楚岸为大宗，从前因江路梗阻，淮盐未能行销，叠经湖广总督奏明，借拨川盐，并抽收川私厘税，原系一时权宜之计。近年江路早经畅通，自应规复旧制，虽节经酌减淮厘以轻成本，而邻私未能尽禁淮盐总难畅销，曾国藩所陈川私病淮各节，自系实在情形，着吴棠、李鸿章、郭柏荫、何璟即将川盐行楚章程，妥筹停止。其宜昌、沙市等处应如何撤局停税并稽查偷越之处，着李鸿章、郭柏荫、何璟饬属妥办，并将裁停川税日期截清报部，毋滋弊混。至曾国藩所称淮盐并收鄂厘，淮销果畅，鄂饷即可加增，将来所收鄂厘，较之川税收数能否不至大相悬殊，着李鸿章等体察情形具奏。惟川盐行楚既久，井灶增多，现在既经禁销，自应酌量封禁，并着吴棠妥为筹办。其如何分限减停及堵缉各路邻私，着马新贻核议章程，奏明办理。自此次改复旧章之后，务当严禁商人夹带，并饬垣商讲求煎炼。其到岸候轮之盐，不准私自抬价。该督抚等总当不分畛域，实力妥筹，以绝弊窦而维大局。至湖南彬、桂等处抽收粤盐厘税，着刘崐查明，奏请一并停收，禁止粤私入楚，以归画一。其两淮应用行盐引张，并着两江总督查明，委员赴部请领，不得仅用盐政大票，以符旧例。原折均着钞给阅看。将此谕知李鸿章、马新贻、

吴棠、郭柏荫、刘崐，并传谕何璟知之。钦此。遵旨寄信
前来。①

一一三 请将把总丁鸣岐
等各开本缺差委片

同治八年十月初九日（1869年11月12日）

再，查盐厂营把总丁鸣岐，频年出师湖北、安徽等省著绩，历保
免补参将，仍留四川，以副将归部无论推、题缺出，先行补授。又，
川北右营千总张文朝出师江浙、本省，历保尽先游击，加参将衔。
又，维州右营外委梁永增，出师江浙，历保以都司尽先补用，加游击
衔。又，茂州营外委贾国忠，立功本省，历保以守备留川，尽先补
用，均奉旨允准在案。臣前以该员等所保升阶与本缺大小悬殊，先
后咨部，请开底缺。嗣准部咨：应令该督奏明办理等因。

伏查丁鸣岐、张文朝、梁永增、贾国忠四员，各保升副、参、都、
守，品级较大，若仍厕列末弁，体制似有未协，合无仰恳天恩，俯准
将丁鸣岐、张文朝、梁永增、贾国忠各开千、把、外委本缺，照升阶差
遣委用，以分班秩。是否有当，理合附片陈明，伏乞圣鉴。谨奏。

同治八年十月二十四日，军机大臣奉旨：着照所请，兵部知道。
钦此。②

---

① 中国第一历史档案馆编：《咸丰同治两朝上谕档》，第18册，第473—474页；
《穆宗毅皇帝实录（六）》，卷二百四十八，同治七年十二月上，第456—457页。

② 中国第一历史档案馆藏：军机录副，档案编号：03-4742-028。此片具奏日期未
确，兹据同批折件校正。

一一四　请仍由云贵督臣商办剿抚折

同治八年十月初九日(1869 年 11 月 12 日)

成都将军臣崇实、头品顶戴四川总督臣吴棠跪①奏，为援滇川军，因昭鲁回氛日炽，会同该处文武剿抚兼施，请仍由云贵督臣等妥商，从长办理，恭折仰祈圣鉴事。

窃臣等于十月初二日承准军机大臣字寄:同治八年九月十七日，奉上谕:唐友耕一军，前据崇实等奏称，该处文武禀留，当经谕令刘岳昭从长办理。兹据该督奏称，唐友耕籍隶昭通，所部实俱滇练，肆口复仇，致鲁甸、威宁各处回民迭出剽掠，该军与之接仗数次，互有损伤，现在东昭大路复多梗塞等语。此处回民闻谣自固，与公然叛逆者不同。唐友耕既经崇实等派令援滇，何得以先办昭回为名，使汉回从中生衅? 即着崇实、吴棠严饬该提督，赶紧拔队前进，不准借词逗留。刘岳昭亦当迅饬孔昭纷等，相机妥办。如唐友耕仍执成见，玩视省城，并着刘岳昭等据实参奏等因。钦此。伏查唐友耕一军，前准云南抚臣岑毓英咨请，派兵赴援，并接据该省司道等联衔告急之禀，金称寻甸逆回鸱张，楚师溃退，迤东岌岌可危，力难兼顾，经臣等奏派直趋东昭，相机防剿，所以备滇军之策应，即以固川省之藩篱。嗣准云贵督臣刘岳昭迭次来咨，始则请饬助剿寻甸，继则催令赴援省城。

臣等以大局所关，未敢稍执成见，均经严檄迅速照办。旋据唐友耕咨报昭、鲁回匪抗拒、士庶遮留各情形，仍以不得借词逗留，一再批饬。迨据云南督臣、抚臣派往昭通招抚回民之大小委员暨该处

---

① 原稿缺此前衔，兹据前后折件校补。

地方文武,禀留唐友耕就近雕剿前来,臣等方敢据情入告,请由云南督臣、抚臣授以进止机宜。九月初八日,钦奉寄谕:此时或留唐友耕剿办昭通回匪,或分军往解省围之处,均着刘岳昭熟审情形,从长办理等因。钦此。其时,刘岳昭咨唐友耕,亦有据昭通镇全祖凯禀报,回众不尊官办,商请酌留数营,仍驻昭通,以顾后路而壮声威之处,令唐友耕审度现在情形办理等语。节据唐友耕先后咨报:鲁甸回匪李本忠①纠约党与数千,烧杀曹家梁子一带村寨,被害绅民号哭乞师,会同该处文武带队弹压,回匪抗敌,并勾结外回,围扑官军。接仗数次,踏毁贼营三十余座,夺获枪炮、刀矛四百余件,毙贼一千余名,阵斩回匪李本忠之弟李本芳一名,生擒伪总统马仕进等三名,即行正法。搜获伪印二颗。我军阵亡都司施占明、刘芳春,守备陈照廷,千总龚占超。勇丁、民练亦有伤亡。解饷后路一律肃清,及威宁州属之稻田坝,恩安县属之下八仙营一带回寨,均各具呈求抚,当与昭通府知府李应华等分别安置收养等情前来。

臣等窃以为顺逆之途不分,则是非之途难判。回匪李本忠原系迤西杜逆②党与,自同治元年就抚以后,明受羁縻,暗图蚕食,昭

---

① 李本忠(1818—1869),字实夫,又名庭玉,回族,鲁甸县岩洞村人。因一手缺小指和无名指,时人称李秃手。咸丰初年,因杀死一酒徒入狱。咸丰六年(1856),回民副榜马登霄率千余回民将其救出,共谋应急措施,组织回民固守村寨,当地得以保全。后接受清廷降将马如龙和议,参与"立功迤西"之役,因攻定远有功,经岑毓英、马如龙保奏,任协镇衔尽先补用副将,授职昭鲁威三属统领。同治八年(1869),四川总督吴棠奏派总兵唐友耕赴昭通、东川,相机进剿,李本忠及弟李本芳等三名被擒,解交昭通,被杀。昭通市民族宗教事务局编:《昭通少数民族志》,云南民族出版社,2006。

② 杜逆,即杜文秀(1823—1872),清咸丰、同治间云南回民暴动首领,字云焕,号百香,回族。咸丰六年(1856),丁蒙化起兵,攻下大理府,烽烟遍及云南。同年十月,任"总统兵马大元帅"。其军纪严明,人心悦服。同治十一年(1872),清军攻陷大理,为免遭屠城服毒,旋解送清营,被杀。

通汉民遭其荼毒，亦非一日。臣崇实在川十年，于滇省汉回构衅情形，尚为晓悉，每与臣吴棠议论军事，总以回逆旋抚旋叛，是其惯技，未有不痛加剿洗而可轻予招安者。昭通与川省永叙连接地方绵亘千余里，李本忠谋为不轨，尤属边防之患。今川军大队入滇，该回匪等既恐并力援省，贼势不支，抑且罪深自危，益逞其走险阴谋，借聚党自固为词，以阻我进兵之路。唐友耕势处两难，欲援省则后路有空虚之虑，欲击回则邻疆多责备之词。及至昭通回氛日炽，接仗互有伤亡。即昭通镇全祖凯以奉委招抚之员，该回匪等亦来攻扑营垒，阵亡弁兵，是李本忠之叛迹昭著，与西逆互为犄角，声势相通，并非专与川军挟嫌为难，已可概见。昨据唐友耕九月二十一日咨报：云贵督臣续派委员孔昭鈖、杨盛宗等，尚未行抵昭郡。

现在省围已解，刘岳昭进驻会垣，可否仰恳天恩，敕下云贵督臣、云南抚臣，就近妥商，从长办理，或留唐友耕会同孔昭鈖等，先剿后抚，为一劳永逸之举；或俟孔昭鈖等到昭，无须客兵相助，即将唐友耕一军遣撤回川，臣等亦可扼守边隅，为固围之计。所有援滇川军会同该处文武，剿抚兼施，请仍由云贵督臣等，妥商办理缘由，谨合词恭折具奏，伏祈皇太后、皇上圣鉴训示。谨奏。同治八年十月初九日，恭折由驿具奏。

本年十一月十二日，准军机大臣奉旨：另有旨。钦此。①

【案】此折于十月二十四日得允准，清廷饬令刘岳昭、岑毓英等妥为办理。军机及宫中档：

军机大臣字寄：成都将军崇、四川总督吴、云贵总督刘、云

---

① 吴棠等：《游蜀疏稿》，第11—24页。

南巡抚岑：同治八年十月二十四日,奉上谕:前因刘岳昭奏,唐友耕所部滇练与昭、鲁回民寻仇生衅,当谕崇实等饬令该提督赶紧前进,不准逗遛。兹据崇实、吴棠奏,鲁甸回匪李本忠纠党数千,烧杀村寨,抗拒官军,叛迹昭著,旋经唐友耕会同该处文武,剿抚兼施,解饷后路,现已肃清,威宁等处回寨,均各求抚。唐友耕一军应否留滇,请饬刘岳昭等商办等语。李本忠原系杜汶秀党与,此次纠众复叛,自难姑容,现经官军歼毙贼党千余名,逆胆已寒,即当乘此声威,速筹戡定。刘岳昭所派孔昭纷等曾否行抵昭通,办理情形若何?刻下云南省围已解,唐友耕一军应否暂留昭通,会商办理,或仍令赴省,着刘岳昭、岑毓英妥商调度。如滇省兵力已敷,即着咨商崇实等,将该军遣撤回川,扼守边境。崇实等原折着钞给刘岳昭、岑毓英阅看。将此由五百里各谕令知之。钦此。遵旨寄信前来。①

【案】谕令刘岳昭从长办理。兹据该督奏称:同治八年八月,云贵总督刘岳昭具折曰:

奏为昭、鲁回务委员相机办理,臣即驰赴省垣,恭折仰祈圣鉴事。窃查昭通、鲁甸汉回,本系杂居,遇事每生嫌隙。自同治五年剿办马富贵等之后,地方渐就肃清。上年,西逆大股下窜,省城危急。该处回民颇臻安贴,东路饷源赖以无阻。本年四月内,提督唐友耕自川带兵来援,将次入境。忽有昭通奸匪播放流言,传称唐友耕先灭昭通一带回人,再行进省。唐友

---

① 台北故宫博物院藏:军机及宫中档,文献编号:408018087;《穆宗毅皇帝实录（六）》,卷二百六十九,同治八年十月下,第732页。

耕原籍昭通大关厅人,所部名为川军,实俱滇练,其中游手无赖之徒,在所不免。昭通民本强悍,增以唐军六千之众,遂有恃而不恐。其以复仇为辞,齐赴昭通府恩安县衙门哄闹,请留援军,先办昭回。于是鲁甸、威宁各处回民闻风据险,迭出剽掠,东昭大路遂多梗塞。迭据该文武据情转禀,并准唐友耕咨商前来。臣查汉回不和,本非始于今日,而川军援剿事莫重于省城。当经咨请唐友耕拔营前进,一面出示恺切晓谕,并饬署昭通镇全祖凯、楚雄府知府吴春然,驰往体察情形,保护汉民村寨,并严拿为首滋事唆使之人,惩做了事,以冀保全完善。讵料全祖凯到后,唐军已与昭、鲁回众接仗数次,互有损伤。全祖凯暂就龙宝山要路扎营,长寨、五里、坳鱼脊等回,复来攻扑,立经击退,阵亡额外钱忠禄一名。以眼前情形而论,言抚则唐军固结已不可解,汉人之势,有若燎原;言剿则昭、鲁本来无事之区,一变而为锋镝,则饷道、厘金在在堪虞,全滇命脉将有不堪思议者。且此次回民李本忠等扎营自固,始因灭回之谣,继求自全之计,与他处公然叛逆者,本有不同。臣与抚臣、提臣往复函商,意见相合。现经咨请四川将军臣崇实、总督臣吴棠,催令唐友耕迅即拔队援省,毋为浮言所动,逗留昭通。一面饬全祖凯明予解散,暗为提防,并加派前署昭通镇杨盛宗,添募劲练一千名,前往会办。如唐友耕业已开拔,而昭、鲁回民依然负固,则势难中止,自当立予歼除。设或唐友耕拥兵不进,依违其间,既已开衅于事前,复置省围于不顾,执成见而昧轻重,臣亦当会同抚臣,据实奏参,不敢稍存回护。至东川与昭接壤,已饬东川府知府孔昭鈖,会同署东川营参将刘万胜,督率兵团,择要防堵。孔昭鈖熟悉回情,具有胆识,并令与全祖凯、杨盛宗等相机办理。现在寻甸善后已渐次告竣，普安亦已解围，昭、鲁均经派员办理，臣自应驰赴省垣，会筹全域。现定于八月二十六日起程进省，军务一切总与抚臣、提臣，和衷商榷，以期迅解省围，仰副朝廷廑念边陲之至意。至近日省中军情，俟臣到后，即当查明切实具奏。所有现在昭、鲁回务情形及微臣进省日期，理合缮折，由五百里驰陈，伏乞皇太后、皇上圣鉴训示。谨奏。军机大臣奉旨：另有旨。钦此。①

一一五　甄别知县姚德昌等折

同治八年十月二十九日（1869年12月2日）

头品顶戴四川总督臣吴棠跪奏，为知县年满甄别，恭折仰祈圣鉴事。

窃查吏部奏定章程：道府州县无论何项劳绩保奏，归入候补班者，以到省之日起，予限一年，令督抚详加察看，出具切实考语，奏明分别繁简补用等因。遵照在案。兹查候补知县姚德昌、张启昌二员，均已到省一年期满，自应照章甄别，据布政使蒋志章、署按察使傅庆贻造具该员等履历、考语清册，详请具奏前来。

臣查该员姚德昌才具稳练，张启昌年力富强，均请留省以繁缺知县补用。除将该员等履历清册咨部外，理合恭折具奏，伏乞皇太后、皇上圣鉴训示。谨奏。十月二十九日。

---

① 刘岳昭撰：《滇黔奏议》，第455—457页。

同治八年十二月初一日,军机大臣奉旨:知道了。钦此。[①]

一一六 奏报秋季合操官兵折

同治八年十月二十九日(1869 年 12 月 2 日)

头品顶戴四川总督臣吴棠、成都将军臣崇实、四川提督臣胡中和跪奏,为合操省标官兵技艺情形,恭折仰祈圣鉴事。

窃照成都省标官兵,向于每年春秋二季合操一次,以申纪律。兹届秋操之期,臣等于九月二十六日调集军、督、提、城十营官弁兵丁,齐赴较场考校。各兵排演阵式,步伐整齐;施放连环枪炮,声响联贯。长矛、藤牌各技亦俱进退便捷。复按照各营官兵饷册,逐名考校弓箭枪炮,其马步箭中靶统计七成有余,弓用六七力不等。各兵演放抬枪、鸟枪,中靶成分亦在七成以上。爰择其技艺娴熟者,当场分别奖赏、记拔;间有生疏者,亦即勒限练习,分别劝惩。

伏思川省为边陲重地,省标为各营表率,现在邻省逆氛未靖,防剿紧要,武备尤应认真。臣等严谕各将备等督率弁兵,仍按日轮流操演,勤加训练,务使各兵技艺日益精进,咸成劲旅,不得以秋操已过,稍行懈弛,以期仰副圣主整饬戎行、绥靖边陲之至意。所有秋季合操省标官兵技艺情形,谨合词恭折具奏,伏乞皇上圣鉴。谨奏。十月二十九日。

同治八年十二月初一日,军机大臣奉旨:知道了。钦此。[②]

---

① 中国第一历史档案馆藏:军机录副,档案编号:03-4650-097。
② 中国第一历史档案馆藏:军机录副,档案编号:03-4767-038。

一一七　奏报川省同治八
年九月雨水、粮价折

同治八年十月二十九日(1869年12月2日)

头品顶戴四川总督臣吴棠跪奏，为恭报四川省同治八年九月份各属具报米粮价值及得雨情形，仰祈圣鉴事。

窃照同治八年八月份通省粮价及得雨情形，前经臣恭折奏报在案。兹查本年九月份成都等十二府，资州、绵州、忠州、酉阳、茂州、眉州、泸州七直隶州，石砫、叙永两直隶厅，各属先后具报得雨自一二次至八九次不等。小春播种，堰塘积水。其通省粮价除中米、青稞价值较上月减五分，余俱与上月相同，据布政使蒋志章查明列单汇报前来。

臣覆核无异。理合分缮清单，恭呈御览，伏乞皇太后、皇上圣鉴。谨奏。十月二十九日。

同治八年十二月初一日，军机大臣奉旨：知道了。钦此。①

一一八　呈川省同治八年
九月各属粮价清单

同治八年十月二十九日(1869年12月2日)

谨将同治八年九月份四川省所属地方各项粮价，开具清单，恭呈御览。

----

① 中国第一历史档案馆藏：军机录副，档案编号：03-4965-144。

成都府属，价贵。中米每仓石价银二两八钱二分至三两八钱六分，较上月减五分。大麦每仓石价银一两八钱四分至二两一分，与上月同。小麦每仓石价银二两一钱七分至二两三钱四分，与上月同。黄豆每仓石价银一两六分至二两四钱六分，与上月同。荞子每仓石价银一两一钱七分至一两七钱一分，与上月同。

重庆府属，价贵。中米每仓石价银二两六钱二分至三两六钱四分，较上月减五分。大麦每仓石价银一两六钱五分至二两，与上月同。小麦每仓石价银二两三钱一分至二两七钱三分，与上月同。黄豆每仓石价银二两七钱三分至三两三分，与上月同。

保宁府属，价贵。中米每仓石价银二两七钱五分至三两四钱一分，较上月减五分。大麦每仓石价银一两九钱二分至二两一钱，与上月同。小麦每仓石价银二两八钱六分至三两六钱，与上月同。黄豆每仓石价银一两八钱三分至二两一钱三分，与上月同。

顺庆府属，价贵。中米每仓石价银二两八钱七分至三两二钱八分，较上月减五分。大麦每仓石价银一两六钱二分至一两八钱一分，与上月同。小麦每仓石价银二两一钱一分至二两一钱四分，与上月同。黄豆每仓石价银一两五钱五分至一两六钱七分，与上月同。

叙州府属，价贵。中米每仓石价银三两一钱三分至三两四钱三分，较上月减五分。大麦每仓石价银一两六钱七分至二两三分，与上月同。小麦每仓石价银二两一钱五分至二两六钱五分，与上月同。黄豆每仓石价银一两一钱六分至一两五钱七分，与上月同。

夔州府属，价贵。中米每仓石价银二两九钱三分至三两二钱八分，较上月减五分。大麦每仓石价银一两七钱九分至二两四钱七分，与上月同。小麦每仓石价银二两九钱六分至三两四分，与上月同。黄豆每仓石价银二两一钱六分至二两二钱六分，与上月同。

龙安府属，价贵。中米每仓石价银二两六钱三分至三两三钱三分，较上月减五分。青稞每仓石价银一两五钱，与上月同。小麦每仓石价银一两八钱至二两一钱九分，与上月同。黄豆每仓石价银一两八钱五分至一两九钱三分，与上月同。

宁远府属，价贵。中米每仓石价银二两九钱六分至三两二钱九分，较上月减五分。大麦每仓石价银一两四钱九分至一两六钱一分，与上月同。小麦每仓石价银一两六钱二分至二两二钱三分，与上月同。荞子每仓石价银一两四钱六分，与上月同。黄豆每仓石价银一两五钱六分至一两六钱三分，与上月同。

雅州府属，价中。中米每仓石价银二两八钱八分至二两九钱三分，较上月减五分。小麦每仓石价银二两三钱至二两六钱六分，与上月同。黄豆每仓石价银一两六钱八分至二两七钱，与上月同。

嘉定府属，价贵。中米每仓石价银二两九钱五分至三两五钱五分，较上月减五分。小麦每仓石价银二两三钱七分至二两七钱四分，与上月同。黄豆每仓石价银一两四钱九分至二两五分，与上月同。

潼川府属，价贵。中米每仓石价银一两九钱六分至三两二钱四分，较上月减五分。大麦每仓石价银一两六钱七分至一两九钱五分，与上月同。小麦每仓石价银二两一钱六分至二两五钱一分，与上月同。黄豆每仓石价银一两七钱九分至二两一钱六分，与上月同。

绥定府属，价贵。中米每仓石价银二两七钱至三两，与上月同。大麦每仓石价银一两五钱八分至一两五钱九分，与上月同。小麦每仓石价银一两六钱三分至一两七钱四分，与上月同。黄豆每仓石价银一两四钱三分，与上月同。

眉州直隶州并属，价贵。中米每仓石价银二两八钱一分至三两一钱一分，较上月减五分。

邛州直隶州并属，价贵。中米每仓石价银二两七钱一分至三两一钱四分，较上月减五分。大麦每仓石价银一两九钱三分，与上月同。小麦每仓石价银二两五钱九分，与上月同。黄豆每仓石价银二两一钱至二两二钱四分，与上月同。

泸州直隶州并属，价贵。中米每仓石价银三两一钱四分至三两一钱五分，较上月减五分。

资州直隶州并属，价贵。中米每仓石价银二两六钱三分至二两九钱八分，与上月同。

绵州直隶州并属，价贵。中米每仓石价银二两八钱至三两一钱二分，较上月减五分。小麦每仓石价银二两三钱四分至二两四钱八分，与上月同。

茂州直隶州并属，价中。中米每仓石价银二两六钱四分，较上月减五分。小麦每仓石价银二两六钱八分，与上月同。青稞每仓石价银二两二钱二分，与上月同。荞子每仓石价银一两一钱五分至一两七钱五分，与上月同。

忠州直隶州并属，价贵。中米每仓石价银二两六钱五分至三两三钱三分，较上月减五分。大麦每仓石价银一两四钱六分至一两六钱，与上月同。小麦每仓石价银二两五钱至二两四钱一分，与上月同。黄豆每仓石价银一两二钱七分至一两三钱七分，与上月同。

酉阳直隶州并属，价贵。中米每仓石价银二两六钱六分至三两一钱六分，较上月减五分。大麦每仓石价银二两三钱至二两六钱二分，与上月同。小麦每仓石价银二两六钱四分至二两六钱，与上月同。黄豆每仓石价银一两三钱九分至一两四钱四分,与上月同。

叙永直隶厅并属,价贵。中米每仓石价银三两四分,较上月减五分。小麦每仓石价银一两八钱一分,与上月同。荞子每仓石价银一两三钱四分,与上月同。黄豆每仓石价银一两六钱一分,与上月同。

松潘直隶厅,价中。青稞每仓石价银二两七钱六分,较上月减五分。荞子每仓石价银一两七钱四分,与上月同。

理番直隶厅,价中。青稞每仓石价银二两四钱六分,与上月同。荞子每仓石价银一两八钱一分,与上月同。

杂谷直隶厅,价中。青稞每仓石价银二两四钱,较上月减五分。荞子每仓石价银一两七钱九分,与上月同。

石砫直隶厅,价平。中米每仓石价银一两六钱四分,较上月减五分。大麦每仓石价银一两七钱三分,与上月同。小麦每仓石价银二两六分,与上月同。黄豆每仓石价银一两八钱九分,与上月同。

打箭炉厅,价贵。青稞每仓石价银四两九钱二分,较上月减五分。油麦每仓石价银一两八钱一分,与上月同。

军机大臣奉旨:览。钦此。①

一一九　呈川省同治九年九月得雨情形清单

同治八年十月二十九日(1869 年 12 月 2 日)

谨将同治八年九月份四川省所属地方报到得雨情形,开具清

---

①　中国第一历史档案馆藏:清单,档案编号:03-4965-145。

单,恭呈御览。

成都府属:成都、华阳两首县得雨四次,田亩翻犁。简州得雨三次,棉花摘毕。崇庆州得雨五次,黄豆收获。温江县得雨五次,小春播种。新都县得雨八次,葫豆播种。彭县得雨二次,堰水充足。什邡县得雨一次,米价稍减。

重庆府属:江北厅得雨八次,小春播种。巴县得雨八次,田塘积水。江津县得雨八次,小春滋生。长寿县得雨九次,堰塘积水。永川县得雨八次,小春播种。合州得雨三次,田水充足。璧山县得雨九次,田水充盈。铜梁县得雨四次,田水充足。大足县得雨二次,小春播种。定远县得雨二次,蓄水翻犁。

夔州府属:巫山县得雨一次,小春播种。开县得雨二次,田水充足。万县得雨三次,棉花收捡。

龙安府属:江油县得雨二次,堰塘积水。

绥定府属:达县得雨三次,小春播种。大竹县得雨二次,小春播种。太平县得雨三次,堰塘积水。

宁远府属:会理州得雨三次,小春播种。

保宁府属:阆中县得雨三次,二麦渐长。苍溪县得雨四次,田水充盈。南部县得雨三次,小麦播种。通江县得雨一次,豆麦播种。剑州得雨二次,黄豆收获。

顺庆府属:南充县得雨三次,小麦播种。蓬州得雨三次,堰水充足。营山县得雨二次,小麦发生。岳池县得雨三次,田水充足。

潼川府属:盐亭县得雨一次,黄豆收获。乐至县得雨二次,堰水充足。

雅州府属:雅安县得雨一次,小麦滋长。清溪县得雨二次,黄豆收获。天全州得雨三次,堰水充足。

嘉定府属:乐山县得雨三次,堰水充盈。峨眉县得雨四次,豆麦播种。犍为县得雨三次,小春播种。峨边厅得雨三次,稻谷收获。

叙州府属:南溪县得雨四次,田水充盈。富顺县得雨四次,豆麦滋长。马边厅得雨二次,稻谷收获。

资州直隶州属:资阳县得雨二次,田水充足。内江县得雨三次,田水充足。

绵州直隶州并属:绵州得雨五次,堰水充足。梓潼县得雨四次,豆麦渐种。罗江县得雨五次,堰水足用。

忠州直隶州并属:忠州得雨四次,田水充足。酆都县得雨二次,小春滋长。垫江县得雨二次,播种小春。

酉阳直隶州属:黔江县得雨二次,堰水充足。秀山县得雨三次,小春播种。

茂州直隶州属:汶川县得雨三次,豆麦播种。

泸州直隶州并属:江安县得雨二次,田水不缺。纳溪县得雨四次,小春播种。

石砫直隶厅得雨二次,小春滋生。

叙永直隶厅并属:叙永厅得雨四次,晚稻收毕。永宁县得雨四次,晚稻收毕。

军机大臣奉旨:览。钦此。①

---

① 中国第一历史档案馆藏:清单,档案编号:03-4965-146。

一二〇 　奏报川省同治八年秋禾收成折

同治八年十月二十九日(1869年12月2日)

头品顶戴四川总督臣吴棠跪奏,为奏报同治八年四川省秋禾收成分数,仰祈圣鉴事。

窃照每年秋禾收成分数,例应奏报。兹查各属俱已次第收获,据藩司蒋志章查明,会禀前来。臣覆加查核,川省十二府五厅八直隶州,计收成八分者,绥定、石砫一府一厅。七分有余者,成都、重庆、雅州、泸州、资州、忠州、茂州三府四州。七分者,嘉定、潼川、邛州、酉阳、理番二府二州一厅。六分有余者,顺庆、叙州、龙安、宁远、夔州、眉州、绵州、松潘五府二州一厅。五分有余者,叙永一厅。五分者,懋功一厅。四分有余者,保宁一府。计通省秋禾收成六分有余。

现在粮价尚不甚昂,民情亦属安贴,堪以仰慰圣怀。除循例具题外,理合恭折奏闻,伏乞皇太后、皇上圣鉴。谨奏。十月二十九日。

同治八年十二月初一日,军机大臣奉旨:知道了。钦此。[1]

一二一 　各营兵弁细数及防剿经费收支片

同治八年十月二十九日(1869年12月2日)

再,川省办理防剿,筹拨经费及兵勇营数、征防处所,迭经奏报

---

[1] 中国第一历史档案馆藏:军机录副,档案编号:03-4959-070。

在案。兹据防剿局司道详：前拨经费早支用无存，先后咨准藩司，在于绅民捐助军饷项下十一次拨银六十八万八千两、盐货厘金项下五次拨银二十五万二千两、按粮津贴项下五次拨银二十二万两，共银一百十六万两，一并归入防剿经费项下，均经随拨随支，并无存剩，容另筹拨等情，详请具奏前来。

臣覆核无异。除批饬司道勒令局员迅将各营员弁、兵勇细数及征防地方分晰造册报部、毋任借延外，理合附片陈明，伏乞圣鉴。谨奏。

同治八年十二月初一日，军机大臣奉旨：知道了。钦此。①

一二二 奏报川军克复鲁甸厅城昭鲁肃清折

同治八年十一月十七日（1869 年 12 月 19 日）

成都将军臣崇实、头品顶戴四川总督臣吴棠跪②奏，为援滇川军迭获全胜，克复鲁甸厅城，攻破岩洞老巢，生擒要逆，昭、鲁次第肃〔一〕律肃清，恭折驰报，仰祈圣鉴事。

窃臣等于本月十二日承准军机大臣字寄：同治八年十月二十四日，奉上谕：李本忠原系杜汶秀党与，此次纠众复叛，自难姑容。现经官军歼毙贼党千余名，逆胆已寒，即当乘此声威，速筹戡定等因。钦此。仰见皇上圣谟广运、廑念边陲之至意，下怀曷胜钦佩。臣等前经咨催云贵督臣刘岳昭，迅饬孔昭鈖、杨盛宗驰往接办，冀

---

① 中国第一历史档案馆藏：军机录副，档案编号：03-4828-001。此片具奏日期未确，兹据同批折件校正。

② 此折原稿缺前衔，兹据《清实录》推补。

可乘此声威，妥为招抚。乃迟之又久，尚未行抵昭通，而回民中亦有明白晓事之人，均为李本忠迫胁，各以类从。既经乞抚于前，自应保护于后。复严檄唐友耕以剿为抚，但分顺逆，不论汉回，凡回众投诚之寨，务宜曲加体恤，使李本忠之势既孤，则昭通之事易蒇。迭据唐友耕咨报：自稻田坝下八仙营就抚后，十月初一日黎明，据投诚回目马周新等飞报：李本忠乘夜纠众，由板板房、桃源一带分路围扑良回村寨，势甚危急。当即亲督各营迎头截击，贼始败退。我军乘胜追剿，杀毙回匪多名，力将板板房、桃源贼营踏毁。该逆大股退守鲁甸厅城，我军尾蹑其后，扎营环攻。前署鲁甸通判吴广通、现署鲁甸通判卢德裕，率团首徐书座等，带领乡团二千余名，会合营官艾尔鸿，由后山绕道接应，层层逼紧，面面合围。通判吴广通等即于城外竖立投诚免死大旗，被胁难民纷纷反正，约为内应。

初二夜五更，放火为号，参将尹世超率都司汪泽斩关而入。汪泽身受重伤，登时阵亡。唐友耕挥兵一拥而进，计先后斩获悍回三百余名，生擒伪军师孟学孔等三名，即于军前正法。割获首级六十三颗，夺获枪炮、器械多件，当将鲁甸厅城克复。该逆李本忠由东门夺路狂奔，逃入岩洞老巢，结党死守。唐友耕一面商令卢德裕等，将乡团稳扎城内，安抚汉回难民，一面飞饬各营进攻岩洞。查岩洞海水四绕，素称险要。该逆李本忠层迭挑濠筑墙，既厚且深，兼有碉楼地道，安设枪炮，益得以负嵎自固。

初三、四等日，唐友耕先将附近回寨次第招抚。初六日黎明，亲统大队，直扑贼巢。该逆伏暗击明，施放枪炮，子落如雨。镇标中营千总袁廷凯、千总刘应亨首先登墙，奋不顾身，中炮殒命。总兵耿得胜、镇标中营游击涂应泰等率队再登，奋勇百倍，立将头层墙濠攻克，轰毙回匪一百余名。我军阵亡勇士三十九名，乡团伤亡亦多。而该逆恃有层垒深沟，藏匿不出。唐友耕多方筹画，猛进殊难。因传令抢筑炮台，拨兵驻守，并饬各营勇丁囊土伐木，置备火具，为平濠破碉之用。十余日更番迭战，步步为营，始得力争要隘，进逼贼碉。计岩洞四面碉楼，我军亦分四面攻之。

二十一、二等日，唐友耕派参将尹世超、副将刘宇德、罗超、刘万春等攻其东，斫栅坏垣，首将东碉平毁。总兵唐大有、张占鳌、游击涂应泰等挑选精锐，于黑夜二更时，埋伏贼碉之西，迨沿碉举火，突起策应，又将西碉焚毁。该逆退守岩洞，仍留贼据守余碉。

唐友耕督率各军，于东西旧有碉楼处所扎定营盘，饬原派分攻南北碉之总兵耿得胜、张旭升、副将和耀曾等，并力奋取。至二十四日黎明，碉外贼众危急，奔赴大营求抚，暂予拘留看守。据投出之贼首马开科带领贼党，愿随副将陈泽久、都司沙秉忠等效力赎罪，各带囊土伐木，填沟缘墙，诱开贼垒，乘间杀入，南北碉楼亦同时攻破，于是岩洞老巢势成孤立。

二十五日，都司车重轮运解军火来营，与总兵耿得胜、参将唐友贵等愿告奋勇，拔帜先登。耿得胜炮伤左腿，植立不动。各营一呼直上，并用火箭、火弹延烧老巢。洞内之贼渐形溃乱，撤栅逾沟，意图冲围而出。我军枪炮齐施，刀矛并举，悉被截杀无遗。共毙回匪七百余名，坠岩落涧死者不计其数。割取首级二百三十七颗，夺获枪炮、旗、矛数百件，搜获部颁守备铜印一颗、把总钤记一颗。生擒要逆李本忠及其弟李兴芳等三名，均身带重伤，解交昭通府知府李应华等，讯明正法。又生擒伪军师徐天骥、赛君才，伪先锋罗文举、李高祥多名，均系为首倡乱之人，即于军前正法。岩洞老巢，全行扫荡，救出被胁难民男妇二千余人并投诚各回寨，移交该管府县,分别抚恤,各安本业。查点我军阵亡勇丁八十九名,昭通渐次一律肃清。惟黑石坰之回匪势尚猖獗,系昭通镇总兵全祖凯统兵围攻,未能得手。云贵督臣委员孔昭䢊等,迄今三月,亦无抵昭确期。拟即移师黑石坰,会商全祖凯,相机剿抚,不难早日荡平等情前来。

伏查唐友耕一军,居客兵之列,则任战较难。得滇人之心,则收功倍速。当士庶拥道遮留之会,即印委禀请雕剿之时。该逆李本忠戕官劫货、围扑大营,且在桃源一带连营三十余座,负固不服,时出烧掠百姓。唐友耕则屡歼逆党,解散胁从。先将龙碉汛攻夺,继将团山马家营各回寨,设计而招抚之。兹复谋勇兼施,恩威并用,迭获胜仗,迅克坚城。知剿逆抚顺之方,为扫穴擒渠之举,洵足以伸天讨而快人心。臣等以边境未安,竭思殚虑,固不敢博援邻之誉,亦何敢避越俎之嫌。窃计滇省解严,未始不由唐友耕一军扼守迤东,牵制回氛,以分逆势。是以云南抚臣岑毓英于克复易门县城疏内,有川省顾持邻封、助兵助饷之告。即此次昭、鲁肃清,亦因省围既解,军威大振,钤服人心,以夺贼气。此皆仰赖圣主威福,将士用命。臣等始念实不及此,惟有飞饬唐友耕,会同全祖凯,迅将黑石坰余匪克期扫荡,以上酬高厚于万一。

所有前次阵亡都司施占明、刘芳春,守备陈照廷,千总龚占超,此次阵亡都司汪泽,升用都司右哨千总袁廷凯,尽先千总刘应亨,合无仰恳天恩,敕部从优议恤,以慰忠魂。其在事尤为出力员弁,可否由臣等核实保奏、以作士气之处,出自逾格鸿慈。谨将援滇川军克复鲁甸厅城、攻破岩洞老巢、生擒首逆缘由,合词恭折具奏,伏乞皇太后、皇上圣鉴训示。谨奏。

同治八年十一月十七日,由驿具奏。本年十二月十八日,准兵部火票递回原折,后开军机大臣奉旨:另有旨。钦此。①

【案】此折于十二月十三日得允行。其在事尤为出力员
弁,令崇实、吴棠核实奏保,并饬将阵亡将弁施占明等从优
议恤:

军机大臣字寄:成都将军崇、四川总督吴、云贵总督刘、云
南巡抚岑:同治八年十二月初三日,奉上谕:崇实、吴棠奏,援滇
川军,克复鲁甸厅城,攻破岩洞老巢,生擒首逆,并檄调唐友耕
分兵扼守叙南各折片。滇匪李本忠经川军击败后,由板板房、
桃源一带,分扑良回村寨。唐友耕督兵截击,蹦毁贼营。该逆
退守鲁甸城内,又经官兵击走,收复厅城。李本忠逃入岩洞老
巢。参将尹士超等分路进攻,迭破四面碉楼,生擒李本忠及贼
党徐添骥等正法,扫荡岩洞贼巢,昭、鲁渐次肃清。此次援滇川
军,迭克匪巢,生擒要逆,剿办尚属奋勉。在事尤为出力员弁,
着崇实等核实奏保,毋许冒滥。阵亡之都司施占明、刘芳春,守
备陈照廷,千总龚占超,都司汪泽,升用都司千总袁廷凯,千总
刘应亨,均着交部从优议恤。现在黑石坦回匪,势尚猖獗。唐
友耕一军,自当乘胜进剿。惟总兵全祖凯围攻之兵未能得手,
委员孔昭纷等亦无抵昭确期,即着刘岳昭、岑毓英迅饬全祖凯
激励兵勇,会同唐友耕,相机剿洗。一面催令孔昭纷等驰抵该
处,将一切剿抚事宜妥为筹办,俾东路及早扫荡,毋稍迟延。
湘、果各营散勇,现既不遵资遣,叙南边界自应派兵设防,以资
弹压。着崇实等檄饬唐友耕,酌拨得胜之师,前赴镇雄,以顾筹

① 吴棠等:《游蜀疏稿》,第33—52页。

连、高、珙入川门户。如有溃勇滋事,即会同胡中和筹办。至攻克黑石坳后,仍留李家福在滇援剿,其唐友耕应否撤回川省之处,着崇实等会商刘岳昭、岑毓英,斟酌办理。将此由五百里各谕令知之。钦此。遵旨寄信前来。[①]

一二三　檄调唐友耕分兵扼守叙南片

同治八年十一月十七日(1869 年 12 月 19 日)

再,果后后营溃勇前经臣等奏明一律资遣,嗣奉谕旨,钦遵办理,当即饬司筹拨银五万两,解交道员刘岳曙酌量资遣,未能及时解散,复截留调往贵东之总兵李有恒所部虎威宝营勇丁,分防叙永边界,并添拨银两,咨会提臣胡中和,统领湘、果各营,驰赴督办。昨据胡中和函称:溃勇意存叵测,不遵资遣,并将道员刘岳曙拘留要胁,请添兵扼守叙南等情。

臣等查援黔、援陕各军,一时碍难调拨,惟唐友耕一军与叙南相距最近,呼应较灵。已飞咨分遣得胜之师,援赴镇雄,以顾筠连、高、珙入州门户。倘该溃勇携械滋事,必得严加惩治,即由唐友耕居中调度,既可与胡中和筹办溃勇,亦可与全祖凯会剿余匪,以免顾此失彼之虑。现在云南省围已解,兵力已厚,俟黑石坳回寨肃清后,即饬唐友耕凯撤回川,仍留提督李家福五营在滇援剿。除咨明云贵督臣、云南抚臣外,所有檄调唐友耕分兵扼守叙南缘由,谨合词附片陈明,伏乞圣鉴。谨奏。

---

①　台北故宫博物院藏:军机及宫中档,文献编号:408018089;《穆宗毅皇帝实录(六)》,卷二百七十二,同治八年十二月上,第768—769页。

同治八年十二月初三日,军机大臣奉旨:钦此。①

【案】此片于同治八年十二月十一日得批覆:

军机大臣字寄:成都将军崇、四川总督吴、云贵总督刘、云南巡抚岑:同治八年十二月十一日,奉上谕:刘岳昭等奏,请将唐友耕一军于昭通回务完竣,遣撤回川,并剿办附省贼匪情形各折片。唐友耕一军,经崇实、吴棠派令赴滇援剿,该提督驻扎昭通,迭次围攻贼垒,回众穷蹙,献首乞降,剿办尚属得手。惟昭、鲁一带回民剽掠,究因该军肆口复仇,以致该回众怀疑生变。现既办有头绪,自应责令该提督将此事一手经理。着崇实、吴棠传谕该提督,赶紧将昭通回务办竣,即率所部撤回川省。其昭属未尽事宜,仍由刘岳昭、岑毓英督饬各该文武,随时相机办理,以臻周密。至附省土堆悍匪,筑垒挖濠,负嵎抗拒,经该督等督兵进剿,已将红庙贼垒及土堆村外贼碉全行攻克。着即乘此声威,将残蹙余匪悉数歼除,毋留遗孽。将此由六百里各谕令知之。钦此。遵旨寄信前来。②

一二四　委令薛华垣会办团练片

同治八年十一月十七日(1869年12月19日)

再,臣吴棠③前因滇省迤西回逆未靖,川省叙州、泸州各属地

---

① 中国第一历史档案馆藏:军机录副,档案编号:03-4775-105。
② 台北故宫博物院藏:军机及宫中档,文献编号:408018090。
③ 稿本讹"棠",兹据补。

方辽阔,在在与滇界毗连,散勇游兵,时出为患。该处团练事宜,必得熟谙明干之员,会同办理,以补兵力之不足。查有分发补用道薛华垣,[①]办事稳练,熟悉情形,堪以委令前赴叙、泸一带,会同永宁道延祜等,将民练乡团和衷商办。除檄饬遵照外,所有委员会办团练缘由,谨附片陈明,伏乞圣鉴。谨奏。

同治八年十一月十七日,附片具奏。本年十二月十八日,准兵部火票递回原片,后开军机大臣奉旨:知道了。钦此。[②]

一二五　查明云阳等县来春毋庸接济折

同治八年十一月十七日(1869年12月19日)

头品顶戴四川总督臣吴棠跪奏,为查明川省被水各县均已抚恤安业,来春毋庸接济,恭折奏闻,仰祈圣鉴事。

窃臣前因本年六、七月间,川省云阳、大宁等县沿河居民猝遭水患,当经督同藩、臬两司委员驰至,筹款抚恤,或责令该管府县妥为赈济,并将办理情形奏报在案。嗣奉寄谕:以本年被水各省地方,如有应行调剂抚恤之处,着一并查明具奏,听候降旨加恩等因。钦此。仰见圣主轸念民瘼、无远不周之至意,臣即钦遵转饬查办去后。

兹据该委员暨各该地方官禀称:逐一亲履查勘,此次之水因一过即消,淹毙人口早经捞获掩埋。现经委员与地方官设法筹款,或自行捐资赈济,或酌提地方公款,或劝谕绅富公同捐助,不论银钱

---

① 薛华垣,生卒年未详。四川补用道。因史无载记,其生平事迹无考。

② 吴棠等《游蜀疏稿》,第29—31页。

谷米，按照丁口优加抚恤；冲毁房舍，给资再修；沙压田亩，悉数开挖补种；并将本年未完津贴视其被水之轻重，分别减免。现在各该居民均已一律复业，人心甚为安定，来春似可毋庸接济，据藩、臬两司会详前来。理合恭折覆陈，伏乞皇太后、皇上圣鉴训示。谨奏。十一月十七日。

同治八年十二月初三日，军机大臣奉旨：知道了。钦此。①

一二六　奏报川省委解同治
八年京饷起程日期折

同治八年十一月十七日（1869 年 12 月 19 日）

头品顶戴四川总督臣吴棠跪奏，为川省委解本年京饷暨固本军饷起程日期，恭折仰祈圣鉴事。

窃查川省本年原拨京饷三十六万两，已解过银三十一万两；又续拨京饷银十五万两，已先后解过一十一万两；固本饷项月解银五千两，前已解过银一十三万两，作为同治五年九月二十一日奉文之日起至七年十月二十一日止二十二个月协济之项，均经迭次奏报在案。现在川省援邻防边及协济各省兵饷，需用虽甚浩繁，而京饷与固本饷项系京畿要需，自应竭力筹解。臣督同司道凑集按粮津贴银一万五千两、盐厘银一万五千两，共银三万两，作为本年原拨京饷。复尽数凑集按粮津贴银一万两、盐厘银一万两，共银二万两，作为续拨京饷。又于盐货厘金项下提凑银一万两，作为同治七年十月二十一日起至十二月二十一日止两个月应解固本饷项，均

---

① 中国第一历史档案馆藏：军机录副，档案编号：03-4679-016。

饬委候补同知何榆君管解,定期于十一月十二日起程。惟前准部咨:南北各省大路已通,京饷应解现银,闽、粤等省由海转运等语。第由川至京必须取道陕西汉中一带,兹查秦陇交界地方,时有回匪窜越抢掠,逼近汉南大路附近,溃匪游勇亦出没靡常,商旅咸有戒心,京饷实银万难冒险前进,轻蹈不测。只有仍照上届奏案,发交天成亨等银号汇解,委员至京兑齐,解赴户部交纳,用昭慎重。一俟秦中驿路无阻,再照部咨办理。据藩司蒋志章、署臬司傅庆贻、盐茶道孙濂会详前来。臣覆查无异。理合恭折具奏,伏乞皇太后、皇上圣鉴。谨奏。十一月十七日。

同治八年十二月初三日,军机大臣奉旨:户部知道。钦此。[①]

一二七　委令尹国珍等署理道员等缺片

同治八年十一月十七日(1869年12月19日)

再,现准湖广督臣李鸿章咨称:钦奉上谕:四川成绵龙茂道钟峻,着即勒令休致,永不叙用等因。钦此。应即钦遵办理。该员钟峻先已解任,听候查办。所遗员缺,查有候补道尹国珍,老成历练,晓谕治体,堪以委署。又,署珙县知县黄元淑在任病故遗缺,查有前经调省差委之候补知府张钟瑛,堪以委署。该员正、署各任内并无经征钱粮未完及承缉盗劫已起四参案件,据藩、臬两司会详前来。除分饬遵照外,理合附片陈明,伏乞圣鉴。谨奏。

同治八年十二月初三日,军机大臣奉旨:知道了。钦此。[②]

---

① 中国第一历史档案馆藏:军机录副,档案编号:03-4947-079。
② 中国第一历史档案馆藏:军机录副,档案编号:03-4650-102。此片具奏日期未确,兹据同批折件校正。

【案】钦奉上谕：四川成绵龙茂道钟峻……永不叙用：此案上谕档载曰：

军机大臣字寄：协办大学士湖广总督一等肃毅伯李：同治八年八月初六日，奉上谕：有人奏，职官居心贪诈，曲意钻营，据实陈奏一折。据称川省道员宣维礼，本系参革之员，夤缘开复，办理川军善后，有滥用捐款、需索夫马各情，并借散给籽种为名，侵蚀贵州仓谷三百石；成绵龙茂道钟峻，暗树私人，广收门生，妄改场规，包揽厘局，勒销积引；候补道彭汝琼性情贪诈，行止骄恣，纳贿招权，罔知顾忌各等语。川省频年多事，邻封未靖，亟宜整顿吏治，方能安辑闾阎。若如所奏，宣维礼等劣迹昭著，岂可稍事姑容！着李鸿章按照折内所参各情，于行抵川省后，就近逐款确查，据实奏办，不得稍涉徇隐。彭汝琼因何在省逗遛之处，着一并查明具奏。原折着钞给阅看。将此由五百里谕令知之。钦此。遵旨寄信前来。①

又，上谕档：

同治八年十月十六日，内阁奉上谕：前因御史张沄奏，四川道员钟峻、彭汝琼，贪诈钻营；据御史龚承钧奏，彭汝琼任意招摇各节，先后谕令李鸿章查明参办。兹据奏称，钟峻被参各款，查无行贿实据，惟该员妄改场规，包揽厘局，已有明征。彭汝琼贪利各情，虽不承招，而钻营实有其事，且丁忧后奉旨饬令回籍，仍敢逗遛营求，为崇实、吴棠公请幕友，请分别参办等

---

① 中国第一历史档案馆编：《咸丰同治两朝上谕档》，第19册，第215页；《穆宗毅皇帝实录（六）》，卷二百六十四，同治八年八月上，第664页。

语。四川成绵龙茂道钟峻,着即勒令休致,永不叙用。盐运使衔四川候补道彭汝琮,着即行革职,勒令回籍,不准投效各路军营,再图开复。崇实、吴棠于奉旨饬令回籍之员仍复留充幕友,均有不合,着交部照例分别议处。该部知道。钦此。①

一二八 请将总兵梁安邦留川补用片

同治八年十一月十七日(1869 年 12 月 19 日)

再,遇缺尽先题奏总兵梁安邦由行伍转战广西、两湖、江浙等处,迭拔坚城,历保今职。又,尽先副将张祖云、陈顺理,尽先都司范承先、李廷栋,均系臣去年奏带来川,奉旨允准在案。该员等熟悉戎机,委带兵勇,办理操防,均尚得力。现在川省邻氛未靖,边防未撤,营伍诸宜整顿,将备尤须得人,合无仰恳天恩,俯准将梁安邦等均留四川,梁安邦遇有副、参、游缺出,按照新章借补;张祖云、陈顺理、范承先、李廷栋四员遇有相当缺出,按班酌补,俟补缺后再行送部引见之处,出自鸿慈。臣为整饬武备起见,是否有当,理合附片陈明,伏乞圣鉴。谨奏。

同治八年十二月初三日,军机大臣奉旨:着照所请,兵部知道。钦此。②

---

① 中国第一历史档案馆编:《咸丰同治两朝上谕档》,第 19 册,第 289 页;《穆宗毅皇帝实录(六)》,卷二百六十九,同治八年十月下,第 725 页。

② 中国第一历史档案馆藏:军机录副,档案编号:03-4742-060。此片具奏日期未确,兹据同批折件校正。

一二九　查明汉州等县捐
输银数造册请奖片

同治八年十一月十七日(1869 年 12 月 19 日)

再，查前办同治五年捐输，所有简州、重庆、温江等州县士民捐
输银两内足敷议叙各捐生姓名、银数及官职、履历，历经前署督臣
崇实于七年三月廿五日初次奏请敕部奖叙在案。嗣据汉州、郫县
等县士民陆续捐输银三十八万八千八百六十两零，均已解司兑收，
拨充各路军饷，支用无存，统归军需项下汇案报销；查明各县捐生
足敷议叙者，计银五万一千九百七十五两，造具花名、银数、履历清
册，由捐输厘金总局司道核明会详前来。

臣查册开请叙各项，核与筹饷及现行常例减成银数均属相符，
合无仰恳天恩，敕部迅予核议给奖，用昭激劝。除将清册分咨部、
监外，理合附片具奏，伏乞圣鉴。谨奏。

同治八年十二月初三日，军机大臣奉旨：户部核议具奏。钦此。①

一三〇　奏报发交提饷委
员军饷数目等情片

同治八年十一月十七日(1869 年 12 月 19 日)

再，查川省奉拨滇饷，前经解过银十六万两，先后奏报在案。

---

① 中国第一历史档案馆藏：军机录副，档案编号：03-4919-072。此片具奏日期未
确，兹据同批折件校正。

兹奉谕旨催解,并云贵督臣刘岳昭、云南抚臣岑毓英委员赴川守催。伏查川省连年援黔、援陕及防剿边夷,大军四出,饷需繁巨,积欠累累。各省纷纷催解,几无虚日,司库竭蹶,势难周转。惟刻下滇省军务正在得手,不能不设法接济,冀竟全功。

兹督同藩司蒋志章竭力腾挪,凑集协滇军饷银三万两,除照岑毓英、宋延春来文拨还滇省前借丝商银四千两,发交催饷委员朱在勤承领转发,并扣发四川驻陕提塘傅象超应领滇省报资银五百两外,余银二万五千五百两,发交云南催饷委员知府延厚、同知萧得源分领,暨添派县丞杨沅廉护送,定期于本年十一月十九日自蜀起程,解交云南藩库查收。除分咨外,理合附片陈明,伏乞圣鉴。谨奏。

同治八年十二月初三日,军机大臣奉旨:知道了。钦此。①

一三一　请于堵剿经费下开销操练经费片

同治八年十一月十七日(1869 年 12 月 19 日)

再,臣等于本年正月间,因勇丁欠饷过多,议减勇练兵,以节经费,请照直隶省抽练营兵章程,于八旗驻防闲散中挑选精壮五百名,军、督、提、城十营内挑选精壮一千名,逐日操演,听候调遣,旗丁月给银二两、兵丁月给银一两五钱,津贴差操之费,奏奉谕旨允准在案。伏查前项旗、绿精兵,逐日认真操练,日用药铅、火绳暨添制旗帜、军器,在在需费。又,本营实缺营官各有巡防缉匪之

---

① 中国第一历史档案馆藏:军机录副,档案编号:03-4828-002。此片具奏日期未确,兹据同批折件校正。

责，未便专事操务，另于候补武职中选择久历行阵、精通技艺之员，分队管带，不分寒暑，逐日训练，亦应酌给薪水、公费，俾得专心其事。

以上各项均请于堵剿经费项下核实动支，作正开销，由防剿局司道详请具奏前来。谨合词附片会陈，伏乞圣鉴训示。谨奏。

同治八年十二月初三日，军机大臣奉旨：知道了。钦此。[①]

一三二　奏报川省同治八年十月雨水、粮价折

同治八年十一月二十三日（1869 年 12 月 25 日）

头品顶戴四川总督臣吴棠跪奏，为恭报四川省同治八年十月份各属具报米粮价值及得雨情形，仰祈圣鉴事。

窃照同治八年九月份通省粮价及得雨情形，前经臣恭折奏报在案。兹查本年十月份成都等十二府，资州、绵州、忠州、眉州、泸州五直隶州，石砫、叙永两直隶厅，各属先后具报得雨自一二次至六七次不等。豆麦播种，小春滋长。其通省粮价俱与上月相同。据布政使蒋志章查明列单汇报前来。

臣覆核无异。理合分缮清单，恭呈御览，伏乞皇太后、皇上圣鉴。谨奏。十一月二十三日。

同治八年十二月二十六日，军机大臣奉旨：知道了。钦此。[②]

---

① 中国第一历史档案馆藏：军机录副，档案编号：03-4767-039。此片具奏日期未确，兹据同批折件校正。

② 中国第一历史档案馆藏：军机录副，档案编号：03-4965-177。

一三三 呈川省同治八年十月粮价清单

同治八年十一月二十三日（1869 年 12 月 25 日）

谨将同治八年十月份四川省所属地方各项粮价，开具清单，恭呈御览。

成都府属，价贵。中米每仓石价银二两八钱二分至三两八钱六分，与上月同。大麦每仓石价银一两八钱四分至二两一分，与上月同。小麦每仓石价银二两一钱七分至二两三钱四分，与上月同。黄豆每仓石价银一两六分至二两四钱六分，与上月同。荞子每仓石价银一两一钱七分至一两七钱一分，与上月同。

重庆府属，价贵。中米每仓石价银二两六钱二分至三两六钱四分，与上月同。大麦每仓石价银一两六钱五分至二两，与上月同。小麦每仓石价银二两三钱一分至二两七钱三分，与上月同。黄豆每仓石价银二两七钱三分至三两三分，与上月同。

保宁府属，价贵。中米每仓石价银二两七钱五分至三两四钱一分，与上月同。大麦每仓石价银一两九钱二分至二两一钱，与上月同。小麦每仓石价银二两八钱六分至三两六钱，与上月同。黄豆每仓石价银一两八钱三分至二两一钱三分，与上月同。

顺庆府属，价贵。中米每仓石价银二两八钱七分至三两二钱八分，与上月同。大麦每仓石价银一两六钱二分至一两八钱一分，与上月同。小麦每仓石价银二两一钱一分至二两一钱四分，与上月同。黄豆每仓石价银一两五钱五分至一两六钱七分，与上月同。

叙州府属，价贵。中米每仓石价银三两一钱三分至三两四钱三分，与上月同。大麦每仓石价银一两六钱七分至二两三分，与上月同。小麦每仓石价银二两一钱五分至二两六钱五分，与上月同。黄豆每仓石价银一两一钱六分至一两五钱七分，与上月同。

夔州府属，价贵。中米每仓石价银二两九钱三分至三两二钱八分，与上月同。大麦每仓石价银一两七钱九分至二两四钱七分，与上月同。小麦每仓石价银二两九钱六分至三两四分，与上月同。黄豆每仓石价银二两一钱六分至二两二钱六分，与上月同。

龙安府属，价贵。中米每仓石价银二两六钱三分至三两三钱三分，与上月同。青稞每仓石价银一两五钱，与上月同。小麦每仓石价银一两八钱至二两一钱九分，与上月同。黄豆每仓石价银一两八钱五分至一两九钱三分，与上月同。

宁远府属，价贵。中米每仓石价银二两九钱六分至三两二钱九分，与上月同。大麦每仓石价银一两四钱九分至一两六钱一分，与上月同。小麦每仓石价银一两六钱二分至二两二钱三分，与上月同。荞子每仓石价银一两四钱六分，与上月同。黄豆每仓石价银一两五钱六分至一两六钱三分，与上月同。

雅州府属，价中。中米每仓石价银二两八钱八分至二两九钱三分，与上月同。小麦每仓石价银二两三钱至二两六钱六分，与上月同。黄豆每仓石价银一两六钱八分至二两七钱，与上月同。

嘉定府属，价贵。中米每仓石价银二两九钱五分至三两五钱五分，与上月同。小麦每仓石价银二两三钱七分至二两七钱四分，与上月同。黄豆每仓石价银一两四钱九分至二两五分，与上月同。

潼川府属，价贵。中米每仓石价银一两九钱六分至三两二钱四分，与上月同。大麦每仓石价银一两六钱七分至一两九钱五分，与上月同。小麦每仓石价银二两一钱六分至二两五钱一分，与上月同。黄豆每仓石价银一两七钱九分至二两一钱六分,与上月同。

绥定府属,价贵。中米每仓石价银二两七钱至三两,与上月同。大麦每仓石价银一两五钱八分至一两五钱九分,与上月同。小麦每仓石价银一两六钱三分至一两七钱四分,与上月同。黄豆每仓石价银一两四钱三分,与上月同。

眉州直隶州并属,价贵。中米每仓石价银二两八钱一分至三两一钱一分,与上月同。

邛州直隶州并属,价贵。中米每仓石价银二两七钱一分至三两一钱四分,与上月同。大麦每仓石价银一两九钱三分,与上月同。小麦每仓石价银二两五钱九分,与上月同。黄豆每仓石价银二两一钱至二两二钱四分,与上月同。

泸州直隶州并属,价贵。中米每仓石价银三两一钱四分至三两一钱五分,与上月同。

资州直隶州并属,价贵。中米每仓石价银二两六钱三分至二两九钱八分,与上月同。

绵州直隶州并属,价贵。中米每仓石价银二两八钱至三两一钱二分,与上月同。小麦每仓石价银二两三钱四分至二两四钱八分,与上月同。

茂州直隶州并属,价中。中米每仓石价银二两六钱四分,与上月同。小麦每仓石价银二两六钱八分,与上月同。青稞每仓石价银二两二钱二分,与上月同。荞子每仓石价银一两一钱五分至一两七钱五分,与上月同。

忠州直隶州并属,价贵。中米每仓石价银二两六钱五分至三两三钱三分,与上月同。大麦每仓石价银一两四钱六分至一两六钱,与上月同。小麦每仓石价银二两五分至二两四钱一分,与上月同。黄豆每仓石价银一两二钱七分至一两三钱七分，与上月同。

酉阳直隶州并属，价贵。中米每仓石价银二两六钱六分至三两一钱六分，与上月同。大麦每仓石价银二两三钱至二两六钱二分，与上月同。小麦每仓石价银二两六钱四分至二两六钱，与上月同。黄豆每仓石价银一两三钱九分至一两四钱四分，与上月同。

叙永直隶厅并属，价贵。中米每仓石价银三两四分，与上月同。小麦每仓石价银一两八钱一分，与上月同。荞子每仓石价银一两三钱四分，与上月同。黄豆每仓石价银一两六钱一分，与上月同。

松潘直隶厅，价中。青稞每仓石价银二两七钱六分，与上月同。荞子每仓石价银一两七钱四分，与上月同。

理番直隶厅，价中。青稞每仓石价银二两四钱六分，与上月同。荞子每仓石价银一两八钱一分，与上月同。

杂谷直隶厅，价中。青稞每仓石价银二两四钱，与上月同。荞子每仓石价银一两七钱九分，与上月同。

石砫直隶厅，价平。中米每仓石价银一两六钱四分，与上月同。大麦每仓石价银一两七钱三分，与上月同。小麦每仓石价银二两六分，与上月同。黄豆每仓石价银一两八钱九分，与上月同。

打箭炉厅，价贵。青稞每仓石价银四两九钱二分，与上月同。油麦每仓石价银一两八钱一分，与上月同。

军机大臣奉旨：览。钦此。[①]

---

① 中国第一历史档案馆藏：清单，档案编号：03-4965-178。

一三四　呈川省同治八年
十月得雨情形清单

同治八年十一月二十三日(1869 年 12 月 25 日)

谨将同治八年十月份四川省所属地方报到得雨情形,开具清单,恭呈御览。

成都府属:成都、华阳两县得雨一次,小春渐长。简州得雨四次,小春滋长。崇庆州得雨二次,豆麦滋生。汉州得雨三次,堰水充足。温江县得雨一次,小春播种。新都县得雨一次,豆麦滋生。彭县得雨三次,小春滋长。什邡县得雨一次,豆麦滋生。

重庆府属:江北厅得雨二次,小春滋长。巴县得雨四次,小春渐长。江津县得雨三次,豆麦青秀。长寿县得雨三次,小春渐长。永川县得雨三次,田水充足。荣昌县得雨四次,小春渐长。南川县得雨三次,豆麦渐秀。璧山县得雨四次,田水充足。铜梁县得雨七次,田水充盈。大足县得雨二次,小春滋长。定远县得雨二次,豆麦滋长。

夔州府属:开县得雨一次,豆麦滋生。万县得雨二次,小春渐长。大宁县得雨二次,田水充足。

龙安府属:江油县得雨三次,豆麦渐长。

绥定府属:城口厅得雨三次,麦豆滋长。

宁远府属:会理州得雨三次,小春渐长。

保宁府属:南部县得雨一次,地土滋润。

顺庆府属:南充县得雨三次,豆麦滋长。蓬州得雨二次,播种冬麦。营山县得雨二次,豆麦滋长。岳池县得雨四次,冬粮滋荣。邻水县得雨二次,小春滋长。

潼川府属：射洪县得雨二次，豆麦滋长。

雅州府属：雅安县得雨一次，小春播种。

嘉定府属：乐山县得雨三次，小春播种。峨眉县得雨二次，豆麦播种。犍为县得雨二次，小春播种。荣县得雨一次，小春播种。峨边厅得雨五次，小春发萌。

叙州府属：南溪县得雨三次，小春播种。富顺县得雨三次，小春滋长。马边厅得雨一次，小春完毕。

资州直隶州并属：资州得雨三次，小春滋长。资阳县得雨四次，豆麦滋长。内江县得雨三次，小春渐长。

绵州直隶州属：罗江县得雨二次，小春渐长。

忠州直隶州属：忠州得雨二次，豆麦滋长。

眉州直隶州属：彭山县得雨二次，豆麦滋长。

泸州直隶州属：江安县得雨二次，小春播种。纳溪县得雨五次，小春发生。

石砫直隶厅得雨一次，小春滋长。

叙永直隶厅并属：叙永厅得雨三次，小春播种。永宁县得雨三次，小春播种。

军机大臣奉旨：览。钦此。①

一三五　查明川省同治七年各军及驿站马匹折

同治八年十一月三十日(1870 年 1 月 1 日)

头品顶戴四川总督臣吴棠跪奏，为查明同治七年份川省标、

---

① 中国第一历史档案馆藏：清单，档案编号：03-4965-179。

镇、协、营及各路驿站额设马匹均各膘壮，并无疲乏等弊，恭折具奏，仰祈圣鉴事。

窃查同治元年八月间，钦奉上谕：京外各营、各直省驿站额设马匹，支应差操及接递公文，均关紧要，着该管大臣确切查核具奏。如查有缺额、疲乏等弊，即着从严参办等因。钦此。当经移行遵照办理在案。查川省各标、镇、协、营额设马三千四百六十七匹，东、南、西、北四路驿站额马七百六十三匹，或支应差操，或接递公文，均关紧要。际此邻省军务未平，尤宜力为整顿，以昭核实，节经严饬各标、镇、协、营及有驿州县，督率兵丁、马夫人等，认真牧养，加意照料，遇有口老、疲瘦、倒毙，随时买补足额，不准悬缺，亦不准暗借民马充数。前于同治七年年底经委员分路查验，各该标、镇、协、营及有驿州县额设马匹，均各膘壮精良，驰骋稳捷，并无缺额及疲惫不堪情事，由委员具禀前来。

臣等覆加密查属实，除仍随时确查，如有缺额、疲乏等弊，即从严参办，总期驿递、军务两无贻误，以仰副圣主训饬周详之意。除咨兵部外，谨会同成都将军臣崇实、提督臣胡中和，合词恭折具奏，伏乞皇太后、皇上圣鉴训示。谨奏。十一月三十日。

同治八年十二月二十六日，军机大臣奉旨：兵部知道。钦此。①

---

① 中国第一历史档案馆藏：军机录副，档案编号：03-4984-029。

一三六　奏请川省续办按粮津贴折

同治八年十一月三十日(1870年1月1日)

头品顶戴四川总督臣吴棠跪奏，为川省征防各军暨京协等饷需用甚巨，吁请援照成案，于同治九年续办按粮津贴，以资供支，恭折仰祈圣鉴事。

窃照川省因需饷浩繁，乏款接济，自咸丰年间起按粮津贴，每条粮银一两，津贴银一两，随粮交纳，并声明汶川等处边瘠州县与曾被贼扰之区量予免征，历经奏准遵办在案。兹据藩司蒋志章详称：本年自开征以来，截至九月底止，共收津贴银四十九万二千三百九十二两零，又续收历年未完津贴银二万七千一百一十五两零，统共收银五十一万九千五百八两有奇，均经供拨京饷及各省协饷并防剿军需之用。其汶川、越嶲等厅县，或地当通道，或壤接夷疆，或著名瘠苦，历年均系免征。

兹查川省内地虽已肃清，而邻氛未靖，各路征防兵勇尚难裁撤，如援黔之安定、果毅、达字、忠字、耀字等军，屡拔城寨，进规苗疆；援滇之果后、振武等营悬师深入，以及援陕之武字各营暨分防边境之虎威、裕字、新字、湘果各军，一切月饷、军火应用已繁，尚有奉拨京饷及直隶、云、贵、陕、甘等省协饷，叠接文催，急于星火，亦应设法筹解。通盘合计，需费甚巨，库款搜罗早竭，厘金随到随支，并无存积。若不预为筹备，何以接济供支。唯有仍借民力，冀应急需。

臣督率藩司蒋志章，悉心筹维，拟请同治九年份再行劝办按粮津贴，每条粮银一两，仍津贴库平库色银一两，于来年开征时照数交纳,并由司刊刻告示,遍贴晓谕。除现办边防及路当孔道各厅、州、县向设夫马局供应差事暂准减成收支外,其余一切杂派经费概行禁革,不许再立名色、添派丝毫。如有不遵,一经访闻,或被告发,即行参撤究办。

所有征收事宜,即照旧章选派公正绅粮,设局妥为经理,一俟收有成数,即随同地丁批解。局中所需薪水、鞘匣、运费,亦照旧分别程途远近,如夔州、宁远、保宁、重庆、绥定、酉阳、忠州等属距省较远,每津贴银一百两,准扣银二两,近省各属每百两扣银一两,以资应用,不准格外苛派。仍俟收解全完,综计银数多寡,吁恳天恩加广学额,以昭激劝,实于军饷有益,而于民情无碍。所有同治九年份川省仍请续办按粮津贴缘由,是否有当,理合恭折具奏,伏乞皇太后、皇上圣鉴训示。谨奏。十一月三十日。

同治八年十二月二十六日,军机大臣奉旨:户部知道。钦此。①

一三七　奏报川省绅民捐输军饷请旨广额折
同治八年十一月三十日(1870年1月1日)

头品顶戴四川总督臣吴棠、成都将军臣崇实、四川学政臣钟骏声跪奏,为川省绅民频年捐输军饷,并计请奖加额盈余银数,恳恩永加副、优贡额,以昭激劝,恭折仰祈圣鉴事。

窃据四川在籍绅士头品顶戴候补京堂薛焕等禀称:川省界连陕、甘、云、贵,连年邻氛不靖,处处设防,助剿饷需,倍形浩繁,绅粮

---

① 中国第一历史档案馆藏:军机录副,档案编号:03-4828-065。

分年捐输，欣逢殊恩迭沛，屡加中额、学额，士民欢欣鼓舞，输将愈形踊跃。自同治五年冬间奏加中额、学额以后，计捐输案内未经请奖加额余银约有数百万两，惟加额、学额例有限制。

查川省原定中额六十名，加广永远中额二十名，共八十名。如按五举一付之例，应取副榜十六名，而原额只有十二名，士民等公议，可否将捐输未经请奖加额银数一并核计，改加永远副榜四名、优贡四名，仍照加广永远中额银数，计捐银三十万两，请广一名，不另加中额、学额，以符定章等情。当经督同在省司道查明，川省自同治元年举办捐输，迄今已历八载，绅民分年捐纳，并不稍形推诿，京、协各饷，借以接济，并募勇裹粮，分援滇、黔等省，转输不绝于道。计自同治五年十一月起截至八年十月底止，续收本省捐输银四百四十六万二百十三两零，连四年十二月奏报加额项下盈余银七十一万九千七百二十一两零，总共续收暨盈余数五百十七万九千九百三十五两零，内除已经奏奖银三十七万四百二十二两零，又除应行请奖及加广学额银二百二十八万八千七百十五两零另案办理外，尚盈余银二百五十二万七百八十七两零。按照永加中额银数，请加副贡四名、优贡四名，亦属有盈无绌，由该司道等具详请奏前来。

臣等查川省现值邻氛未靖，援军四出，一切协饷、勇粮在在借资民力，所有前项捐银未经请奖加额，自应早荷旷典，以广皇仁而资观感，合无仰恳天恩，俯准自同治九年庚午科为始，永加川省乡试副榜四名暨优贡四名，每名仍照永加中额捐数，计应开除银二百四十万两，不另请奖加额，用符部议。余银仍归下届续收项下并计。

如蒙俞允，不但士林共沐恩膏、聿彰得人之感，将见部屋愈殷报效、倍切好义之忱,实于国家理财、育贤之道均有裨益。除咨部外,是否有当,谨合词恭折具奏,伏乞皇太后、皇上圣鉴训示。谨奏。十一月三十日。

同治八年十二月二十六日,军机大臣奉旨:该部议奏。钦此。①

一三八　请准文升暂缓送部引见片

同治八年十一月三十日(1870年1月1日)

再,前准部咨:督标中军副将缺以军标中军副将文升调补,应给咨赴部引见等因。查文升先经调署督标中军副将,该营驻扎省城,为各营表率,弹压操防,最关紧要。现值裁勇练兵、整顿营伍之际,该将办事勤奋,督率在事员弁,认真训练,搜捕奸匪,正资得力,未便遽易生手,合无仰恳天恩,准其暂缓北上,并敕部换给督标中军副将署札,一俟接替有人,再给咨送部引见。是否有当,理合附片陈明,伏乞圣鉴训示。谨奏。

同治八年十二月二十六日,军机大臣奉旨:着照所请,兵部知道。钦此。②

一三九　奏报酉阳教案议结折

同治八年十二月初二日(1870年1月3日)

协办大学士湖广总督一等肃毅伯臣李鸿章、成都将军臣崇实、

---

① 中国第一历史档案馆藏:军机录副,档案编号:03-4828-064。

② 中国第一历史档案馆藏:军机录副,档案编号:03-4742-094。此片具奏日期未确,兹据同批折件校正。

头品顶戴四川总督臣吴棠跪奏，为遵旨查明酉阳州教案，拟议办结，恭折仰祈圣鉴事。

窃川省酉阳民教仇杀情形，经臣崇实等于七年十二月间奏明在案。嗣因州城教堂被毁，各乡积怨方深，纷纷打教，州属纸房溪教堂覃司铎，后纠众杀毙乡民多命。两造聚讼，碍难即时拿办。先派知县田秀栗，驰往接署州牧，会同委员曾传道，解散团众，遣逐黔匪，商令覃司铎拆毁教堂炮台及附近寨堡，抚恤被难民教。嗣经总理衙门会饬川东道锡佩往酉查办，复因主教范若瑟他往，无从议商。迨法使罗淑亚所派主教梅西满来川，八月始到。又饬锡佩与之会议，始终狡展，致未能迅速完结。该使臣借口在京晓渎，并欲带兵如川要胁，上烦宸廑。迭蒙谕旨，训诫严切。臣崇实、臣吴棠曷胜惶悚，焦虑之至。

臣李鸿章于九月十八日行抵成都，奉旨会查。当因另有查办要件，未便会商，先行咨取案卷核阅。十月初三日，先将大概情形会奏。嗣迭奉十月初三、十六、二十等日寄谕，遵即会同臣崇实、臣吴棠覆查。该州初禀打毁教堂，并未指明系何凶犯。田秀栗今春履任后，拿获刘幅，据供与何彩纠众打教，而何彩业经逃逸，故将刘幅先行议办。臣等又飞饬该地方官，悬赏勒限，务获何彩解讯。臣鸿章于十月二十一日，由成都启行，十一月初十日，抵重庆暂住，就近督饬川东道锡佩，与该主教梅西满妥速议办。梅西满迭次面谒，并函呈酉阳州民教滋事原委节略，指控多人。臣调集人证、案卷并酉阳官民先后禀控，各执一词。核其实在情节，由于同治四年酉阳民人冉老五等殴毙冯教士后，该主教勒赔多金，势焰益张。本地痞匪入教者，倚势欺压平民。该处界连黔处，民风素悍，积不相能，激成巨案。法使罗淑亚前与总理衙门议明，先办李教士被杀事件。

嗣又以张佩超为主谋,杨桢庭为下手,刘幅为顶凶。臣等切实根究,适据张佩超遣其幼子张玉璞,赴臣鸿章行辕,禀诉冤屈。讯据张玉璞供称,伊家素与教民张添兴等有隙,四年冯教士案内,被教堂牵控,将伊父张佩超、伊兄张玉珖解往重庆羁押。经绅董劝令,出钱脱累。伊父认罚银二万两,分年缴清。

七年四月,正在筹缴,被张添兴等纠众来家,借欠索为名,强奸妇女,抢去银二万余两并衣物等件,杀害雇工吴昌林等三人,并将伊兄张玉珖扭送重庆管押,至本年八月二十日毙命。伊父张佩超现年七十七岁,忧愤成疾。去冬,西城打教,相离二百余里,委无主使情事等语。又,杨桢庭即杨恺亭,查系已革武生,派充屯弁,与教民结讼被押。是日团民何彩等入城打教,将伊放出。该犯乘乱入教堂报复,下手杀毙司铎李国属实。旋逃至贵州思南府所属黄泥坡,经该州访闻,派差拿获。讵该犯病重身故。饬起尸棺回州,带同尸亲、邻约及教堂管事人等,验明填格,取结在卷。臣鸿章接晤梅西满,即将以上情节详细告之。该主教偏信教民之言,总以张佩超为主谋,并谓杨桢庭即系病毙,何彩日久未获,其已获之刘幅等皆非正凶,碍难完案。正在筹议间,据酉阳州知州曾传道、署酉阳营游击范承先飞禀,悬立重赏,设法兜拿,已于十一月十四夜,将首犯何彩擒获,起解来渝。

臣督同川东道及印委各员,亲提研讯。据何彩供:因教民龙秀元捆殴其母,又逼勒朱永泰退婚,是以怀忿起意,纠众焚毁教堂。刘幅、曾占敖等亦均入伙,张佩超并未与谋等情。又提讯刘幅、曾占敖、赵三、简弗祥等,均各供认随同何彩打教,惟情节微有重轻,自应分别拟办。臣等覆查罗淑亚、梅西满等必谓张佩超主谋者,一由张佩超系该州绅富,与教中仇隙素深。四年,冯教士案诬攀勒罚二万金，除已缴八千两外，尚欠一万二千两。一由此案真正首犯未获，彼得任意妄指，以为要胁。兹首犯何彩解到，梅西满意气稍平。杀人者抵，律有明条。何彩虽因教民欺凌，胆敢纠众入城毁堂，致毙法国教士李国及教民多人，实属法无可贷，应照例拟以斩立决。缘法使借词生衅，不任稍稽显戮，业于十一月三十日讯明正法，以儆效尤。杨桢庭系下手正凶，业经病故，应毋庸议。刘幅随同打教后，又与教民马国应仇杀，拟以斩监候，勿庸归入秋审，随时酌办。曾占敖系何彩从犯，拟以流二千里。赵三、简弗祥随同助势，龙秀元捆辱何彩之母，勒逼朱永泰退婚，致激众忿，均拟满徒。以上各犯，分别惩办。锡佩、田秀栗等先后开导梅西满，允将张佩超上年尾欠银两，先行筹垫，并告以张佩超主谋既无证据，即何彩等供，亦无主使之说。该主教已无异辞。

至法国条约第三十六款，向应行追赔着赔者责偿。该教堂既被焚烧，若不议赔，必不甘服。梅西满初欲索银五万两，臣等再三计较，断给银一万八千两，彼已愿照完案。臣鸿章已于二十九日将此案议结情形，飞速札行汉口法领事，转达该公使知照矣。至覃司铎杀毙团民多命，据梅西满迭次诉称，因被团围困缺食，其买粮教民，被匪阻截，护粮情急，互有伤亡，赵二亦毙等语。显系饰词庇护，曲为开脱。臣饬交司铎覃辅臣，来辕质讯，伊又云：奉教皇令，出洋议事。无从究诘。惟团民被害甚惨，检查指控案据，访问西阳官绅，皆以教民王学鼎、张添兴、易得扬、周得政、何奉祥、刘胜耀六人，同恶相济。既系中国人民，应由地方官设法拿办。臣等已援照约章及罗使覆总理衙门原函，明白谕知梅西满，暨檄饬川东道，督同该州，上紧密拿，讯明后，酌照此次办理何彩等罪名，分别重轻，立予惩办，以昭平允，而服民心。

所有酉阳教案拟议办结缘由,除咨总理衙门外,谨合词缮折,由驿六百里覆陈,伏乞皇太后、皇上圣鉴训示。谨奏。同治八年十二月初二日。

同治八年十二月十九日,军机大臣奉旨:另有旨。钦此。[1]

【案】此折于同治八年十二月二十九日获批覆。《清实录》:

谕军机大臣等:李鸿章、崇实、吴棠奏,议结酉阳教案。李鸿章奏,遵义教案派员会办,暨起程回鄂各折片。酉阳州民教仇杀一案,叠经谕令李鸿章等持平审办,兹据奏称,此案焚毁教堂,系首犯何彩起意,杨桢庭乘乱入城,杀毙司铎李国,均非张佩超主谋。现在杨桢庭业经病故,何彩一犯,已于讯明后正法。所烧教堂,并经给与梅西满银两,余犯刘幅等均分别按律惩办,着即照该督等所议办理,以示平允。酉阳、重庆等处民教仇隙已深,今虽将此案办结,而日后民教杂处,崇实、吴棠等必须设法防维。吴棠身任地方,更属责无旁贷,所有各该处牧令等官,着随时认真遴选,务令妥为整顿,不可稍存偏袒,致滋事端。未获之教民王学鼎等六犯,即着饬令川东道督属严拿,务获究办。遵义一案,前经李鸿章派令道员余思枢驰往查办,兹据奏称,四川候补道寨阆籍隶遵义,乡望所归,遵民于打毁教堂后,亦知悔惧,请饬曾璧光责成遵义府县,会同筹办等语。着曾璧光即将遵义团练事宜委令寨阆悉心经理,以便会同余

---

① 台北中研院近代史所编:《教务教案档》,第二辑,第二册,第1189—1192页,(台北)中研院近代史所,1974;中国第一历史档案馆、福建师范大学历史系编:《清末教案》,第1册,第723—726页。

思枢及该处府县各官，将教案赶紧筹办，毋稍牵掣。其梅教士有无被杀情事，并着饬令该员等彻底查明，毋稍含混。嗣后该省遇有教民涉讼，务须责令各地方官查照约章，持平核办，并将教士干预把持及书差搕索拖累等弊，严为禁止，以消后患。前因曾璧光奏称黔省军情紧急，请派大员筹办，当经谕令李鸿章驰赴贵州督办军务，原以四川、湖南、贵州各军无知兵大员节制，必至观望不前，李鸿章现以酉阳教案已结，天门教案初起，即由川省起程东下，自系未奉到本月初七日谕旨。天门一案，前经郭柏荫查明奏结，罗淑亚所带兵船自不至驶赴汉口，再图滋扰。黔中地方糜烂，非得该督前往督办，断难净扫寇氛。着即懔遵前旨，赶紧折回，应由何路入黔督军进剿之处，均着该督斟酌情形，妥为筹办；并着于接奉此旨后，将应办事宜，先行驰奏，以慰廑盼。将此由六百里各谕令知之。[①]

一四〇　请奖办理教案出力人员片

同治八年十二月初二日（1870年1月3日）

再，酉阳自去冬打教后，民教内讧，各勾黔匪助势，几成大变。经臣崇实、臣吴棠遴委田秀栗、曾传道，驰往解散，都司范承先带兵弹压。田秀栗等先将滋事黔匪擒斩数人，团教分别清理，地方赖以安堵。兹曾传道、范承先复率团勇，并前任知州胡圻协同将打教最要首犯何彩密速拿获，解渝正法，并获从犯多名，分别惩办，以折服远人之心，俾积年巨案克期完结。田秀栗循能卓著，随同臣鸿章开

---

① 《穆宗毅皇帝实录（六）》，卷二百七十三，同治八年十二月下，第781—782页。

谕该教士等，经权互用，深合机宜，均有微劳足录。

可否仰恳圣恩，将四川补用知府綦江县知县田秀栗，以直隶州知州不论班次，遇缺即补，并赏道衔；四川补用知府候补同知曾传道，免补同知，以知府归候补班，遇缺即补；暂革留缉之即补知州胡圻，开复革职处分；都司范承先免补本班，以游击留川尽先补用。其余地方出力员弁、绅团，由臣崇实、臣吴棠查明，酌保数人，以示鼓励，出自逾格鸿施。谨合词附片具陈，伏乞圣鉴训示。谨奏。

同治八年十二月十九日，军机大臣奉旨：田秀栗等均着照所请，分别奖励。该部知道。余依议。钦此。[1]

一四一　奏报川军袭苗获胜待援以图进取折

同治八年十二月初四日(1870年1月5日)

成都将军臣崇实、头品顶戴四川总督臣吴棠跪[2]奏，为援黔川军袭击逆苗获胜，焚毁木城石垒，现在勉筹接济，专待楚、黔振旅来会，以图进取而速成功，恭折奏祈圣鉴事。

窃查川军自七月间连获胜仗、阵斩苗酋后，声威日振。原冀楚、黔会剿，次第廓清，乃整顿需时，既未便以偏师轻进，覆辙重循，而逆苗喘息稍平，又每思乘间抵隙，扰后路之防，以阻我进兵之计。屡饬道员唐炯等，密查贼情，慎图固守，不因事之难而挫其始志，并不以饷之巨而置为后图。迭据唐炯等禀报：逆苗受创之余，复于铁厂坡伐木为城，垒石为墙，意图抗拒我军。近探知逆苗议椰，将数

---

①　台北中研院近代史所编：《教务教案档》，第二辑，第二册，第1128页；中国第一历史档案馆、福建师范大学历史系编：《清末教案》，第1册，第727—728页。

②　原稿无此前衔，兹据《清实录》校补。

路出扰平、贵一带，并欲截我军之粮道。经道员唐炯与提督刘鹤龄定议，宜先攻拔铁厂贼垒，使群苗胆落，以为我军进剿，必将敛而自固，后路或可少安。遂于十月十四夜，密派同知于德楷，知县王恩榕，总兵李镇南，参将张友林，游击王成忠、王虎臣、刘德顺，都司向秉忠、李孝德，各挑所部精锐，于五鼓时，乘大雾数路并进，掩至木城外，抛放火弹、喷筒，火猛风起，我军齐声呐喊，逾墙而入。贼不虞官兵猝至，从睡梦中惊觉，仓皇乱窜。乘势围杀殆尽，夺获牛马、谷米无算。立将木城石垒一律焚毁，而半山苗巢负嵎如故。

十五日，复出队进攻，该逆望风披靡，夺获谷米数百石，余悉焚毁无遗。总兵谢鸿章、周万顺亦乘夜袭取黄猴铺苗寨，男妇二百余人无一脱者。二十三日，据下司蓄发降民韩占奎、吴洪兴报称，逆酋马登科，合范伪侯柳天成、杨矮子各股，从罗广乾坝直扑清平，约近万众。提督陈希祥饬副将石绍全、知县徐良贲，各率勇丁，分道驰击，而自率亲兵，与道员张玉文互相策应，鏖战三时之久，击毙红衣悍贼数名，余党死者以百计。二十四日，逆苗复来窥伺，陈希祥领队迎敌，该逆当即溃退。乘胜追剿，毙贼多名，割获首级六颗，生擒长发逆苗三名。供称系首逆金王，即金幹幹、蒙元师、王义府三酋，纠约犵狫诸苗，以前陷都匀，不劳而获，抽丁悬赏，意图攻陷各营，以张凶焰。幸防范严密，不至堕其术中。

二十八日，螃蟹逆苗纠众数千，漫山越涧而来。陈希祥会同道员张玉文，各率所部，奋臂一呼，攀岩直上，穷追十余里，始行收队。枪毙逆苗十人，我军亦有伤亡。先是逆酋金大五、杨矮子等，迭次纠众，从万潮、木鸡卡、大麻窝、大风洞各路，来犯清平营垒。提督陈希祥饬副将赖锡光等稳扎稳打，督同副将文德备、总兵邹绍南、守备张士成、参将田应豪，分途援应。道员张玉文并派开花洋炮各队,内外夹攻,轰毙红衣悍贼十余名,割获首级九十余颗。逆酋金大五之弟伪金元帅中炮毙命,阵斩伪杨将军,夺获大旗一面。我军阵亡勇丁十余名,都司王兴基、外委李德高争先杀贼,相继捐躯。适副将石绍全自粤募勇来黔,遇贼于莲花塘,奋力猛击,毙贼无算。守备龙金宝追贼,腿中枪伤。贼从乾坝、二坉回巢,陈希祥复派队要截,斩馘多名,夺获旗械多件。其时又有逆酋金幹幹等分投来犯,亦经并力击退,生擒苗逆四名,供称伪鲁元帅被枪伤而死。现据探报,逆苗范伪侯率党数千,从龙里出窜,滋扰民坉,那亚岩脚居民纷纷迁徙,已由安定、果毅、达字、安吉各营会合驰击各等情。

伏查援黔各军,当群寇纵横之地,勉力支撑,犯垒劫营,殆无虚日。唐炯等竟能寓守于战,以剿为防,迅克贼巢,迭斩苗逆,洵属不避艰险,勇敢有为。惟黔省之上下游,共计先后增兵至一万八千余人。此为川军大枝劲旅,岁需饷银以百余万计,只以库款支绌,该营积欠已有五十余万之多。并据唐炯禀称:拟先储半年之粮,运赴前敌,俾可专力苗疆,请假还蜀,面陈事宜前来。当经饬据防剿局司道会同妥议,以唐炯所言,进剿已有把握,功在垂成,不得不助以全力,应分两次勉筹买米银十万两,并将果毅七营月饷由局改拨,以资接济。唐炯亦知蜀事艰难,不再请增兵益饷,愿克期自效,以速补迟。

第念苗疆箐深路险,秋夏之交,瘴疠盛行。入冬后,雪岭凌崖,一望无际。用兵利在于春,时不可失。若事机一顿,动须累月经年,诚恐兵力渐疲,饷需日绌,无益于黔,而蜀先坐困。大局所系,不敢不直陈于君父之前。惟有仰恳天恩,敕下两湖总督、湖南巡抚、贵州巡抚,迅催楚、黔两军,于春初振旅来会,以图进取而速成功。抑臣等更有请者,经此次竭诚合谋之后,幸赖皇上威福,一鼓荡平，固属下怀之所深愿。倘力与心违，亦宜体察黔省情形，从长办理。或留兵以归其调遣，或助饷以拯其困穷，庶于固圉之中，仍不失恤邻之谊。

所有援黔川军袭击逆苗获胜，现在勉筹接济，专待楚、黔振旅来会缘由，谨合词恭折具奏。是否有当，伏乞皇太后、皇上圣鉴训示。谨奏。

同治八年十二月初四日，由驿具奏。于同治九年正月初五日，准兵部火票递回原折，后开军机大臣奉旨：另有旨。钦此。①

【案】此折于十二月二十日得批覆，清廷令崇实、吴棠等于派出各军应给饷粮，务宜源源拨解，不得稍有缺乏，以致停兵待饷，贻误戎机。《清实录》：

丁巳……谕军机大臣等：崇实、吴棠奏，援黔官军剿苗获胜，请饬楚、黔振旅会剿。刘崐奏，湖南援黔官军，迭次攻剿苗巢获胜。苏凤文奏，苗匪窜入粤境，防军击退各折片。四川援黔之军，经道员唐炯、提督刘鹤龄等攻克铁厂坡木城石垒，复经提督陈希祥等迭斩苗逆，军声颇振。道员唐炯拟专力进剿，锐意灭贼，已经崇实、吴棠筹给买米银十万两，并改拨月饷，以资接济。湖南官军，自十月以后于镇远、思州、台拱等处，截剿苗匪，削平坚寨。苗地日蹙，粮食缺乏。席宝田业经抵营，萧荣芳新募之勇亦已起程。正当乘此机会，合力夹击，使川、楚两军声势联络，则苗逆不敢狡逞，剿办易于得手。但恐川、楚两军各分畛域，以致复蹈前辙，功败垂成。着李鸿章懔遵前

旨,迅赴黔省,体察情形,妥为调度,以期川、楚各军踊跃用命,
肃清黔境。该省夏秋之交,瘴疬盛行,冬后雪岭凌崖,一望无
际,尤当及时大举,不可稍涉迁延。曾璧光职任封圻,责无旁
贷,当随时会同李鸿章,悉心经理,不得因有督兵大员,稍存推
诿。崇实、吴棠、刘崐于派出各军应给饷糈,务宜源源拨解,不
得稍有缺乏,以致停兵待饷,贻误戎机。广西怀远、融县境内,
均被苗匪阑入,经在防各军击退,并剿平高阳寨匪,但恐该匪
乘间复来,仍应严密防范。着苏凤文饬令各军加意防剿,毋任
纷窜,傥远防不如近剿,即着李鸿章酌量调遣。所有广西此次
出力员弁,准由苏凤文择尤汇案请奖,毋许冒滥。将此由六百
里各谕令知之。①

一四二　奏报川省裁勇节饷片

同治八年十二月初四日(1870 年 1 月 5 日)

再,臣等前有裁勇练兵之议,原为节省饷需起见,于上年十二
月间附片奏明在案。嗣因赴援黔、滇各军,不敷进剿,只得斟酌损
益,汰去疲弱,募补精锐,以无忘节流固本之图。计岁以来,裁撤勇
丁一万三千余人,仍召募九千余人。现在昭通军务将藏,俟唐友耕
一军凯撤回川,仍当分别去留,而可减亦属有限。查川省岁入之
款,厘金而外,悉取给于民力输将,竭蹶情形,日甚一日。溯自前督
臣骆秉章任内,存勇四万人,积欠饷银几及百万。迨上年援师屡
出,则又多欠数十万。今截至岁底止,连旧欠总在二百万两以外。

---

① 《穆宗毅皇帝实录(六)》,卷二百七十三,同治八年十二月下,第 783 页。

臣等以亏累过巨，不得已于本年八月间另筹普捐一次，为裁撤勇丁、找发欠饷之用，无如现存之勇，本省仅有一万数千人，恃以分防边界，镇抚番猓、羌夷，而援黔、援滇、援陕，共计三万二千余人。普捐一项，但能暂济急需，尚难清还欠饷。思维至再，补救无从，亟盼苗患渐平，将援黔之三十六营量予裁减，则蜀民之力稍纾，而边境之防亦固。臣等受恩深重，断不敢意存瞻徇，事涉虚糜。所有裁勇节饷缘由，谨合词附片陈明，伏乞圣鉴。谨奏。

同治八年十二月二十日，军机大臣奉旨：知道了。钦此。①

一四三　赏给英商麦士尼衔翎片

同治八年十二月初四日（1870 年 1 月 5 日）

再，苗逆惯用线枪，兼能及远，我军非精习火器，无以制贼之死命。前经饷局筹款，委员采办开花洋枪、洋炮等件，解交援黔各营，以利攻剿。据道员唐炯禀称：开花炮须洋人施放，方能有准，洋枪亦须洋人授以步法。曾派人前往汉口，延请英商麦士尼②到营，尽心教习，备极精勤。前次克复黄平州等城，该商皆随提督刘鹤龄，

---

① 中国第一历史档案馆藏：军机录副，档案编号：03-4703-044。关于此片之具奏时间，中国第一历史档案馆藏录军机副目录以奉旨日期充之，未确。兹据手稿"同治八年十二月初四日"，当是。见《游蜀疏稿》，第 69—73 页。

② 麦士尼（1842—1919），字为能，英国人。咸丰九年（1859），抵香港。次年冬，至上海。十一年（1861），由汉口护送载货船只到上海，中途被太平军水营在福山截留，带往南京，拘留数月。次年，由英国驻镇江领事雅妥玛亲乘兵舰至天京，将其领出。一度在汉口中国海关任职。后辞海关职务，投左宗棠部，获名誉提督衔和巴图鲁称号。光绪六年（1880），曾随军赴哈密。十二年（1886），以运济滇桂饷械出力，赏加总兵衔。二十一年（1895），赴沪主编《华英会通》，发表自传《一个在华英囚的生活与奇遇》，详述被捕和拘留在南京的情形。民国八年（1919），逝于汉口。有《北圻》行世。

身在前敌,计先后毙贼二百余名,屡著劳绩等情。

臣等查英商麦士尼,勤于教习,功效可观,且慕义向风,愿改遵我朝服色,效力行间,以枪击苗,无不应手立毙,尤属奋勉可嘉。合无吁恳天恩,俯准将该商麦士尼赏给参将衔,并赏戴花翎,以示鼓舞怀柔之至意。谨合词附片陈明,伏乞圣鉴训示。谨奏。

同治八年十二月二十日,军机大臣奉旨:该衙门议奏。钦此。①

【案】同治八年十二月,总理各国事务衙门王大臣奕䜣奏请援案赏给英商麦士尼参将衔,于八年十二月二十五日奉旨允准:

再,据军机处抄交成都将军崇实等片奏,内称苗人惯用线枪,兼能及远,我军非精悉火器,无以制贼。前经饬局筹款,委员采办开花洋枪、洋炮等件,解交援黔各营,以利攻剿。惟开花炮须洋人施放,方能有准,洋枪亦须洋人授以步法。曾派人前往汉口,延请英商麦士尼到营,尽心教习,备极精勤。且慕义向风,改遵我朝服色。该商前次随同提督刘鹤龄,克复黄平州等城,身在前敌,以枪击苗,无不应手立毙,尤属奋勉可嘉。拟请给与参将衔,并戴花翎,以示鼓舞怀柔之至意等因。同治八年十二月二十日,奉旨:该衙门议奏。钦此。

伏查同治五年间,闽浙总督左宗棠奏,华阿哩随营带队打仗,制造洋炮,借资攻剿,并遵用中国服色,请给予守备衔等因。又,同治七年间,船政大臣沈葆桢奏,洋员日意格、德克碑

---

① 中国第一历史档案馆藏:军机录副,档案编号:03-9414-051。此片之具奏时间,《游蜀疏稿》"同治八年十二月初四日"是,而中国第一历史档案馆馆藏目录则以奉旨时间"同治八年十二月二十日"为具奏时间,未确。兹以原稿校正。

等襄办船政要工,奋勉出力,请赏戴花翎等因。均奉特旨允准在案。是外国员弁在中国制造器械、奉办要工等事得邀优奖者,均有案可稽。兹据该将军等奏称,英商麦士尼教习已有成效,屡次著绩行间,并经随同克复城池,且愿改遵中国服色,实属真心效力,未便阻其向化之诚。

臣等公同商酌,拟比照从前华阿哩、日意格等请奖成案,应如该将军等所请,将英商麦士尼仰恳天恩,给予参将衔,并赏戴花翎,以示优异,而资观感。是否有当,伏乞训示祗遵。谨奏。同治八年十二月二十五日,军机大臣奉旨:依议。钦此。①

【附】关于英商麦士尼在中国之活动,由以下几则材料,可知其大略:

1. 同治十一年,贵州巡抚曾璧光等具陈曰:

再,同治十年间,提督刘鹤龄等由四川来黔,办理军务。因苗人惯用线枪,必得外洋火器方能制胜。曾延请英商麦士尼为能来黔,施放开花洋炮,授以洋枪步法。该英商尽心教习,著有成效,并随同克复城池,改遵中国服色,实属真心效力。经前成都将军臣崇实、四川总督臣吴棠保奏,请给参将衔、花翎,钦奉谕旨,交总理各国事务衙门援案议准覆奏。同治八年十二月二十五日,奉旨:依议。钦此。钦遵行知在案。臣达武到黔后,凡需用开花洋炮等件,仍延该英商在营修制教习,备极殷勤。惟查该英商姓麦士尼,名为能,前崇实等原保内仅列其姓,未书其名,据该英商具禀前来。相应请旨敕下总理各国事务衙门查照添叙施行。谨合词附片陈明,伏乞圣鉴

---

① 中国第一历史档案馆藏:军机录副,档案编号:03-9414-056。

训示。谨奏。

同治十一年三月初一日,军机大臣奉旨:该衙门知道。钦此。①

2. 同年,贵州巡抚曾璧光奏请麦士尼以参将补用,并加副将衔:

再,英商麦士尼为能,前已改遵中华服色,由鄂来黔,在军营出力保奏,请给参将衔、花翎,奉旨允准在案。臣达武到黔后,仍留该英商在营,修制外洋火器,并授军士以施放步法,均极精捷适用。每遇坚城险巢,该英商随队进剿,无不奋力前驱,炮击火攻,颇能克敌制胜,屡收成效。计在事一年有余,勤劳备至。可否仰恳天恩,俯准以参将补用,并加副将衔,以示怀柔,用昭激劝。谨合词附片具陈,伏乞圣鉴训示。谨奏。

同治十一年七月十三日,军机大臣奉旨:该衙门议奏。钦此。②

3. 同年七月二十九日,总理衙门王大臣奕䜣等核议贵抚曾璧光奏请将麦士尼为能补用参将并加副将衔,曰:

臣奕䜣等跪,奏为遵旨事。

贵州巡抚曾璧光等奏请将英商麦士尼为能以参将补用,并加副将衔,附片一件。同治十一年七月十三日奉旨:该衙门议奏。钦此。钦遵于七月十四日由军机处抄交到臣衙门。查原奏内称,英商麦士尼为能前已改遵中国服色,由鄂来黔,在军营出力保奏,请给参将衔、花翎,奉旨允准在案。臣达武到

① 中国第一历史档案馆藏:军机录副,档案编号:03-9415-015。
② 中国第一历史档案馆藏:军机录副,档案编号:03-9415-023。

黔后，仍留该英商在营，修制外洋火器，并授军士以施放步法，均极精捷适用。每遇坚城险巢，该英商随队进剿，无不奋力前驱，炮击火攻，颇能克敌制胜，屡收成效。计在事一年有余，勤劳备至。可否仰恳天恩，俯准以参将补用，并加副将衔，以示怀柔，用昭激劝等因。

臣等伏查同治八年十二月间，成都将军崇实等奏，派人前往汉口，延请英商麦士尼到营，尽心教习，屡次著绩行间，并经随同克复城池，请将该英商麦士尼赏给参将衔，并赏戴花翎。奉旨交臣衙门议奏，经臣等议准在案。嗣于同治十一年三月间，贵州抚臣曾璧光等奏，以该英商姓麦士尼名为能，前次崇实等原保片内仅列其姓，未书其名，声明请饬臣衙门查照添叙亦在案。兹据贵州抚臣曾璧光，以该英商麦士尼为能在事一年有余，勤劳备至，请将该英商以参将补用，并加副将衔等因。查同治二、三年间，洋将戈登、德克碑等随同官军，攻克江、浙等处城池，经李鸿章、左宗棠保奏，准给权授中国总兵，并分别加衔，以示优异。今曾璧光等请将该英商以参将补用，并加副将衔。

臣等公同商酌，拟请仿照成案，将该英商麦士尼为能权授中国参将，并加副将衔，以昭激劝。是否有当，伏乞皇太后、皇上圣鉴训示。遵行。谨奏。

同治十一年七月二十九日，军机大臣奉旨：依议。钦此。[①]

同治十二年六月间，因克复清平等城出力，清廷下旨权授

英商麦士尼副将衔,并赏加巴图鲁勇号。《清实录》:"以贵州
克复清平等城并攻拔贼巢出力,赏总兵官陈玉堃一品封典,总
兵官左启龙、谭金魁、朱达雄、邓少云、黄鹤生、谭定光、黎顺
廉,副将邓德俊、刘复礼、文益照、颜炳文,参将马占奎,洋将麦
士尼为能巴图鲁名号,知府许大纶、参将向忠等花翎,知州谢
泰阶等蓝翎。余加衔、升叙有差。"①

4. 光绪六年正月,贵州巡抚岑毓英附奏赏给麦士尼三代
二品封典,曰:

再,据权授副将英商麦士尼为能禀称:该副将先经前四川
督臣奏明,随同现任四川建昌道唐炯援黔,教习洋炮,办有成
效,蒙保花翎参将。嗣贵州提臣周达武接办军务,又蒙奏留在
黔,仍教习开花洋炮,约该军务平定,再送川资归国。曾随同
官军,克复清、黄等城,并连拔坚巢案内出力,由参将保奏,于
同治十二年六月二十三日奉上谕:参将麦士尼为能,着权授副
将,并赏给颖勇巴图鲁名号。钦此。钦遵在案。嗣因该副将
欲归本国,未给川资,当经北上,禀明总理各国事务衙门,曾蒙
赏银一千两。该副将以在京具呈辞谢,旋奉函覆,饬令回黔请
领。甫回贵州后,值下游有匪滋事,又蒙前抚臣黎培敬留办洋
炮局务。今差使完竣,闲居无事,伏求发给咨文,以便北上,禀
明总理各国事务衙门,措资回籍,不至流落异乡,并恳俯念在
黔出力多年,奏请天恩,赏给三代二品封典,俾光闾里等情。

查该副将麦士尼为能,在黔教习洋炮,应支薪水银两,饬
据善后局司道查覆,业已随时发给清楚。现在黔省军务肃清,

---

① 《穆宗毅皇帝实录(七)》,卷三百五十三,同治十二年六月下,第671页。

该副将既愿回籍，未便强留。惟前曾随同剿贼，著有劳绩，现拟饬司局，发给川资银一千两。可否仰恳天恩，赏给麦士尼为能三代二品封典，以示优奖，而柔远人。除咨呈总理各国事务衙门暨兵部查照外，谨会同云贵督臣刘长佑，附片具陈，伏乞圣鉴训示。谨奏。光绪六年二月十五日，军机大臣奉旨：该衙门议奏。钦此。①

【附】另据《清实录》，光绪十二年，副将麦士尼被赏加总兵衔：

以运济滇、桂饷械出力，赏洋员司徒华等都司衔，权授中国副将麦士尼总兵衔。②

一四四　请赏给道员蹇闻三品封典片

同治八年十二月初四日(1870 年 1 月 5 日)

再，准吏部咨：盐运使衔候补道员蹇闻，③前经臣等奏请赏给二品封典，核与定章不符，应令按照该员本职本衔，另行奏请，奉旨：依议。钦此。咨会到臣等，当即转行遵照去后。查道员蹇闻自带兵援黔以来，战功迭著，曾蒙天恩赏加盐运使衔。此次克复清平县城案内，凡属异常出力，可否按照升衔赏给三品封典之处，出自逾格鸿慈。除咨吏部外，谨合词附片陈明，伏乞圣鉴训示。谨奏。

---

① 中国第一历史档案馆藏：军机录副，档案编号：03 9417-002。

② 《德宗景皇帝实录(四)》，卷二百三十，光绪十二年七月，第 104 页，中华书局，1987。

③ 蹇闻(1830—1874)，贵州遵义人，廪生。由军功保举训导，改捐县丞，分发四川，历任知县、知府、道员，保加布政使衔。后奉命查办遵义教案、黔江教案，积劳病故。

同治八年十二月初四日,附片具奏,于同治九年正月初五日,准兵部火票递回原片,后开军机大臣奉旨:着照所请,吏部知道。钦此。①

一四五　请以丁鸣岐等补授绥宁协副将等缺折

同治八年十二月初四日(1870年1月5日)

头品顶戴四川总督臣吴棠跪奏,为拣员请补副将、都司、守备,恭折仰祈圣鉴事。

窃查绥宁协副将毛湘庵生病,会盐营守备陈嘉春于咸丰十一年十一月二十九日,在浙江省阵亡,前经臣恭折题报开缺。又,泸州营都司孙廷槐已奏升建昌左营游击。所遗各缺或悬处边疆,或地当冲要,巡防抚驭,尤赖得人,非勤奋干练之员,不足以资治理。臣等于通省候补副将、都、守尽先名次在前各员内逐加遴选,人地均不相宜,且多在别省征防,或由军营保升,未经回川,势难挨次序补。惟查有尽先副将丁鸣岐,年五十二岁,奉节县人,由行伍出师本省及广东、安徽、福建著绩,历保参将留川补用。嗣在湖北永灉河追剿发、捻获胜,经湖广督臣保奏,同治六年十一月初一日,奉上谕:着免补参将,仍留川以副将无论题推缺出,先行补授,并赏给绩勇巴图鲁名号。钦此。现署阜和协副将。该员办事有识,操守甚廉,拟请补授绥宁协副将。又,查有尽先都司杨廷萱,年五十一岁,郫县人,世袭云骑尉,出师建昌,保举守备。复因剿办会理州回匪、

克复州城出力保奏,同治六年正月二十一日,奉上谕:杨廷萱着免补守备,以都司尽先补用。钦此。该员熟悉营务,人亦朴实,拟请补授泸州营都司。

又,会盐营守备陈嘉春阵亡遗缺,前以川北右营守备许百禄奏请调补,嗣准部咨,与例不符。兹查有已保游击潼川营千总董上升,年四十七岁,剑州人,由行伍出师广东,并在广元把总任内缉获巨盗出力,拔补潼川营千总,历保尽先都司。咸丰九年,承领千总札付。旋因力解眉州城围、克复丹棱县出力保奏,同治元年十一月二十八日,奉上谕:着以游击补用。钦此。该员年力富强,缉捕勤奋,且系两次俸满千总,本系应升之员,拟请借补会盐营守备。

以上各员均系久历戎行,委任得力,距籍均在五百里以外,现无违碍事故。惟尽先名列较次,例稍未符。第名次在前各员多在别省征防,且该员等人地相需,例得声明奏请,合无仰恳天恩,俯念员缺紧要,准以丁鸣岐补授绥宁协副将、杨廷萱补授泸州营都司、董上升借补会盐营守备,实于边防、营务有裨。

如蒙俞允,俟接准部覆,再分别给咨送部引见。再,毛湘庵、孙廷槐、陈嘉春,前次题奏开缺,均未接部议,应行声明扣缺外补,□□奉之先后,是以仍照旧例拣员请补。合并陈明。是否有当,理合会同成都将军臣崇实、提督臣胡中和,合词恭折具奏,伏乞皇太后、皇上圣鉴训示。谨奏。十二月初四日。

同治八年十二月二十日,军机大臣奉旨:兵部议奏。钦此。①

---

① 中国第一历史档案馆藏:军机录副,档案编号:03-4742-087。

一四六　奏报委解本年京
饷等项起程日期折

同治八年十二月初四日(1870年1月5日)

　　头品顶戴四川总督臣吴棠跪奏,为川省委解本年京饷暨内务府经费起程日期,恭折仰祈圣鉴事。

　　窃查川省本年原拨京饷银三十六万两,已解过银三十四万两;又续拨京饷银十五万两,已解过银十三万两;奉拨内务府经费银四万两,前已两次委解过三万两,均经迭次奏报在案。现在川省援邻防边及协济各省兵饷,需用虽甚浩繁,京饷与内务府经费系京畿要款,自应竭力筹解。臣督同司道筹拨按粮津贴银二万两、盐厘银二万两,共银四万两,作为本年原拨京饷三十六万两暨续拨京饷。惟准山东抚臣咨,该省现升济东道萧境元前在济南府任内及现调寿光县吴树声前在东阿县任内,各捐滇饷共银一千四百两,咨川就近解滇,即由山东代川拨解京饷。自应在于现解京饷内划拨滇饷银一千四百两,实共解银三万八千六百两。又于按粮津贴项下动拨银一万两,随解平余银三百三十两,作为内务府本年经费,均饬委候补知县吴昶管解,定期于十二月初三日起程。惟前准部咨:南北各省大路已通,京饷应解现银,闽、粤等省由海转运等语。

　　第由川至京,必须取道陕西汉中一带,兹查秦、陇交界地方,时有回匪窜越抢劫逼近,汉南大路附近,溃匪游勇亦出没靡常,商旅咸有戒心,京饷实银万难冒险前进、轻蹈不测,只有仍照上届奏案,发交天成亨等银号汇解,委员至京兑齐,解赴户部交纳,用昭慎重。一俟秦中驿路无阻,再照部咨办理。据藩司蒋志章、署臬司傅庆贻、盐茶道孙濂会详前来。臣覆查无异。理合恭折具奏，伏乞皇太后、皇上圣鉴。再，八年份两次奉拨京饷暨内务府经费，计已全数完解。合并声明。谨奏。十二月初四日。

同治八年十二月二十日，军机大臣奉旨：知道了。钦此。①

一四七　请准知县胡书云送部引见折

同治八年十二月初四日(1870年1月5日)

头品顶戴四川总督臣吴棠跪奏，为知县拿获邻境首伙盗犯，循例恭折保奏，仰祈圣鉴事。

窃照雅安县监犯王玉藓等行劫刘名辉家得赃一案，经署清溪县知县乐至县知县胡书云首先拿获监犯王玉藓、朱芝汰、万友溃三名，讯系王玉藓起意为首，纠约朱芝汰、万友溃与另获之胡周儿等并在逃之郑洪才等共二十五人，行劫刘名辉家得赃不讳，将王玉藓、朱芝汰、万友溃与胡周儿等均依强盗得财不分首从皆斩律，拟斩立决。万友溃在监病故。王玉藓、朱芝汰、胡周儿等，遵照奏定章程就地正法。并将胡书云获盗职名随案开送，缮疏具题在案。兹准吏部咨覆：知县胡书云首先拿获邻境斩决首伙盗犯王玉藓、朱芝汰、万友溃三名，核与调取定例相符，行令查明任内如无承缉匪盗未获案件，即行专案保奏等因。当即行司饬查去后。

兹据布政使蒋志章、署按察使傅庆贻查得胡书云，年四十三岁，江苏举人，大挑一等，以知县用，签分四川，捐加知州衔，并捐本班尽先，署彭县知县，拿获邻境新都、新繁等县盗犯，保经吏部核

---

① 中国第一历史档案馆藏：军机录副，档案编号：03-4947-092。

议,请照章程俟补缺后,以同知直隶州知州用,免其送部引见。同治元年七月初三日,奉旨:依议。钦此。署清溪县知县,补乐至县知县,于四年四月间在清溪县任内,首先拿获邻境雅安县行劫刘名辉家案内斩决首盗王玉䕞、伙盗朱芝汰、万友溃三名,缉捕洵为出力。查明该员本任内并无承缉匪盗未获案件,核与送部引见之例相符,会详请奏前来。

查例载:官员拿获邻境一案内罪应斩决首伙监犯三名者,准送部引见等语。今同知直隶州知州用乐至县知县胡书云首先拿获邻境雅安县行劫刘名辉家案内首盗王玉䕞、伙盗朱芝汰、万友溃三名系罪应斩决,实属缉捕勤能。查该员本任内并无承缉匪盗未获案件,既经吏部核与调取之例相符,相应循例专折保奏。如蒙天恩准其赴部,臣即饬该员将经手事件交代清楚,给咨送部,听候带领引见。是否有当,理合恭折具奏,伏乞皇太后、皇上圣鉴训示。谨奏。十二月初四日。

同治八年十二月二十日,军机大臣奉旨:吏部议奏。钦此。①

一四八　请将候选道王余照开复捐职片

同治八年十二月初四日(1870年1月5日)

再,查有富顺县绅士王余照,报捐道员,在籍候选。前兼署督臣崇实委令抽办井厘,因无成效,奏请褫革,奉旨允准在案。兹据司道查明,前次议办井厘,王余照曾向各井户再四劝导,只因井之枯旺靡常,即厘之多寡难定,且连年各井户等实已与商阜合伙同完

①　中国第一历史档案馆藏:军机录副,档案编号:03-5059-069。

盐厘,猝闻复抽井厘,不免啧有烦言,王余照一人势难专主,是以历
议未定,并非从中阻挠。现据富顺县具详:王余照于被革后,经该
县剀切开道,深知愧奋,倡率各井户照常完纳盐厘外,再行抽井捐
输,赴县禀明,共认捐银二十四万两,分作三年全完。自本年正月
起截至九月底止,已陆续捐缴银二万两,解充援黔军饷,实系办有
成效,且以前并无把持阻挠情事,亦属可原。合无仰恳天恩,俯准
将王余照开复捐职,用昭激劝。

所有劝捐出力之富顺县候补知县杨学广并请赏加同知衔,以
示鼓励,出自鸿慈。由司道会详请奏前来。除咨部外,理合附片具
陈,伏乞圣鉴训示。谨奏。

同治八年十二月二十日,军机大臣奉旨:着照所请,该部知道。
钦此。①

一四九　奏报川省同治八年应征地丁等项折

同治八年十二月十九日(1870年1月20日)

头品顶戴四川总督臣吴棠跪奏,为查明同治八年份川省应征
新赋完欠数目,恭折仰祈圣鉴事。

窃照新赋完欠实数,例应按年奏报。兹据藩司蒋志章详:同治
八年份川省额征地丁、条粮、屯租、折色等项,共银六十六万八千八
百五十两零,上忙征过银三十七万七千七百三十一两零,业经分别
留支批解、造册呈报在案。今下忙完银二十四万四千七百八十三

---

① 中国第一历史档案馆藏:军机录副,档案编号:03-4828-038。此片具奏日期未
确,兹据同批折件校正。

两零,内除留支各项外,实在解到司库银一十九万三千四百一十五两零,尚未完银四万六千三百三十五两零。又应征火耗银一十万六十四两零,上忙征过银五万七千九十一两零,亦经分别留支批解册报。今下忙完银三万六千六百四十三两零,内除扣支各官养廉外,实在解到司库银八千八百四十两零,尚未完银六千三百二十九两零等情,具详请奏前来。

臣查同治七年份川省应征额赋,已完九分有余,比较同治七年年底收数不相上下。现在督饬该司蒋志章将未完银两实力催提,务在奏销以前扫数全完,以期年清年款。除咨户部查照外,理合循例恭折具奏,伏乞皇太后、皇上圣鉴。谨奏。八年十二月十九日。

同治九年正月十七日,军机大臣奉旨:户部知道。钦此。[①]

一五〇 奏报川省同治八年冬月雨水、粮价折

同治八年十二月十九日(1870年1月20日)

头品顶戴四川总督臣吴棠跪奏,为恭报四川省同治八年十一月份各属具报米粮价值及得雪情形,仰祈圣鉴事。

窃照同治八年十月份通省粮价及得雪情形,前经臣恭折奏报在案。兹查本年十一月份成都、重庆、夔州、绥定、雅州等五府,酉阳、忠州二直隶州,各属先后具报得雪自一二次积厚至三四寸不等。原隰一律均沾,小春畅茂。其通省粮价惟成都等十二府、眉州、邛州、泸州、资州、绵州、忠州、酉阳七直隶州、叙永一直隶厅中

① 中国第一历史档案馆藏:军机录副,档案编号:03-4857-002。

米,暨叙州府黄豆较上月减二分外,余俱与上月相同,据布政使蒋志章查明列单汇报前来。

臣覆核无异。理合分缮清单,恭呈御览,伏乞皇太后、皇上圣鉴。谨奏。八年十二月十九日。

同治九年正月十七日,军机大臣奉旨:知道了。钦此。[1]

一五一　呈川省同治八年冬月粮价清单

同治八年十二月十九日(1870年1月20日)

谨将四川省同治八年十一月份各属具报米粮价值,开具清单,恭呈御览。

成都府属,价贵。中米每仓石价银二两八钱至三两八钱四分,较上月减二分。大麦每仓石价银一两八钱四分至二两一分,与上月同。小麦每仓石价银二两一钱七分至二两三钱四分,与上月同。黄豆每仓石价银一两六分至二两四钱六分,与上月同。荞子每仓石价银一两一钱七分至一两七钱一分,与上月同。

重庆府属,价贵。中米每仓石价银二两八钱五分至三两二钱六分,较上月减二分。大麦每仓石价银一两六钱五分至二两,与上月同。小麦每仓石价银二两三钱一分至二两七钱二分,与上月同。黄豆每仓石价银二两七钱三分至三两三分,与上月同。

保宁府属,价贵。中米每仓石价银二两六钱八分至三两三钱九分,较上月减二分。大麦每仓石价银一两九钱二分至二两一钱,与上月同。小麦每仓石价银二两八钱六分至三两六钱,与上月同。

---

① 中国第一历史档案馆藏:军机录副,档案编号:03-4965-201。

黄豆每仓石价银一两八钱三分至二两一钱三分，与上月同。

顺庆府属，价贵。中米每仓石价银二两八钱五分至三两二钱六分，较上月减二分。大麦每仓石价银一两六钱二分至一两八钱一分，与上月同。小麦每仓石价银二两一钱一分至二两一钱四分，与上月同。黄豆每仓石价银一两五钱五分至一两六钱七分，与上月同。

叙州府属，价贵。中米每仓石价银三两一钱一分至三两四钱一分，较上月减二分。大麦每仓石价银一两六钱七分至二两三分，与上月同。小麦每仓石价银二两一钱五分至二两六钱五分，与上月同。黄豆每仓石价银一两一钱四分至一两五钱五分，较上月减二分。

夔州府属，价贵。中米每仓石价银二两九钱一分至三两二钱六分，较上月减二分。大麦每仓石价银一两七钱九分至二两四钱七分，与上月同。小麦每仓石价银二两九钱六分至三两四钱分，与上月同。黄豆每仓石价银二两一钱六分至二两二钱六分，与上月同。

龙安府属，价贵。中米每仓石价银二两六钱一分至三两三钱一分，较上月减二分。青稞每仓石价银一两五钱，与上月同。小麦每仓石价银一两八钱至二两一钱九分，与上月同。黄豆每仓石价银一两八钱五分至一两九钱三分，与上月同。

宁远府属，价贵。中米每仓石价银二两九钱四分至三两二钱七分，较上月减二分。大麦每仓石价银一两四钱九分至一两六钱一分，与上月同。小麦每仓石价银一两六钱二分至二两二钱三分，与上月同。荞子每仓石价银一两四钱六分，与上月同。黄豆每仓石价银一两五钱六分至一两六钱三分，与上月同。

雅州府属，价中。中米每仓石价银二两八钱六分至二两九钱一分,较上月减二分。小麦每仓石价银二两三钱至二两六钱六分,与上月同。黄豆每仓石价银一两六钱八分至二两七钱,与上月同。

嘉定府属,价贵。中米每仓石价银二两九钱三分至三两五钱三分,较上月减二分。小麦每仓石价银二两三钱七分至二两七钱四分,与上月同。黄豆每仓石价银一两四钱九分至二两五分,与上月同。

潼川府属,价贵。中米每仓石价银一两九钱四分至三两二钱二分,较上月减二分。大麦每仓石价银一两六钱七分至一两九钱五分,与上月同。小麦每仓石价银二两一钱六分至二两五钱一分,与上月同。黄豆每仓石价银一两七钱九分至二两一钱六分,与上月同。

绥定府属,价贵。中米每仓石价银二两六钱三分至二两九钱三分,较上月减二分。大麦每仓石价银一两五钱八分至一两五钱九分,与上月同。小麦每仓石价银一两六钱三分至一两七钱四分,与上月同。黄豆每仓石价银一两四钱三分,与上月同。

眉州直隶州并属,价贵。中米每仓石价银二两七钱九分至三两九分,较上月减二分。

邛州直隶州并属,价贵。中米每仓石价银二两六钱九分至三两一钱二分,较上月减二分。大麦每仓石价银一两九钱三分,与上月同。小麦每仓石价银二两五钱九分,与上月同。黄豆每仓石价银二两一钱至二两二钱四分,与上月同。

泸州直隶州并属,价贵。中米每仓石价银二两七钱八分至三两一钱三分,较上月减二分。

资州直隶州并属,价贵。中米每仓石价银二两六钱一分至二两九钱六分,较上月减二分。

绵州直隶州并属,价贵。中米每仓石价银二两七钱八分至三两一钱,较上月减二分。小麦每仓石价银二两三钱四分至二两四钱八分,与上月同。

茂州直隶州并属,价中。中米每仓石价银二两六钱四分,与上月同。小麦每仓石价银二两六钱八分,与上月同。青稞每仓石价银二两二钱二分,与上月同。荞子每仓石价银一两一钱五分至一两七钱五分,与上月同。

忠州直隶州并属,价贵。中米每仓石价银二两六钱三分至三两三钱一分,较上月减二分。大麦每仓石价银一两四钱六分至一两六钱,与上月同。小麦每仓石价银二两五分至二两四钱一分,与上月同。黄豆每仓石价银一两二钱七分至一两三钱七分,与上月同。

酉阳直隶州并属,价贵。中米每仓石价银二两六钱四分至三两一钱四分,较上月减二分。大麦每仓石价银二两三钱至二两六钱二分,与上月同。小麦每仓石价银二两六钱四分至二两六钱,与上月同。黄豆每仓石价银一两三钱九分至一两四钱四分,与上月同。

叙永直隶厅并属,价贵。中米每仓石价银三两二分,较上月减二分。小麦每仓石价银一两八钱一分,与上月同。荞子每仓石价银一两三钱四分,与上月同。黄豆每仓石价银一两六钱一分,与上月同。

松潘直隶厅,价中。青稞每仓石价银二两七钱六分,与上月同。荞子每仓石价银一两七钱四分,与上月同。

杂谷直隶厅,价中。青稞每仓石价银二两四钱,与上月同。荞子每仓石价银一两七钱九分,与上月同。

石砫直隶厅,价平。中米每仓石价银一两六钱四分,与上月同。大麦每仓石价银一两七钱三分，与上月同。小麦每仓石价银二两六分，与上月同。黄豆每仓石价银一两八钱九分，与上月同。

打箭炉厅，价贵。青稞每仓石价银四两九钱二分，与上月同。油麦每仓石价银一两八钱一分，与上月同。

军机大臣奉旨：览。钦此。①

一五二　呈川省同治八年十一月得雪清单

同治八年十二月十九日(1870年1月20日)

谨将四川省同治八年十一月份各属具报得雪情形，缮具清单，恭呈御览。

成都府属：金堂县得雪二次，积厚寸余。

重庆府属：南川县得雪一次，积厚三四寸不等。

夔州府属：云阳县得雪二次，积厚三四寸不等。开县得雪二次，积厚寸余。

绥定府属：太平县得雪一次，积厚二三寸不等。

雅州府属：清溪县得雪一次，积厚二三四寸不等。

酉阳直隶州属：黔江县得雪二次，积厚一二寸不等。

忠州直隶州属：忠州得雪一次，积厚寸余。酆都县得雪　次，积厚三四寸不等。

军机大臣奉旨：览。钦此。②

---

① 中国第一历史档案馆藏：清单，档案编号：03-4965-202。
② 中国第一历史档案馆藏：清单，档案编号：03-4965-203。

一五三　密陈川省同治八年司、道、府考语折

同治八年十二月十九日（1870年1月20日）

头品顶戴四川总督臣吴棠跪奏，为察看司、道、各府，密陈考语，恭折仰祈圣鉴事。

窃照向例，藩、臬、道、府各员每届年底应由督抚出考，开单密陈。伏思朝廷设官分职，首重得人，川省邻氛不靖，筹办一切事宜，尤须为守兼优之员，方足以资整饬。臣渥荷天恩，畀以边疆重寄，惟以整躬率属、勤求吏治为怀，所有在省司道并省外道府，除按察使英祥、川北道张兆辰甫经履任容后查核外，其余在任各员品行识略，或于因公接见时面加咨询，或于详禀事件中觇其才器。复博采舆论，密访官常，均已得其梗概。

兹届年底，谨将臣见闻所及分别出具切实考语，另缮清单，密陈御览。臣仍当随时认真察看，如有改行易辙之员，即据实分别参劾，不敢稍有徇隐，以仰副圣主整肃官方之至意。理合恭折具奏，伏乞皇太后、皇上圣鉴。谨奏。八年十二月十九日。

同治九年正月十七日，奉朱批：知道了。单、片留中。钦此。①

一五四　呈川省司、道、府各员考语清单

同治八年十二月十九日（1870年1月20日）

谨将川省司、道、府各员出具切实考语，缮列清单，密陈御览。

---

① 中国第一历史档案馆藏：军机录副，档案编号：03-4652-023。

布政使蒋志章,年五十六岁,江西进士,同治七年四月十五日到任。心地笃诚,器识端厚,奉公洁己,吏畏民怀。

按察使英祥,年四十七岁,满洲正蓝旗翻译生员,同治八年十一月二十九日到任。未及三月,例不注考。

盐茶道傅庆贻,年四十六岁,直隶进士,同治八年十一月二十九日,卸署臬司篆务,饬回本任。守洁才优,署臬司任内尤能矜慎。

成绵龙茂道孙濂,年五十六岁,贵州进士,同治八年十一月二十九日,卸署盐茶道篆务,驰赴新任。练达老成,舆情翕服。

建昌道鄂惠,年六十四岁,满洲正红旗监生,咸丰五年三月初二日到任。边事练习,与民相安。

川北道张兆辰,年五十五岁,山东进士,同治八年十一月初六日到任,未及三月,例不注考。

川东道锡佩,年三十九岁,蒙古镶黄旗监生,同治七年八月十七日到任。吏事勤明,能耐繁剧。

永宁道延祜,年五十三岁,满洲正红旗笔帖式,同治八年七月十五日到任。才识明达,能持大体。

成都府知府孙濂,新升成绵龙茂道,容即拣员另补。

龙安府知府施灿,年六十六岁,汉军镶黄旗荫生,同治二年八月初十日到任。朴质老成,与民不扰。

宁远府知府许培身,年四十八岁,浙江举人,甫经升补,未报到任。

雅州府知府黄云鹄,年四十二岁,湖北进士,同治八年三月初六日到任。政绩精勤,循声卓著,为守均裕,学识兼优。

嘉定府知府玉昆,年三十四岁,汉军镶黄旗监生,同治八年二月十三日到任。习练吏事,颇知向上。

保宁府知府福兆,年五十四岁,满洲正白旗监生,同治四年三月十七日到任,现署夔州府知府。才具优长,公事勤奋,舆情爱戴,所至有声。

顺庆府知府李书宝,年五十九岁,直隶拔贡,同治六年十月二十四日到任。勤慎治公,廉明率吏,实心实力,表率无惭。

潼川府知府阮祜,年六十六岁,江苏举人,咸丰三年十二月十八日到任。稳练老成,不懈厥职。

重庆府知府瑞亨,年四十七岁,满洲正白旗管学生,同治八年三月初十日到任。才具朴诚,吏事勤慎。

夔州府知府鲍康,尚未到任。

绥定府知府顾开第,年六十五岁,江苏进士,同治八年三月十三日到任。守洁才明,堪资表率。

叙州府知府朱潮,年五十四岁,浙江进士,同治五年十二月十四日到任。廉静勤明,循声聿著。①

一五五　密陈提、镇各员年终考语片

同治八年十二月十九日(1870年1月20日)

再,实任提、镇各员,每届年底,例应出考密陈。伏思提、镇有专阃之责,川省邻氛未靖,各营武备尤宜认真讲求,臣随时察看,查提臣胡中和,年力方强,办事勤慎。建昌镇刘宝国,朴实耐劳,边防稳固。重庆镇李得太,调省察看,尚知历练。松潘镇联昌,调署重

---

① 中国第一历史档案馆藏:清单,档案编号:04-01-13-0317-003;清单,档案编号:03-4651-082。此清单未署具呈者,具呈日期亦未确。兹据内容判定其为档案编号03-4652-023折之附件。

庆镇,老成练达,兵裁民安。川北镇杨复东,少年勇武,留心营务。均能慎重操防,弹压要地。臣于该员等仍当留心访察,如有始勤终怠之员,即行据实奏参,断不敢稍涉徇隐。理合附片密陈,①伏乞圣鉴。谨奏。②

一五六　密陈四川学政钟骏声考语折

同治八年十二月十九日(1870年1月20日)

头品顶戴四川总督臣吴棠跪奏,为查明学政考试情形,恭折奏闻,仰祈圣鉴事。

窃照各省学政考试有无劣迹,应由督抚于年底陈奏。诚以学政一官,培养人才,主持风教,务须严密关防,衡平去取,庶多士观感奋兴,潜修向上,以期仰副国家广罗俊彦之意。兹查四川学政钟骏声,历试顺庆、保宁、潼川、龙安、宁远、雅州、邛州、成都、绵州、松潘、理番、茂州等府厅州属生童。

臣密加访察,并于各该属因公来省人员广咨博采,该学政考试各属均能严密关防,去取公允,士心悦服,舆论翕然。现在举办眉州等属科考,臣惟有破除情面,留心稽查,如有劣迹,即行据实陈奏,断不敢稍事徇隐。所有查明学政考试情形,理合恭折具奏,伏乞皇太后、皇上圣鉴。谨奏。同治八年十二月十九日。③

---

① 中国第一历史档案馆藏:军机录副,档案编号:03-4742-142。此片具奏日期未确,兹据前后折件可判其为03-4652-023号折附片。

② "伏乞圣鉴。谨奏"系据推补。

③ 中国第一历史档案馆藏:朱批奏折,档案编号:04-01-13-0317-011。

一五七 奏报川省管解银两及起程日期片

同治八年十二月十九日(1870年1月20日)

再,臣前奉寄谕:左宗棠奉命西征,饷需刻不容缓,着于川省盐厘项下拨银二十万两解陕,仍于四川欠解甘饷银并采买甘粮等款内分别划除等因。钦此。经臣督饬司道解过银十六万八千两,又分解穆图善奏拨采买籽种银二万两,先后奏报在案。嗣准穆图善咨:甘省需饷正急,前借商民段文蔚、余德顺银二万两,亦在川省协饷内拨还,由川兑付等因。伏查川省援邻防边暨拨供京外饷糈,司、盐两库搜括一空,势难兼顾。第甘省军事方殷,不能不设法腾挪,以维大局。

兹据在省司道具详:除遵照甘省来文提银二万两兑付商民段文蔚等承领外,复凑集新收盐厘银一万二千两,拨交甘省道员杨福铠验收,会委候补知县张存福管解,协同甘省来川催饷委员副将张连山、州判林桐护解,定期于本年十二月初八日自川起程,解赴甘肃秦州粮台交收。如中途遇阻,即交汉中转运局查收转解,以昭慎重。所有原拨盐厘银二十万两,已如数解清,并无蒂欠,仍遵旨在于协甘月饷内划除。除分咨陕甘督臣外,理合附片陈明,伏乞圣鉴。谨奏。

同治九年正月十七日,军机大臣奉旨:知道了。钦此。①

---

① 中国第一历史档案馆藏:军机录副,档案编号:03-4842-029。此片具奏日期未确,兹据同批折件校正。

一五八 奏请添修川省贡院号舍片

同治八年十二月十九日（1870年1月20日）

再，查川省贡院创自康熙年间，原建号舍六千三百零六间，嗣因士子逐渐增多，于道光八年、九年、咸丰九年及同治四年先后四次添建六千二百十七间，共新旧号舍一万二千五百二十三间。惟自咸丰年间举办津贴捐输以来，历科加广学额、中额，各属士子观感奋兴，力图上进，每届乡试，诸生赴省应试者不下一万五六千人，而录选入场因限于号舍，每有遗珠之□。明年举行庚午科乡试，核计应试士子有增无减，而号舍实在不敷。川省幅员辽阔，该士子等跋山涉水，远道而来，如因场内无地可容，不及与试，情殊向隅！臣与在省司道公同商酌，拟以添修号舍一千间。惟查勘贡院□□□□□，其西侧有□管菜园空地一段，可以购买，归入贡院，兴工添修。所需价值、工料由司道妥为筹措，并不动用正款，详请具奏前来。

合无仰恳天恩，俯准添修，俾济济多士踊跃观光，以广圣主□□□□。理合附片具陈，伏乞圣鉴训示。谨奏。

同治九年正月十七日，军机大臣奉旨：着照所请。钦此。①

一五九 请以姚宝铭升补泸州知州折

同治八年十二月二十日（1870年1月21日）

头品顶戴四川总督臣吴棠跪奏，为拣员请升要缺知州，以资治

---

① 中国第一历史档案馆藏：军机录副，档案编号：03-5004-005。此片具奏日期未确，兹据同批折件校正。

理,恭折仰祈圣鉴事。

窃查前准部咨:泸州直隶州知州许培身,准其升补宁远府知府等因。于八年八月二十二日行文,照限减半计算,扣至十月初二日开缺,例应拣员调补。查泸州地当冲要,政务殷繁,且管辖三县,有表率之责,必须才守兼优、熟悉地方情形之员,方克胜任。臣督同藩、臬两司在于通省现在直隶州知州内,逐加遴选,一时实无堪调之人。虽有候补同知直隶州知州及劳绩应升各员,亦与是缺不甚相宜。

惟查有改用同知直隶州知州涪州知州姚宝铭,年五十三岁,福建进士,以知县即用,签掣四川,补授大邑县知县,调补巴县、华阳等县知县。咸丰七年,补行六年大计,保荐卓异。八年,升补涪州知州,九年四月到任。嗣因剿办黔匪出力保奏,奉上谕:着以同知直隶州知州升用。钦此。复因屡获重要各犯,迭次保奏,且历俸已满,并案请咨赴部,于同治七年五月初八日由吏部带领引见,奉旨:着回任,准其升补涪州知州,于知州任内卓异加一级。其获盗获犯三案,着俟补同知直隶州知州后,以知府用。钦此。九月回省,现署犍为县知县。该员精明廉干,卓著循声,历任繁缺州县,均能认真整顿,治理裕如,以之升补泸州直隶州知州,实堪胜任。以前正、署各任内并无积案五十起以上、承缉盗案五起以上、经征钱粮不及七分已起降调、革职、参限。其余因公处分,例免核计。罚俸银两,饬催完缴。历俸已满十年,且系卓异引见后回任应升人员,与升补之例相符。惟调缺请升尚有应补各员,稍有未合,第人地实在相需,例得声明奏请,据藩、臬两司会详前来。

合无仰恳天恩,俯念员缺紧要,准以升用同知直隶州涪州知州姚宝铭升补泸州直隶州知州,实于地方有裨。如蒙俞允,该员甫经引见,奉旨俟补同知直隶州后,以知府用。今请补泸州直隶州知州，衔缺相当，毋庸送部。所遗涪州知州亦系要缺，俟接准部覆，拣员请补。是否有当，理合恭折具奏，伏乞皇太后、皇上圣鉴训示。再，此案以八年十月二十九截缺之日起限，应扣至九年正月十一日限满。合并陈明。谨奏。八年十二月二十日。

同治九年正月十八日，军机大臣奉旨：吏部议奏。钦此。①

一六〇 奏报知州沈恩培年满甄别折

同治八年十二月二十日(1870 年 1 月 21 日)

头品顶戴四川总督臣吴棠跪奏，为州县年满甄别，恭折仰祈圣鉴事。

窃查吏部奏定章程：道府州县无论何项劳绩保奏归入候补班者，以到省之日起，予限一年，令督抚详加察看，出具切实考语，奏明分别繁简补用等因。历经遵办在案。兹查候补知州沈恩培、升用同知候补知县汪懋源二员，到省均已一年期满，自应照章甄别，据布政使蒋志章、署按察使傅庆贻造具该员等履历、考语清册，详请具奏前来。

臣查该员沈恩培，才具明练，汪懋源办公勤能，均请留省以繁缺州县分别补用。除将该员等履历清册咨部外，理合恭折具奏，伏乞皇太后、皇上圣鉴训示。谨奏。八年十二月二十日。

同治九年正月十八日，军机大臣奉旨：吏部知道。钦此。②

---

① 中国第一历史档案馆藏：军机录副，档案编号：03-4652-031。
② 中国第一历史档案馆藏：军机录副，档案编号：03-4652-032。

一六一　奏报同治八年川省征收
地丁比较上三年完欠折

同治八年十二月二十日(1870年1月21日)

　　头品顶戴四川总督臣吴棠跪奏,为查明同治八年四川省征收地丁钱粮比较上三年完欠数目,恭折具奏,仰祈圣鉴事。

　　窃照前准部咨:嗣后各省征收钱粮统于年底截数,次年二月造报春拨之时,即将新旧赋项下各额征若干、蠲缓若干、已完未完若干,比较上三年或多或少,另行开单奏报等因。历经遵办在案。兹届造报春拨之时,据藩司蒋志章查明开单,详请具奏前来。

　　臣查四川省经征地丁钱粮,向系年清年款,所有同治八年份新赋上下两忙共完过银六十二万二千五百一十五两,尚未完银四万六千三百三十五两零,计欠数不及一分,比较上三年征收尾欠数目,不相上下。除严饬藩司分催各属将未完银两务于奏销前催征全完,另行题报外,谨缮三年比较清单,恭呈御览,伏乞皇太后、皇上圣鉴。谨奏。八年十二月二十日。

　　同治九年正月十八日,军机大臣奉旨:户部知道。单并发。钦此。①

---

　　①　中国第一历史档案馆藏:军机录副,档案编号:03-4657-003。

一六二　呈川省同治八年征收地丁比较上三年完欠数目清单

同治八年十二月二十日（1870年1月21日）

謹将同治八年四川省征收地丁銀兩比较上三年完欠数目，繕具清单，恭呈御览。

一、同治五年份額征地丁钱粮、屯租折色、秋粮、黄蜡折价、草籽折征共銀六十六万八千八百五十兩五錢一分二厘，上忙征完銀三十九万二千二百八十四兩四錢九厘八毫，下忙征完銀二十三万三千三百五十二兩三錢七厘八毫，奏销前完銀四万二千一十四兩八分一厘五毫。其名山县未完銀一千一百九十九兩七錢一分二厘九毫已据批解到司，入于同治七年秋拨册内报拨在案。统计全完。

一、同治六年份額征旧管地丁钱粮、屯租折色、秋粮、黄蜡折价、草籽折征共銀六十六万八千八百五十兩五錢一分二厘，上忙征完銀四十万五千五百二十九兩九分四厘五毫，下忙征完銀一十九万一千五百五十四兩六錢九分一厘七毫，奏销前征完銀六万四千九百五十五兩六厘九毫。其名山县未完銀一千八百一十一兩七錢一分八厘九毫，已据批解到司，入于同治八年春拨册内报拨在案。统计全完。

一、同治七年份額征旧管地丁钱粮、屯租折色、秋粮、黄蜡折价、草籽折征正、闰共銀六十九万二千一百四十一兩七錢九分四厘六毫，上忙征完銀三十九万三千六十一兩五錢一分三厘五毫，下忙征完銀二十五万一十七兩一錢九分一厘七毫，奏销前征完銀六万九千六十三兩八分九厘四毫，已据批解到司，入于同治九年春拨册内报拨在案。统计全完。

一、同治八年份额征旧管地丁钱粮、屯租折色、秋粮、黄蜡折价、草籽折征共银六十六万八千八百五十两五钱六分二厘,上忙征完银三十七万七千七百三十一两五钱三分五厘一毫,下忙征完银二十四万四千七百八十三两六钱八分三厘三毫,尚未完银四万六千三百三十五两四钱九分三厘六毫,定于奏销前催征全完。理合登明。

军机大臣奉旨:览。钦此。①

一六三　查明罗廷权等员到差日期、任事年限片

同治八年十二月二十日(1870年1月21日)

再,大足县知县罗廷权于克复甘肃阶州案内出力,经原任督臣骆秉章等保奏,同治四年一月二十日,奉上谕:着俟补缺后,以同知直隶州用。钦此。又,天全州岁贡生杨甲秀、高明德,因带勇收复天全州城、助剿发逆出力保奏,同治四年八月二十日,奉上谕:杨甲秀着以训导不论双单月选用,高明德着以训导用。钦此。又,候选从九品未入流任士贞,因募勇助剿滇、黔各匪出力保奏,同治八年八月二十四日,奉上谕:着以县丞不论双单月遇缺即选。钦此。均钦遵转饬在案。前准吏部咨:行令查明罗廷权、杨甲秀、高明德何日到差及任事年限,声覆核办等因。

伏查罗廷权于同治二年四月随同贵州提督周达武带勇到防,办运军米,至四年五月克复阶州后,回省销差,实系在防两载有余。杨甲秀、高明德自咸丰十年办理团防,带勇克复天全州城,迭次击

① 　中国第一历史档案馆藏:清单,档案编号:03-4857-004。

退滇、发各逆，同治二年五月撤防，统计在事三载有余。其任士贞一员已接吏部咨，准以县丞注册候选。惟查该员于未保之先进京，由候选从、未在京铜局报捐指项典史，分发四川，归新班遇缺先选用，于八年八月初十日承领部照，十月十五日到省。定例指省人员，不准保归部选，自应奏请更正。

合无仰恳天恩，俯准将已补大足县知县罗廷权仍照原保以同知直隶州用，杨甲秀以训导不论双单月选用，高明德以训导选用，任士贞注销候选县丞，改加六品衔，以符定章，而昭激劝，出自鸿慈，据防剿局司道先后具详前来。臣覆查无异。理合附片具陈，伏乞圣鉴训示。谨奏。

同治九年正月十八日，军机大臣奉旨：该部议奏。钦此。[①]

一六四　罗廷权捐免历俸等银两片

同治八年十二月二十日（1870 年 1 月 21 日）

再，查户部奏定章程：各直省捐免历俸之案，于上兑后应即具奏等因。遵照在案。兹据藩、臬两司会详：据大足县知县罗廷权因未请实授，历俸未满，遵例捐免实授银一千二百六十两，又捐免历俸银四百八十两，均已〔以〕十成实银，于同治八年十一月二十八日上兑，由藩司填给实收，将银两暂储司库，遇有便员即行搭解部库。造具简明履历及报捐银数、上兑日期清册，同副收一并呈请奏咨前来。臣覆查无异。除将副收、清册分送吏、户二部查核换照外，理

---

① 中国第一历史档案馆藏：军机录副，档案编号：03-4652-030。此片具奏日期未确，兹据同批折件校正。

· 1979 ·

合附片具陈,伏乞圣鉴。谨奏。

同治九年正月十八日,军机大臣奉旨:知道了。钦此。[①]

一六五　奏报委署邛州直隶州等员片

同治八年十二月二十日(1870年1月21日)

再,邛州直隶州知州陈廷杰调省察看,遗缺管辖二县,政务殷繁,查有眉州直隶州知州宋恒山,朴诚老练,堪以委署。又,署巴县知县王燕琼调署剑州知州遗缺,查有新补綦江县知县田秀栗,办事勤敏,堪以委署。又,大竹县知县王济宏年老乞休遗缺,以前经调省之大邑县知县赵霦接署。该员等正、署各任内并无经征钱粮未完暨承缉盗劫已起四参案件,据藩、臬两司会详前来。除分饬遵照外,理合附片陈明,伏乞圣鉴。谨奏。

同治九年正月十八日,军机大臣奉旨:知道了。钦此。[②]

一六六　请将李鹤龄等开底缺准照升阶差委片

同治八年十二月二十日(1870年1月21日)

再,准振武军统领前云南提臣唐友耕咨:该营营员四川绥宁右营把总李鹤龄频年出师著绩,历保都司留川即补;又,邑按营外委张开吉随征多载,屡立战功,历保以参将尽先升用,均经奉旨允准

---

① 中国第一历史档案馆藏:军机录副,档案编号:03-4920-012。此片具奏日期未确,兹据同批折件校正。
② 中国第一历史档案馆藏:军机录副,档案编号:03-4652-033。此片具奏日期未确,兹据同批折件校正。

在案。惟该员等所保升阶与本缺大小悬殊，应请报部开其底缺等因。

臣查李鹤龄、张开吉各由把总、外委迭保都司、参将，品级较大，若仍厕列末弁俸制，似有未协，合无仰恳天恩，俯准将李鹤龄、张开吉各开把总、外委本缺，照升阶差遣委用，以分班秩。除咨部外，理合附片陈明，伏乞圣鉴。谨奏。

同治九年正月十八日，军机大臣奉旨：着照所请，兵部知道。钦此。①

一六七　奏报会哨川、楚、陕交界地方片

同治八年十二月二十日(1870 年 1 月 21 日)

再，查川、陕、楚三省交界地方，向定章程于每年十月间，提、镇分年巡哨。本年川省轮应重庆镇会哨，经臣咨会陕、楚两省督抚，并饬重庆镇循例举行。旋准陕西抚臣刘典来咨：关陇防务吃紧，本年交界会哨事宜已于八月二十一日奏明，暂缓办理等因。复经转饬去后。兹据署重庆镇总兵联昌禀报：于十月二十五日行抵川、陕交界之火峰界岭，适湖北宜昌镇总兵黄中元亦抵界所，会同巡哨，查看沿途及边界地方，均称静谧，民情安帖，并无奸匪匿迹。其川、陕交界地方仍由该镇分派弁兵，周历巡查，亦甚安静等情前来。

臣查三省交界边隘，现在虽均静谧，而甘肃回匪未平，时虞窥

---

① 中国第一历史档案馆藏：军机录副，档案编号：03-4743-013。此片具奏日期未确，兹据同批折件校正。

越,防范不容稍懈。现复严饬各镇协营,随时侦探,实力防守,并严缉散勇游匪,以期仰副圣主绥靖边圉之至意。所有会哨情形理合附片具陈,伏乞圣鉴训示。谨奏。

同治九年正月十八日,军机大臣奉旨:知道了。钦此。[①]

一六八　请将前参名山县各员扣除免议片

同治八年(1869)

再,同治八年奏销七年茶课税银,内有名山县未完茶课税银一百一两四钱零,当将经征不力职名随案附参,旋据署盐茶道孙濂详:催据名山县将欠解前项银两全完,业已弹收在库等情前来。臣查该县七年茶课税银两既已全完,所有前参经征不力之署名山县事新补(以下内容残缺)[②]

一六九　呈酌保酆友伦等请旨赐号各员名单

同治八年(1869)

吴棠保:副将酆友伦,猛勇。副将姚华萃,威勇。副将许正信,果勇。参将潘洪贵,敢勇。参将朱本忠,奋勇。游击嘉立言,勉勇。游击张占春,骁勇。游击龙启顺,锋勇。[③]

---

① 中国第一历史档案馆藏:军机录副,档案编号:03-4829-003。此片具奏日期未确,兹据同批折件校正。

② 中国第一历史档案馆藏:军机录副,档案编号:03-4891-038。

③ 中国第一历史档案馆藏:军机录副,档案编号:03-5067-044。此清单原折片查无下落,待考。

同治九年(1870)

○○一　奏为赐福字谢恩折

同治九年正月二十二日(1870 年 2 月 21 日)

头品顶戴四川总督臣吴棠跪奏,为恭谢天恩,仰祈圣鉴事。

同治九年正月十九日,赍折差弁回川,奉到上年十二月十二日御赐福字一方。臣当即恭设香案,望阙叩头,谢恩祗领。钦惟我皇上垂裳出治,握镜延釐,介景福于两宫,慈闱悦豫;锡多福于兆姓,比户康绥!瞻日云则五色凝祥,仰奎壁则三阶焕彩!兹值岁华肇始,上承宸藻宠颁,瑞启乾文,欢胪益部!

臣自惭樗栎,莫效涓埃,渥荷光荣,倍深惶悚!惟有葵忱时向,华祝输诚,广惠泽于春熙,齐上寰宇来同之颂;答湛恩于天保,永备圣朝向用之畴!所有臣等感激下忱,理合恭折具陈,叩谢天恩,伏乞圣鉴。谨奏。正月二十二日。

同治九年二月二十四日,军机大臣奉旨:知道了。钦此。[1]

---

① 中国第一历史档案馆藏:军机录副,档案编号:03-4696-074。

○○二 奏报川省同治八年
十二月雨雪、粮价折

同治九年正月二十二日(1870 年 2 月 21 日)

头品顶戴四川总督臣吴棠跪奏,为恭报四川省同治八年十二月份各属具报米粮价值及得雪情形,仰祈圣鉴事。

窃照同治八年十一月份通省粮价及得雪情形,前经臣恭折奏报在案。兹查同治八年十二月份成都、重庆、龙安、顺庆、潼川、雅州等六府,资州、泸州二直隶州,叙永一直隶厅,各属先后具报得雪二三次,积厚自一二寸至七八寸不等。祥呈六出,望慰三农。其通省粮价惟成都等十二府,眉州、邛州、泸州、资州、绵州、忠州、西阳七直隶州,叙永一直隶厅中米暨叙州府黄豆较上月减二分外,余俱与上月相同,据布政使蒋志章查明列单汇报前来。臣覆核无异。理合分缮清单,恭呈御览,伏乞皇太后、皇上圣鉴。谨奏。正月二十二日。

同治九年二月二十三日,军机大臣奉旨:知道了。钦此。①

○○三 呈川省同治八年十二月粮价清单

同治九年正月二十二日(1870 年 2 月 21 日)

谨将四川省同治八年十二月份各属具报米粮价值,开具清单,恭呈御览。

成都府属,价贵。中米每仓石价银二两七钱八分至三两八钱

---

① 中国第一历史档案馆藏:军机录副,档案编号:03-4965-246。

二分,较上月减二分。大麦每仓石价银一两八钱四分至二两一分,与上月同。小麦每仓石价银二两一钱七分至二两三钱四分,与上月同。黄豆每仓石价银一两六分至二两四钱六分,与上月同。荞子每仓石价银一两一钱七分至一两七钱一分,与上月同。

重庆府属,价贵。中米每仓石价银二两五钱八分至三两六钱,较上月减二分。大麦每仓石价银一两六钱五分至二两,与上月同。小麦每仓石价银二两三钱一分至二两七钱三分,与上月同。黄豆每仓石价银二两七钱三分至三两三分,与上月同。

保宁府属,价贵。中米每仓石价银二两六钱六分至三两三钱七分,较上月减二分。大麦每仓石价银一两九钱二分至二两一钱,与上月同。小麦每仓石价银二两八钱六分至三两六钱,与上月同。黄豆每仓石价银一两八钱三分至二两一钱三分,与上月同。

顺庆府属,价贵。中米每仓石价银二两八钱三分至三两二钱四分,较上月减二分。大麦每仓石价银一两六钱二分至一两八钱一分,与上月同。小麦每仓石价银二两一钱一分至二两一钱四分,与上月同。黄豆每仓石价银一两五钱五分至一两六钱七分,与上月同。

叙州府属,价贵。中米每仓石价银三两九分至三两三钱九分,较上月减二分。大麦每仓石价银一两六钱七分至二两三分,与上月同。小麦每仓石价银二两一钱五分至二两六钱五分,与上月同。黄豆每仓石价银一两一钱二分至一两五钱三分,较上月减二分。

夔州府属,价贵。中米每仓石价银二两八钱九分至三两二钱四分,较上月减二分。大麦每仓石价银一两七钱九分至二两四钱七分,与上月同。小麦每仓石价银二两九钱六分至三两四分,与上月同。黄豆每仓石价银二两一钱六分至二两二钱六分,与上月同。

龙安府属,价贵。中米每仓石价银二两五钱九分至三两二钱九分,较上月减二分。青稞每仓石价银一两五钱,与上月同。小麦每仓石价银一两八钱至二两一钱九分,与上月同。黄豆每仓石价银一两八钱五分至一两九钱三分,与上月同。

宁远府属,价贵。中米每仓石价银二两九钱二分至三两二钱五分,较上月减二分。大麦每仓石价银一两四钱九分至一两六钱一分,与上月同。小麦每仓石价银一两六钱二分至二两二钱三分,与上月同。荞子每仓石价银一两四钱六分,与上月同。黄豆每仓石价银一两五钱六分至一两六钱三分,与上月同。

雅州府属,价中。中米每仓石价银二两八钱四分至二两八钱九分,较上月减二分。小麦每仓石价银二两三钱至二两六钱六分,与上月同。黄豆每仓石价银一两六钱八分至二两七钱,与上月同。

嘉定府属,价贵。中米每仓石价银二两九钱一分至三两五钱一分,较上月减二分。小麦每仓石价银二两三钱七分至二两七钱四分,与上月同。黄豆每仓石价银一两四钱九分至二两五分,与上月同。

潼川府属,价贵。中米每仓石价银一两九钱二分至三两二钱,较上月减二分。大麦每仓石价银一两六钱七分至一两九钱五分,与上月同。小麦每仓石价银二两一钱六分至二两五钱一分,与上月同。黄豆每仓石价银一两七钱九分至二两一钱六分,与上月同。

绥定府属,价贵。中米每仓石价银二两六钱一分至二两九钱一分,较上月减二分。大麦每仓石价银一两五钱八分至一两五钱九分,与上月同。小麦每仓石价银一两六钱三分至一两七钱四分,与上月同。黄豆每仓石价银一两四钱三分,与上月同。

眉州直隶州并属,价贵。中米每仓石价银二两七钱七分至三两七分，较上月减二分。

邛州直隶州并属，价贵。中米每仓石价银二两六钱七分至三两一钱，较上月减二分。大麦每仓石价银一两九钱三分，与上月同。小麦每仓石价银二两五钱九分，与上月同。黄豆每仓石价银二两一钱至二两二钱四分，与上月同。

泸州直隶州并属，价贵。中米每仓石价银三两一钱至三两一钱一分，较上月减二分。

资州直隶州并属，价贵。中米每仓石价银二两六钱九分至二两九钱四分，较上月减二分。

绵州直隶州并属，价贵。中米每仓石价银二两七钱六分至三两八分，较上月减二分。小麦每仓石价银二两三钱四分至二两四钱八分，与上月同。

茂州直隶州并属，价中。中米每仓石价银二两六钱四分，与上月同。小麦每仓石价银二两六钱八分，与上月同。青稞每仓石价银二两二钱二分，与上月同。荞子每仓石价银一两一钱五分至一两七钱五分，与上月同。

忠州直隶州并属，价贵。中米每仓石价银二两六钱一分至三两二钱九分，较上月减二分。大麦每仓石价银一两四钱六分至一两六钱，与上月同。小麦每仓石价银二两五分至二两四钱一分，与上月同。黄豆每仓石价银一两二钱七分至一两三钱七分，与上月同。

酉阳直隶州并属，价贵。中米每仓石价银二两六钱二分至三两一钱二分，较上月减二分。大麦每仓石价银二两三钱至二两六钱二分，与上月同。小麦每仓石价银二两六钱四分至二两六钱，与上月同。黄豆每仓石价银一两三钱九分至一两四钱四分，与上月同。

叙永直隶厅并属,价贵。中米每仓石价银三两,较上月减二分。小麦每仓石价银一两八钱一分,与上月同。荞子每仓石价银一两三钱四分,与上月同。黄豆每仓石价银一两六钱一分,与上月同。

松潘直隶厅,价中。青稞每仓石价银二两七钱六分,与上月同。荞子每仓石价银一两七钱四分,与上月同。

杂谷直隶厅,价中。青稞每仓石价银二两四钱,与上月同。荞子每仓石价银一两七钱九分,与上月同。

石砫直隶厅,价平。中米每仓石价银一两六钱四分,与上月同。大麦每仓石价银一两七钱三分,与上月同。小麦每仓石价银二两六分,与上月同。黄豆每仓石价银一两八钱九分,与上月同。

打箭炉厅,价贵。青稞每仓石价银四两九钱二分,与上月同。油麦每仓石价银一两八钱一分,与上月同。

军机大臣奉旨:览。钦此。①

○○四　呈川省同治八年十二月得雪清单

同治九年正月二十二日(1870 年 2 月 21 日)

谨将四川省同治八年十二月份各属具报得雪情形,开具清单,恭呈御览。

成都府属:大足县得雪二次,积厚一二寸不等。

龙安府属:彰明县得雪二次,积厚二三寸不等。

① 中国第一历史档案馆藏:清单,档案编号:03-4965-247。

顺庆府属：岳池县得雪一次,积厚七八寸不等。

潼川府属：乐至县得雪一次,积厚一二寸不等。

雅州府属：雅安县得雪一次,积厚一二寸不等。

资州直隶州并属：资州得雪一次,积厚寸余。内江县得雪二次,积厚一二寸不等。仁寿县得雪一次,积厚二三寸不等。

泸州直隶州并属：泸州得雪二次,积厚一二寸不等。纳溪县得雪一次,积厚一二寸不等。

叙永直隶厅并属：叙永厅得雪三次,积厚二三寸不等。永宁县得雪一次,遍野皆同。

军机大臣奉旨：览。钦此。①

○○五　奏报借补千、把等缺数目折

同治九年正月二十二日(1870 年 2 月 21 日)

头品顶戴四川总督臣吴棠跪奏,为借补千、把总弁缺,按照新章,恭折汇奏,仰祈圣鉴事。

窃查前准兵部咨：嗣后借补千、把总各弁缺,积至三月开单汇奏一次,以归简易等因。兹查川省自同治八年七月初一日起至九月底止,各营弁共借补千总三员、把总二员,各造年岁、履历清册,由提督臣胡中和咨请汇奏暨咨部给札前来。

臣覆加查核,均与定章相符。除册咨部外,理合恭折汇奏,并照缮清单,恭呈御览,伏乞皇太后、皇上圣鉴训示。谨奏。正月二十二日。

---

① 中国第一历史档案馆藏：清单,档案编号：03-4965-248。

同治九年二月二十三日,军机大臣奉旨:兵部知道。单并发。钦此。[①]

〇〇六　呈川省同治八年七月至九月借补千、把总清单

同治九年正月二十二日(1870 年 2 月 21 日)

谨将川省自同治八年七月初一日起至九月底止借补千总、把总应行给札各弁,缮具清单,恭呈御览。

计开:一、马边存城营右哨千总张廷杰在藏因病出缺,由驻藏大臣考验得崇化营左司把总萧松林,年壮技优,巡防得力,曾经奏保以守备尽先补用,堪以借补马边存城营千总。

一、峨边左营左哨千总林光福在黔省军营病故遗缺,由军营查得黔彭营右司把总王孝,带勇打仗,屡立战功,曾经奏保以都司留川即补,堪以借补峨边左营千总。

一、永定营领哨千总张吉泰勒休遗缺,查得冕山营左司把总马应发,年力精壮,弓马娴熟,曾经奏保以守备尽先补用,堪以借补永定营千总。

一、太平营左司把总康占鳌病故遗缺,查得五品蓝翎尽先守备萨宣佑,缉捕得力,迭次出师打仗著绩,堪以借补太平营把总。

一、普安右营左哨二司把总汪如汉病故遗缺,查得普安右营左哨二司外委唐正芳,弓马娴熟,曾经奏保尽先千总,堪以借补普安右营把总。

---

① 中国第一历史档案馆藏:军机录副,档案编号:03-4743-061。

军机大臣奉旨：览。钦此。①

○○七　奏报川省文武垫
支军饷奏请奖叙折

同治九年正月二十二日（1870年2月21日）

头品顶戴四川总督臣吴棠跪奏，为川省文武官员垫支军需银两，遵照新章，恳恩给予奖叙，以昭激劝，恭折仰祈圣鉴事。

窃查同治三年十一月间接准部咨：议覆湖南抚臣恽世临奏各州县垫用防堵经费，准其查照银数议叙，并移奖子弟及本族之人，仍照筹饷及现行常例核算，不准减成。此外用兵省份事同一律，应令照办等因。奉旨：依议。钦此。咨行来川，当经通饬遵照。

伏查川省自咸丰元年起至同治三年六月底止，各属办理防剿收支款目，前由司道逐一勾稽，造册开单，详经前督臣骆秉章于同治四年十一月二十八日具奏，并将册籍咨部，声明各属自行垫支银一十六万五百三两零。嗣将前署绥宁协副将邹鸾章等各名下垫支军需银数两次奏请奖叙，旋准部咨：各省垫办军需银两，依照各省团练章程，无论本员请奖及移奖子弟并本族之人，均只准给予升衔、职衔、封典、级记，不准给予实职，先后将请奖实职之邹国瑚等三十六名、张从诚等十四名驳饬另奖等因。兹据前任永宁道陈枚等十六员，遵照新章，或请本身议叙，或请移奖子弟，各造具三代年贯，禀赉到局。该司道等查明各该员所垫银两数目，按照定例与所

请议叙银数,均属有盈无绌,且距销案到部之日未满五年,造具各员衔名、银数清册,仰恳天恩饬部核明给奖,用昭激劝。其余尚未禀覆各员,容俟催齐至日核明另办等情,详请具奏前来。

除将清册分咨部、监外,理合恭折陈明,并照缮清单,恭呈御览,伏乞皇太后、皇上圣鉴训示。谨奏。正月二十二日。

同治九年二月二十三日,军机大臣奉旨:户部核议具奏,单并发。钦此。[①]

○○八 呈川省咸丰元年至同
治三年垫支军饷清单

同治九年正月二十二日(1870年2月21日)

谨将川省自咸丰元年起至同治三年六月底止办理防剿,垫支军需银两,应行请奖各员衔名、银数,开具清单,恭呈御览。

计开:另补贵州铜仁府知府前四川永宁道陈枚,垫支军需银十万二百三十四两七钱二分五厘,拟请旨将该员由知府加四级,给予祖父母、父母从二品封典,并将本身妻室应得封典貤封曾祖父母、本生父母、庶祖母。又,子陈文然由附生议叙贡生,给予光禄寺署正衔;陈文熙由俊秀议叙监生,给予通判衔;陈文执由俊秀议叙监生,给予州同衔;胞侄陈文勋由监生议叙布政司经历衔;陈文燨由俊秀议叙监生,给予布政司经历衔。

候补道觉罗恒保,前在泸州知州任内垫支军需银五千三百六十四两二钱七分六厘,拟请旨将该道之胞弟觉罗英廉,由现任户部

---

① 中国第一历史档案馆藏:军机录副,档案编号:03-4780-094。

八品笔帖式议叙员外郎衔；觉罗恒魁由现任工部八品笔帖式议叙光禄寺署正衔。

前署绥宁协副将会川营参将邹鸾章，垫支军需银三千八百二十四两七分九厘，拟请旨将该参将之子邹国琅由留川补用知县议叙同知衔，邹国瑚由俊秀议叙监生，并给同知衔。

前代办叙永厅同知试用同知刘廷植，垫支军需银一千四百三十七两六分二厘，前已请叙监生，承领执照，尚余垫支银一千一百八十五两六分二厘，拟请旨将该员由候补同知加一级，请从四品封典，并将本身妻室应得封典貤封本生父母。子刘肇彬由俊秀议叙监生。

前署庆符县事候补同知李忠清，垫支军需银二千四两三钱五分五厘，拟请旨将该员议叙随带加三级，并堂侄李世雄、李世杰均由俊秀议叙监生。

前署定远县事候补知县李承保，垫支军需银九百九十两三分四厘，拟请旨将该员由知县议叙加一级，并随带一级记录一次；子李家裕、李家里均由俊秀议叙监生，侄孙李修湖由俊秀议叙从九品衔。

前署犍为县知县陈绍惠，垫支军需银三百四十七两三钱二分六厘，拟请旨将该员之子陈德润由俊秀议叙监生，并给盐大使衔。

前任叙永厅同知白汝衡，垫支军需银二千七百七十二两二钱二分四厘，拟请将该员之子现任中江县知县白赓棣议叙加四级，并随带加一级；同知衔白赓楫及孙白曾烈，均由俊秀议叙监生。

前任泸州知州李世彬垫支军需银一千二百八十五两二钱四分二厘，拟请旨将该员之子李德仪由俊秀议叙监生，给予国子监典簿衔。孙李作岐、李祖荫均由俊秀议叙监生。

　　前署蓬溪县事候补同知豫鼎垫支军需银二百九十七两六钱八分一厘,拟请旨将该员由同知议叙加一级。

　　前任眉州直隶州候补知府李德良,垫支军需银一千五百三十一两二钱六分五厘,拟请旨将该员由知府加三级。侄李桂一由恩赏七品小京官议叙监生,李桂书由俊秀议叙监生,给予布政司经历衔。

　　前任理番厅同知王铭垫支军需银九百八十七两一钱四分二厘,拟请旨将该员之子王溶由典史议叙布政司理问衔,王鸿祖、王用溥均由俊秀议叙监生。

　　前署高县事现任大宁县知县候补同知直隶州张曾彦,垫支军需银二千九百二十二两六钱六分六厘。该员前已议叙加二级,随带加一级,尚余垫支银二千八十六两六钱六分六厘,拟请旨再加一级,给予该员父母从四品封典,并将本身妻室应得封典贶封祖父母及本生父母。

　　前署秀山县知县吴学曾垫支军需银三百一十七两二分二厘,拟请旨将该员之胞侄吴人镜、族弟吴文泰均由俊秀议叙监生,族弟吴祖谦由俊秀议叙从九品衔。

　　前任巴县知县觉罗祥庆垫支军需银七百六十二两,拟请旨将该员之子觉罗英洵,由双月选用府经历议叙盐运司经历衔,递加布理问衔。觉罗英灏由俊秀议叙监生。

　　前任重庆府知府李庄垫支军需银七千一百八十四两三分三厘。该员之胞侄试用知县李德坦前已议叙加一级,并加州同衔。尚余垫支银五千三百九十两三分三厘,拟请旨将该员之子李德堧由俊秀议叙监生,给予运同衔。孙李铎、李铨由俊秀议叙监生。侄李德良由知府加三级,李德坦由知县再加一级。

军机大臣奉旨：览。钦此。①

○○九　请将彭钰留川以知府补用折

同治九年正月二十六日(1870年2月25日)

头品顶戴四川总督臣吴棠跪奏，为知府到省年满，循例甄别，恭折仰祈圣鉴事。

窃照劳绩候补道府，到省一年期满，例应察看才具，分别堪胜繁简，专折奏闻。兹查发川遇缺尽先补用知府彭钰，年四十二岁，贵州镇宁州人，由附监生捐职州同，中式举人，以在籍办团倡捐保举知县，复捐升同知，分发云南试用。八年，在滇捐助军饷，奏准以知府归部即选。十年，投效河南军营，协剿捻匪，保留河南，代理汝宁府知府。同治元年六月，赴部引见，奉旨：着以知府分发河南补用。钦此。是年丁忧，回籍募勇，随同官军克复广顺州城，奏奉上谕：着俟服阕后，仍归原省遇缺尽先补用。钦此。三年十二月，服阕起复。七年五月，指捐四川，仍归原班遇缺尽先补用，十二月初五日到省，扣至八年十二月初五日一年期满。据藩、臬两司详请甄别前来。

臣察看该府彭钰，年强才敏，吏事勤能，堪膺表率之任，应请留川不论繁简酌量补用。倘或始勤终怠，仍当随时核办，断不敢稍事姑容，致滋贻误。理合循例恭折具奏，伏乞皇太后、皇上圣鉴。谨奏。正月二十六日。

---

① 中国第一历史档案馆藏：清单，档案编号：03-4780-095。

同治九年二月十五日,军机大臣奉旨:吏部知道。钦此。①

○一○　请以罗廷权升补直隶州知州折

同治九年正月二十六日(1870年2月25日)

头品顶戴四川总督臣吴棠跪奏,为拣员升补要缺知州,以资治理,恭折仰祈圣鉴事。

窃照资州直隶州知州黄济告病遗缺,接准部咨,业已报缺详咨,例应拣员调补。查该州水陆交冲,政务繁剧,且管辖四县,有表率之责,必须精明干练之员,方克胜任。臣督同藩、臬两司在于通省现任直隶州知州及候补同知直隶州并各项劳绩保奏应补、应升人员内,逐加遴选,非员缺现居紧要,即人地不甚相宜。虽有卓异引见回任候升之内江县知县谭海观一员,例不准升本管直隶州之缺,一时实无堪以调补之员。

惟查有大足县知县罗廷权,年五十岁,云南举人。咸丰三年,大挑一等引见,奉旨以知县用。签掣山东,截留回籍,遵例捐免,指发四川,五年到省。十一年,因剿贼出力,保准归候补班前补用。复因攻克甘肃阶州城池出力保奏,同治四年十一月二十二日,奉上谕:着俟补缺后,以同知直隶州用。钦此。补授大足县知县,七年三月到任,调署华阳县知县。该员才具优长,循声卓著,历任地方,俱能实心治理,以之升补资州直隶州知州,实堪胜任。该员前已奉旨俟补缺后,以同知直隶州用,今请升补资州直隶州知州,与例相符。以前正、署各任内并无积案五十起以上、承缉盗案五起以上、

---

①　中国第一历史档案馆藏:军机录副,档案编号:03-4652-119。

经征钱粮不及七分已起降调、革职、参限。此外因公处分，例免核计。罚俸银两现饬完缴。其试署期满，未请实授，并历俸未满三年，已于同治八年十一月二十八日，遵例捐免实授银一千二百六十两，捐免历俸银四百八十两，均以十成实银缴解藩库，另行具奏。

至从前保举以同知直隶州用，实因在防已满两年，著有劳绩。现据防剿局司道查明，另案详奏。惟调缺请升尚有应补应升各员，与例稍有未符，第人地实在相需，例得声明奏请。据藩、臬两司会详前来。

合无仰恳天恩，俯念员缺紧要，准以同知直隶州用大足县知县罗廷权升补资州直隶州知州，洵于地方有裨。如蒙俞允，俟接准部覆，送部引见。所遗大足县知县员缺，应归部选，川省现有应补人员，俟部覆准，再行按班请补。是否有当，理合恭折具奏，伏乞皇太后、皇上圣鉴训示。再，此案前经咨部展限，应扣至十一月初十日限满。合并陈明。谨奏。正月二十六日。

同治九年二月十五日，军机大臣奉旨：吏部议奏。钦此。①

○一一　递署四川布政使等员折

同治九年正月二十六日（1870年2月25日）

头品顶戴四川总督臣吴棠跪奏，为委员递署司道等缺，恭折具奏，仰祈圣鉴事。

窃臣接准吏部咨：钦奉上谕：陕西巡抚着蒋志章补授，四川布

---

①　中国第一历史档案馆藏：军机录副，档案编号：03-4652-122。

政使着王德固①补授,即赴新任,毋庸来京请训。钦此。伏查陕西现有防务,蒋志章蒙恩简授巡抚,责任重大。而王德固到川尚需时日,自应委员接署川藩篆务,以便蒋志章交卸起程。

查按察使英祥,历官京外有年,器识开朗,通晓治体,堪以委署。所遗按察使缺,查盐茶道傅庆贻,智虑细密,鞫谳精详,前经委署臬司,办理裕如,堪以委令接署。所遗盐茶道缺,查永宁道延祜,才识开展,办事勤明,堪以调署。其永宁道缺,查有试用道张舒萼,练达老成,熟于吏事,堪以委署。除分饬遵照外,理合恭折具奏,伏乞皇太后、皇上圣鉴。谨奏。正月二十六日。

同治九年二月十五日,军机大臣奉旨:知道了。钦此。②

○一二　查明川省庚午科乡试可以举行折

同治九年正月二十六日(1870 年 2 月 25 日)

头品顶戴四川总督臣吴棠跪奏,为川省本年庚午科乡试察看可以举行,恭折具奏,仰祈圣鉴事。

窃查前准礼部咨:本年庚午科乡试,各省能否依限举行并考官赴省有无绕道之处,奏奉谕旨,饬令体察情形,先行奏报等因。伏

---

　　① 王德固(1815—?),字子坚、桓之,河南鹿邑人。道光十五年(1835),取举人。十八年(1838),中式进士。咸丰二年(1852),充刑部江西司主事。三年(1853),补刑部安徽司员外郎。同年,充秋审处坐办,升刑部直隶司郎中。六年(1856),授江南道御史。七年(1857),转广东道御史。八年(1858),调京畿道御史。九年(1859),放江西南安府知府。十一年(1861),补江西赣州府知府。同治元年(1862),兼署吉南赣宁道。二年(1863),加道衔。六年(1867),迁江西按察使。八年(1869),擢四川布政使。光绪元年(1875),勒令休致。
　　② 中国第一历史档案馆藏:军机录副,档案编号:03-4652-123。

查川省边防虽未全撤，而内地早已肃清，连年恩纶迭沛，中额屡加，多士观光，道途并无阻隔，均可如期赴省。其由京至川之山西、陕西驿路亦均疏通，考官不必绕道行走。

所有本年庚午科乡试及驻防翻译乡试，相应请旨于本年一并举行，由藩司蒋志章具详前来。除咨礼部外，理合会同学政臣钟骏声，合词恭折由驿具奏，伏乞皇太后、皇上圣鉴训示。谨奏。正月二十六日。

同治九年二月十五日，军机大臣奉旨：礼部知道。钦此。[①]

○一三 奏报委解协滇饷银片

同治九年正月二十六日（1870 年 2 月 25 日）

再，同治八年十二月初二日，钦奉寄谕：着将应拨滇省月饷交该省领饷委员，按月转运赴滇，俾资接济等因。钦此。伏查川省奉拨滇饷，前于八年十一月内委解银三万两，将起程日期奏报在案。兹值川中议减勇丁，筹发欠饷，库款倍形支绌，惟滇省军务正在得手，不得不设法接济，冀竟全功。

兹据藩司蒋志章竭力腾挪，凑集协滇兵饷银二万两，除查明滇省来咨扣还江苏监生孙慧溍等汇兑四川应解滇饷五千两外，余银一万五千两，饬委候补同知直隶州陈埙管解，定于九年正月十六日自成都起程，解交滇省藩库查收备拨。除分咨外，理合附片陈明，伏乞圣鉴训示。谨奏。

---

① 中国第一历史档案馆藏：军机录副，档案编号：03-5004-010。

同治九年二月十五日,军机大臣奉旨:知道了。钦此。①

○一四　奏报林克让等期满甄别片

同治九年正月二十六日(1870年2月25日)

再,查吏部奏定章程:州、县、丞、倅无论何项劳绩保奏归入候补班者,以到省之日起,予限一年,令督抚详加察看,出具切实考语,奏明分别繁简补用等因。遵照在案。兹查有候补同知林克让、候补知县何庆镛二员,到省均一年期满,自应照章甄别,据布政使蒋志章、按察使英祥造具该员等履历清册,会详请奏前来。

臣查同知林克让才具明练,知县何庆镛年力富强,均请留川以繁缺补用。除将该员等履历清册咨部外,理合附片陈明,伏乞圣鉴。谨奏。

同治九年二月十五日,军机大臣奉旨:吏部知道。钦此。②

○一五　委署四川简州知州等员缺片

同治九年正月二十六日(1870年2月25日)

再,署简州知州刘钟瑛期满遗缺,该州地当冲要,政务殷繁,查

---

① 中国第一历史档案馆藏:军机录副,档案编号:03-4948-019。此片具奏日期未确,兹据同批折件校正。

② 中国第一历史档案馆藏:军机录副,档案编号:03-4652-120。此片具奏日期未确,兹据同批折件校正。

有彭县知县沈芝林，干练勤明，堪以调署。又，署涪州知州徐浩①调省差委遗缺，查有正任华阳县知县陈枝莲，才优识练，堪以委署。又，署广元县知县李玉寿调省遗缺，查有安乐县知县查文瀚，才具明敏，堪以调署。又，署盐源县知县林宝光期满，遗缺地当边要，查有荣县知县谢伯春，才识老练，堪以调署。又，什邡县知县王树桐调省遗缺，以引见回川之内江县知县谭海观接署。又，署德阳县知县毛隆辅病故遗缺，前经委员暂行代办，现以管解京饷回省之垫江县知县罗教忠接署。该员等正、署各任内并无经征钱粮未完及承缉盗劫已起四参案件，据藩、臬两司会详前来。除分饬遵照外，理合附片陈明，伏乞圣鉴。谨奏。

同治九年二月十五日，军机大臣奉旨：知道了。钦此。②

○一六　代奏福建提督江长贵谢恩片

同治九年正月二十六日（1870 年 2 月 25 日）

再，准调任福建陆路提督江长贵③咨：窃长贵由湖北提督调任

---

① 徐浩（1829—？），顺天大兴人，祖籍浙江，由监生遵筹饷例报捐知县，指发四川，补授西充县知县。旋准吏部咨，俟候补缺后，以应爫之缺升用。复指双月同知，在任候选。同治十年（1871），大计保荐卓异，调署涪州知州。十一年（1872），升补雷波厅通判。

② 中国第一历史档案馆藏：军机录副，档案编号：03-4652-121。此片具奏日期未确，兹据同批折件校正。

③ 江长贵（1810—1876），字良臣，回族，四川盐亭人，行伍出身。咸丰二年（1852），以功赏戴蓝翎，旋充千总。四年（1854），奉调赴皖，升阜和营都司。五年（1855），赏执勇巴图鲁勇号，加三品顶戴。是年，署皖南镇总兵。七年（1857），授皖南镇总兵。次年，晋提督衔。十年（1860），署湖北提督，帮办江南军务。同治二年（1863），署直隶提督。八年（1869），调补福建陆路提督。十一年（1872），巡视台湾防务。十二年（1873），开缺回籍，购置义田，创松柏书院。光绪二年（1876），卒于里。

福建陆路提督,进京陛见,于八年九月二十六日请训后,具折请假回籍葬亲,事毕即赴新任。同日,奏事处口传奉旨:着赏假四个月。钦此。遵于十月初二日自京起程,十二月二十八日,行抵四川盐亭县原籍,咨臣请代为具奏等情前来。理合附片陈明,伏乞圣鉴。谨奏。

同治九年二月十五日,军机大臣奉旨:知道了。钦此。①

〇一七 奏报游击孙廷槐暂缓引见片

同治九年正月二十六日(1870年2月25日)

再,臣接准部咨:新补建昌左营游击孙廷槐应令给咨赴部引见等因。自应遵照办理。惟查该营管辖地方,南连滇界,北接夷巢,现在云南回匪未平,越、冕夷务甫定,抚驭巡防,均关紧要。该员系由建昌千、把升补斯职,熟悉地方情形,历署保安都司、越嶲参将等缺,均能实力整饬,已经臣饬赴新任,将防边抚夷各事宜妥为布置,借资镇定,合无仰恳天恩,俯准暂缓北上,敕部先给署札,一俟边疆静谧,即给咨送部引见。是否有当,理合附片陈明,伏乞圣鉴。谨奏。

同治九年二月十五日,军机大臣奉旨:着照所请,兵部知道。钦此。②

---

① 中国第一历史档案馆藏:军机录副,档案编号:03-4743-047。此片具奏日期未确,兹据同批折件校正。

② 中国第一历史档案馆藏:军机录副,档案编号:03-4743-046。此片具奏日期未确,兹据同批折件校正。

○一八　奏报川省同治九年正月雨水、粮价折

同治九年二月三十日(1870年3月31日)

头品顶戴四川总督臣吴棠跪奏，为恭报四川省同治九年正月份各属具报米粮价值及得雪情形，仰祈圣鉴事。

窃照同治八年十二月份通省粮价及得雪情形，前经臣恭折奏报在案。兹查同治九年正月份成都等十二府，资州、绵州、忠州、酉阳、茂州、眉州、邛州、泸州八直隶州，石砫、叙永二直隶厅，各属先后具报得雨自一二次至四五次不等。小春滋长，田塘积水。其通省粮价俱与上月相同，据署布政使英祥查明列单汇报前来。

臣覆核无异。理合分缮清单，恭呈御览，伏乞皇太后、皇上圣鉴。谨奏。二月三十日。

同治九年三月二十九日，军机大臣奉旨：知道了。钦此。①

○一九　呈川省同治九年正月粮价清单

同治九年二月三十日(1870年3月31日)

谨将四川省同治九年正月份各属具报米粮价值，开具清单，恭呈御览。

成都府属，价贵。中米每仓石价银二两七钱八分至三两八钱二分，与上月同。大麦每仓石价银一两八钱四分至二两一分，与上月同。小麦每仓石价银二两一钱七分至二两三钱四分，与上月同。

---

① 中国第一历史档案馆藏：军机录副，档案编号：03-4965-291。

黄豆每仓石价银一两六分至二两四钱六分，与上月同。荞子每仓石价银一两一钱七分至一两七钱一分，与上月同。

重庆府属，价贵。中米每仓石价银二两五钱八分至三两六钱，与上月同。大麦每仓石价银一两六钱五分至二两，与上月同。小麦每仓石价银二两三钱一分至二两七钱三分，与上月同。黄豆每仓石价银二两七钱三分至三两三分，与上月同。

保宁府属，价贵。中米每仓石价银二两六钱六分至三两三钱七分，与上月同。大麦每仓石价银一两九钱二分至二两一钱，与上月同。小麦每仓石价银二两八钱六分至三两六钱，与上月同。黄豆每仓石价银一两八钱三分至二两一钱三分，与上月同。

顺庆府属，价贵。中米每仓石价银二两八钱三分至三两二钱四分，与上月同。大麦每仓石价银一两六钱二分至一两八钱一分，与上月同。小麦每仓石价银二两一钱一分至二两一钱四分，与上月同。黄豆每仓石价银一两五钱五分至一两六钱七分，与上月同。

叙州府属，价贵。中米每仓石价银三两九分至三两三钱九分，与上月同。大麦每仓石价银一两六钱七分至二两三分，与上月同。小麦每仓石价银二两一钱五分至二两六钱五分，与上月同。黄豆每仓石价银一两一钱二分至一两五钱三分，与上月同。

夔州府属，价贵。中米每仓石价银二两八钱九分至三两二钱四分，与上月同。大麦每仓石价银一两七钱九分至二两四钱七分，与上月同。小麦每仓石价银二两九钱六分至三两四分，与上月同。黄豆每仓石价银二两一钱六分至二两二钱六分，与上月同。

龙安府属，价贵。中米每仓石价银二两五钱九分至三两二钱九分，与上月同。青稞每仓石价银一两五钱，与上月同。小麦每仓石价银一两八钱至二两一钱九分，与上月同。黄豆每仓石价银一两八钱五分至一两九钱三分，与上月同。

宁远府属，价贵。中米每仓石价银二两九钱二分至三两二钱五分，与上月同。大麦每仓石价银一两四钱九分至一两六钱一分，与上月同。小麦每仓石价银一两六钱二分至二两二钱三分，与上月同。荞子每仓石价银一两四钱六分，与上月同。黄豆每仓石价银一两五钱六分至一两六钱三分，与上月同。

雅州府属，价中。中米每仓石价银二两八钱四分至二两八钱九分，与上月同。小麦每仓石价银二两三钱至二两六钱六分，与上月同。黄豆每仓石价银一两六钱八分至二两七钱，与上月同。

嘉定府属，价贵。中米每仓石价银二两九钱一分至三两五钱一分，与上月同。小麦每仓石价银二两三钱七分至二两七钱四分，与上月同。黄豆每仓石价银一两四钱九分至二两五分，与上月同。

潼川府属，价贵。中米每仓石价银一两九钱二分至三两二钱，与上月同。大麦每仓石价银一两六钱七分至一两九钱五分，与上月同。小麦每仓石价银二两一钱六分至二两五钱一分，与上月同。黄豆每仓石价银一两七钱九分至二两一钱六分，与上月同。

绥定府属，价贵。中米每仓石价银二两六钱一分至二两九钱一分，与上月同。大麦每仓石价银一两五钱八分至一两五钱九分，与上月同。小麦每仓石价银一两六钱三分至一两七钱四分，与上月同。黄豆每仓石价银一两四钱三分，与上月同。

眉州直隶州并属，价贵。中米每仓石价银二两七钱七分至三两七分，与上月同。

邛州直隶州并属，价贵。中米每仓石价银二两六钱七分至三两一钱，与上月同。大麦每仓石价银一两九钱三分，与上月同。小麦每仓石价银二两五钱九分，与上月同。黄豆每仓石价银二两一钱至二两二钱四分，与上月同。

泸州直隶州并属，价贵。中米每仓石价银三两一钱八分至三两一钱一分，与上月同。

资州直隶州并属，价贵。中米每仓石价银二两六五钱九分至二两九钱四分，与上月同。

绵州直隶州并属，价贵。中米每仓石价银二两七钱六分至三两八分，与上月同。小麦每仓石价银二两三钱四分至二两四钱八分，与上月同。

茂州直隶州并属，价中。中米每仓石价银二两六钱四分，与上月同。小麦每仓石价银二两六钱八分，与上月同。青稞每仓石价银二两二钱二分，与上月同。荞子每仓石价银一两一钱五分至一两七钱五分，与上月同。

忠州直隶州并属，价贵。中米每仓石价银二两六钱一分至三两二钱九分，与上月同。大麦每仓石价银一两四钱六分至一两六钱，与上月同。小麦每仓石价银二两五分至二两四钱一分，与上月同。黄豆每仓石价银一两二钱七分至一两三钱七分，与上月同。

酉阳直隶州并属，价贵。中米每仓石价银二两六钱二分至三两一钱二分，与上月同。大麦每仓石价银二两三钱至二两六钱二分，与上月同。小麦每仓石价银二两六钱四分至二两六钱，与上月同。黄豆每仓石价银一两三钱九分至一两四钱四分，与上月同。

叙永直隶厅并属，价贵。中米每仓石价银三两，与上月同。小麦每仓石价银一两八钱一分，与上月同。荞子每仓石价银一两三钱四分，与上月同。黄豆每仓石价银一两六钱一分，与上月同。

松潘直隶厅,价中。青稞每仓石价银二两七钱六分,与上月同。荞子每仓石价银一两七钱四分,与上月同。

杂谷直隶厅,价中。青稞每仓石价银二两四钱,与上月同。荞子每仓石价银一两七钱九分,与上月同。

石砫直隶厅,价平。中米每仓石价银一两六钱四分,与上月同。大麦每仓石价银一两七钱三分,与上月同。小麦每仓石价银二两六分,与上月同。黄豆每仓石价银一两八钱九分,与上月同。

打箭炉厅,价贵。青稞每仓石价银四两九钱二分,与上月同。油麦每仓石价银一两八钱一分,与上月同。

军机大臣奉旨:览。钦此。①

〇二〇 呈川省同治九年正月得雨情形清单

同治九年二月三十日(1870 年 3 月 31 日)

谨将四川省同治九年正月份各属具报得雨情形,开具清单,恭呈御览。

成都府属:成都、华阳两县得雨五次,小春滋长。简州得雨四次,小春滋长。崇庆州得雨五次,菜花结实。汉州得雨一次,田水充足。温江县得雨二次,小春蕙秀。郫县得雨二次,葫豆滋长。新都县得雨二次,二麦滋长。金堂县得雨四次,小春茂盛。新繁县得雨一次,田水充盈。彭县得雨一次,小春滋长。双流县得雨二次,堰水充盈。什邡县得雨三次,葫豆青葱。

重庆府属:江北厅得雨一次,小春滋长。巴县得雨二次,田畦

---

① 中国第一历史档案馆藏:清单,档案编号:03-4965-292。

积水。江津县得雨一次,小春茂盛。长寿县得雨二次,堰水充足。永川县得雨二次,小春茂盛。綦江县得雨一次,小春滋长。合州得雨二次,田水充足。璧山县得雨一次,低田蓄水。铜梁县得雨二次,小春扬花。定远县得雨二次,豆麦滋长。

夔州府属:巫山县得雨一次,小春滋长。万县得雨二次,小春滋长。

龙安府属:平武县得雨一次,春荞播种。江油县得雨一次,豆麦茂盛。彰明县得雨二次,田水充足。

绥定府属:东乡县得雨一次,田塘积水。太平县得雨三次,小春滋长。

宁远府属:会理州得雨二次,小春荣茂。

保宁府属:苍溪县得雨二次,小春畅茂。广元县得雨三次,田堰蓄水。巴州得雨四次,豆麦滋长。剑州得雨四次,田水充足。

顺庆府属:南充县得雨四次,豆麦滋长。蓬州得雨三次,二麦滋长。营山县得雨二次,地土滋润。岳池县得雨四次,堰水不缺。邻水县得雨三次,小春滋长。

潼川府属:三台县得雨二次,田水充足。射洪县得雨三次,豆麦滋长。盐亭县得雨四次,二麦畅茂。遂宁县得雨二次,小春滋长。蓬溪县得雨二次,田土滋润。乐至县得雨三次,田间蓄水。

雅州府属:雅安县得雨二次,小春茂盛。名山县得雨三次,二麦畅茂。清溪县得雨三次,小麦畅茂。天全州得雨二次,地土滋润。

嘉定府属:乐山县得雨三次,田水充盈。峨眉县得雨二次,豆麦畅茂。洪雅县得雨三次,堰水充足。荣县得雨二次,小春滋长。威远县得雨三次,田水不缺。峨边厅得雨三次,小春滋长。

叙州府属：南充县得雨三次，田堰积水。富顺县得雨二次，小春茂盛。庆符县得雨二次，葫豆茂盛。长宁县得雨三次，小春茂盛。兴文县得雨二次，田水充足。马边厅得雨二次，小春畅茂。

资州直隶州并属：资州得雨一次，田堰积水。资阳县得雨一次，小春滋长。内江县得雨三次，堰水充足。

绵州直隶州并属：绵州得雨二次，二麦滋长。德阳县得雨一次，小春荣茂。绵竹县得雨三次，豆麦争荣。

忠州直隶州并属：忠州得雨二次，冬粮滋长。酆都县得雨一次，小春滋长。垫江县得雨一次，小春滋长。

酉阳直隶州属：黔江县得雨二次，田水充足。

茂州直隶州属：茂州得雨二次，小春滋长。

眉州直隶州并属：眉州得雨二次，田水充盈。彭山县得雨三次，塘水充盈。

邛州直隶州并属：邛州得雨三次，小麦畅茂。大邑县得雨二次，地土滋润。

泸州直隶州并属：泸州得雨三次，田水蓄积。江安县得雨二次，地土滋润。合江县得雨二次，小春滋长。纳溪县得雨三次，豆麦畅茂。

石砫直隶厅：石砫厅得雨三次，小春畅茂。

叙永直隶厅并属：叙永厅得雨三次，田水充足。永宁县得雨三次，小春茂盛。

军机大臣奉旨：览。钦此。①

---

① 中国第一历史档案馆藏：清单，档案编号：03-4965-293。

○二一　续收按粮津贴请旨加广学额折

同治九年二月三十日(1870年3月31日)

头品顶戴四川总督臣吴棠跪奏,为川省续收按粮津贴银两,并计前次请奖盈余银数,恳恩加广文武学额,以昭激劝,恭折仰祈圣鉴事。

窃查川省办理按粮津贴以来,节经奏明请加学额,并声明尚有盈余及不敷广额之银,归入下届并计请奖在案。兹据布政使蒋志章、按察使英祥详称:计自同治七年正月初一日起至是年十二月底止,续收咸丰十年、十一年及同治元、二、三、四、五、六、七等年按粮津贴,共银六十一万七百五十九两零,合之六年奏准广额盈余及不敷广额银五十万二千八百五十两零,统计银一百一十一万三千六百九两零,应请照章加广学额,造册具详前来。

臣查原定章程:一厅一州一县捐银一万两,加文武学额各一名。捐银二千两,加文武试学额各一名。又,同治七年十一月间,接准部咨:请加学额银数,应照旧章酌加一倍。所加一次,大学七名、中学五名、小学三名,以示限制等因。今川省续收同治七年及补收咸丰、同治各年份津贴,应请按照新章加广一次文武学额各一百一十二名,共应开除银四十四万八千两,尚有广额盈余及不敷加广银六十六万五千六百九两零,仍请归入下届续收并计核办。

如蒙俞允,不但士林屡沐恩膏、聿彰得人之盛,将见部屋俱殷报效、愈深慕义之忱,实于国家育贤、理财之道两有裨益。除册咨部外,是否有当,理合恭折具陈,伏乞皇太后、皇上圣鉴训示。谨奏。二月三十日。

同治九年三月二十九日,军机大臣奉旨:该部议奏。钦此。①

○二二　请以张文朝等补授游击等缺折

同治九年二月三十日(1870年3月31日)

头品顶戴四川总督臣吴棠跪奏,为拣员请补游击、都司,以资治理,恭折仰祈圣鉴事。

窃查松潘左营游击林耀龙调补督标右营游击,暨夔州左营都司马晋铭升补会川营参将,各遗缺前经以定全、钟明远奏补,嗣准部咨:核与章程未符,令照例另补。又,茂州营都司靳洪明、叙马营都司庆春、通江营守备韩永清、建昌左营守备范文亮,均因病出缺,已分别题奏,声明遗缺扣留外补在案。值此邻氛未靖,操防最关紧要,亟应拣择精明勇敢、熟悉营伍之员,方足以资整饬。

兹于通省应补、应升各项尽先名次在前人员内详加拣选,人地均不甚相宜,且多在别省征防,未经归标,势难挨次序补。惟查有遇缺即补游击张文朝,年三十九岁,广元县人,由行伍出师两湖、闽浙、江南等省,拔补川北右营千总,历升都司,凯撤回川,以助剿陕匪、生擒首逆郭幅溃出力保奏,同治二年十二月十一日,内阁奉上谕:着以游击遇缺即补,并加参将衔。钦此。该员久历戎行,办事勤奋,拟请补授松潘左营游击。

又,查有尽先副将江国林,年四十岁,盐亭县人,由行伍出师贵州、湖北、江南等省,历保参将,复于克复松潘厅城案内出力保奏,同治五年八月初六日,内阁奉上谕:参将江国林着以副将尽先补

用。钦此。该员熟悉边防,番夷相安,拟请借补茂州营都司。

又,查有西阳营守备李玉春,年五十三岁,成都县人,由行伍出师马边、贵州、浙江、湖北等处,于咸丰八年升补绥定营守备,调补西阳营守备。该员年力富强,差操勤慎,拟请升补夔州左营都司。

又,查有尽先游击王圻,年三十九岁,顺天宛平县人,由勇目出师山东、皖、豫等省著绩,升补四川提标中营守备,保升都司。咸丰十一年十月,在山东观城、朝城一带剿办教匪出力,由营保奏,是年十一月二十八日,奉上谕:王圻着以游击尽先补用。钦此。同治四年进京,经王大臣验看,十月十六日,奉旨:王圻依议用。钦此。该员年壮才明,营务练习,拟请借补叙马营都司。

又,查有督标中营千总李廷英,年四十五岁,马边厅人,由行伍出师瞻对等处打仗著绩,历拔督标中营千总,同治元年十二月,承领部札,历俸已满六年。该员弓马娴熟,拟请升补通江营守备。

又,查有尽先守备康如陵,年三十二岁,华阳县人,由世袭云骑尉在本省剿办滇匪并防守省城出力保奏,同治四年八月二十六日,奉上谕:康如陵着以守备尽先补用。钦此。七年,考验进京,于十月初一日引见,奉旨:着发回本省,以守备尽先补用。钦此。该员操防谙习,拟请补授建昌左营守备。

以上各员均系久历戎行,委任得力,以之请补各缺,实堪胜任。王圻籍隶别省,张文朝等均距籍五百里以外,并〈无〉违碍事故。惟张文朝原保遇缺即补游击,未有“尽先”字样;李玉春、李廷英未保尽先都司,例稍未符。第人地实在相需,且各项尽先人员多在别省未回。李玉春、李廷英历俸早满,本系应行保升之员,例得声明奏请。其江国林、王圻借补各缺,亦与新章相符。

合无仰恳天恩,俯念员缺紧要,准以张文朝补授松潘左营游击,江国林借补茂州营都司,李玉春升补夔州左营都司,王圻借补叙马营都司,李廷英升补通江营守备,康如陵补授建昌左营守备,实于营伍、边防均有裨益。如蒙俞允,王圻、康如陵毋庸送部,张文朝等四员俟接准部覆,分别给咨引见。是否有当,理合会同成都将军臣崇实、提督臣胡中和,合词恭折具奏,伏乞皇太后、皇上圣鉴训示。

再,前次请补夔州左营都司之钟明远,经部臣咨回另补,现因调省察看,应归另案办理。合并陈明。谨奏。二月三十日。

同治九年三月二十九日,军机大臣奉旨:兵部议奏。钦此。①

○二三 请议恤川省剿贼阵亡、受伤弁勇折

同治九年二月三十日(1870 年 3 月 31 日)

头品顶戴四川总督臣吴棠跪奏,为续查川省剿贼阵亡弁勇,恳恩敕部分别议恤,以昭忠节,恭折仰祈圣鉴事。

窃查川省自军兴以来,堵剿滇、黔番夷各逆阵伤、亡故官弁、兵勇,先后奏请分别议恤在案。兹续据统领武字、果后、安吉、绥定、靖边并湘果各等营查明阵亡、受伤弁勇,汇造清册,由防剿局司道核明,详请具奏前来。

臣查册开阵亡、受伤弁勇共计三千九百七十八员名,均能深明大义,志切同仇,或临阵捐躯,或裹创力战,深堪悯恻。合无仰恳天恩,敕部准予分别议恤,以慰忠魂而励士气。除将清册咨部外,理合恭折具奏,伏乞皇太后、皇上圣鉴训示。谨奏。二月三十日。

---

① 中国第一历史档案馆藏:军机录副,档案编号:03-4743-133。

同治九年三月二十九日,军机大臣奉旨:均着交部分别议恤,片并发。钦此。①

○二四　请将王庆等员照例议恤片

同治九年二月三十日(1870 年 3 月 31 日)

再,松潘镇漳腊营外委王庆于咸丰五年在湖北汉阳县属大沙口打仗阵亡。又,尽先外委赵永标于咸丰十年在金陵雨花台拿贼阵亡,前经咨查湖北、河南各省,尚未请恤。兹据防剿局司道造具该故弁等履历、事迹清册,详请奏恤前来。除册咨部外,理合附片陈明,伏乞圣鉴。谨奏。

同治九年三月二十九日,军机大臣奉旨:览。钦此。②

○二五　另委知县黄锦生管解京饷折

同治九年三月十二日(1870 年 4 月 12 日)

头品顶戴四川总督臣吴棠跪奏,为管解京饷委员中途遭风覆溺、另委妥员赶解日期,恭折仰祈圣鉴事。

窃臣前于同治八年十一月十七日奏委候补同知何树为管解八年份原拨京饷三万两、续拨京饷二万两、又固本饷项一万两自川起程,声明陕西道路多阻,仍交银号汇解,委员至京兑齐,解赴户部交纳,奉旨敕部知照在案。嗣准湖北抚臣郭柏荫咨:据汉阳县濮文昶

---

① 中国第一历史档案馆藏:军机录副,档案编号:03-4743-134。

② 中国第一历史档案馆藏:军机录副,档案编号:03-4743-135。此奏片具奏日期未确,兹据同批折件校正。

详：该委员何树为行至汉阳县属大江内地名新口滩，突遭大风覆舟，溺水殒命。经新滩巡检会营，督同兵役水摸捞获何树为尸身，妥为棺殓，并查何树为身带饷银汇票，业已被水浸烂，字迹模糊，送川对换另解等因。当即行司速办去后。兹据署藩司英祥、署臬司傅庆贻等将前项京饷五万两、固本饷项一万两转饬各银号，照数换来汇票，另委知州黄锦生管解。定期九年三月初十日自川起程，到京后仍由银号兑齐交纳等情，详请具奏前来。

臣覆查无异。除饬该委员沿途小心管解以昭慎重外，理合恭折具陈，伏乞皇太后、皇上圣鉴。谨奏。三月十二日。

同治九年四月初一日，军机大臣奉旨：户部知道。钦此。①

○二六　请准黄云鹄调补成都府知府折

同治九年三月十二日（1870 年 4 月 12 日）

头品顶戴四川总督臣吴棠跪奏，为拣员调补省会要缺知府，以资治理，恭折仰祈圣鉴事。

窃臣接准部咨：同治八年十月二十八日，奉上谕：四川成都府知府员缺紧要，着该督于通省知府内拣员调补。所遗员缺着徐景轼补授。钦此。当经截缺报部在案。查成都府管辖十二县，为通省领袖，时有委审要案，政务极其繁剧，必须老成练达、守洁才优之员，方足以资治理。臣督同藩、臬两司在于通省知府内，逐加拣选，非现居要缺，即人地未宜，一时别无堪调之员。

惟查有雅州府知府黄云鹄，年四十三岁，湖北举人，咸丰癸丑

---

①　中国第一历史档案馆藏：军机录副，档案编号：03-4948-049。

科进士，奉旨以主事用，签分刑部。六年，捐升郎中，签分兵部。同治六年，补授武选司郎中，俸满截取，奉旨记名，以繁缺知府用。七年六月二十日，奉旨：补授四川雅州府知府。钦此。八年三月初六日到任。该署藩司英祥、署臬司傅庆贻到任未及三月，例不注考。查该员黄云鹄任内并无降革留任参罚案件，惟历俸尚未期满，而拣调首郡向不计俸，历有成案可循，且系进士出身，以之调补成都府知府，与例相符，人地亦实在相需。会详请奏前来。

臣查该员黄云鹄，有守有为，循声卓著，平日审理大小案件，不恃刑求，务以情理反覆开导，而诚意所感，两造自然输服，故在任未逾一年，审结积案多起，无冤无滞，洵为知府中不可多得之员，合无仰恳天恩，俯念要缺需员，准以雅州府知府黄云鹄调补成都府知府，实于吏治、地方大有裨益。

如蒙俞允，该员系实缺知府调补知府，衔缺相当，毋庸送部引见。所遗雅州府知府缺，遵旨即以徐景轼补授，各重职守。所有拣员调补省会要缺知府并请补遗缺知府缘由，理合恭折具奏，伏乞皇太后、皇上圣鉴训示。再，此案前经咨部展限，应扣至□月十一日限满。合并声明。谨奏。三月十二日。

同治九年四月初一日，军机大臣奉旨：吏部议奏。钦此。[1]

○二七 请以谭海观升补峨边厅通判折

同治九年三月十二日（1870年4月12日）

头品顶戴四川总督臣吴棠跪奏，为拣员升补要缺通判，恭折仰

---

[1] 中国第一历史档案馆藏：军机录副，档案编号：03-4653-084。

祈圣鉴事。

窃查峨边厅通判赵绶铭因病出缺，前以彰明县知县何庆恩奏补，嗣准部咨：查该省现有卓异之内江县知县谭海观一员，于同治八年四月二十八日引见，奉旨：谭海观着回任，准其卓异加一级，仍注册候升。钦此。应将该员尽先升补。所有何庆恩升补峨边厅通判之处，应毋庸议。令另拣升调等因。伏查峨边悬处夷疆，汉夷杂处，抚绥巡防，均关紧要，非老成谙练之员，不足以资治理。兹复督同藩、臬两司于实任通判内逐加遴选，非现居要缺，即人地未宜，实无堪调之员。

惟查内江县知县谭海观，年六十二岁，广东举人。咸丰五年，在原籍办理团练，随官军克复肇庆府城，出力保奏，奉旨：着以知县不论双单月尽先补用。钦此。十年，选授内江县知县，十一年十一月到任。同治四年，大计保荐卓异。八年，进京引见，奉旨回任候升。是年八月回省，现署什邡县知县。该员年健才优，素称廉干，在川多载，熟悉边情，以之升补峨边厅通判，实堪胜任；以前正、署各任内并无积案五十起以上、承缉盗案五起以上、经征钱粮不及七分已起降调、革职、参限。其余因公处分，例免核计。罚俸银两饬催完缴。历俸已满三年，且系卓异引见回省人员，与升补之例相符。惟调缺请升稍有未合，但人地实在相需，例得声明奏请。据署藩司英祥、署臬司傅庆贻会详前来。

合无仰恳天恩，俯准以内江县知县谭海观升补峨边厅通判，实于边地有裨。如蒙俞允，该员甫经引见回川，毋庸再行送部。所遗内江县缺，应归部选，但川省现有应补人员，应请扣留外补。是否有当，理合会同成都将军臣崇实，合词恭折具奏，伏乞皇太后、皇上圣鉴训示。再，此案系照部咨另补，应免扣限。合并陈明。三月十二日。

同治九年四月初一日,军机大臣奉旨:吏部议奏。钦此。[①]

○二八　请将何树为照例议恤片

同治九年三月十二日(1870年4月12日)

再,四川候补同知何树为因汇解饷银六万两进京,于本年正月二十五日在濮阳县大江遭风覆舟,以致溺水殒命,殊堪悯恻! 合无仰恳天恩,敕部照例议恤,出自鸿慈。除分咨外,理合附片陈明,伏乞圣鉴训示。谨奏。

同治九年四月初一日,军机大臣奉旨:何树为着交部照例议恤。钦此。[②]

○二九　奏报考官应否改道请旨酌情饬知片

同治九年三月十二日(1870年4月12日)

再,本年正月间,奏请举行川省庚午科乡试,声明由京至川之山西、陕西驿路均已疏通,考官不必绕道行走在案。不意二月初旬以后,迭据探报:陇匪分窜陕境,扰及至功及同州府属之大荔、宜川等县。其陕南凤县一带,亦有匪踪飘忽靡定等语。

伏查考官由京至川,向系取道秦中,现在秦省驿路既有梗阻,届期应否绕道,请由部臣酌量情形,饬知沿途地方官探明,知会考官计程前进,用昭慎重。理合附片具陈,伏乞圣鉴训示。谨奏。

---

① 中国第一历史档案馆藏:军机录副,档案编号:03-4653-083。
② 中国第一历史档案馆藏:军机录副,档案编号:03-4653-082。此片具奏日期未确,兹据同批折件校正。

同治九年四月初一日,军机大臣奉旨:该部知道。钦此。①

○三○　兑交同治九年京饷起程日期片

同治九年三月十二日(1870 年 4 月 12 日)

再,臣前奉寄谕:户部奏,豫拨同治九年京饷,着分批提解等因。钦此。单开拨四川盐厘银十五万两、按粮津贴十五万两。伏查川省援邻防边,并筹拨各省协饷,度支浩繁,库款倍形支绌。惟京饷关系尤重,自应先其所急,勉力筹措。兹臣带同署藩司英祥等,先凑集按粮津贴三万两、盐厘三万两,共银六万两,饬委候补知县王廷绶管解,定期本年三月二十日自川起程。现值秦中驿路通塞靡常,仍照上届奏准成案,兑交天成亨等银号承领,取具汇票,于到京后赴各号兑齐,解部交纳,用昭慎重。由司道会详前来。除分咨外,理合附片陈明,伏乞圣鉴。谨奏。

同治九年四月初一日,军机大臣奉旨:户部知道。钦此。②

【案】户部奏,豫拨同治九年京饷:同治八年十一月二十八日,户部尚书宝鋆等具奏预拨九年京饷曰:

户部尚书臣宝鋆等谨奏,为豫拨米年京饷,恭折仰祈圣鉴事。窃查历届京饷,均系年前豫拨。上年原拨同治八年京饷银七百万两,嗣因恭办大婚典礼,需用浩繁,当于五月间添拨

---

①　中国第一历史档案馆藏:军机录副,档案编号:03-4984-040。此片具奏日期未确,兹据同批折件校正。

②　中国第一历史档案馆藏:军机录副,档案编号:03-4887-017。此片具奏日期未确,兹据同批折件校正。

银一百万两,统共拨银八百万两。现届应行豫拨同治九年京饷,臣等公同商酌,拟照上年原拨数目,在各省地丁、盐课、关税等款内指拨银七百万两,谨缮清单,恭呈御览。请旨饬下各该督抚、将军、通商大臣、盐政、藩司、运司、盐道、监督等,务于来年开印后,分批起解,限五月前解到一半,十二月初间,全数解清,不准截留改拨,借词延误。倘届限不到,即照奏定章程,指名严参。其本年未解京饷,节经臣部奏咨飞催,现已年终,报解仍未踊跃,应再催令迅速报解,以供开放。所有酌拨来年京饷缘由,理合恭折具奏,伏乞皇太后、皇上圣鉴。谨奏。同治八年十一月二十日。户部尚书臣宝鋆,户部尚书臣董恂,户部左侍郎臣魁龄(赴库),户部左侍郎臣潘祖荫(感冒),户部右侍郎臣宗室延煦,户部右侍郎臣李鸿藻。①

【案】前奉寄谕……着分批提解等因:此廷寄上谕档载曰:

军机大臣字寄:福州将军、三口通商大臣、直隶、两江、湖广、闽浙、两广、四川、江苏、安徽、江西、福建、浙江、湖北、湖南、河南、山东、山西、广东各督抚,传谕粤海关监督:同治八年十一月二十八日,奉上谕:户部奏,豫拨来年京饷一折。据称历届京饷均于年前豫拨,同治九年京饷拟在各省地丁、盐课、关税等款内指拨银七百万两,请饬各该省于来年分批起解等语。京饷关系紧要,现经该部就各省缓急情形,斟酌动拨,自应遵照奏定数目,源源报解,以济要需。着该将军、通商大臣、督、抚、盐政、监督等,务于来年开印后,分批起解,限五月前解到一半,十二月初间全数解清,不准截留改拨,借词延误。傥届限不到,即即照奏

---

① 中国第一历史档案馆藏:军机录副,档案编号:03-4947-076。

定章程指名严参。原单均着钞给阅看。至本年未解京饷，前经该部节次奏咨飞催，现届年终，仍未如数解清，着各该督抚等迅速筹解，毋再迟延干咎。另片奏，内务府同治九年份应需经费，拟拨两淮盐课银五万两，两浙盐课银五万两，广东盐课银五万两，福建茶税银十万两，闽海关常税银十万两，太平关常税银十万两，九江关常税银十五万两，共银六十万两，请饬依限完解等语。着该将军、督、抚、盐政、监督等各按拨定数目，务于来年开印后，陆续径解内务府收纳，并将起程日期报部，限六月前解到一半，十二月初间扫数解清，不准稍有蒂欠。将此由五百里谕知福州将军、三口通商大臣、直隶、两江、湖广、闽浙、两广、四川、江苏、安徽、江西、福建、浙江、湖北、湖南、河南、山东、山西、广东各督抚，并传谕粤海关监督知之。钦此。遵旨寄信前来。①

〇三一　奏报川省同治九年二月雨水、粮价折

同治九年三月三十日(1870 年 4 月 30 日)

头品顶戴四川总督臣吴棠跪奏，为恭报四川省同治九年二月份各属具报米粮价值及得雨情形，仰祈圣鉴事。

窃照同治九年正月份通省粮价及得雨情形，前经臣恭折奏报在案。兹查同治九年二月份成都等十二府，资州、绵州、忠州、酉阳、茂州、眉州、邛州、泸州八直隶州，理番、叙永二直隶厅，各属先后具报得雨自一二次至六七次不等。堰凼蓄水，小春扬花。其通

---

① 中国第一历史档案馆编：《咸丰同治两朝上谕档》，第 19 册，第 365—366 页；《穆宗毅皇帝实录(六)》，卷二百七十一，同治八年十一月下，第 763—764 页。

省粮价俱与上月相同,据署布政使英祥查明列单汇报前来。

臣覆核无异。理合分缮清单,恭呈御览,伏乞皇太后、皇上圣鉴。谨奏。三月三十日。

同治九年四月二十九日,军机大臣奉旨:知道了。钦此。[1]

○三二　呈川省同治九年二月粮价清单

同治九年三月三十日(1870 年 4 月 30 日)

谨将四川省同治九年二月份各属具报米粮价值,开具清单,恭呈御览。

成都府属,价贵。中米每仓石价银二两七钱八分至三两八钱二分,与上月同。大麦每仓石价银一两八钱四分至二两一分,与上月同。小麦每仓石价银二两一钱七分至二两三钱四分,与上月同。黄豆每仓石价银一两六分至二两四钱六分,与上月同。荞子每仓石价银一两一钱七分至一两七钱一分,与上月同。

重庆府属,价贵。中米每仓石价银二两五钱八分至三两六钱,与上月同。大麦每仓石价银一两六钱五分至二两,与上月同。小麦每仓石价银二两三钱一分至二两七钱三分,与上月同。黄豆每仓石价银二两七钱三分至三两三分,与上月同。

保宁府属,价贵。中米每仓石价银二两六钱六分至三两三钱七分,与上月同。大麦每仓石价银一两九钱二分至二两一钱,与上月同。小麦每仓石价银二两八钱六分至三两六钱,与上月同。黄豆每仓石价银一两八钱三分至二两一钱三分,与上月同。

---

① 　中国第一历史档案馆藏:军机录副,档案编号:03-4965-328。

顺庆府属，价贵。中米每仓石价银二两八钱三分至三两二钱四分，与上月同。大麦每仓石价银一两六钱二分至一两八钱一分，与上月同。小麦每仓石价银二两一钱一分至二两一钱四分，与上月同。黄豆每仓石价银一两五钱五分至一两六钱七分，与上月同。

叙州府属，价贵。中米每仓石价银三两九分至三两三钱九分，与上月同。大麦每仓石价银一两六钱七分至二两三分，与上月同。小麦每仓石价银二两一钱五分至二两六钱五分，与上月同。黄豆每仓石价银一两一钱二分至一两五钱三分，与上月同。

夔州府属，价贵。中米每仓石价银二两八钱九分至三两二钱四分，与上月同。大麦每仓石价银一两七钱九分至二两四钱七分，与上月同。小麦每仓石价银二两九钱六分至三两四分，与上月同。黄豆每仓石价银二两一钱六分至二两二钱六分，与上月同。

龙安府属，价贵。中米每仓石价银二两五钱九分至三两二钱九分，与上月同。青稞每仓石价银一两五钱，与上月同。小麦每仓石价银一两八钱至二两一钱九分，与上月同。黄豆每仓石价银一两八钱五分至一两九钱三分，与上月同。

宁远府属，价贵。中米每仓石价银二两九钱二分至三两二钱五分，与上月同。大麦每仓石价银一两四钱九分至一两六钱一分，与上月同。小麦每仓石价银一两六钱二分至二两二钱三分，与上月同。荞子每仓石价银一两四钱六分，与上月同。黄豆每仓石价银一两五钱六分至一两六钱三分，与上月同。

雅州府属，价中。中米每仓石价银二两八钱四分至二两八钱九分，与上月同。小麦每仓石价银二两三钱至二两六钱六分，与上月同。黄豆每仓石价银一两六钱八分至二两七钱，与上月同。

嘉定府属，价贵。中米每仓石价银二两九钱一分至三两五钱一分,与上月同。小麦每仓石价银二两三钱七分至二两七钱四分,与上月同。黄豆每仓石价银一两四钱九分至二两五分,与上月同。

潼川府属,价贵。中米每仓石价银一两九钱二分至三两二钱,与上月同。大麦每仓石价银一两六钱七分至一两九钱五分,与上月同。小麦每仓石价银二两一钱六分至二两五钱一分,与上月同。黄豆每仓石价银一两七钱九分至二两一钱六分,与上月同。

绥定府属,价贵。中米每仓石价银二两六钱一分至二两九钱一分,与上月同。大麦每仓石价银一两五钱八分至一两五钱九分,与上月同。小麦每仓石价银一两六钱三分至一两七钱四分,与上月同。黄豆每仓石价银一两四钱三分,与上月同。

眉州直隶州并属,价贵。中米每仓石价银二两七钱七分至三两七分,与上月同。

邛州直隶州并属,价贵。中米每仓石价银二两六钱七分至三两一钱,与上月同。大麦每仓石价银一两九钱三分,与上月同。小麦每仓石价银二两五钱九分,与上月同。黄豆每仓石价银二两一钱至二两二钱四分,与上月同。

泸州直隶州并属,价贵。中米每仓石价银三两一钱八分至三两一钱一分,与上月同。

资州直隶州并属,价贵。中米每仓石价银二两六五钱九分至二两九钱四分,与上月同。

绵州直隶州并属,价贵。中米每仓石价银二两七钱六分至三两八分,与上月同。小麦每仓石价银二两三钱四分至二两四钱八分,与上月同。

茂州直隶州并属,价中。中米每仓石价银二两六钱四分,与上月同。小麦每仓石价银二两六钱八分,与上月同。青稞每仓石价银二两二钱二分，与上月同。荞子每仓石价银一两一钱五分至一两七钱五分，与上月同。

忠州直隶州并属，价贵。中米每仓石价银二两六钱一分至三两二钱九分，与上月同。大麦每仓石价银一两四钱六分至一两六钱，与上月同。小麦每仓石价银二两五分至二两四钱一分，与上月同。黄豆每仓石价银一两二钱七分至一两三钱七分，与上月同。

酉阳直隶州并属，价贵。中米每仓石价银二两六钱二分至三两一钱二分，与上月同。大麦每仓石价银二两三钱至二两六钱二分，与上月同。小麦每仓石价银二两六钱四分至二两六钱，与上月同。黄豆每仓石价银一两三钱九分至一两四钱四分，与上月同。

叙永直隶厅并属，价贵。中米每仓石价银三两，与上月同。小麦每仓石价银一两八钱一分，与上月同。荞子每仓石价银一两三钱四分，与上月同。黄豆每仓石价银一两六钱一分，与上月同。

松潘直隶厅，价中。青稞每仓石价银二两七钱六分，与上月同。荞子每仓石价银一两七钱四分，与上月同。

杂谷直隶厅，价中。青稞每仓石价银二两四钱，与上月同。荞子每仓石价银一两七钱九分，与上月同。

石砫直隶厅，价平。中米每仓石价银一两六钱四分，与上月同。大麦每仓石价银一两七钱三分，与上月同。小麦每仓石价银二两六分，与上月同。黄豆每仓石价银一两八钱九分，与上月同。

打箭炉厅，价贵。青稞每仓石价银四两九钱二分，与上月同。油麦每仓石价银一两八钱一分，与上月同。

军机大臣奉旨：览。钦此。[1]

---

[1] 中国第一历史档案馆藏：清单，档案编号：03-4965-329。

○三三　呈川省同治九年二月得雨清单

同治九年三月三十日(1870 年 4 月 30 日)

谨将四川省同治九年二月份各属具报雨水情形,开具清单,恭呈御览。

成都府属:成都、华阳两县得雨七次,小春扬花。简州得雨三次,红花滋长。崇庆州得雨六次,葫豆吐花。汉州得雨三次,小春扬花。温江县得雨二次,豆麦青葱。彭县得雨五次,小春茂盛。崇宁县得雨一次,田水充足。新都县得雨四次,二麦滋长。灌县得雨二次,小春扬花。金堂县得雨三次,豆麦青葱。彭县得雨二次,小春畅茂。新津县得雨一次,葫豆结荚。双流县得雨一次,荞子种毕。什邡县得雨二次,菜麦滋长。

重庆府属:江北厅得雨四次,田塍积水。巴县得雨二次,小春扬花。江津县得雨五次,小春含苞。长寿县得雨五次,堰水充足。永川县得雨四次,小春茂盛。荣昌县得雨四次,小春结实。綦江县得雨二次,早秧下种。合州得雨二次,小春扬花。铜梁县得雨一次,田水充足。大足县得雨三次,早麦含苞。定远县得雨二次,田亩蓄水。

夔州府属:奉节县得雨一次,小春扬花。开县得雨一次,豆麦畅茂。万县得雨二次,小春滋长。

龙安府属:江油县得雨二次,春荞滋长。石泉县得雨二次,二麦滋长。

绥定府属:达县得雨一次,小春扬花。东乡县得雨二次,沟田蓄水。新宁县得雨一次,葫豆扬花。太平县得雨二次,小春扬花。

城口厅得雨三次，豆麦含苞。

宁远府属：西昌县得雨一次，小春含苞。盐源县得雨二次，二麦含苞。越嶲厅得雨二次，小春荣茂。

保宁府属：阆中县得雨二次，豆麦滋长。苍溪县得雨二次，胡豆长茂。南部县得雨一次，豆麦长发。广元县得雨一次，豆麦滋长。巴州得雨二次，小春滋长。南江县得雨二次，豆麦滋长。剑州得雨三次，小春滋长。

顺庆府属：南充县得雨三次，大麦青葱。西充县得雨三次，小春吐穗。营山县得雨三次，小麦畅茂。仪陇县得雨二次，小春滋长。岳池县得雨三次，小春滋荣。广安州得雨三次，小麦含苞。

潼川府属：三台县得雨二次，豆麦放花。射洪县得雨三次，田塍积水。盐亭县得雨二次，大麦吐穗。中江县得雨一次，小春滋茂。蓬溪县得雨三次，小春扬花。安岳县得雨三次，豆麦长发。乐至县得雨二次，小春含苞。

雅州府属：雅安县得雨三次，小春滋长。名山县得雨四次，葫豆结实。芦山县得雨一次，小麦青葱。清溪县得雨二次，大麦含苞。打箭炉厅得雨三次，油麦青葱。

嘉定府属：乐山县得雨四次，葫豆结实。峨眉县得雨三次，豆麦滋长。洪雅县得雨二次，豆麦长茂。夹江县得雨一次，田塘蓄水。荣县得雨二次，麦苗茂盛。威远县得雨二次，豆麦长茂。

叙州府属：宜宾县得雨三次，小春扬花。富顺县得雨三次，小春滋长。隆昌县得雨二次，小春放花。庆符县得雨二次，小春吐穗。筠连县得雨三次，二麦青葱。珙县得雨三次，大麦滋长。长宁县得雨二次，豆麦扬花。兴文县得雨三次，小春滋长。屏山县得雨二次,田水蓄积。马边厅得雨三次,豆麦长茂。

　　资州直隶州属:资阳县得雨五次,小春滋长。仁寿县得雨二次,田水充盈。内江县得雨二次,小春扬花。

　　绵州直隶州并属:绵州得雨三次,二麦滋长。安县得雨一次,小春扬花。梓潼县得雨一次,小春扬花。罗江县得雨一次,豆麦滋长。

　　忠州直隶州并属:忠州得雨四次,田土翻犁。酆都县得雨三次,大麦发荣。垫江县得雨三次,小春滋长。

　　酉阳直隶州属:黔江县得雨一次,小春扬花。彭水县得雨二次,田水充足。秀山县得雨一次,豆麦青葱。

　　茂州直隶州属:汶川县得雨二次,小春滋长。

　　眉州直隶州属:眉州得雨二次,葫豆结实。彭山县得雨二次,小春长茂。青神县得雨一次,小春扬花。

　　邛州直隶州并属:邛州得雨二次,二麦吐穗。大邑县得雨三次,大麦含苞。

　　泸州直隶州并属:泸州得雨二次,小春结实。江安县得雨三次,小麦青葱。合江县得雨二次,葫豆结实。纳溪县得雨三次,二麦长秀。

　　理番直隶厅:理番厅得雨二次,豆麦发荣。

　　叙永直隶厅并属:叙永厅得雨二次,小麦畅茂。永宁县得雨二次,小春长发。

　　军机大臣奉旨:览。钦此。[1]

---

　　① 　中国第一历史档案馆藏:清单,档案编号:03-4965-330。

○三四　奏报同治八年十月
　　　至十二月借补千、把折

同治九年三月三十日(1870 年 4 月 30 日)

头品顶戴四川总督臣吴棠跪奏，为借补千、把总弁缺，按照新章，恭折汇奏，仰祈圣鉴事。

窃查前准兵部咨：嗣后借补千、把总各弁缺，积至三月开单汇奏一次，以归简易等因。遵办在案。兹查川省自同治八年十月起至十二月底止，各营共借补千总二员、把总一员，各造年岁履历清册，由提督臣胡中和咨请汇奏暨咨部给札前来。

臣覆加查核，均与定章相符。除将清册咨部外，理合恭折汇奏，并照缮清单，恭呈御览，伏乞皇太后、皇上圣鉴训示。谨奏。三月三十日。

同治九年四月二十九日，军机大臣奉旨：兵部议奏，单并发。钦此。[1]

○三五　呈川省同治八年十月至
　　　十二月借补千、把清单

同治九年三月三十日(1870 年 4 月 30 日)

谨将川省自同治八年十月起至十二月底止借补千总、把总应行给札各弁开具清单，恭呈御览。

---

[1]　中国第一历史档案馆藏：军机录副，档案编号：03-4745-045。

川北右营左哨千总张文朝前已奏准开缺。查尽先遇缺即补都司郑怀德,随营打仗,屡立战功,堪以借补川北镇标右营左哨千总。

忠州营领哨千总陈琅勒休遗缺,查绥宁协右营左司把总温存厚,曾经叠次出师著绩,已保守备留川尽先补用,堪以借补忠州营领哨千总。

绥宁协右营左司把总温存厚现已借补忠州营领哨千总,遗缺查得六品蓝翎尽先千总陈治安,迭次出师著绩,堪以借补绥宁协右营左司把总。

军机大臣奉旨:览。钦此。①

○三六　汇办同治八年九月至九年二月川省承袭世职折

同治九年三月三十日(1870年4月30日)

头品顶戴四川总督臣吴棠跪奏,为川省承袭世职,照章汇案办理,恭折仰祈圣鉴事。

窃查前准部咨:钦奉上谕:嗣后阵亡、殉难各员子孙承袭世职,均着各该州县将应袭职名迅速查明,径行具报督抚,予限半年汇案具奏一次等因。钦此。历经遵办在案。兹查自同治八年九月起至九年二月底止,陆续据成都等各州县先后详请承袭世职,并将前经请袭年未及岁、现已及岁之员呈请验看,造具故员履历事实暨应袭各员三代宗图、年貌、族邻供结前来。经臣先后验看属实,并将册结、宗图汇总,专咨报部查核。其有并无籍可稽者,请俟咨查覆到,

---

① 中国第一历史档案馆藏:清单,档案编号:03-4745-046。

另行办理。

　　所有自同治八年九月起至九年二月底止川省各属请袭世职，遵照奏定章程，谨缮清单，恭呈御览，伏乞皇太后、皇上圣鉴，敕部核覆施行。谨奏。三月三十日。

　　同治九年四月二十九日，军机大臣奉旨：兵部议奏，单并发。钦此。①

○三七　呈同治八年九月至九年二月川省请袭世职清单

同治九年三月三十日（1870年4月30日）

　　谨将同治八年九月起至九年二月底止川省世职各案，缮具清单，恭呈御览。

　　一、王国泰，原籍马边厅，寄籍成都县人，现年二十六岁。伊嗣父王玉林由尽先副将于同治二年十月二十日在浙江嘉善县张泾汇地方打仗阵亡，经部议给骑都尉世职。同治五年十二月二十二日奏，本日奉旨：依议。钦此。因原立官王玉林乏嗣，请以其继子王国泰承袭，年已及岁，俟接准部覆，再行给咨赴部引见，恭候钦定。

　　一、毛遇春，成都县人，现年二十六岁。伊胞兄毛元春由蓝翎把总于咸丰十年十一月十八日在江南秣陵关殷家巷打仗阵亡，经部议给云骑尉世职。同治三年十月十六日奏，本日奉旨：依议。钦此。因原立官毛元春未娶无嗣，请以其胞弟毛遇春承袭。

---

　　①　中国第一历史档案馆藏：军机录副，档案编号：03-4745-043。

一、龚瑞图,成都县人,现年二十岁。伊父龚雨由候选县丞于咸丰九年十月二十七日在江北浦口地方血战阵亡,经部议给云骑尉世职。前于同治三年承袭时年未及岁,准食半俸。今年已及岁验看,请食全俸。

一、蔡耀龙,成都县人,现年二十六岁。伊嗣父蔡朝玉由督标中营蓝翎步兵于咸丰四年十二月二十八日在江苏上海县与贼打仗阵亡,经部议给云骑尉世职。同治六年十二月初九日奏,本日奉旨:依议。钦此。因原立官蔡朝玉乏嗣,请以其继子蔡耀龙承袭。

一、苏锡麟,成都县人,现年二十一岁。伊父苏平治由尽先把总于同治元年八月初六日带团在荣县金花厂地方与贼打仗阵亡,经部议给云骑尉世职。同治六年十二月初九日奏,本日奉旨:依议。钦此。请以苏平治之嫡长子苏锡麟承袭。

一、张德全,成都县人,现年三十一岁。伊嗣父张正坤由提标右营马兵历保尽先外委于咸丰二年九月十九日在湖南长沙县牛头洲地方与贼打仗阵亡,经部议给云骑尉世职。同治六年十月二十一日奏,本日奉旨:依议。钦此。因原立官张正坤无嗣,请以继子张德全承袭。

一、刘文富,原籍越嶲厅,寄籍成都县人,现年十九岁。伊父刘兴隆由城守右营把总奉派出师安徽,于咸丰九年四月二十四日在定远县地方打仗阵亡,经部议给云骑尉世职。前于咸丰三年承袭时年未及岁,准食半俸。今年已及岁验看,请食全俸。

一、王国佐,华阳县人,现年三十岁。伊父王茂桂由六品军功于咸丰九年九月十一日带兵在湖南胡家岭地方与贼打仗阵亡,经部议给云骑尉世职。咸丰十年六月二十二日奉旨:依议。钦此。请以王茂桂之嫡长子王国佐承袭。

一、张运龙，华阳县人，现年二十八岁。伊父张文魁由城口营右司把总奉派出师广西，于咸丰元年七月十五日在新墟地方与贼打仗阵亡，经部议给云骑尉世职。前于咸丰二年承袭时年未及岁，准食半俸。今年已及岁验看，请食全俸。

一、倪炤，华阳县人，现年二十一岁。伊六世祖倪国正原任广西义宁县知县，于乾隆五年逆匪滋事殉难，蒙恩赏给恩骑尉，世袭罔替。伊曾祖及祖父均承袭后病故，所遗世职，请以倪国正之六世孙倪炤承袭，并将伊父倪沛龄原领诰敕，遵照部咨粘贴印花，径送吏部核办。

一、陈培武，华阳县人，现年二十三岁。伊父陈天柱由尽先副将护理汉中镇总兵于同治二年八月二十日因汉中府城失陷，骂贼被害，经部议给云骑都尉世职。原立官嫡长子陈培文承袭后病故无嗣，请以次子陈培武承袭。年已及岁，俟接准部覆，再行给咨赴部引见，并将伊兄陈培文原领敕书，遵照部咨粘贴印花，径送吏部核办。

一、范正新，华阳县人，现年二十六岁。伊胞兄范正邦由督标中营蓝翎步兵出师安徽，于咸丰九年八月二十九日在盱眙县属清水坝地方打仗阵亡，经部议给云骑尉世职。同治六年十二月初九日奏，本日奉旨：依议。钦此。因原立官范正邦未娶无嗣，请以胞弟范正新承袭。

一、杨绅缙，温江县人，现年二十一岁。伊父杨得胜由六品军功于咸丰九年十二月二十三日在安徽潜山县属地灵港打仗阵亡，经部议给云骑尉世职。咸丰十年五月二十六日奏，本日奉旨：依议。钦此。请以杨得胜之嫡长子杨绅缙承袭。

一、杨希舜，新都县人，现年二十八岁。伊父杨再发由蓝翎把总于咸丰九年十二月二十二日在太湖小池驿地方打仗阵亡,经部议给云骑尉世职。咸丰十年五月二十六日奏,本日奉旨:依议。钦此。请以杨再发之嫡长子杨希舜承袭。

一、胡志龙,新津县人,现年二十五岁。伊父胡吉升由城守右营守备于咸丰十年三月二十八日在江南溧水军营打仗阵亡,经部议给云骑尉世职。咸丰十一年二月初三日奉旨:依议。钦此。请以胡吉升之嫡长子胡志龙承袭。

一、王贞友,满洲人,现年二十三岁。伊父王天舜由蓝翎尽先把总于咸丰八年正月初六日在江南秣陵关打仗阵亡,经部议给云骑尉世职。前承袭时年未及岁,准食半俸。今年已及岁验看,请食全俸。

一、江世清,江津县人,现年十四岁。伊胞伯江炳琳由候补知府于咸丰九年十一月十四日在贵州遵义县雨路口地方打仗阵亡,经部议给骑都尉世职。咸丰十年闰三月十六日奏,本日奉旨:依议。钦此。因原立官江炳琳无嗣,请以其继子江世清承袭。

一、尹昌麟,郫县人,现年十九岁。伊父尹先奎由六品军功于咸丰九年十二月二十二日在安徽太湖县木林棕与贼打仗阵亡,经部议给云骑尉世职。前于同治三年承袭时年未及岁,准食半俸。今年已及岁验看,请食全俸。

一、文光沅,秀山县人,现年十九岁。伊胞叔文玉贵由六品军功于同治二年正月十八日在陕西大荔县天池司地方打仗阵亡,经部议给云骑尉世职。同治二年十二月二十四日奏,本日奉旨:依议。钦此。因原立官文玉贵未娶无嗣,请以继子文光沅承袭。

一、杨永承,秀山县人,现年十九岁。伊父杨志高由峨边厅右营守备于咸丰八年十一月初十日追贼至湾址地方,打仗阵亡,经部议给云骑尉世职。前于同治六年承袭时年未及岁,准食半俸。今年已及岁验看,请食全俸。

一、阳镇国,西昌县人,现年二十一岁。伊父阳荣举带团剿贼,于同治元年十二月十五日在本县高草坝与贼打仗阵亡,经部议给云骑尉世职。同治六年三月十七日奏,奉旨:依议。钦此。请以阳荣举之嫡长子阳镇国承袭。

一、何宗荣,西昌县人,现年二十五岁。伊父何应龙由建昌中营把总出师湖南,于咸丰二年十月二十三日在益阳县属三里桥地方打仗阵亡,经部议给云骑尉世职。同治七年十二月十三日奏,本日奉旨:依议。钦此。请以何应龙之嫡长子何宗荣承袭。

一、赵儒魁,西昌县人,现年十九岁。伊父赵尊贤由文生于同治二年正月二十七日,因发逆由滇窜扰县境,带团在阿月沟坎打仗阵亡,经部议给云骑尉世职。同治六年三月十七日奏,本日奉旨:依议。钦此。请以赵尊贤之嫡长子赵儒魁承袭。

一、李时荣,西昌县人,现年二十七岁。伊父李肇唐由文生于同治二年正月二十七日,发逆由滇窜扰县境,带团在阿月沟坎打仗阵亡,经部议给云骑尉世职。同治六年三月十七日奏,奉旨:依议。钦此。请以李肇唐之嫡长子李时荣承袭。

一、李受恩,巴州人,现年三十三岁。伊胞兄李光贤由蓝翎守兵于咸丰九年六月二十四日在安徽石埭县打仗阵亡,经部议给云骑尉世职。同治七年十一月十九日奏,奉旨:依议。钦此。因原立官李光贤未娶无嗣,请以胞弟李受恩承袭。

一、刘恩锡,巴州人,现年二十一岁。伊父刘万春由蓝翎尽先外委于咸丰五年十二月内在镇江府西门外打仗阵亡,经部议给云骑尉世职。前承袭时年未及岁,准食半俸。今年已及岁验看,请食全俸。

一、吴怀恩,仪陇县人,现年十三岁。伊父吴宪章由监生于同治三年五月十六日带团在县属之天台山地方打仗阵亡,经部议给云骑尉世职。同治五年十一月二十八日奏,奉旨:依议。钦此。请以吴宪章之嫡长子吴怀恩承袭。

一、杨国昌,罗江县人,现年三十七岁。伊父杨德芳由监生于咸丰十一年五月十二日率团堵贼,在河清地方打仗阵亡,经部议给云骑尉世职。同治六年十一月初四日奏,奉旨:依议。钦此。请以杨德芳之嫡长子杨国昌承袭。

一、陈世林,新宁县人,现年十七岁。伊父陈联福由绥定营蓝翎尽先千总于咸丰六年五月初五日在镇江府破岗子地方打仗阵亡,经部议给云骑尉世职。咸丰八年八月初九日题,十一日奉旨:依议。钦此。请以陈联福之嫡长子陈世林承袭。

一、鲁沛林,冕宁县人,现年十一岁。伊高祖鲁清由建昌左营把总出师金川阵亡,蒙恩赏给恩骑尉,世袭罔替。伊祖及父均经承袭后病故,所遗世职请以鲁清之第五世孙鲁沛林承袭。

一、岳昭灵,阆中县人,现年十六岁。伊父岳清华由川北右营蓝翎马兵于咸丰九年四月二十二日在安徽盱眙县属议简地方打仗阵亡,经部议给云骑尉世职。同治六年五月二十八日奏,奉旨:依议。钦此。请以岳清华之嫡长子岳昭灵承袭。

一、撒仕芳,会理州人,现年二十岁。伊父撒成龙由永定营蓝翎尽先千总于咸丰十年闰三月十五日在金陵土山江东桥地方打仗阵亡,经部议给云骑尉世职。同治三年九月二十日题,本日奉旨:依议。钦此。请以撒成龙之嫡长子撒仕芳承袭。

一、杨为城,合江县人,现年十岁。伊父杨昌林由廪生于同治元年四月二十日，因发逆窜扰县境，率团堵贼殉难，经部议给云骑尉世职。同治七年闰四月初一日奏，奉旨：依议。钦此。请以杨昌林之嫡长子杨为城承袭。

一、高子德，酆都县人，现年十四岁。伊父高正域由文生办理团练，于同治元年二月初四日〈在〉县属高家镇地方打仗阵亡，经部议给云骑尉世职。同治五年十一月二十八日奏，奉旨：依议。钦此。请以高正域之嫡长子高子德承袭。

一、杨仕绅，盐源县人，现年二十六岁。伊父杨如桢由文生于同治元年二月十三日，因发逆窜扰县境河西地方，杀贼阵亡，经部议给云骑尉世职。同治六年十一月初四日奏，奉旨：依议。钦此。请以杨如桢之嫡长子杨仕绅承袭。

一、胡大魁，射洪县人，现年二十六岁。伊曾祖胡万超由督标中营千总于嘉庆元年出师达州阵亡，经部议给云骑尉世职。伊祖及父均承袭后病故，所遗世职请以胡万超之嫡长曾孙胡大魁承袭，并将伊父胡太平原领敕书，遵照部咨粘贴印花，径送吏部核办。

一、敬承恩，仁寿县人，现年二十六岁。伊父敬芝兰由花翎游击于同治元年五月二十八日在陕西南郑县黄官岭地方打仗阵亡，经部议给云骑尉世职。同治元年十月二十六日奏，奉旨：依议。钦此。请以敬芝兰之嫡长子敬承恩承袭。

一、张宗姚，广元县人，现年二十岁。伊父张文升由四川城守左营外委于咸丰八年九月十八日在江苏溧水县城巷战阵亡，经部议给云骑尉世职。前次承袭时年未及岁，准食半俸。今年已及岁验看，请食全俸。

一、吕允中，永川县人，现年三岁。伊父吕世瑛由报捐从九品于同治七年十一月十二日在贵州军营与贼打仗阵亡，经部议给云骑尉世职。同治八年五月二十三日奏,奉旨:依议。钦此。请以吕世瑛之嫡长子吕允中承袭。

军机大臣奉旨:览。钦此。①

○三八　奏报同知杨荫棠期满甄别片

同治九年三月三十日(1870 年 4 月 30 日)

再,查吏部奏定章程:州、县、丞、倅无论何项劳绩保奏归入候补班者,以到省之日起,予限一年,令督抚详加察看,出具切实考语,奏明分别繁简补用等因。遵照在案。兹查有补用知府遇缺即补同知杨荫棠,到省一年期满,自应照章甄别,据署布政使英祥、署按察使傅庆贻造具该员履历清册,会详请奏前来。

臣查同知杨荫棠,年强才裕,请留川以繁缺补用。除将该员履历清册咨部外,理合附片陈明,伏乞圣鉴。谨奏。

同治九年四月二十九日,军机大臣奉旨:吏部知道。钦此。②

○三九　委署潼川府知府等各员片

同治九年三月三十日(1870 年 4 月 30 日)

再,潼川府知府阮祜病故出缺,前经臣恭疏题报,并声明遗缺扣留外补在案。该府统辖八县,兼理盐厂井灶事务,应先委员接署,以专责成。查有候补知府博文,在川年久,熟悉地方情形,堪以

---

① 中国第一历史档案馆藏:清单,档案编号:03-4745-044。
② 中国第一历史档案馆藏:军机录副,档案编号:03-4653-151。此片具奏日期未确,兹据同批折件校正。

委署。又，署长寿县知县缪嘉举调省遗缺，查有因公在省之彭水县知县岗玉，堪以调署。又，署新都县知县饶宪章期满交卸，以营山县知县濮文升接署。岗玉、濮文升正署各任内并无经征钱粮未完及承缉盗劫已起四参案件，据藩、臬两司会详前来。除分咨遵照外，理合附片陈明，伏乞圣鉴。谨奏。

同治九年四月二十九日，军机大臣奉旨：吏部知道。钦此。[①]

○四○ 请将前参知县葆符扣除免议片

同治九年三月三十日（1870 年 4 月 30 日）

再，同治八年奏销七年茶课税银案内，有雅安县未完茶课税银三千九百二十五两三钱零，当将经征不力职名随案附参。旋据署盐茶道延祜详：催据雅安县将欠解前项银两全完，业已弹收存库等情。前来。

臣查雅安县七年份茶课税银既已全完，所有前参经征不力之署雅安县事坐补江北厅同知葆符职名，合无仰恳天恩，敕部准予照例扣除，免其置议，出自鸿慈。除咨部外，理合附片陈明，伏乞圣鉴训示。谨奏。

同治九年四月二十九日，军机大臣奉旨：着照所请，该部知道。钦此。[②]

---

①　中国第一历史档案馆藏：军机录副，档案编号：03-4653-152。此片具奏日期未确，兹据同批折件校正。

②　中国第一历史档案馆藏：军机录副，档案编号：03-4891-050。此片具奏日期未确，兹据同批折件校正。

○四一　奏报守备杨步青暂缓引见片

同治九年三月三十日(1870年4月30日)

再,前准兵部咨:升补平番营守备杨步青,应令给咨引见等因。查该员先经委署茂州营都司。该营地扼边要,控制番夷,为松潘后路门户。杨步青在松年久,勇于任事,前年口外野番至边界滋衅,经该员督带兵团驰往掩捕,野番闻风解散,边围赖以静谧,汉夷帖服。平日操防驾驭,均资得力,未便遽易生手,合无仰恳天恩,俯准暂缓北上,敕部先给署札,一俟接替有人,再给咨送部引见。是否有当,理合附片陈明,伏乞圣鉴训示。谨奏。

同治九年四月二十九日,军机大臣奉旨:着照所请,兵部知道。钦此。①

○四二　请以李德良补授潼川府知府折

同治九年四月初四日(1870年5月4日)

头品顶戴四川总督臣吴棠跪奏,为拣员酌补知府,以资治理,恭折仰祈圣鉴事。

窃照潼川府知府阮祜于九年二月十四日因病出缺,例应以该员病故本日作为开缺日期,前经臣恭折题报,声明遗缺应归部选,川省现有应补人员,应请扣留外补在案。伏查吏部奏定新章:道、

---

① 中国第一历史档案馆藏:军机录副,档案编号:03-4745-047。此片具奏日期未确,兹据同批折件校正。

府、通、同、直隶州仍循照定例，统由该督抚酌量才具，择其人地实在相需者请补，遇轮、补、病、故、休、选缺，先尽候补班前酌补一人，次将候补正班酌补一人，其余均由该督抚酌量请补等语。今潼川府员缺管辖八县，兼理井灶事务，本系繁难之缺。自上年滇匪扰川，该郡被兵最久，居民未全复业。而近年援邻防边，劝捐济饷，仍不能不借资民力，安集抚缉，尤赖得人，非曾任表率、恩望素孚之员，不足以资镇抚。

臣督同藩、臬两司详加遴选，查坐补潼川府知府陶文潞，早于咸丰十一年告病回籍，并未起病，应行扣除。川省现无银捐、常捐候补班前知府，其劳绩候补班前人员，或系知县保升，或由京员分发，均非曾任表率，恐难遽胜方面之任。惟有前任眉州直隶州知州保升遇缺尽先补用知府李德良，年五十岁，顺天宝坻县廪生，道光己酉科拔贡，以知县用签掣四川，补授开县知县。咸丰七年，升补眉州直隶州知州。嗣以守城解围出力保奏，十年十一月初九日，奉上谕：眉州直隶州知州李德良，着以知府用，赏戴花翎。钦此。先因回避胞叔重庆府知府李庄开缺，于是年五月交卸。旋因李庄病故，奏留原省。同治二年，丁父忧，接丁母艰，服满起复。六年十一月十二日引见，奉旨：着发往四川，以知府遇缺尽先补用。钦此。七年九月到省。该员才具练达，办事实心。前在眉州直隶州任内，表率有方，民怀吏畏，用能力摧强寇，保全危城。现署成都府知府，审结重案多起，随时清厘词讼，使羁押待质人犯，均得及早省释，洵能力求整顿，治理裕如，以之请补潼川府知府，实堪胜任，现在川省并无例应回避之人，亦无捐免回避情事。该员以遇缺尽先知府得补知府，本与定例相符，惟未保加候补班前稍有未合，而核其从前守城御寇原案，劳绩甚优，且人地实在相需，例得声明奏请，据两司会详前来。

合无仰恳天恩,俯念地方紧要,准以该员李德良补授潼川府知府,实于吏治、民生均有裨益。该员系候补知府请补知府,衔缺相当,毋庸送部引见,亦毋庸开叙参罚。臣为边地择人起见,是否有当,理合恭折具奏,伏乞皇太后、皇上圣鉴训示。再,此案应扣至九年五月十一日限满。合并声明。谨奏。四月初四日。

同治九年四月二十一日,军机大臣奉旨:吏部议奏。钦此。①

○四三　奏报川省历年防剿经费筹拨支放片

同治九年四月初四日(1870年5月4日)

再,川省历年办理防剿,筹拨经费,均经随时奏报在案。惟近年援邻之师四出,一切军资粮饷均须由川供应,司库入不敷出,积欠勇粮过巨,势难支持。臣与在省司道力图补救,前经奏明汰去老弱,募补精锐,期节糜费,而裁汰各营勇又不能不将积年欠饷迅速找发,俾早遣散,以致出款愈多。兹据防剿局司道详:前拨军饷早已支用无存,先后咨准藩司在于盐货厘金项下三次拨银一百四十万三千两,节年捐输项下五次拨银十七万九千两,新办普捐项下四次拨银五十六万两,津贴项下二次拨银三万两,共一百九十一万一千两,一并归入防剿经费项下,均系随拨随支,并无存剩,容另筹拨等情,详请具奏前来。

臣覆核无异。至各营员弁勇丁细数及征防地方,已据司道督催局员,按年挨项造册,现在分起陆续报部。理合附片陈明,伏乞

① 中国第一历史档案馆藏:军机录副,档案编号:03-4653-125。

圣鉴训示。谨奏。

同治九年四月二十一日,军机大臣奉旨:该部知道。钦此。[1]

○四四　奏保川军克复鲁甸厅城出力员弁折

同治九年四月初四日(1870年5月4日)

成都将军臣崇实、头品顶戴四川总督臣吴棠跪[2]奏,为遵旨核实汇保援滇川军克复鲁甸厅城,生擒要逆尤为出力员弁,恭折仰祈圣鉴事。

窃臣等于同治八年十二月十八日,承准军机大臣字寄:十二月初三日,奉上谕:此次援滇川军迭克匪巢,生擒要逆,剿办尚属奋勉,着崇实等核实奏保,毋许冒滥等因。钦此。查唐友耕一军,自克复鲁甸厅城、攻破岩洞老巢之后,迤东逆回势同瓦解。迭据咨报,一面饬派署游击涂开科率队援剿黑石盷余匪,并准昭通镇总兵全祖凯咨请,拨借枪炮、帐房等件,一面督率员弁,安抚难民,搜捕零贼。据投诚回目马占鳌、马开科等,将逆党李正奎、虎二、帅主等三十余名陆续捆献,缴到伪总统木质关防二颗。讯据供称:迤西杜逆前派有伪都统木近仁,纠众来救,迨官军捣穴擒渠,逃往江底、后山等语。唐友耕即督勇兜拿,幸未窜逸,搜出该逆身上有与西逆伪司马信稿一件、昭通都统伪印一颗,均分起解交署昭通府知府李应华,讯明正法。正在亲统全军驰赴黑山盷间,接据总兵全祖凯及派往援剿之署游击涂开科飞报,连获胜仗,回目匐匐乞降,已饬呈缴

---

① 中国第一历史档案馆藏:军机录副,档案编号:03-4776-029。此片具奏日期未确,兹据同批折件校正。

② 原稿无此前衔,兹据《清实录》校补。

器械,平毁壁垒各等情。所有会剿黑山坳战状,业经云贵督臣刘岳昭等奏明在案。

臣等伏查川军之援剿滇东也,时值省围未解,贼势方张,蜀境边防,嚣焉不靖。唐友耕当事会万难之际,具坚贞不拔之操,剿抚兼施,誓清寇乱。臣等初犹虑动多棘手,非旦夕所可奏功。故虽捷报时闻,如桃源龙洞汛之战,毙贼以千计,踏破贼营以数十计,总未敢因客兵屡胜,荐牍遽登,乃不数月间,坚城迅拔,要逆就擒。凡兹摧锋夺垒之能,悉赖勠力同心之用。是以据情入告,渥荷圣明,录及微劳,凡在戎行,无不同声感戴。昨准云贵督臣刘岳昭咨送克复黑山坳贼巢片稿,亦谓此次昭鲁回乱,李本忠实系罪魁,幸赖川省派令提督唐友耕援滇,先固藩篱,拔除祸本等语。盖事每难于谋始,功必责其图成也。

今幸仰仗天威,荡平巨寇,除十年之积患,慰两省之舆情。唐友耕骁勇冠军,战功累著,曾任云南实缺提督,蒙赏给额垿莫克依巴图鲁勇号。此次越境援剿,与寻常劳绩不同,可否恳恩赏穿黄马褂,以示优异,出自逾格鸿慈。

其余尤为出力员弁,臣等核实,缮具清单,恭呈御览,吁求皇上立沛恩施,以示鼓励。除拟保千总以下另册咨部外,所有遵旨核实汇保克复鲁甸厅城、生擒要逆尤为出力员弁缘由,谨合词由驿驰陈,伏乞皇太后、皇上圣鉴训示。谨奏。

同治九年四月初四日,由驿具奏。于本年五月初四日,准兵部火票递回原折,后开军机大臣奉旨:另有旨。钦此。[1]

---

[1] 吴棠等:《游蜀疏稿》,第87—96页。

【案】此折于同治九年四月二十一日得允行。《清实录》：

丁巳，谕内阁：崇实、吴棠奏，援滇川军克复鲁甸厅城，生擒要逆，遵将出力员弁开单请奖一折。云南逆匪李本忠窜踞鲁甸厅城，提督唐友耕督率官军，分路进攻，迭破贼巢，当将厅城克复，生擒逆首李本忠及贼党多名正法，昭、鲁渐次肃清。在事出力各员，洵属著有微劳，自应量予奖励。唐友耕越境援剿，屡著战功，此次迅克坚城，擒斩要逆，实属异常出力。唐友耕着赏穿黄马褂，以示优奖。①

【附】同治九年四月二十一日，清廷以筹办黔省军务颁布廷寄曰：

军机大臣字寄：成都将军崇、四川总督吴、湖南巡抚刘、广西巡抚苏、贵州巡抚曾、广西提督冯：同治九年四月二十一日，奉上谕：曾璧光奏，黔省军务紧迫，粮饷两空，现在筹办情形一折。黔省苗、教各匪虽经川、楚、黔各军分路防剿，而贼众兵单，总未大张挞伐。曾璧光现令总兵李荣春、毛际惠等，分由安顺水城募练前进，剿洗土匪，即赴兴普，合攻回巢。其大定属之杠匪滥练，遵义属之漏网余匪，即饬马宗骏、塞闿等，会同府县各官认真搜剿，并力保开、修等县，以顾饷道，派兵驻扎定广，以遏贼氛。所筹均尚周密。即着该抚督饬在事员弁实力防剿，毋稍玩误。独山、荔波等州县界连粤西，自都匀失后，定广贼炽，省军鞭长莫及，援助为难。曾璧光请饬广西各军，由独、荔一带扫荡而前，亦是正办。惟冯子材督兵剿办越南匪徒尚未蒇事，能否分兵援黔之处，着苏凤文、冯子材酌度情形，妥

---

① 《穆宗毅皇帝实录（六）》，卷二百八十一，同治九年四月下，第889页。

筹办理。遵义教案,迭经寄谕曾璧光迅速办结,乃该抚并不妥为筹办,辄将李鸿章派出之道员余思枢派赴贵定办理军务,殊属延玩!现在法国在京公使,日以黔省教案未结,向总理各国事务衙门哓哓催问,多方要挟,若不赶紧竣事,必至枝节横生。着曾璧光迅饬余思枢,克日驰赴遵义,会同黔省人员,将教民一案办结,不得再涉迁延!其贵定、羊场等处即着责成提督刘士奇统筹防剿,不准借词托病,贻误戎机!崇实、吴棠、刘崐当督饬川楚各军,将黔省苗匪痛加剿办,毋稍懈弛。贵州地瘠民贫,用兵日久,粮饷两空,困苦情形,实深廑系。着崇实、吴棠、刘崐按照户部奏定协黔饷数,按月源源解济,以拯饥军。并着户部查明应解黔饷省份,飞速咨催,一面另筹有着之款,奏明动拨,解赴黔省,俾士马饱腾,早收廓清之效。曾璧光请将黔省各局收捐正印五项指省分发展限,着准其再展一年,仍照部议编号汇咨,以免混淆,而昭慎重。将此由六百里各谕令知之。钦此。遵旨寄信前来。①

○四五　请将知府英文等均免其置议片

同治九年四月初四日(1870年5月4日)

再,查滇省糜烂之余,城池汛寨大半为逆回沦陷,豪族霸持,是以地方官吏虽有守土之责,几无守土之权。李本忠即迤东逆回之豪族也。当窜踞鲁甸厅城时,云南昭通府知府英文,②他郎通判署

---

① 台北故宫博物院藏:军机及宫中档,文献编号:408018096。
② 英文(1829—?),镶白旗满洲松凌佐领下人,官学生。咸丰年间,历任礼部笔帖式、主事、员外郎、云南昭通府知府。光绪年间,历任礼部郎中、四川盐茶道。

鲁甸厅通判吴广通，或远在郡垣，会筹剿抚，或前往古寨，劝办捐输，未能先事预防，固属疏忽，而要其势孤力绌，亦不足以制强寇。迨川军追贼抵境，扎营环攻，吴广通等召集乡团，约难民为内应，随同克复城池，并经唐友耕商令查办、安抚汉回难民事宜，擘画辛勤，俾地方照常安堵。英文复带练协剿岩洞老巢，捣穴擒渠，战功迭著，均属奋勉出力。

臣等悉心查核，情节尚有可原，功过亦足相抵，合无仰恳天恩，俯准将昭通府知府英文、署鲁甸通判吴广通免其置议，以资激励。谨合词附片陈明，伏乞圣鉴训示。谨奏。

同治九年四月初四日，由驿具奏，于本年五月初四日，准兵部火票递回原片，后开军机大臣奉旨：另有旨。钦此。①

【案】崇实、吴棠此片未获俞允。《清实录》：

丁巳……（崇实、吴棠）另片奏，请将随同克复城池之知府英文等失守处分免其置议等语。昭通府知府英文、署鲁甸通判吴广通，带练随剿，虽有微劳足录，惟未能先事豫防，究有应得之咎，未便遽予免议。英文、吴广通均着革职留任，以观后效。②

【附】云贵总督刘岳昭等于同治九年十月间附奏将英文等开复处分片：

再，革职留任昭通府知府英文、署鲁甸通判事他郎通判吴广通，因鲁甸回匪扰城抗拒，未能先事预防，奉旨革职留任，以

---

① 吴棠等：《游蜀疏稿》，第83—86页。
② 《穆宗毅皇帝实录（六）》，卷二百八十一，同治九年四月下，第889—890页。

观后效,钦遵行知在案。该员等先经调赴军营差遣,深知愧奋,迭次随同克复城池,在事尤为出力。

臣等查鲁甸之案,曾奉谕旨:此处回民闻谣自固,与公然叛逆者不同。仰见圣明万里洞瞩无遗,而英文等因土著回民由内生变,仓卒不及防范,与他处失守城池有间。前于本案带勇助剿,业经著有微劳,今又迭次出力,合无仰恳天恩,将昭通府知府英文、前署鲁甸通判事他郎通判吴广通,均开复革职留任处分并免缴捐复银两之处,出自逾格鸿慈。臣等谨附片具奏,伏乞圣鉴训示。谨奏。同治九年闰十月十三日,军机大臣奉旨:着照所请,该部知道。钦此。①

○四六　奏报川军会合陕师剿回折

同治九年四月十六日（1870 年 5 月 16 日）

成都将军臣崇实、头品顶戴四川总督臣吴棠跪奏,为川军越境雕剿窜回屡战屡捷,②力保汉南门户,现复抽调劲旅会合陕军驰赴武功、礼泉相机援剿兼顾省垣,恭折仰祈圣鉴事。

窃查本年正月间,甘肃金积堡逆回窜出数千人。川军驻防陕境者,即经陕甘督臣、陕西抚臣檄饬分统武字营汉中镇总兵李辉武,酌拨队伍带赴乾州。嗣又调赴三原、富平,严防关中根本之地。其时,该逆狼奔豕突,逼近泾州。因恐官军有备,直走三水、临潼一带。我军纵横驰骤,一遇贼于高陵,一击贼于扶风,颇有斩获。副

---

① 台北故宫博物院藏:军机及宫中档,文献编号:104006。
② "屡战屡捷",《游蜀疏稿》仅作"屡捷"。

将颜佑胜炮子中肩,弁勇亦伤亡数十名。所有该处军情应由陕省
疆臣随时奏报,臣等未敢以偏师偶胜,上渎宸聪。

兹迭据李辉武禀报:三月初四日,回逆马步千余人在陇州之
大栗村肆行焚掠。川军武字副右营提督王照南、新副营总兵萧
德林,由八渡镇列队并进,枪轰矛刺,阵毙悍贼甚多,生擒七名,
夺获骡马器械无算。我军阵亡二名,受伤九名。讯据生擒贼酋
供称,该逆大股共有五千余人由河州窜出。逆首崔三现住清水
县地方,先派匪党王占葵带领千余人由大栗村、八渡镇一带图扰
宝陇等语。

初八日,逆回大股悉窜清水南岸边马扰及香泉。李辉武恐其
阑入宝鸡,遂调副右、新副两营仍回防所。一面饬驻汧阳之律后
营、陇州之律前营陕军、武字副前、经武两营川军,确觇贼向,相机
堵剿。初九日,贼窜八渡镇,经驻陇三营截剿,大败之,向县头镇遁
去。是日亥刻,探知贼从陇州南乡分三股窜来,一股由八渡新街趋
县头镇,一股分扰贾村原,一股由大关山香泉径趋马原。均距宝鸡
二三十里不等,势甚剽疾。

初十日卯刻,李辉武督率川军亲兵及律勇右营陕军、武字副右
营、新副营川军前进,将抵县头镇,见贼众蚁聚,后队且蜂拥而来,
约计马步贼六七千人。当余六营亦分三路应之。步贼纷纷格斗,
骑贼四面包抄。正鏖战间,适驻汧阳之律勇后营副将邵永朝转战
而来,合力夹攻。移时,贼始不支。我军奋勇斯杀,阵斩悍贼四五
百人,枪毙者不计其数,生擒二十余名,内有贼目张大魁一名,夺获
骡马三百余匹。各营乘胜追杀四十余里,至牛头山地方,时天色已
晚,始行收队。是役苦战竟日,弁勇阵亡二十七名,受伤三十八名。

十一日戌刻,又探得逆回分道奔窜汧阳、凤翔境内,其后队尚

在宝鸡县之贾村原一带肆扰。李辉武于十二日寅刻率副右、新副、律右三营前往追剿。该逆于原上竖立望旗,瞥见我军队伍即绕旗遁走。各营勇丁迅疾上原,梭赶二十余里。我步彼骑,转眴间,贼渡汧河窜入凤翔府之陈村地方,暂行撤队回防。

十二日卯刻,李辉武复亲率武字副右、新副两营、律勇右营,由宝鸡驰进,与驻陇之武字副前营、经武营、律勇前营同日拔至距陈村三十里之黄家岩,谕令传餐休息。

十四日丑刻,严整队伍驶抵陈村,饬川军右副营提督王照南、新副营总兵萧德林、陕军律勇前营参将王光发,从右路原上抄入。川军武字副前营总兵胡国珍、经武营总兵杨恩泽从左路河坝截击,而自率亲兵及总兵胡义和之陕军律勇右营直捣中坚。该逆马步分股来扑,势甚凶悍,枪炮子落如雨。各勇陷阵冲锋,前者受伤,后者继进,相持三时之久。该逆且前且却,我军再接再厉,阵毙悍贼以数百计。将至未刻,值统领宗岳陕军^①率步队六营、马队一旗亦由汧阳拔到。两军会合并力夹击,枪炮齐施,刀矛并举,毙贼不计其数。贼大败,悉由原上纷窜若鸟兽散。追至距凤翔十五里之屈家山,拼命向柳林铺一路遁去。沿途掩杀不少,生擒陈寿洪等十七名,均系悍贼,立即讯明正法。我军阵亡弁勇二十三名,带伤多名。

十六、七等日,复率武字、律勇等营会合西征马队,追剿至岐山县属之蔡家坡。贼骑尾队见我军紧蹑其后,策马奔入罗局镇会合大股。李辉武遂麾军急趋而进。贼之步队列阵原上,其马队分数路抄来,异常凶猛。我军仍分中、左、右三路迎敌,并令西征马队从左右拦击。贼冒死冲突十余次,我军屹立不动。各营将领奋臂一

---

① 原文如此,似缺人名。

呼，身先士卒，手刃数贼落马。各勇乘势压下冲入贼中。贼队截而为二，其一股数百骑从东南窜逸时，陕军宗岳各营由岐山赶到，即商令跟踪掩捕。其大股向西北狂窜。李辉武与殷华廷督率马步追奔逐北，直至麦禾营地方。该逆粮食器械抛弃殆尽，夺路而逃。共计阵斩骑贼二百余名，夺获红旗二面，劈山炮二座，骡马五百余匹，救出难民七八百人，生擒贼目刘得荣、马喜顺等二十一名。据供逆首崔三面带子伤，军火粮食俱缺，势甚穷蹙等语。讯明后悉行正法。我军弁勇阵亡七名，受伤十八名。

二十一日，准陕西抚臣蒋志章、前署陕西抚臣刘典咨函：以败贼分股沿泾河北岸向东而走，径趋高陵，别又无兵可调，催令迅派数营会合陕军，并力剿办等因。李辉武将宝鸡、凤翔县防务布置周妥，留营扼扎。随于二十四日，亲率武字右营、新副营川军及律勇左右两营陕军，开拔前赴武功、醴泉，相机援剿各等情。

臣等伏查金积堡窜出逆回纷扰陕境，尚未阑入汉南。驻防宝、凤川军四处救援，原不敢稍分畛域，惟深虑狄河股匪伺隙乘虚，则徽、成之间，在在与蜀疆接壤，势将防不胜防。李辉武本系统领武字营贵州提督周达武部将，朴诚勇敢，胆略过人。自分统川军出防已将三载，所向有功。陕省疆臣又盖以律勇等营兵力较厚，委任亦专令。幸仰赖天威，累战皆捷，足以挫遏凶锋而败贼。复径趋高陵，自应拨队援剿，急清腹地，兼顾省垣。

除将伤亡弁勇查明请恤、出力人员存记汇奖外，臣等惟有督饬李辉武统筹大局，勉策全功，并咨会周达武将汉南、川北驻防各军，居中调度，务使联络堵御，克靖边隅，以仰副圣主厪念西陲之至意。所有川军越境雕剿窜回，力保汉南门户，现复会合陕军相机援剿、兼顾省垣缘由，谨合词恭折由驿驰奏，伏乞皇太后、皇上圣鉴训示。

谨奏。

同治九年五月初二日,军机大臣奉旨:览奏,已悉,与左宗棠、蒋志章前奏情形大略相同。着仍檄饬李辉武督率各队,联络陕军,相机援剿,毋稍松劲。钦此。①

○四七　遵旨续议裁军勉筹协饷片

同治九年四月十六日(1870 年 5 月 16 日)

再,臣等前于上年十二月间,将裁勇节饷情形附片奏明在案。兹于二月初四日,承准军机大臣字寄:同治九年正月二十日,奉上谕:着崇实、吴棠迅将前项不出剿之军,并其余不能得力零星各营,筹款酌补欠饷,逐渐裁汰等因。钦此。查川省征防各军,自客腊昭鲁援师凯撤毕节、溃勇解散以后,又陆续裁勇五千余人。惟欠饷甚巨,前任督臣骆秉章以楚勇定蜀乱,遇有将士遣归,从未折减,只得循照旧章办理。而每裁一营,总须找发欠饷数万两,无非移缓就急,勉强支持。现尚存提督周达武所部八千余人,内留驻越嶲夷地者四营,出扎陕境者十营,派防川北者二营。近因甘回出窜,复饬调总兵李友恒,率所部四营,驰往扼堵。川南与云贵接壤者千有余里,筠连、叙永,则以提督唐友耕所部四千七百人;会理、盐源,则以总兵刘宝国所部二千人分防其地。此外,驻省亲兵、楚勇数营及各府厅等团勇练丁而已。

---

① 台北故宫博物院藏:军机及宫中档,文献编号:100943。又,吴棠等《游蜀疏稿》,第 105—125 页。其文尾载曰:"同治九年四月十六日,由驿具奏,于本年五月十五日准兵部火票递回原折,后开军机大臣奉旨:览奏,已悉,与左宗棠、蒋志章前奏情形大略相同。着仍檄饬李辉武督率各队,联络陕军,相机援剿,毋稍松劲。钦此。"

至援滇之师,有提督李家福所部两千五百人。昨准云贵督臣刘岳昭咨,请筹款裁撤,将来即可以抵协饷,而连年因滇省军务渐有起色,加意顾持,已陆续解过协饷银十余万两,初未敢稍分畛域。援滇之师有道员唐炯等所部一万八千人,每月需饷十万两,竭力供支,最形吃重。昨准贵州抚臣曾璧光咨送折稿,据称川、湘均有重兵在境,费用不赀,而又月责以川协五万、湘协二万两,势既有所不能等语。是川省以全力援黔,势难兼顾协饷,洵属实情。

协办大学士湖广督臣李鸿章威望素重,震詟华夷。如果督师入黔,自不得不悉心筹画,以竟全功。嗣又有先赴陕西督办军务之命,即论蜀之边患,关陇亦切于滇、黔。臣等谨当督饬司道等,设法腾挪,随时接济,冀可荡平回乱,绥靖邻疆。所有遵旨续议裁军勉筹协饷缘由,谨合词附片陈明,伏乞圣鉴。谨奏。

同治九年五月初二日,军机大臣奉旨:知道了。钦此。[1]

【案】军机大臣字寄……逐渐裁汰等因:此廷寄《清实录》载曰:

谕军机大臣等:李鸿章奏,筹办黔事大略情形,请饬川省裁军腾饷,暨酌拨洋税银两各折片。黔省苗氛肆扰,川、楚各军未能奏绩,特命李鸿章前往督办,底定黔疆。该省军事棘手,朝廷亦所深悉。此次该督筹陈大略,详述三难,足见远虑深谋,老成持重。李鸿章公忠体国,必能力任其难,早靖西南

① 台北故宫博物院藏:军机及宫中档,文献编号:100944。又,吴棠等:《游蜀疏稿》,第97—103页。其尾记曰:"同治九年四月十六日,由驿附片具奏,于本年五月十五日准军机大臣奉旨:知道了。钦此。"

边患。所有酌调旧部、筹运粮饷各事宜,均着该督相度机宜,悉心筹布,朝廷不为遥制也。黔饷势须借资于川,而川省营勇过多,积欠又巨。现在唐友耕所部六千余名已由滇省撤回,周达武所部八千余名又经抽调腹地,着崇实、吴棠迅将前项不出剿之军,并其余不能得力零星各营,筹款酌补欠饷,逐渐裁汰,腾出饷项,以赡征军,并将裁剩饷需,尽力分济援黔各军及酌拨滇、黔协饷,不准稍存膜视,仍随时知照李鸿章酌度办理。至李鸿章督办黔事,必得大宗的饷,方足以资饱腾。着马新贻、丁日昌于江海关应解淮军额饷二万两外,按月加拨该关四成洋税三万两、六成洋税一万两;李鸿章、郭柏荫于江汉关按月拨解四成洋税二万两、六成洋税三万两;丁宝桢按月协拨银二万两,均自本年二月份起如数筹拨,按月委解金陵军需局,转解李鸿章后路粮台。该督抚等均能顾全大局,谅不至稍有迟误。将此由六百里各谕令知之。[①]

○四八　奏报巴塘地震拨款抚恤折

同治九年四月十六日(1870 年 5 月 16 日)

头品顶戴四川总督臣吴棠跪奏,为巴塘连日地震兼被火灾压烧军民,现在委员前往查勘抚恤,先行恭折奏祈圣鉴事。

窃臣于四月初七、十一等日,连据管理巴塘粮务试用通判吴福,同驻防巴塘汛崇化营都司马开昌报称:三月十一日巳刻,巴塘一带突然地震山崩,衙署、仓库、碉寨、民房及汉夷军民同时被压。

---

① 《穆宗毅皇帝实录(六)》,卷二百七十五,同治九年正月下,第813—814页。

该通判、都司及在营兵弁均各受伤逃出。复正拟设法救护，四处火光倏起，加以疾风，烟焰飞腾，延烧甚猛。该通判筹画救火之策，而连日地震，不但人难驻足，兼之河水暴竭，直至十七日，始得将火救熄。被压之衙署、仓库、卷宗及军民房屋多成灰烬。汉番军民、喇嘛伤毙甚众。正土司札喜受伤甚重，副土司郭宗班觉、官印均无下落。各乡及竹巴陇汛等处，亦连日地震，赴藏大路崩陷，不能行走，恳请查勘抚恤等情。

查巴塘悬处口外，距打箭炉二十余站，为藏卫要道，汉番军民遭此奇灾，不但口食无资，抑且栖身无所，深堪悯恻！亟应妥予抚恤，以安人心。且被震地方远近，伤毙人口若干，坍塌房屋若干，库饷有无遗失，额存仓谷损坏若干，驿站能否绕越，均需逐一确查。臣于初次接报后，即商同藩、臬两司，飞饬里塘粮员通判施毓龄兼程前往，会同详细确勘，据实飞报；一面在于省库先拨厘金银三千两，委员驰解巴塘，会同该通判、都司按照被灾户口，分别赈恤，毋使灾黎失所。并据建昌道鄂惠具禀，该道于接报后，先饬打箭炉厅就近拨银一千两，委弁驰解赈济等情。

除俟该委员勘明具覆到日，再将详细情形具奏外，谨会同成都将军崇实，合词恭折先行由驿驰奏，伏乞皇太后、皇上圣鉴训示。谨奏。同治九年四月十六日。

同治九年五月初二日，军机大臣奉旨：钦此。[①]

【案】此折于是年五月初二日获清廷批覆。《清实录》：

---

① 台北故宫博物院藏：军机及宫中档，文献编号：100945；中国第一历史档案馆藏：军机录副，档案编号：03-9312-012。

又据吴棠奏称，巴塘地震，筹款抚恤各等语。本年三月间，四川巴塘一带地震火发，压毁人民房屋。该处遭此天灾，殊堪悯恻！吴棠业已筹动款项，派员前往赈恤，即着妥为安抚，毋令失所。将此由五百里各谕令知之。①

○四九　奏报川军攻克黄飘等贼垒折

同治九年四月二十二日(1870年5月22日)

成都将军臣崇实、头品顶戴四川总督臣吴棠跪奏，为援黔川军攻克黄飘、白保等数十寨，事机渐臻顺利，现在进取螃蟹，并约会楚师合击瓮谷笼、岩门司等处苗疆，恭折仰祈圣鉴事。

查本年二月间，统领援黔川军道员唐炯驰抵重安营次。其时，统领楚军臬司席宝田②先已赴黔。惟所募新军须三月初旬，方能取齐。贵州提督刘士奇督兵出扎龙贵以顾春耕，尚无来会确期。我军亦乘时采办军粮，节节攻打，运赴前敌。迭经臣等批饬唐炯等迅即会合楚、黔两军，克期进剿，不得互相观望，坐失事机。兹据道员唐炯禀报：自三月初旬，来都匀之贼时出平越、贵定，扰我粮道，截夺驮马。经副将酆有伦、参将刘舜祥、游击林德全击败，乘胜进拔麻挪等四寨，斩获甚多。刘舜祥手带矛伤。黄飘等处之贼绕由余庆攻扑瓮安县城，经参将杨正洪、都司杨通祥击败，夺获云梯器

① 《穆宗毅皇帝实录(六)》，卷二百八十二，同治九年五月上，第898页。

② 席宝田(1829—1889)，字研芗，湖南东安人，廪贡生。咸丰二年(1852)，在籍办团。九年(1859)，以军功升知府，赏戴花翎。同治三年(1864)，保布政使，世袭骑都尉兼一云骑尉。六年(1867)，赴黔剿办苗乱。后称病退职，离黔回湘，建孔庙，修县志，办书院。光绪十五年(1889)，病卒。赠太子少保。

械甚多。是时，探闻楚军已拔施洞，唐炯商同提督刘鹤龄、道员邓
锜①于二十二夜，潜袭东坡，斩获首级二百余颗，牛马百余只，焚烧
贼屋二千余间，余贼窜向黄飘。二十六日丑刻，邓锜督提督谢鸿
章、总兵周万顺等五营自新州趋黄飘。刘鹤龄督总兵向长曙、提督
李启贵、参将潘金安、杨继春、副将朱本忠、都司向秉忠、守备李孝
德等，自滥荡田进，同知于德楷督参将刘德顺、副将张友林、都司王
开祥、总兵何行保等，自炭坑坳进，合剿黄飘。黎明，三路齐到，该
逆猝不及防，望尘惊溃。我军斩关夺隘，立将黄飘大寨攻克，乘胜
进拔白保大寨。二十七日，复乘胜连下垭垄蒙枷岩寨、摆坉松树
坳、芦笙坪高坡大坳、滥淡新庄团仓、石老鸦河莽洞黄飘小寨、老
马坉苗寨、沙子坳、茅坡坳、板磴、长沟、青坳大寨、李三洞等寨。
共计斩获首级六百余颗，其投岩、自缢者不计其数。夺牛数百
只，枪炮旗帜一千余件。焚烧贼屋五千余间，收抚狑狫四百七十
户。我军弁勇仅伤亡数十名。提督刘鹤龄、道员邓锜等仍回重
安、新州，留提督谢鸿章、总兵周万顺等三营驻守黄飘。现拟进
取螃蟹，并函约臬司席宝田自新城会击瓮谷笼、岩门司等处。又
据提督陈希祥禀报：逆酋江老亮伪元帅纠党千余人，时出恣扰清
平粮道。三月初九日，护粮哨弁张万钟等遇贼于窄洞，鏖战多
时。总兵陈周翰闻警策应，阵斩悍贼多名，贼始却退。张万钟身

---

① 邓锜，字伯平，原名立政，湖南溆浦人。咸丰十一年(1861)，同兄邓立心随果毅
军入川，兄战死，代办军务。时果毅军围攻绵州，年余不下，献攻城方策，遂下绵城，由
是知名。后随刘鹤龄赴陕甘镇压回民暴动，攻陷阶州等地，晋知县。同治七年(1868)，
从刘鹤龄赴贵州，镇压苗民暴动，攻占正安、婺川、玉华山、瓮安、黄平等城镇，前后数十
战，选云南遗缺知府，加道衔。八年(1869)，以母丧归。旋奉檄至营，督兵围攻瓮安叫
鸟营垒，后殁于军次。赠布政使衔。杨慎之主编：《湖南历代人名词典》，湖南出版社，
1993。

受枪伤数处,勇夫伤亡十数名。十一日,复于长塘、高坎子遇贼数百人,路径崎岖,急图救护军粮。把总萧荣耀杀贼多名,中枪阵亡。勇夫亦伤亡数人。副将石绍全派队援剿,贼遂远扬。二十六日,陈希祥饬总兵邹绍南、守备张士成、知县徐良贲等,各率队伍进攻笔架山、六角基等处。该逆分守隘口,瞥见官军旗帜,漫山越涧而来,凭险抗拒,凶悍异常。我军四面包抄,阵斩伪麻将军潘当乜,贼遂奔溃,乘胜连夺其隘,当将笔架山、六角基、陡坡、甘旨等寨一律踏平,焚毁贼屋数百间,毙贼数十名,夺获枪矛多件。查点弁勇,伤亡数人。现已缄商黔省派军来会,俟道员唐炯分队清平,即当拔进夹江,先取麻哈、下司,纵横扫荡,直趋都匀各等情。

臣等伏查黄飘、白保等寨,自去春楚军失利,贼焰复张。兹幸一日之间扫除净尽。川军之声威既振,楚师之气脉亦通,自不难鼓行而前,分途并进,以收夹击之功。即笔架山系进下司要道,乃逆苗之所必争,同时踏破。如果黔师来会,亦足为规取凯里、都匀先路之导。惟就苗疆情形而论,不难于争城夺地,而难于善后之经营;不难于涉险缒幽,而难于军粮之转运。如修治城池、招集流散、联保甲、给籽种、善后数大端,早荷圣谟广运,钦佩难名!贵州抚臣曾璧光自必妥为经理,责无旁贷,非臣等所敢代谋。而瓮安、平越、清平已定之区,先仍以川军扼守,即为粮道起见。如黔省拨兵分驻办理善后事宜,兼护粮道,俾得抽后防为前敌,运调自如,不至时剿时停,与军事大有裨益。

抑或以主兵重在自强,似应派军来会,由贵定之罗平谷洞进扎灰坡,牵制都麻之贼势,次第荡平,独树一帜,则我军深入亦可无虞。臣等谨当一面咨商贵州抚臣曾璧光,一面督饬道员唐炯和衷共济，并力夹攻，迅图勘定苗疆，以期上慰慈廑于万一。所有援滇川军攻克黄飘、白保等数十寨，现在进取螃蟹并约会楚师合击瓮谷笼、岩门司等处苗疆缘由，谨合词恭折由驿驰奏，伏乞皇太后、皇上圣鉴训示。谨奏。四月二十二日。

同治九年五月初九日，军机大臣奉旨：钦此。①

【案】同治九年五月初九日，此折得批覆：

军机大臣字寄：成都将军崇、四川总督吴、湖南巡抚刘、贵州巡抚曾：同治九年五月初九日，奉上谕：崇实、吴棠奏，援黔官军攻克苗寨、现筹会击一折。贵州黄飘、白保等处苗寨，经道员唐炯等督队攻克，军声大振。提督陈希祥等复将笔架山、六角基等寨踏平，现拟进取螃蟹，并约会楚军合击，商同黔军助剿。即着崇实、吴棠饬令唐炯等，督率兵勇，乘胜进攻，毋稍松劲。并着刘崐饬令席宝田，由新城会剿瓮谷笼、岩门司等处，以收夹击之效。曾璧光亦当严檄本省官军，由贵定之罗坪谷洞进扎灰坡，牵制都匀、麻哈贼势，使川、楚各军得以深入，迅歼丑类，不可专恃援军，致失机宜。将此由五百里各谕令知之。钦此。遵旨寄信前来。②

_____

① 台北故宫博物院藏：军机及宫中档，文献编号：101068。又，吴棠等：《游蜀疏稿》，第131—145页。其尾记曰："同治九年四月二十二日，由驿具奏，于本年五月二十三日准兵部火票递回原折，后开军机大臣奉旨：另有旨。钦此。"

② 台北故宫博物院藏：军机及宫中档，文献编号：408018100；《穆宗毅皇帝实录（六）》，卷二百八十二，同治九年五月上，第903页。

○五○　擒获邻境巨盗多名讯明正法折

同治九年四月二十二日(1870年5月22日)

头品顶戴四川总督臣吴棠跪奏，为擒获邻境巨盗多名，照章正法，恭折仰祈圣鉴事。

窃臣前闻滇省果后后军勇丁有哗溃之变，又闻滇匪杨八头各聚伙党百余人，与游勇勾结，在滇、蜀毗连之大保林等处有奸抢焚杀情事。臣虑该匪徒等扰入边境，即经檄饬该处营县严密堵击，旋据署卢州①直隶州知州李玉宣禀称：奉饬堵拿追逐溃勇，遵即会同卢州营把总赵培基、卢州吏目何俨然，督带兵役、团练，分头堵击。兹于同治八年八月初一日，见有形迹可疑多人泊船登岸，即饬兵役等上前兜击。该匪徒辄敢逞凶抗拒，经兵役等格伤数人，该匪退缩奔逃，并有凫水逃逸，当即擒获刘红发、梁二妖、余红润、左四得、王均沅、刘占溁、夏虹闰、丁启涓、周佐亭、徐大闰、邹汶椿、钟洪润、刘蕙发等十四名，并起赃银四百二十四两零及衣饰等件。讯系滇省溃勇，因无食用，曾与滇匪杨八头伙党夏得海、许添申聚集百余人或数十人不等，即在滇省大保林等处奸抢焚杀多次，该处营县捕拿紧急，逃入高县行劫事主闵绍琨家银钱、衣物不讳。质之刘虹闰、刘蕙发，听纠行劫，中途畏惧走回等语。

正在具禀间，是月初四日，据兵役等具禀：缉至隆昌县地方，会同兵役拿获伙盗彭沄和、杨青汕、吴红润，并起赃银一百五十八两零及银饰、衣物。提讯各供，与刘红发等供同。又据南溪县知县雷

---

① "卢州"当为"泸州"，本折以下同。

尔卿禀称：缉获伙盗杨正先并赃银二十两及布匹、顺刀等件，讯系原名杨万胜，向在淑果老中营当勇，由六品军功保至蓝翎千总，因闹事革退后，在果后营当勇。余与刘红发等供同。并据高县知县王煌详称：同治八年八月二十七日，据县民闵绍琨呈报：八月二十六日夜，被贼数十人毁门入室，惊觉起捕，两贼将伊捆缚，吓禁声张，家属畏惧走避。众贼劫得银、衣物逃逸等悟〔语〕。据经悬赏严缉，一面会营诣勘。该处地方名张王村，离城七十里，接连滇界。事主闵绍琨家大门打毁，箱柜锁扭脱，并验闵绍琨两手腕，有捆缚伤痕。饬传经估计失赃值库平银四千二百三十三两，声明协凑泸州并南溪等县兵役，先后拿获首从盗犯刘红发等十八名，伙犯张步沄等逃逸，详请通缉各等情。据经批饬永宁道延祜将刘红发等十五名，亲提覆讯，如果在滇为匪、在川行劫，实属罪不容宽，应即照章就地正法，并枭首示众。刘虹闰、刘萸发二名，供系畏惧不行，按律科断。其杨正先一犯，批饬叙州府知府朱潮就近讯明正法。旋据卢州禀称：伙犯吴红润带病进监，于九月初七日病故。檄委纳西县验详报等情。又经批饬核议详办去后。兹据该道府州议拟，由署按察使傅庆贻核详前来。

臣覆加查核，缘刘红发等十六犯分隶富顺等州县，向在滇省果后等营充当勇丁。刘虹闰、刘萸发分隶筠连、富顺，游荡营生，先未为匪犯案。同治八年三月间，刘红发在营因饷不继，与梁二妖等及在逃之张步沄等概行溃散，曾与滇省土匪杨八头之伙党夏得海、许添申聚集或百余人，或数十人，即在滇边之大保林等处奸抢焚杀，均不记日月、次数、赃数及事主姓名，旋被营县捕拿紧急，逃入高县。

八月二十六日，刘红发、梁二妖、余红润、左四得、王均沅、刘占溁、夏虹闰、丁启淯、周佐亭、徐大闰、吴红润，在高县平寨场地方会遇素识已获之刘虹闰、刘萁发并在逃之张步沄、汪二杆子、曹志交、刘马贩之、董大朋、许昌右、刘沾槐、任青散、刘老十、张老幺、赵沅萸、赵中西、左占槐并不记姓名四人，各道短少盘费。刘红发听说龙王村居住之闵绍琨家道富足，起意行劫，得赃分用。众各允从。是夜，刘红发等与张步沄等，各执刀械，刘虹闰与刘萁发徒手，一同前往。行至中途，刘虹闰、刘萁发均因畏惧，乘隙逃回。刘红发等抵闵绍琨家门首，一共三十三人，用大石块毁门进内。闵绍琨惊起喊捕，张步沄与汪二杆子将闵绍琨两手捆缚，吓禁声张。刘红发等分投入室，劫得银钱、衣饰，俵分各散。

次早，刘红发撞遇刘虹闰、刘萁发，告知行劫情由，各给赃银五两，嘱勿张扬。事主闵绍琨报县，会勘验缉，估赃造册通详。即据署泸州直隶州知州李玉宣、南溪县知县雷尔卿先后具禀，获犯起赃，经臣批饬道府说〔讯〕悉前情不讳，诘无逃后知情容留人家及牌保得规包庇情事。刘虹闰、刘萁发亦无另犯窝伙抢劫不法别案。将刘红发等十五犯照章就地正法枭示。刘虹闰、刘萁发按例定拟。吴红润在监病故，委经纳西县验报，禁卒人等并无凌虐情弊，由司核详前来。臣覆核无异。

查律载：强盗以行但得财者，不分首从皆斩。又，新章通行内载：共谋为强盗伙犯临时畏惧不行但事后分得赃物者，杖一百、流二千里各等语。此案刘红发起意行劫闵绍琨家得赃，实属不法，自应按律问拟。刘红发、梁二妖、余红润、左四得、王均沅、刘占溁、夏红闰、丁启淠、周佐亭、徐大闰、邹汶椿、钟洪润、彭沄和、杨青汕、杨正先、吴红润十六名，均合依强盗已行但得财者不分首从皆斩律，拟斩立决。该犯等均供系滇省散勇，在滇曾与土匪奸抢焚杀，应即从重枭示，以昭炯戒。业照部定章程就地正法，枭首示众。吴红润在监病故，仍戮尸枭示。刘虹闰、刘萸发听纠行劫，中途畏惧转回，事后各分赃银五两，应照通行问拟。刘虹闰、刘萸发均合依共谋为盗伙犯临时畏惧不行但事后分得赃物者杖一百、流二千里通行，拟杖一百、流二千里，均递配折责安置。刘虹闰据供母老丁单，系强盗案内流犯，照例不准留养。不能禁约刘红发等父兄及失察梁二妖牌保，分别移传责惩。刘红发等在外为盗，原籍牌保无从觉察。起赃给主，未起追赔。逸盗张步沄等获日另结。吴红润在监病故，死系盗犯，管狱官例无处分，禁卒人等讯无凌虐情事，亦毋庸议。

此案首伙三十五人，于疏防限内获犯过半，并获首盗，请免开参。至署泸州直隶州知州李玉宣首先擒获邻境巨盗至十七名之多，泸州营把总赵培基、吏目何俨然亦皆随同擒拿，洵属缉捕勤能，非寻常获盗可比，且该犯等均系滇省散勇，在滇交结土匪，迭次奸抢烧杀，又与拿获著名大盗之例相符。现在滇省军务未竣，川、滇地属毗连，时虞游兵散勇抢劫滋事。此次该犯刘红发等闻拿紧急，窜入川境，纠众行劫，若非该署州李玉宣等首先擒获，分别正法，实不足以示儆戒，似宜破格酌奖，俾资鼓励。

臣为整顿捕务起见，合无仰恳，俯准将署泸州直隶州事补用直隶州知州巴县知县李玉宣，俟补直隶州后以知府用，先换顶戴。蓝翎千总泸州营把总赵培基免补千总，以守备尽先遇缺即补。泸州吏目何俨然以应升之缺升用，并赏加六品衔，以昭激劝。是否有当，除全案供招送部查核外，合将擒获邻境巨盗多名、讯明正法缘由，恭折具奏，伏乞皇太后、皇上圣鉴训示，并请敕部核覆施行。

再，该犯杨青汕籍隶隆昌，该县例应查拿。所有协获邻境斩枭伙盗二名应叙职名，系署隆昌县事越嶲厅同知周岐源；拿获邻境斩枭伙盗一名应叙职名，系南溪县知县雷尔卿。合并声明。谨奏。

四月二十二日。

同治九年五月初九日,军机大臣奉旨:着照所请,该部知道。钦此。①

○五一　奏闻贼犯孙老六先行正法片

同治九年四月二十二日(1870年5月22日)

再,成都县贼犯孙老六即孙中田,前于同治六年四月间,因行窃朱万有地内胡豆,事后被拿拒捕,戳伤朱万有身死。报经该前县获犯讯明,照犯罪拒捕杀所捕人者斩律,拟斩监候。经前署督臣崇实勘审具题,接准部覆:将该犯孙老六汇入同治九年秋审办理在案。兹据署成都县知县金凤洲禀报:该犯孙老六即孙中田在监倚恃力大,不时寻衅。因防范较严,未曾滋事。同治九年正月初四日黎明时,挣断杻镣,扳开木栅跑出。禁卒陈顺等拢阻,孙老六拒捕,将禁卒陈顺推跌倒地,纵上内监墙,正欲逃走。禁卒等喊同更夫,立时擒获,送经该署县查验,陈顺尚未受伤。讯据孙老六供认,因知所犯罪重,必无生理,欲纠约同监各犯打开监门逃脱,恐各犯不允、张扬败露,起意独自越狱不讳。解由府司讯明,禀请先行正法前来。

臣查该犯孙老六,原犯行窃拒捕,杀毙事主问拟斩候秋审,应入情实。平时在监屡敢寻衅,已属怙恶不悛。迨至本年正月,复敢推跌禁卒,纵墙脱逃,更与越狱无异,依例罪应斩决。况省垣重地,各属招审人犯羁縻甚多,该犯凶悍性成,且曾蓄意反狱,若再留禁,必致酿成巨案,防范殊难。臣当恭请王命,饬令臬司会同营员,将该犯

---

①　台北故宫博物院藏:军机及宫中档,文献编号:101070。

孙老六即孙中田，绑缚市曹处斩，以肃省禁，而儆效尤。除咨刑部外，理合附片陈明，伏乞圣鉴训示。再，该犯孙老六甫在监墙即被擒获，并未逸出，所有管狱省狱各官邀免参处。合并陈明。谨奏。

同治九年五月初九日，军机大臣奉旨：刑部知道。钦此。[①]

○五二　奏闻川省委解甘饷片

同治九年四月二十二日(1870年5月22日)

再，川省奉拨同治六年以前甘饷均已解清，又续解盐厘银二十万两，籽种银二万两，谨遵谕旨，均在欠解甘饷项下划除，计连闰已解至七年十月份止。嗣准办理西征粮台翰林院侍讲学士臣袁保恒[②]咨：钦奉上谕：各省应将秦州协饷自九年正月为始，径解西征粮台接收等因。钦此。钦遵知照前来。

伏查川省连年分拨四邻，复分解协饷，以一省之财力，分供数省之用，库藏罗掘一空，勇粮积欠甚巨，实属异常竭蹶。而甘省需饷迫切，又不能不勉力筹拨。兹督同署藩司英祥凑集按粮津贴银二万两，尽数动拨，作为九年正月份应解甘饷，内扣甘省催饷委员邓学魁

---

① 台北故宫博物院藏：军机及宫中档，文献编号：101071。此片具奏日期未确，兹据同批折件校正。

② 袁保恒(1826—1878)，字小午，号筱坞，伊勒图巴图鲁勇号，河南项城人。道光三十年(1850)，中式进士，改庶吉士。咸丰二年(1852)，授编修。七年(1857)，加侍讲衔。九年(1859)，补文渊阁校理。同年，充顺天乡试同考官。同治元年(1862)，补翰林院侍讲、侍读，授右春坊右庶子。二年(1863)，帮办团练。七年(1868)，赴陕甘总督左宗棠军营差遣。十一年(1872)，授少詹事。是年，升詹事。十三年(1874)，迁内阁学士、兼礼部侍郎衔。同年，补户部左侍郎，管三库事务。光绪元年(1875)，兼署吏部右侍郎。翌年，署刑部左侍郎。同年，充顺天乡试考官、覆试阅卷大臣、朝考阅卷大臣。三年(1877)，兼办河南赈务。四年(1878)，卒于任。谥文诚。

等借支盘费银二百两,余银一万九千八百两,饬委试用通判姚建寅,协同甘省来川催饷之参将邓学魁等管解,定于四月二十五日自川起程,驶赴驻陕西征粮台,交收转解,以应急需。至此外欠饷米价,因库无存项,又须分筹滇、黔欠饷及征军勇粮,骤难兼措,容俟尽力筹画等情,由司具详前来。除分咨外,理合附片陈明,伏乞圣鉴。谨奏。

同治九年五月初九日,军机大臣奉旨:知道了。钦此。①

【案】钦奉上谕……径解西征粮台接收:此上谕《清实录》载曰:

乙丑,又谕:袁保恒奏,请饬各省改解协饷一折。河南、湖北、江苏、四川、山西五省应拨秦州粮台饷银一百二十万两,历年积欠甚多,现在穆图善所部各军均改由西征粮台发饷,各该省亟应随时拨解,以济要需。着马新贻、吴棠、李瀚章、李鹤年、郭柏荫、丁日昌、李宗羲各查照应解秦州协饷数目,自同治九年正月为始,按月筹拨,径解西征粮台接收。其以前欠饷亦着一并筹解,毋得久延。将此由五百里各谕令知之。②

○五三　请将道员章源等开复原案片

同治九年四月二十二日(1870 年 5 月 22 日)

再,臣等于本年四月初四日由驿具奏,汇保援滇川军尤为出力员弁清单,内开降调候选道员章源开复原衔;前四川试用知县刘运

① 台北故宫博物院藏:军机及宫中档,文献编号:101072。此片具奏日期未确,兹据同批折件校正。

② 《穆宗毅皇帝实录(六)》,卷二百七十三,同治八年十二月下,第 795 页。

开、已革四川试用知县茅樾，拟请分别开复在案。查上年五月间，准吏部咨：嗣后保举开复人员，务须专折、专片保奏，详细声叙降革原案等因。奏奉谕旨：依议。钦此。通行知照。除将章源等降革原案详细声叙、咨明吏部外，谨合词附片陈明，伏乞圣鉴。谨奏。

同治九年五月初九日，军机大臣奉旨：知道了。钦此。[①]

○五四　驻防官署、兵房借款兴修折

同治九年四月二十五日（1870 年 5 月 25 日）

四川总督臣吴棠、成都将军奴才崇实、成都副都统奴才富森保跪奏，为成都驻防官署、兵房久未修理，坍损甚多，恳恩准照成例，借款兴修，分年扣还，恭折奏祈圣鉴事。

窃照成都满洲营额设官署七十余所、兵房五千七百余间，遇有朽坏，向系照例在于司库借款修理，分年扣还，历任、前任将军、副都统等遵办在案。迨奴才崇实于咸丰十一年九月抵任后，查看官员衙署、兵丁营房，木柜糟朽不少，砖瓦损坏亦多，办公栖止亦属维艰。当据协领等禀称：自道光二十年前任将军经额布[②]援案奏请

①　台北故宫博物院藏：军机及宫中档，文献编号：101069。又，吴棠等：《游蜀疏稿》，第 127—129 页。其尾记曰："同治九年四月二十二日，由驿附片具奏，于本年五月二十三日准兵部火票递回原片，后开军机大臣奉旨：知道了。钦此。"

②　经额布（1774—1853），卜拉木氏，满洲正黄旗人。嘉庆前期，充伊犁印房笔帖式，补额外主事。十七年（1812），授伊犁抚民同知。道光元年（1821），补江西临江府知府。次年，署九江道。四年（1824），调补抚州府知府。七年（1827），署南昌府知府。八年（1828），升云南盐法道。十年（1830），署云南按察使。翌年，补授山东按察使。十二年（1832），调河南按察使，署河南布政使。十四年（1834），迁云南布政使。次年，调山西布政使。十六年（1836），擢山东巡抚。十九年（1839），授成都将军。二十年（1840），调补吉林将军。咸丰三年（1853），卒。

在于藩库借支银六万七千余两修理后,已阅二十余年,早逾例限,应请借项兴办等情。彼时正值本省军务倥偬,需用浩繁,库款十分支绌,奴才崇实未敢遽行照案办理,随即严饬该协领等择其紧要工程,设法补缀,勉力支持。迨今又近十年,加以川省地处低洼,连年雨水过多,破屋颓垣,渐形坍塌。在官兵实无力自办,而旅营又无款可支,日渐凋残,不堪言状!

臣吴棠移节以来,目睹满营困苦情形,公同再四熟商,此项工程似难再缓。虽川省援师四出,司库一空,竟无少指拨之款,亦不得不设法通融,及时修葺,以免坍塌愈甚、需费愈多,合无仰恳俯准照依成例,借款兴修。

如蒙俞允,应由臣吴棠督饬四川藩司、盐茶道筹款动支,并由奴才崇实等查照成案,饬令逐一勘估,分别缓急,作为急、次两修,先借银三万五千两,将紧要各工认真修理。其余银两陆续找借,作为次修,仍按动支先后平分,在于官兵应得俸饷内,分作八年扣还归款。臣等系因官署、兵房坍损过甚、万难再缓起见,谨合词恭折具奏,伏乞皇太后、皇上圣鉴训示。谨奏。四月二十五日。

同治九年五月二十七日,军机大臣奉旨:着照所请,该部知道。片并发。钦此。①

○五五　官署、兵房借款兴修分年扣还片

同治九年四月二十五日(1870 年 5 月 25 日)

再,查成都满洲营八旗,额设协领等官外,尚有云骑尉、恩骑尉

---

① 台北故宫博物院藏:军机及宫中档,文献编号:101330。

共九员,所住房间大半坍塌,亦难栖止。该员弁等得项有数,除差操及养赡家口外,力难一律补修,拟请援案照依笔帖式例定借支数目,各借给银八十两,共银七百二十两,以资修葺,相应吁恳天恩。如蒙俞允,即照额设官员借俸之例,筹款动支,分作八年扣还归款。谨合词附片陈明,伏乞圣鉴。谨奏。

同治九年五月二十七日,军机大臣奉旨:览。钦此。①

○五六　奏报川省同治九年三月雨水、粮价折

同治九年四月二十六日(1870 年 5 月 26 日)

头品顶戴四川总督臣吴棠跪奏,为恭报四川省同治九年三月份各属具报米粮价值及得雨情形,仰祈圣鉴事。

窃照同治九年二月份通省粮价及得雨情形,前经臣恭折奏报在案。兹查同治九年三月份成都等十二府,资州等八直隶州,石砫、叙永两直隶厅,各属先后具报得雨自一二次至六七次不等,小春结实,秧针出水,其通省粮价俱与上月相同,据署布政使英祥查明列单汇报前来。

臣覆核无异。理合分缮清单,恭呈御览,伏乞皇太后、皇上圣鉴。谨奏。四月二十六日。

同治九年五月二十七日,军机大臣奉旨:知道了。钦此。②

---

① 台北故宫博物院藏:军机及宫中档,文献编号:101331。
② 台北故宫博物院藏:军机及宫中档,文献编号:101323。

○五七　呈川省同治九年三月粮价清单

同治九年四月二十六日(1870年5月26日)

谨将同治九年三月份四川省所属地方各项粮价,开具清单,恭呈御览。

成都府属,价贵。中米每仓石价银二两七钱八分至三两八钱二分,与上月同。大麦每仓石价银一两八钱四分至二两一分,与上月同。小麦每仓石价银二两一钱七分至二两三钱四分,与上月同。黄豆每仓石价银一两六分至二两四钱六分,与上月同。荞子每仓石价银一两一钱七分至一两七钱一分,与上月同。

重庆府属,价贵。中米每仓石价银二两五钱八分至三两六钱,与上月同。大麦每仓石价银一两六钱五分至二两,与上月同。小麦每仓石价银二两三钱一分至二两七钱三分,与上月同。黄豆每仓石价银二两七钱三分至三两三分,与上月同。

保宁府属府,价贵。中米每仓石价银二两六钱六分至三两三钱七分,与上月同。大麦每仓石价银一两九钱二分至二两一钱三分,与上月同。小麦每仓石价银二两八钱六分至三两六钱,与上月同。黄豆每仓石价银一两八钱三分至二两一钱三分,与上月同。

顺庆府属,价贵。中米每仓石价银二两八钱三分至三两二钱四分,与上月同。大麦每仓石价银一两六钱二分至一两八钱一分,与上月同。小麦每仓石价银二两一钱一分至二两一钱四分,与上月同。黄豆每仓石价银一两五钱五分至一两六钱七分,与上月同。

叙州府属,价贵。中米每仓石价银三两九分至三两三钱九分,与上月同。大麦每仓石价银一两六钱七分至二两三分,与上月同。

小麦每仓石价银二两一钱五分至二两六钱五分，与上月同。黄豆每仓石价银一两一钱二分至一两五钱三分，与上月同。

夔州府属，价贵。中米每仓石价银二两八钱九分至三两二钱四分，与上月同。大麦每仓石价银一两七钱九分至二两四钱七分，与上月同。小麦每仓石价银二两九钱六分至三两四分，与上月同。黄豆每仓石价银二两一钱六分至二两二钱六分，与上月同。

龙安府属，价贵。中米每仓石价银二两五钱九分至三两二钱九分，与上月同。青稞每仓石价银一两五钱，与上月同。小麦每仓石价银一两八钱至二两一钱九分，与上月同。黄豆每仓石价银一两八钱五分至一两九钱三分，与上月同。

宁远府属，价贵。中米每仓石价银二两九钱二分至三两二钱五分，与上月同。大麦每仓石价银一两钱九分至一两六钱一分，与上月同。小麦每仓石价银一两六钱二分至二两二钱三分，与上月同。荞子每仓石价银一两四钱六分，与上月同。黄豆每仓石价银一两五钱六分至一两六钱三分，与上月同。

雅州府属，价中。中米每仓石价银二两八钱四分至二两八钱九分，与上月同。小麦每仓石价银二两三钱至二两六钱六分，与上月同。黄豆每仓石价银一两六钱八分至二两七分，与上月同。

嘉定府属，价贵。中米每仓石价银二两九钱一分至三两五钱一分，与上月同。小麦每仓石价银二两三钱七分至二两七钱四分，与上月同。黄豆每仓石价银一两四钱九分至二两五分，与上月同。

潼川府属，价贵。中米每仓石价银二两九钱二分至三两二钱，与上月同。大麦每仓石价银一两六钱七分至一两九钱五分，与上月同。小麦每仓石价银二两一钱六分至二两五钱一分，与上月同。黄豆每仓石价银一两七钱九分至二两一钱六分，与上月同。

绥定府属,价中。中米每仓石价银二两六钱一分至二两九钱一分,与上月同。大麦每仓石价银一两五钱八分至一两五钱九分,与上月同。小麦每仓石价银一两六钱三分至一两七钱四分,与上月同。黄豆每仓石价银一两四钱三分,与上月同。

眉州直隶州并属,价贵。中米每仓石价银二两七钱七分至三两七分,与上月同。

邛州直隶州并属,价贵。中米每仓石价银二两六钱七分至三两一钱,与上月同。大麦每仓石价银一两九钱三分,与上月同。小麦每仓石价银二两五钱九分,与上月同。黄豆每仓石价银二两一钱至二两二钱四分,与上月同。

泸州直隶州并属,价贵。中米每仓石价银三两一钱至三两一钱一分,与上月同。

资州直隶州并属,价中。中米每仓石价银二两五钱九分至二两九钱四分,与上月同。

绵州直隶州并属,价贵。中米每仓石价银二两七钱六分至三两八分,与上月同。小麦每仓石价银二两三钱四分至二两四钱八分,与上月同。

茂州直隶州并属,价中。中米每仓石价银二两六钱四分,与上月同。小麦每仓石价银二两六钱八分,与上月同。青稞每仓石价银二两二钱二分,与上月同。荞子每仓石价银一两二钱五分至一两七钱五分,与上月同。

忠州直隶州并属,价贵。中米每仓石价银二两六钱一分至三两二钱九分,与上月同。大麦每仓石价银一两四钱六分至一两六钱,与上月同。小麦每仓石价银二两五分至二两四钱一分,与上月同。黄豆每仓石价银一两二钱七分至一两三钱七分,与上月同。

酉阳直隶州并属，价贵。中米每仓石价银二两六钱二分至三两一钱二分，与上月同。大麦每仓石价银二两三钱至二两六钱二分，与上月同。小麦每仓石价银二两六钱四分至二两七钱八分，与上月同。黄豆每仓石价银一两三钱九分至一两四钱四分，与上月同。

叙永直隶厅并属，价贵。中米每仓石价银三两，与上月同。小麦每仓石价银一两八钱一分，与上月同。荞子每仓石价银一两三钱四分，与上月同。黄豆每仓石价银一两六钱一分，与上月同。

松潘直隶厅，价中。青稞每仓石价银二两七钱六分，与上月同。荞子每仓石价银一两七钱四分，与上月同。

杂谷直隶厅，价中。青稞每仓石价银二两四钱，与上月同。荞子每仓石价银一两七钱九分，与上月同。

石砫直隶厅，价平。中米每仓石价银一两六钱四分，与上月同。大麦每仓石价银一两七钱三分，与上月同。小麦每仓石价银二两六分，与上月同。黄豆每仓石价银一两八钱九分，与上月同。

打箭炉厅，价贵。青稞每仓石价银四两九钱二分，与上月同。油麦每仓石价银一两八钱一分，与上月同。

军机大臣奉旨：览。钦此。[①]

---

① 台北故宫博物院藏：军机及宫中档，文献编号：101323-0-A。

○五八　请将阵亡官绅团勇殉难绅民、殉节妇女分别旌恤折

同治九年四月二十六日（1870 年 5 月 26 日）

头品顶戴四川总督臣吴棠跪奏，为续查川省剿贼阵亡官绅团勇并殉难绅民、殉节妇女，恳恩分别旌恤，以彰忠节，恭折仰祈圣鉴事。

窃查川省自军兴以来，所有历年各处防剿阵亡官绅、团练及殉难、殉节绅民、妇女，诚恐日久湮没不彰，前经奏明在省城设立采访忠节总局，委员会督绅耆，采访会办，先后十六次奏请旌恤在案。兹据总局司道查明邛州、彰明等州县阵亡官绅团勇并殉难、殉节绅民、妇女，共三百七十七名口，分别造具花名清册，详请具奏前来。

臣覆查册开阵亡绅团孙华章等二百二十五名，殉难绅民罗源顺等一百零九名，殉节妇女王袭氏等四十三口，或攻剿逆匪，力战捐躯；或被执不屈，骂贼遇害；或恐受污辱，拼死全贞，均属深明大义，忠节凛然。合无仰恳天恩，敕部核议，分别旌恤，以慰忠魂而昭节烈。除将清册咨部外，是否有当，理合恭折具奏，伏乞皇太后、皇上圣鉴训示。谨奏。四月二十六日。

同治九年五月二十七日，军机大臣奉旨：孙华章等均着交部分别旌恤。钦此。①

---

① 台北故宫博物院藏：军机及宫中档，文献编号：101324。

○五九　奏报春季合操省标官兵折

同治九年四月二十六日(1870年5月26日)

头品顶戴四川总督臣吴棠、成都将军臣崇实、四川提督臣胡中和跪奏，为合操省标官兵技艺情形，恭折仰祈圣鉴事。

窃照成都省标官兵，向于每年春秋二季合操一次，以申纪律。兹届春操之期，臣等于三月十六日调集军、督、提、城十营官弁兵丁，齐赴较场考校。各兵排演新旧各阵式，步伐整齐。施放连环枪炮，声响联贯。长矛藤牌各技，亦俱进退便捷。复按照各营官兵饷册，逐名考核，弓箭、枪炮并马步箭中靶，统计七成有余，弓用六七力不等。各兵演放抬枪、鸟枪，中靶亦有七成。爰择其技艺娴熟者，当场分别奖赏、记拔。间有生疏者，亦即勒限练习，分别劝惩。

伏思川省为边陲重地，省标为各营表率，现在邻氛尚未靖，防剿紧要，武备尤应认真。臣等严谕各将备等督率弁兵，仍按日轮流操演，勤加训练，务使各兵技艺日益精进，咸成劲旅，不得以春操已过，稍行懈弛，以期仰副圣主整饬戎行、绥靖边陲之至意。所有春季合操省标官兵技艺情形，谨合词恭折具奏，伏乞皇太后、皇上圣鉴。谨奏。同治九年四月二十六日。

同治九年五月二十七日，军机大臣奉旨：知道了。钦此。①

---

① 台北故宫博物院藏：军机及宫中档，文献编号：101332。

○六○　请以周侪亮等委署宜宾县知县等缺片

同治九年四月二十六日（1870年5月26日）

　　再，宜宾县知县潘先珍调省，另有差委，遗缺地当冲要，政务殷繁，查有新补松潘直隶厅同知尚未到任之周侪亮，堪以委署。又，署盐源县知县谢伯春因病请假，查有前经调省之昭化县知县曾寅光，堪以接署。又，署定远县知县罗凤冈期满遗缺，以新补合江县知县庆煜接署。该员等正、署各任内并无经征钱粮未完及承缉盗劫已起四参案件，据藩、臬两司会详前来。除分饬遵照外，理合附片陈明，伏乞圣鉴。谨奏。

　　同治九年五月二十七日，军机大臣奉旨：知道了。钦此。①

○六一　奏报福建提督江长贵起程赴任日期片

同治九年四月二十六日（1870年5月26日）

　　再，调任福建陆路提督臣江长贵，请假回籍葬亲，奉旨赏假四个月，于八年十二月二十八日到四川盐亭县原籍，前经奏明在案。兹准江长贵咨：现在假期届满，葬事已毕，于九年五月初一日由籍起程赴福陆路提督新任，咨请代奏等情前来。理合附片陈明。伏乞圣鉴。谨奏。

---

　　①　台北故宫博物院藏：军机及宫中档，文献编号：101334。此片具奏日期未确，兹据同批折件校正。

同治九年五月二十七日，军机大臣奉旨：知道了。钦此。[1]

○六二 奏报同治四年川省 办理防剿收支军需折

同治九年五月十九日（1870年6月17日）

头品顶戴四川总督臣吴棠跪奏，为造报同治四年份川省办理防剿收支军需细数清册，送部核销，恭折奏闻，仰祈圣鉴事。

窃查川省频年办理防剿，动用一应军需，前已截至同治三年十二月底止，循例造册报销，经部臣核覆在案。其自同治四年正月初一日起至是年十二月底止，支发各路兵勇盐折、口粮、制造、军装、器械及一切杂支，现据防剿局司道督同局员逐款核算，按例勾稽，分造清册，详请奏咨前来。

臣按册覆加查核，计同治四年份旧管、新收共银三百七十六万二千八百四十三两零，开除支发军需银三百三十八万八百四十五两零，存剩银三十八万一千九百九十八两零，应入于五年份报销案内接收造报。其册开动支银两均系实支实销，并无浮冒。除将清册咨部外，所有川省第二起报销军需缘由，谨会同成都将军臣崇实，合词恭折具奏，伏乞皇太后、皇上圣鉴训示。谨奏。五月十九日。

同治九年六月初八日，军机大臣奉旨：知道了。钦此。[2]

---

① 台北故宫博物院藏：军机及宫中档，文献编号：101335。此片具奏日期未确，兹据同批折件校正。

② 台北故宫博物院藏：军机及宫中档，文献编号：101452。

○六三　汇保川军剿灭回匪出力员弁折

同治九年五月十九日(1870 年 6 月 17 日)

　　成都将军臣崇实、头品顶戴四川总督臣吴棠跪奏,为遵旨汇保川军赴援徽县,力保危城,兼通粮道,并迎剿陕甘边境回匪,阵斩首逆,扑灭全股两案出力弁员,恭折仰祈圣鉴事。

　　窃臣等于同治八年二月十九日承准军机大臣字寄:二月初五日,奉上谕:所有尤为出力之补用同知直隶州知州周振琼,著俟补缺后,以知府用,先换顶戴。副将宇文秀、周莲生,均着俟补缺后,以总兵用。其余出力员弁及伤亡勇丁,准其查明,分别奖恤等因。钦此。又于是年三月二十九日,准兵部火票递回原折,内开军机大臣奉旨:前据左宗棠等奏,已有旨将王名滔等奖励矣。① 等因。钦此。<u>其余出力员弁及伤亡勇丁,着崇实等查明,分别汇请奖恤。</u>

　　伏查甘回股数实多,时复狡焉思逞,摇荡边陲。或由徽县直逼略阳,以窥川北,或由唐藏图窜凤县,以犯汉南,苟防范稍有未周,斯蔓延殊为可虑。武字营营务处周振琼分统武字营川军李辉武等,于连营扼守之余,为并力剿除之计。其赴援徽县也,裹粮疾走,知其无备而掩袭之。群寇惊溃,一扑灭于永宁河。其击贼唐藏也,越境猛攻,乘其将败而穷追之。两军会合,再聚歼于梅见沟,故能力保危城,疏通粮道,阵斩首逆,绥靖邻封。渥荷圣明洞鉴无遗,微劳必录,该将士等无不同声感戴,争效驰驱。本年甘回纷窜陕疆,累战皆捷。若非众心鼓舞,敌忾同仇,安能如是之迅厉乎! 现当逆

---

　　①　划线部分军机录副缺,兹据《游蜀疏稿》校补。

氛未靖之时，亟应综其事功，平情论定。据统领提督周达武汇咨，请奖前来。

臣等详加酌核，另缮清单，恭呈御览。吁求皇上恩施立沛，以励戎行。除拟保千总以下循照成案另册咨部外，所有遵旨汇保川军赴援徽县，力保危城，并迎剿陕甘边境回匪、阵斩首逆两案出力员弁缘由，谨合词恭折具奏，伏乞皇太后、皇上圣鉴训示。谨奏。五月十九日。

同治九年六月初八日，军机大臣奉旨：钦此。①

○六四　呈汇保川军剿灭回匪出力员弁清单
同治九年五月十九日(1870年6月17日)

谨将川军赴援徽县，力保危城，兼通粮道并迎剿陕甘边境回匪，阵斩首逆，扑灭全股两案出力员弁，缮列清单，恭呈御览。

计开：花翎总兵衔留陕补用副将朱连升，该员督哨身先，战擒逆要，请免补副将，以总兵仍留陕西，尽先补用。

花翎参将萧永盛、李汉元。该二员有胆有识，战功卓著，均请以副将补用。

花翎游击雷作亮、蔡春元、朱桂梁。该三员督哨杀贼，擒获首逆，均请免补游击，以参将尽先补用，并请赏加副将衔。

花翎游击衔都司喻仁杰，花翎都司罗志珂、曾茂才、李洪亮。该四员督哨打仗，生擒首逆，均请免补都司，以游击尽先补用。

---

① 台北故宫博物院藏：军机及宫中档，文献编号：101447。又，吴棠等：《游蜀疏稿》，第147—154页。其尾记曰："同治九年五月十九日，由驿具奏，于本年六月二十八日，准兵部火票递回原折，后开军机大臣奉旨：另有旨。钦此。"

蓝翎都司何世林、段定升、陈步云、刘得贤。该四员首先破贼，英勇绝伦。何世林均请赏换花翎，陈步云、刘得贤均请以游击补用。

花翎守备蓝金曜、蓝翎守备唐昌贤、陈春灿、杨占彪、刘勖才、李云峰。以上六员，破敌冲锋，擒斩首逆，均请免补守备，以都司尽先补用。唐昌贤、陈春灿并请赏换花翎。

蓝翎守备刘泰和、谭有升、李鸿渐。以上三员，打仗向前，力保危城，均请以都司补用。

蓝翎升用守备尽先千总向德贵、刘仁贤、郑文超、宋定元、杨步云、王志发、苏飞雄、牟振魁、李树春、刘锡蕃、苏扬波、林昆山，蓝翎千总萧光昌、张德正、朱乾山、董成魁、杨吉元、刘大川、叶芳春、范兆瑢、陈明高、洪瑞霖、倪永贵、张玉华、曾有明、胡友琴、李金相，千总吴有章、袁春和、段锡玉。以上三十名，所向无前，阵擒要逆。向德贵等五名，均请免补守备，以都司留于四川，遇缺尽先前补用。王志发等二十五名，均请免补守备，以都司尽先补用。王志发、苏飞雄、牟振魁、李树春、刘锡蕃，并请赏换花翎。

蓝翎千总廖世明、周印廷、沈廷魁、萧楚才。以上四员，奋勇杀贼，力保危城，均请以守备尽先补用。

把总潘作云、任定国、李玉华、邬义和、冷得名、张廷春、李经武、廖甫先、萧泽春、潘大文。以上十名，打仗奋勇，力保危城，均请以千总尽先补用，并请赏戴蓝翎。

外委田辉宝、廖兴桂、王福萃、刘正玉、张超林、袁祯祥、骆道良、李龙河、伍德佑、许洪腾、唐瑞林、军功敬宗楷、陈树勋、周永寿。以上十四名，勇敢争先，擒获要逆，均请以把总拔补，并请赏戴蓝翎。

军功何世茂、谢普珊、杨茂春、周声达、宇文盛、赵文佑、骆绍基、杨昌洲、梅映奎、周云廷、王云庆、向箐山、傅庆云、袁维翰、金玉钊、荣新猷、熊春山、杨盛沛、蔡镇国、薛定远、陶美荫、张毓和。以上二十二名，英勇绝伦，擒斩要逆，均请以外委拔补，并赏戴蓝翎。

升用同知直隶州知州留川尽先补用知县周世蔚，蓝翎五品衔升用知县候选县丞周翊运，候选县丞杨熙瑞，候选训导吴隆瑞，蓝翎选用县丞丁世嵩、孙遇春，县丞张启勋。以上七员，督队打仗，擒获首逆。周世蔚请仍以知县留于四川，归军功候补班，遇缺前先用，并请补缺后，以同知直隶州知州用。周翊运、杨熙瑞均请以县丞留于四川，归军功候补班，遇缺前先补用。杨熙瑞并请赏戴蓝翎。吴隆瑞请免选本班，以知县尽先前选用，并请赏加同知衔。丁世嵩、孙遇春均请赏加六品衔。张启勋请赏戴蓝翎。

从九品文世簋、何吉皆，从九品衔宇文采，文童何德鑫、周家桢，广东试用巡检李之鑅。以上六员，奋勇杀贼，力保危城。文世簋、何吉皆均请免选本班，以县丞尽先前选用。宇文采、何德鑫、周家桢，均请以从九品不论双单月尽先选用。李之鑅请赏戴六品蓝翎。

蓝翎补用同知陕西汉中府沔县知县刘显谟，该员督团御贼，运粮无误，请赏换花翎。

蓝翎游击鲁育才，花翎都司贺联升，蓝翎都司阮东明、张桂林、张春华、曹有贵。以上六员，冲锋陷阵，擒斩首逆。鲁育才请免补游击，以参将尽先补用。贺联升、阮东明、张桂林、张春华、曹有贵，均请免补都司，以游击尽先补用。

花翎守备朱春泉，蓝翎守备杨杰俊、郭仁春、梁乐溪、郭全胜、黎有才、高荣，守备梁锦秀、汤正明、唐汉春、周国华、胡魁武、李金义、邹金祥。以上十四员，奋身破敌，锐不可当，均请免补守备，以都司尽先补用。

蓝翎千总陈义新、覃仕远，千总何德元、刘世开、宋得胜、陈天保、吴有章、徐富升、王春和、萧敬成、薛质彬、喻春盛、黄配仁、宋楚翘、黄玉泉、罗永才、蒋有才、李春盛。以上十八名，矫捷异伦，冒冲锋镝，均请免补千总，以守备尽先补用。何德元、刘世开、宋得胜、陈天保、吴有章五名，并请赏戴蓝翎。

蓝翎把总何其俊、李有明，把总罗长胜、钟金发、黄里仁、曹清友、喻全林、朱有余、戴裕本、江汉溪、罗诗伟、贺连敦、张奇超、张益胜、文昌蔚、何开云、陈祜祥、尹学开、萧东山、李占科。以上二十名，杀贼争先，勇敢卓著，均请免补把总，以千总尽先补用。何其俊、李有明并请赏加守备衔。罗长胜、钟金发、黄里仁、曹清友、喻全林、朱有余、戴裕本、江汉溪、罗诗伟、贺连敦、张奇超、张益胜、文昌蔚、何开云、陈祜祥、尹学开、萧东山、李占科，并请赏戴蓝翎。

外委龙荣贵、邓田彪、吴占湘、江魁武、简洪达、高忠兴、陈忠和、梁运山，军功黄书绅、蒋太和、魏名琛、廖青云、胡树绩、杨敬承。以上十四名，每战冲锋，奋勇没匹，均请以把总尽先拔补，并请赏戴蓝翎。

军功林香兰、曹良志、王德玉、向俊杰、萧铨俊、杨恩沛、周咏堂、张金林。以上八名，争先赴敌，奋不顾身，均请以外委尽先拔补，并请赏戴蓝翎。

拣选知县胡海章，盐提举衔安徽补用县丞袁庆闰，蓝翎选用县丞陶树勋，归部三班选用通判李应贞。以上四员，谙练戎机，有谋有勇。胡海章请以知县不论双单月，遇缺尽先前选用。袁庆闰请俟补缺后，以知县用。陶树勋请俟选缺后，以知县用。李应贞请仍以通判归部，分缺先选用。

分发两淮补用盐课大使刘宝宸，选用教谕宋次郊，选用从九品丁宪铭，翰林院待诏龚翊中，廪生雷兆霖，府经历衔监生蒋溥，从九品衔陈镜清，文童周茂春。以上八员名，出奇制胜，斩馘甚多。刘宝宸请赏加六品衔，并请赏戴蓝翎。宋次郊请赏戴六品蓝翎。丁宪铭请免选本班，以县丞不论双单月，遇缺尽先前选用。龚翊中请以县丞遇缺尽先选用。雷兆霖请以训导遇缺尽先前选用。蒋溥请以府经历遇缺尽先前选用。陈镜清请以从九品不论双单月，遇缺尽先前选用。周茂春请以从九品遇缺尽先前选用。

候选从九品王廷勋，遇缺前即用从九品范元恺，书识王钧、杜如棠、张萱亭、冯腾蛟。以上六员名，随办文案，始终勤慎。王廷勋请免选本班，以县丞不论双单月尽先选用。范元恺请俟服阕选缺后，以县丞升用。王钧、杜如棠、张萱亭、冯腾蛟，均请以从九品不论双单月，遇缺尽先前选用。

军机大臣奉旨：览。钦此。①

【案】同治九年六月初八日，崇实、吴棠之奏得允准。《清实录》：

以四川官军援剿陕西、甘肃回匪出力，赏都司何世林等花翎，把总潘作云等蓝翎，副将朱连升等加衔、升叙有差。②

---

① 台北故宫博物院藏：军机及宫中档，文献编号：101448。
② 《穆宗毅皇帝实录（六）》，卷二百八十四，同治九年六月上，第926页。

○六五　奏报委解京饷起程日期折

同治九年五月十九日（1870 年 6 月 17 日）

头品顶戴四川总督臣吴棠跪奏，为川省第二次委解九年京饷起程日期，恭折仰祈圣鉴事。

窃查前奉上谕：户部奏，豫拨同治九年京饷，着分批起解等因。钦此。当经饬据司道先拨银六万两，已委知县王廷绶管解进京，将起程日期奏报在案。兹值陕、甘、滇、黔四省需饷孔殷，屡经部议催拨，虽尽力腾挪，而入款不敷，一时势难兼顾。惟京饷关系尤重，应即陆续拨解。臣督同新任藩司王德固、盐茶道傅庆贻，复凑集津贴银三万两、盐厘银三万两，共银六万两，作为第二批京饷，饬委试用同知成天麟管解，定于本年五月十八日自川起程。

现值陕南驿路通塞靡常，仍照上届奏准成案，兑交天成亨等银号承领，取具汇票，于到京后赴各号兑齐，解部交纳，用昭慎重。除分咨外，理合恭折具〈奏〉，伏乞皇太后、皇上圣鉴。谨奏。五月十九日。

同治九年六月初八日，军机大臣奉旨：户部知道。钦此。①

○六六　奏报委解滇饷起程日期折

同治九年五月十九日（1870 年 6 月 17 日）

头品顶戴四川总督臣吴棠跪奏，为委解滇饷起程日期，恭折仰

---

① 台北故宫博物院藏：军机及宫中档，文献编号：101455。此片具奏日期未确，兹据同批折件校正。

祈圣鉴事。

窃照川省应协滇饷，前于本年正月间续解银三万两，将起程日期奏报在案。嗣准滇省督抚臣来咨，现在分剿迤西及澄江、新兴等城，正在得手，需饷甚巨，复委员至川催拨。伏查川省连月筹拨京外台藏饷需及援邻各军欠饷，入少出多，库款倍形支绌。惟滇省军务日有起色，事机可乘，亟应力筹接济，俾得专意挞伐，速竟全功。

兹督同署藩司英祥复凑集滇饷二万两，饬委来员昭通府知府英文、拣发知县锡庆，同四川试用通判朱庭柱管解，定于五月初二日自成都起程，驰交云南藩库兑收，以应急需。除分咨外，理合恭折具陈，伏乞皇太后、皇上圣鉴。谨奏。五月十九日。

同治九年六月初八日，军机大臣奉旨：知道了。钦此。①

〇六七　奏报起解成禄军营协饷片

同治九年五月十九日（1870年6月17日）

再，四川奉拨成禄军营协饷，前已解至同治六年六月份止。嗣因关陇回匪猖獗，由川至肃道途屡梗，而邻近各省及各军营催饷之义纷至沓来，尤觉应接不暇。兹督同署藩司英祥设法腾挪，凑集厘金银一万两，作为六年七月份应解之饷，内除该营来川委员胡飞鹏借支路费银九百两外，余银九千一百两，饬委来员总兵胡飞鹏、副将何九皋承领，定于本年四月二十八日自成都起程，解赴成禄军营交收。除分咨外，理合附片陈明，伏乞圣鉴。谨奏。

---

①　台北故宫博物院藏：军机及宫中档，文献编号：101453。

同治九年六月初八日,军机大臣奉旨:知道了。钦此。①

【案】同治九年三月二十五日,乌鲁木齐提督成禄请饬川督吴棠筹拨银两以济急需片:

　　再,奴才于去岁六月间,派委胡飞鹏驰赴四川催提协饷,并招募勇丁,以备进征。嗣奉谕旨,停止招募,奴才当即钦遵转行,饬赴川省催提协饷,以资接济。兹据胡飞鹏来禀:于十月内抵川,守催两月,屡次禀恳陈说西军极苦情形,督臣吴棠总以川省库款万分支绌、无款筹拨推诿。直至年终,始在厘金项下动支银八百两,俾充旅费,饬令回营等因。奴才接阅之下,焦灼万分。查川省应拨奴才军营月饷连年积欠竟至四十二万两之多,委员往提,绕道行走,动辄经年,而军营待饷望切云霓,若只拨一二万两,尚属于军无济,况仅给旅费,遣令回营,不但跋涉空劳,亦且徒滋糜费。再四筹思,惟有吁恳天恩,严敕四川督臣吴棠,无论如何为难,先行筹拨银一二十万两,发交胡飞鹏承领,解运来营,以济急需。再,奴才因连年饷需不足,借用甘州及高抚所属绅民商贾银钱,为数不赀,专待协饷到营,以归积欠,俾无牵滞之虞,出自逾格鸿慈。谨附片陈明,伏乞圣训饬遵。谨奏。同治九年五月二十四日,军机大臣奉旨:钦此。②

---

　　① 台北故宫博物院藏:军机及宫中档,文献编号:101454。此片具奏日期未确,兹据同批折件校正。

　　② 台北故宫博物院藏:军机及宫中档,文献编号:101294。

○六八　奏报川省同治九年四月雨水、粮价折

同治九年五月三十日(1870 年 6 月 28 日)

头品顶戴四川总督臣吴棠跪奏，为恭报四川省同治九年四月份各属具报米粮价值及得雨情形，仰祈圣鉴事。

窃照治九年三月份通省粮价及得雨情形，前经臣奏报在案。兹查本年四月份成都等十二府，资州、绵州、忠州、酉阳州、眉州、泸州、邛州七直隶州，石砫、叙永两直隶厅，各属先后具报得雨自一二次至七八次不等。小春收毕，秧苗栽插。其通省粮价俱与上月相同，据布政使王德固查明列单汇报前来。

臣覆核无异。理合分缮清单，恭呈御览，伏乞皇太后、皇上圣鉴。谨奏。五月三十日。

同治九年六月二十八日，军机大臣奉旨：知道了。钦此。[1]

○六九　呈川省同治九年四月粮价清单

同治九年五月三十日(1870 年 6 月 28 日)

谨将同治九年四月份四川省所属地方各项粮价，开具清单，恭呈御览。

成都府属，价贵。中米每仓石价银二两七钱八分至三两八钱二分，与上月同。大麦每仓石价银一两八钱四分至二两一分，与上月同。小麦每仓石价银二两一钱七分至二两三钱四分，与上月同。

---

① 台北故宫博物院藏：军机及宫中档，文献编号：102041。

黄豆每仓石价银一两六分至二两四钱六分，与上月同。荞子每仓石价银一两一钱七分至一两七钱一分，与上月同。

重庆府属，价贵。中米每仓石价银二两五钱八分至三两六钱，与上月同。大麦每仓石价银一两六钱五分至二两，与上月同。小麦每仓石价银二两三钱一分至二两七钱三分，与上月同。黄豆每仓石价银二两七钱三分至三两三分，与上月同。

保宁府属府，价贵。中米每仓石价银二两六钱六分至三两三钱七分，与上月同。大麦每仓石价银一两九钱二分至二两一钱三分，与上月同。小麦每仓石价银二两八钱六分至三两六钱，与上月同。黄豆每仓石价银一两八钱三分至二两一钱三分，与上月同。

顺庆府属，价贵。中米每仓石价银二两八钱三分至三两二钱四分，与上月同。大麦每仓石价银一两六钱二分至一两八钱一分，与上月同。小麦每仓石价银二两一钱一分至二两一钱四分，与上月同。黄豆每仓石价银一两五钱五分至一两六钱七分，与上月同。

叙州府属，价贵。中米每仓石价银三两九分至三两三钱九分，与上月同。大麦每仓石价银一两六钱七分至二两三分，与上月同。小麦每仓石价银二两一钱五分至二两六钱五分，与上月同。黄豆每仓石价银一两一钱二分至一两五钱三分，与上月同。

夔州府属，价贵。中米每仓石价银二两八钱九分至三两二钱四分，与上月同。大麦每仓石价银一两七钱九分至二两四钱七分，与上月同。小麦每仓石价银二两九钱六分至三两四分，与上月同。黄豆每仓石价银二两一钱六分至二两二钱六分，与上月同。

龙安府属，价贵。中米每仓石价银二两五钱九分至三两二钱九分，与上月同。青稞每仓石价银一两五钱，与上月同。小麦每仓石价银一两八钱至二两一钱九分，与上月同。黄豆每仓石价银一两八钱五分至一两九钱三分，与上月同。

宁远府属，价贵。中米每仓石价银二两九钱二分至三两二钱五分，与上月同。大麦每仓石价银一两钱九分至一两六钱一分，与上月同。小麦每仓石价银一两六钱二分至二两二钱三分，与上月同。荞子每仓石价银一两四钱六分，与上月同。黄豆每仓石价银一两五钱六分至一两六钱三分，与上月同。

雅州府属，价中。中米每仓石价银二两八钱四分至二两八钱九分，与上月同。小麦每仓石价银二两三钱至二两六钱六分，与上月同。黄豆每仓石价银一两六钱八分至二两七分，与上月同。

嘉定府属，价贵。中米每仓石价银二两九钱一分至三两五钱一分，与上月同。小麦每仓石价银二两三钱七分至二两七钱四分，与上月同。黄豆每仓石价银一两四钱九分至二两五分，与上月同。

潼川府属，价贵。中米每仓石价银二两九钱二分至三两二钱，与上月同。大麦每仓石价银一两六钱七分至一两九钱五分，与上月同。小麦每仓石价银二两一钱六分至二两五钱一分，与上月同。黄豆每仓石价银一两七钱九分至二两一钱六分，与上月同。

绥定府属，价中。中米每仓石价银二两六钱一分至二两九钱一分，与上月同。大麦每仓石价银一两五钱八分至一两五钱九分，与上月同。小麦每仓石价银一两六钱三分至一两七钱四分，与上月同。黄豆每仓石价银一两四钱三分，与上月同。

眉州直隶州并属，价贵。中米每仓石价银二两七钱七分至三两七分，与上月同。

邛州直隶州并属，价贵。中米每仓石价银二两六钱七分至三两一钱，与上月同。大麦每仓石价银一两九钱三分，与上月同。小麦每仓石价银二两五钱九分，与上月同。黄豆每仓石价银二两一钱至二两二钱四分，与上月同。

泸州直隶州并属，价贵。中米每仓石价银三两一钱至三两一钱一分，与上月同。

资州直隶州并属，价中。中米每仓石价银二两五钱九分至二两九钱四分，与上月同。

绵州直隶州并属，价贵。中米每仓石价银二两七钱六分至三两八分，与上月同。小麦每仓石价银二两三钱四分至二两四钱八分，与上月同。

茂州直隶州并属，价中。中米每仓石价银二两六钱四分，与上月同。小麦每仓石价银二两六钱八分，与上月同。青稞每仓石价银二两二钱二分，与上月同。荞子每仓石价银一两二钱五分至一两七钱五分，与上月同。

忠州直隶州并属，价贵。中米每仓石价银二两六钱一分至三两二钱九分，与上月同。大麦每仓石价银一两四钱六分至一两六钱，与上月同。小麦每仓石价银二两五分至二两四钱一分，与上月同。黄豆每仓石价银一两二钱七分至一两三钱七分，与上月同。

酉阳直隶州并属，价贵。中米每仓石价银二两六钱二分至三两一钱二分，与上月同。大麦每仓石价银二两三钱至二两六钱二分，与上月同。小麦每仓石价银二两六钱四分至二两七钱八分，与上月同。黄豆每仓石价银一两三钱九分至一两四钱四分，与上月同。

叙永直隶厅并属，价贵。中米每仓石价银三两，与上月同。小麦每仓石价银一两八钱一分，与上月同。荞子每仓石价银一两三钱四分，与上月同。黄豆每仓石价银一两六钱一分，与上月同。

松潘直隶厅，价中。青稞每仓石价银二两七钱六分，与上月同。荞子每仓石价银一两七钱四分,与上月同。

杂谷直隶厅,价中。青稞每仓石价银二两四钱,与上月同。荞子每仓石价银一两七钱九分,与上月同。

石砫直隶厅,价平。中米每仓石价银一两六钱四分,与上月同。大麦每仓石价银一两七钱三分,与上月同。小麦每仓石价银二两六分,与上月同。黄豆每仓石价银一两八钱九分,与上月同。

打箭炉厅,价贵。青稞每仓石价银四两九钱二分,与上月同。油麦每仓石价银一两八钱一分,与上月同。

军机大臣奉旨:览。钦此。①

○七○　呈川省同治九年四月雨水清单

同治九年五月三十日(1870 年 6 月 28 日)

谨将同治九年四月份四川省所属地方报到得雨情形,开具清单,恭呈御览。

成都府属:成都、华阳两县得雨三次,小春收获。简州得雨五次,秧苗栽插。崇庆州得雨六次,小春收毕。汉州得雨三次,堰水充足。温江县得雨五次,小春收获。郫县得雨六次,晚秧栽插。新都县得雨二次,二麦收获。新繁县得雨一次,小春收获。彭县得雨一次,小春收获。什邡县得雨一次,早秧滋长。

重庆府属:江北厅得雨四次,小春收毕。江津县得雨七次,小春收获。长寿县得雨三次,塘水充足。永川县得雨五次,禾秧栽

---

① 台北故宫博物院藏:军机及宫中档,文献编号:102042。

插。荣昌县得雨五次,田水充足。合州得雨一次,小春收毕。铜梁县得雨三次,田水充足。璧山县得雨四次,小春收获。大足县得雨一次,田水充足。定远县得雨五次,田亩蓄水。

夔州府属:万县得雨八次,早秧栽毕。

龙安府属:江油县得雨三次,小春收获。石泉县得雨一次,二麦渐熟。

绥定府属:东乡县得雨三次,田水充足。

宁远府属:西昌县得雨二次,小春收获。

保宁府属:阆中县得雨一次,地土微润。苍溪县得雨一次,早秧栽插。广元县得雨一次,二麦成熟。通江县得雨二次,晚秧滋长。剑州得雨四次,稻粟播种。

顺庆府属:南充县得雨三次,田水充盈。蓬州得雨五次,栽插秧苗。营山县得雨一次,豆麦收毕。岳池县得雨五次,秧苗栽插。邻水县得雨二次,豌豆结实。

潼川府属:射洪县得雨一次,地土微润。盐亭县得雨一次,小麦成熟。乐至县得雨二次,田堰积水。

雅州府属:清溪县得雨一次,田水稍足。天泉州得雨四次,田水盈余。

嘉定府属:乐山县得雨三次,晚秧茂盛。峨眉县得雨二次,豆麦收获。洪雅县得雨四次,秧苗滋长。夹江县得雨一次,小麦收毕。犍为县得雨三次,田水充足。荣县得雨三次,早禾栽毕。威远县得雨六次,早秧栽插。峨边厅得雨三次,黄豆播种。

叙州府属:南溪县得雨四次,晚秧栽插。富顺县得雨三次,禾苗滋长。隆昌县得雨二次,秧苗栽插。长宁县得雨二次,秧禾栽插。

资州直隶州并属：资州得雨四次，秧苗栽插。资阳县得雨四次，田水充足。井研县得雨二次，麦粮收毕。内江县得雨四次，晚秧栽毕。

绵州直隶州并属：绵州得雨二次，二麦收获。德阳县得雨四次，秧苗栽插。安县得雨一次，小春收获。罗江县得雨一次，秧苗均栽。

忠州直隶州并属：忠州得雨五次，田水充足。鄷都县得雨四次，田水充足。垫江县得雨三次，小春收获。

酉阳直隶州属：彭水县得雨四次，小春收获。

眉州直隶州属：彭山县得雨四次，豆麦收毕。

泸州直隶州并属：泸州得雨三次，早秧耘耨。江安县得雨三次，田水充足。纳溪县得雨六次，早秧放青。

邛州直隶州得雨二次，晚秧甫插。

石砫直隶厅得雨三次，二麦成熟。

叙永直隶厅并属：叙永厅得雨八次，田水充盈。永宁县得雨八次，田水充盈。

军机大臣奉旨：览。钦此。①

○七一　奏报川省同治九年各处额马折

同治九年五月三十日（1870 年 6 月 28 日）

头品顶戴四川总督臣吴棠跪奏，为查明同治八年份川省镇、标、协、营及各路驿站额设马匹均各膘壮，并无疲乏等弊，恭折具

① 台北故宫博物院藏：军机及宫中档，文献编号：102024。

奏,仰祈圣鉴事。

窃查同治元年八月间,钦奉上谕:京外各营、各直省驿站额设马匹,支应差操及接递公文,均关紧要。着该管大臣确切查核具奏,如查有缺额、疲乏等弊,即着从严参办等因。钦此。当经移行遵照办理在案。查川省各标、镇、协营额设马三千四百六十七匹,东南西北四路驿站额马七百六十三匹,或支应差操,或接递公文,均关紧要。际此邻省军务未平,尤宜力为整顿,以昭核实,节经严饬各标、镇、协、营及有驿州县,督率兵丁、马夫人等,认真牧养,加意照料,遇有口老、疲乏、倒毙,随时买补足额,不准悬缺,亦不准暗借民马充数。前于同治八年年底经委员分路查验,各该镇、标、协、营及有驿州县额设马匹均各膘壮、精良,驰骋稳捷,并无缺额及疲惫不堪情事,由委员具禀前来。

臣等覆加密查属实,除仍随时确查,如有缺额、疲乏等弊,即从严参办,总期驿递、军务两无贻误,以仰副圣主训饬周详之意。除咨兵部外,谨会同成都将军臣崇实、提督臣胡中和,合词恭折具奏,伏乞皇太后、皇上圣鉴训示。谨奏。五月三十日。

同治九年六月二十八日,军机大臣奉旨:兵部知道。钦此。[①]

○七二　请准知县李铭书暂缓赴部片

同治九年五月三十日(1870年6月28日)

再,前准部咨:达县知县李铭书十年俸满,行令给咨赴部引见等因。自应遵照办理。惟查达县属绥定府附郭首邑,该郡地方辽

---

①　台北故宫博物院藏:军机及宫中档,文献编号:102043。

阔,密迩秦疆,现在关陇回匪出没靡常,一经大兵会剿,势必舍命狂窜,川防倍形吃紧。该员李铭书在任有年,于边隘情形最为熟悉,经绥定府知府顾开第委办团防,甚属得力,未便遽易生手,据藩、臬两司详请具奏前来。

合无仰恳天恩,准予暂缓赴部,一俟邻氛稍靖,再行给咨引见,洵于边防有裨。是否有当,理合附片陈明,伏乞圣鉴训示。谨奏。

同治九年六月二十八日,军机大臣奉旨:着照所请,吏部知道。钦此。[①]

○七三　奏请知县李识韩留川补用片

同治九年五月三十日(1870年6月28日)

再,查吏部奏定章程:州、县、丞、倅无论何项劳绩保奏归入候补班者,以到省之日起,予限一年,令督抚详加查看,出具切实考语,奏明分别繁简补用等因。遵照在案。兹查有尽先补用知县李识韩,到省一年期满,自应照章甄别。据署布政使英祥、署按察司傅庆贻造具该员履历清册,会详请奏前来。

臣查知县李识韩才具稳练,请留川以繁缺补用。除将该员履历清册咨部外,理合附片陈明,伏乞圣鉴。谨奏。

同治九年六月二十八日,军机大臣奉旨:知道了。钦此。[②]

①　台北故宫博物院藏:军机及宫中档,文献编号:102044。
②　台北故宫博物院藏:军机及宫中档,文献编号:102045。

○七四　委署刘其年等知府等员缺片

同治九年五月三十日(1870 年 6 月 28 日)

再,雅州府知府黄云鹄调补成都府知府,现已接准部覆,饬赴新任。其新补雅州府知府徐景轼尚未到川,查有候补知府刘其年,谙练老成,堪以委署雅州府篆务。又,署叙永直隶州同知解斯匡期满,调省选缺,查有眉州直隶州知州宋恒山,守节才优,堪以委署。又,署华阳县知县国璋丁忧遗缺,系省会首邑,政务殷繁,查有新补万县知县尚未赴任之张焜,办事稳练,堪以接署。又,署仁寿县知县盖星阶期满遗缺,以南江县知县金凤洲接署。宋恒山等正、署各任内并无经征钱粮未完及承缉盗劫已起四参案件,据藩、臬两司会详前来。除分饬遵照外,理合附片陈明,伏乞圣鉴。谨奏。

同治九年六月二十八日,军机大臣奉旨:知道了。钦此。①

○七五　请将同知葛凤修短征之案查销片

同治九年五月三十日(1870 年 6 月 28 日)

再,前因叙永厅同知葛凤修欠解同治七年份盐杂税银一千六百八十六两零,系邻氛未靖、商贩稀少所致,并非经征不力,于同治八年办理七年奏销案内声明,责令该员设法赔缴在案。嗣据藩司详称:葛凤修已将欠解七年份盐杂税银两如数解缴司库收储等情。合无仰恳天恩,饬部将葛凤修短征之案查销。理合附片陈明,伏乞

---

① 台北故宫博物院藏:军机及宫中档,文献编号:102046。

圣鉴训示。谨奏。

同治九年六月二十八日，军机大臣奉旨：着照所请，该部知道。钦此。①

○七六　审明知县赵基被参各款折

同治九年六月二十九日(1870 年 7 月 27 日)

头品顶戴四川总督臣吴棠跪奏，为遵旨审明知县被参各款，分别定拟，恭折仰祈圣鉴事。

窃臣于同治七年十月十二日承准军机大臣字寄：同治七年九月二十日，奉上谕：有人奏，四川石泉县知县赵基系银号铺伙，在署安岳任内，激成戴姓聚众一案等因。钦此。臣当将前署安岳县事革职留任石泉县知县赵基、卸任万县知县张琴，先行奏请革职、革任，一面咨提安岳县匪徒何绍先谋叛案内缘坐遗犯何继霖回川，饬司提同该革员赵基、前署安岳汛把总已革外委詹占春，发府审办；并委候补知府余滩廷前往查办各在案。兹据成都府等讯明定拟，由署布政使英祥、署按察使傅庆贻解勘前来。

经臣覆加审看，缘已正法之何绍先与文开第、张友和等均住居安岳县属长河扁、岳兴桥一带，平日不务正业。叛犯何齐宁之子何继霖，于咸丰五年过继与分居同高祖服叔何齐耀为嗣。何绍先之胞弟何继韩，亦于咸丰九年出继与伊舅父李大元为子，更名李沉俊，均因年幼，随母抚养。同治四年三月间，何绍先与文开第等谈及天旱米贵，度日维艰，因言伊善扶乩，起意假托乩仙降笔，谓伊是

---

① 台北故宫博物院藏：军机及宫中档，文献编号：102047。

上界星官转世,日后富贵,不可限量,有人预先资助银钱,将来都有好处。嘱文开第等布散邪言,惑众敛钱,借此渔利。文开第等允从,转相传达。即有何绍花等或助银钱,或助粮米,纷来入伙,约有三百余人。何绍先等因见党与日众,虑恐官司往捕,即借团练为名,修制器械,预备抵敌。经前署安岳县已革石泉县知县赵基访闻,恐未的确,密令汛弁詹占春前往确查虚实,以期会捕报闻。

二十六日,詹占春借查场为名,行抵长河扁,有跟随兵丁张兴等,在途买得鳝鱼至店中烹食,正值该处祈雨禁屠,场民张珂五向张兴等阻止口角。詹占春将张兴等送县责处。四月初二日,詹占春探知场外居住之张友和、张骡子,系何绍先伙党,拿获带回,送交赵基审讯。据认听从何绍先散布邪言,惑众敛钱及虑官司往捕、预备抵敌情事。赵基将其责惩监禁。正拟调团捕治,何绍先见谋已泄,起意谋叛,商同文开第等劫狱,救出张友和等,裹胁穷民起事。复思聚〈众〉持械必被盘阻,不能进城,即将伙匪徐苌受捆缚,假扮窃贼,集其党二百余人,各执器械,诈称团民送贼,于初三日午刻,混进城内,直入县署。适赵基赴局筹议捐输,未经在署。该匪等即将徐苌受释放,各取身带白布裹头为号,齐声喊杀,打毁监狱。张友和、张骡子放出,继放监犯戴沉磬等七名,劫去库银二万一千余两。

该县亲友试用未入流汤泽沛率同家丁李升、段二、差役赵升拢捕,均被杀死。并伤县署官亲程范森及书役、禁卒等数人。放火焚毁科房、文卷,延烧民房十数间。抢掠店户王正兴七家,杀死民人吴楚南等三名,并杀伤十数人。赵基与典史傅怀、团总监生杨羲畴调取城乡各团,内外夹击。该匪等弃城而遁。赵基督团追剿,杀毙贼匪蒋耀鼎等二十余人。贼至垄台场,经团首王成儒率众截击,杨羲畴亦带团追至,互相掩杀,复毙贼匪何继预等六十余人。团练亦有伤亡。贼匪由间道窜回，挈其家属逃上殷家寨抗拒。赵基令典史傅怀与詹占春守城，自与杨羲畴、王成儒等带团赶至，围寨仰攻，复催调乡团援应。贼匪凭高以枪炮、木石抵御，团练伤亡甚多。幸各乡团赴援攻扑，于初七日巳刻将寨攻破，杀毙贼匪何齐宇等七十余名。余匪及眷属、妇女、幼孩扑岩跌毙者，约百余人。生擒何绍先等四十人。并据团首谢永莪等搜获扶乩、降乩邪书，呈经赵基查讯明确，将何绍先等十二犯与幼童何继韩、何继霖一并羁禁。其何齐书等二十六犯，已伤重垂毙，即行正法枭示。维时，县属绅民就道听途说之书，到处讹传，谓系汛官于该地祈雨禁屠时买食鳝鱼，被乡民辱骂告县获案责禁及乡民送贼，县官坐堂迟延，激成事端。经邻封前署乐至县王树桐风闻先禀，并经潼川府、川北道据王树桐所禀转报，经前督臣骆秉章核委补用道杨重雅同副将侯光裕剿办，并将赵基撤任，委候补知县沈芝林前往接署。杨重雅抵县，查勘烧杀抢劫情形，验明扶乩邪书，提犯讯供ありきました禀，并因贼已扑灭，地方肃靖，请将副将侯光裕带勇撤回。经前督臣批准并饬将何绍先等十二犯正法。嗣据该署县沈芝林续获假装窃贼之徐苌受，同前获叛属何继韩、何继霖解省，亦经前督臣发交司道讯明，将徐苌受一犯正法。

至何继韩之本生父何齐容、兄何绍先与何继霖之生父何齐宇，早经正法格毙。何继霖等年幼无知，虽经出继，罔知辩白。其承继之父何齐耀等及族邻人等，因见叛逆重狱，惧受拖累，不敢到官申诉，是以前司道拟以成丁时照例发遣，详经前督臣核奏。其起获邪书，经杨重雅带省同前司道阅看，概系假托乩笔降福，语句鄙俗，并无违悖字样。因犯系谋叛，从重拟办。扶乩系属罪轻，从略不议。当将邪书发县销毁，未曾缴验。

至詹占春跟丁买食鳝鱼，与场民口角，本与正案无干，故前案均未叙及。其何继霖旋因年已成丁,于同治七年发往江西九江府属安置。兹经御使参奏,钦奉谕旨查办,经臣将赵基先请革任,并咨江西抚臣饬崇仁县提解何继霖回川,提同赵基等,发委审办,暨委候补知府余潍廷督同现任安岳县查文瀚确查,并无别情。何继霖等均出继在先,讯取何齐耀等及族邻供诘禀。臣饬司行府核审,讵詹占春于取保后病故,由成都县验讯详报。饬据两司讯拟解勘。臣提赵基等逐加研讯,据供前情无异。诘无误听安拿及激变冤杀别故,似无遁饰。

此案已革知县赵基,因访闻匪徒谋叛,密令汛弁查拿责禁,并非误听安拿、滥刑系狱。迨匪冒团送贼,入城滋事,督团剿灭,亦非诬叛冤杀。惟赵基访知匪徒谋叛,并不先为准备,以致失事,究属疏于防范,且原参曾在银号作伙,虽讯未供认,而平日居官见识浅陋,难膺民社,前已革职、革任,应请旨永不叙用,以肃官常。革弁詹占春查拿叛犯时,虽有跟丁买食鳝鱼与场民口角之事,业经送县责惩革粮,且詹占春前已由营责革,现复在保病故,请免置议。幼童何继韩饬县提禁,与递回之何继霖一并省释。

除万县知县张琴被参各款容俟另行拟办,并将赵基一案供词咨部外,所有审明赵基被参各款分别定拟缘由,理合恭折具奏,伏乞皇太后、皇上圣鉴,敕部核覆施行。谨奏。六月二十九日。

同治九年八月十二日,军机大臣奉旨:该部议奏。钦此。[1]

【案】军机大臣字寄……激成戴姓聚众一案等因:此廷寄《清实录》载曰:

---

① 台北故宫博物院藏:军机及宫中档,文献编号:102540。

谕军机大臣等：有人奏，四川石泉县知县赵基系银号铺伙，在署安岳任内激成戴姓聚众一案，以致冤杀数百人。万县知县张琴横恣贪婪，以遏粜为名，遇有米船过往，纳钱始放，在任数年，赃逾巨万各等语。州县为亲民之官，岂可任性妄为。若如所奏，则该县等贪劣殊民，何得稍事姑容！着吴棠按照所参各情，详悉查明，据实参办，毋得稍有徇隐。并据称四川州县共一百余缺，而由捐纳得缺者至六十余员之多，虽系按例叙补，而正途登进无期，于吏治大有关系，并着吴棠认真察看，如有于地方不相宜者，即行参撤，不得稍避嫌怨，致负委任。原折着钞给阅看。将此谕令知之。①

○七七　请将知县王显扬等摘顶勒催折

同治九年六月二十九日(1870 年 7 月 27 日)

头品顶戴四川总督臣吴棠跪奏，为知县欠解地丁、契税银两，延不解清，请旨摘顶勒催，恭折仰祈圣鉴事。

窃照各属经征地丁、税契、杂税，关系正供，例应按年全完，不容丝毫蒂欠。查同治八年份各属应征地丁、税契银两，叠次催提，已据陆续解库完纳。惟有青神、大宁、荣经、南部、渠县五县应解同治八年份前项银两，经臣督饬藩司节次勒催，迄今尚未解清，实属泄玩。若不分别参追，何以儆玩愒而重正赋！据藩、臬两司详请奏参前来。

相应请旨将青神县知县王显扬、大宁县知县张曾彦、署荣经县

---

① 《穆宗毅皇帝实录(六)》，卷二百四十三，同治七年九月下，第372页。

知县夏霈田,一并摘去顶戴,同前署南部县已革知县庆东及前署渠县事已故知县段东暹家属各名下,勒限严追完解。如依限解清,再行奏恳恩施。倘逾限不解,或解不足数,即予从严参办。

至叙永厅额征盐、杂税银六千四百七十九两零,除已解司库及报收起解共银二千七百八十五两零,计前署厅陈枝莲尚短征银二千二百四十七两零,均因滇黔邻氛不靖、商贩稀少所致,与经征不力者有间。现在严饬该丞等设法赔缴,另行办理。除咨部外,理合恭折具奏,并将各员欠解银数、衔名,谨缮清单,恭呈御览,伏乞皇太后、皇上圣鉴训示。谨奏。六月二十九日。

同治九年八月十二日,军机大臣奉旨:着照所请,该部知道。钦此。[①]

○七八　奏报川省文武官员
垫支军需恳予奖叙折

同治九年六月二十九日(1870 年 7 月 27 日)

头品顶戴四川总督臣吴棠跪奏,为四川省文武官员垫发军需银两,遵照新章恳恩给予奖叙,以昭激劝,恭折仰祈圣鉴事。

窃查同治三年十一月间接准部咨:议覆湖南抚臣恽世临奏各州县垫用防堵经费,准其查照银数请叙,并移奖子弟及本族之人,仍照筹饷例及现行常例核算,不准减成。此外,用兵省份事同一律,应令照办等因。奉旨:依议。钦此。咨行来川。当经通饬遵照。伏查川省自咸丰元年起至同治三年六月底止,各属办理防剿

---

① 台北故宫博物院藏:军机及宫中档,文献编号:102541。

收支款目,前由司道逐一勾稽,造册开单,详经前督臣于同治四年十一月二十八日具奏,并将册籍咨送,声明各属自行垫支银一十六万五百三两零。旋准部咨:嗣后各省垫办军需银两,无论本员请奖及移奖子弟并本族之人,均只准给予升衔、职衔、封典、级记,不准给予实职等因。迭经照办在案。兹据前任大足县知县补用同知直隶州知州饶尔靖等十一员,或请本身议叙,或移奖子孙叔侄,各造具三代年贯,禀赍到局。该司道等查核,各该员等所垫银两数目,按照定例,与所请议叙银数均属有盈无绌,且距销案到部之日未满五年,造具各员衔名、银数清册,会详请奏前来。

合无仰恳天恩,饬部核明给奖,用昭激劝。其余尚未禀覆各员,容俟催齐,核明另办。除将清册分咨部、监外,理合恭折具陈,并照缮清单,恭呈御览,伏乞皇太后、皇上圣鉴训示。谨奏。六月二十九日。

同治九年八月十二日,军机大臣奉旨:户部核议具奏,单并发。钦此。①

○七九　呈川省文武官员垫支军需情形清单

同治九年六月二十九日(1870 年 7 月 27 日)

谨将川省自咸丰元年起至同治三年六月底止办理防剿垫支军需银两应行请叙各员衔名、银数,开具清单,恭呈御览。

计开:前任大足县知县尽先补用同知直隶州知州饶顺更名尔靖,垫支军需银一千四百六两八钱零,拟请旨将该员由同知直隶州

---

① 台北故宫博物院藏:军机及宫中档,文献编号:102544。

知州议叙加一级,并为其庶母王氏请正五品封典,及子饶念诒由俊秀议叙监生,加布政司经历衔。

前任璧山县知县张焕祚①垫支军需银一千二百三十八两八钱零,拟请旨将该员之子张宜增由俊秀议叙监生,并加光禄寺署正职衔;张懿增由俊秀议叙监生,张信增由俊秀议叙从九品衔。

前署泸州直隶州事已革知府徐锡金垫支军需银三百四十五两九钱零,拟请旨将该员之侄现任西充县典史徐恩宝议叙加二级、纪录二次。

前署犍为县事合州知州陈琪,垫支军需银四千九百八十一两九钱零,拟请旨将该员由现任知州议叙随带加一级、纪录二次,并子陈允春、陈允富均由俊秀议叙监生,加同知衔。

前任荣县知县傅翼垫支军需银五百八十三两二钱零,拟请旨将该员之子傅士修由俊秀准作监生,议叙贡生,并孙傅葆纯、傅葆贞、侄孙傅葆勤均由俊秀议叙监生。

前任广元县知县福奎垫支军需银三百八十七两零,拟请旨将该员之子庆昌由俊秀议叙监生,加按察司照磨职衔。

前署资州直隶州事候补知府董贻清垫支军需银二千二百六十一两五钱零,拟请旨将该员由知府议叙加四级,给予该员祖父母、父母二品封典,其本身妻室应得封典貤封曾祖父母。

前署江安县知县陆玑垫支军需银二百一十两九钱零,拟请旨将该员之孙陆天龙由俊秀议叙监生,陆天佑由俊秀议叙从九品衔。

---

① 张焕祚,字延甫,生卒年未详,山东蓬莱人,道光副贡,官璧山知县。咸丰十年(1860),以抗太平军功,擢叙永同知。刻《听秋馆吟草》二卷存世。

候补知府恒泰垫支军需银四千三百八十六两三钱零,拟请旨将该员由候补班前先用知府议叙加四级,为祖父母、父母暨叔祖父母均分别请从二品封典,并嫡堂叔依惠由捐补盛京刑部八品笔帖式议叙随带加一级又寻常一级,子宝春由壬戌举人玉牒馆议叙七品笔帖式加随带一级又寻常一级。

前署雅安县知县何鼎勋垫支军需银七千三百三十九两六钱零,除请叙外,尚余银四千九百一两,拟请旨将该员之子何庆墉由同知衔候补知县,议叙随带加三级,为父母请正五品封典,并请胞伯祖父母正五品封典,又子何庆埏、何庆壎均由俊秀议叙监生,族弟何炳章由江苏候补班前先用知县议叙随带加三级,族侄何庆墧、何庆增均由俊秀议叙监生,侄孙何镜人由俊秀议叙千总衔,族侄何大熹、何大煦、何庆型、何庆堃、何福瀚、何福泰、何福渊、何铠、何镶、何涛均由俊秀议叙从九品衔。

升补资州直隶州前署广元县知县罗廷权垫支军需银一千七百二十五两八钱零,拟请旨将该员由新升资州直隶州知州议叙随带加二级,并孙罗万华、罗万书、罗万典均由俊秀议叙监生,堂侄罗锦章、罗凤章、表侄张桂丰均由俊秀议叙从九品衔。

军机大臣奉旨:览。钦此。①

○八○　奏报川省夏熟收成分数折

同治九年六月二十九日(1870 年 7 月 27 日)

头品顶戴四川总督臣吴棠跪奏,为恭报四川夏熟收成分数,仰

---

① 台北故宫博物院藏:军机及宫中档,文献编号:102545。

祈圣鉴事。

窃照每年夏熟收成,例应约计分数,先行奏报。兹据各府厅州县将大小二麦成熟分数,先行报由藩司会禀前来。臣覆加查核,通省各府厅州县内,雅州一府收成七分。成都、重庆、叙州、龙安、宁远、嘉定、潼川、绥定、石砫、理番、眉州、泸州、忠州八府二厅三州,均收成六分有余。夔州、叙永、邛州、酉阳、汶川一府一厅二州一县,均收成六分。绵州一州,收成五分有余。保宁、顺庆、资州二府一州,均收成四分有余。统计通省夏熟收成实在六分有余。

至茂州一州,松潘、懋功、打箭炉三厅,向不出产夏粮。除照例造册题报外,所有夏熟收成分数,理合恭折奏闻,伏乞皇太后、皇上圣鉴。谨奏。六月二十九日。

同治九年八月十二日,军机大臣奉旨:知道了。钦此。①

○八一 奏报懋功厅已完茶课税银片

同治九年六月二十九日(1870 年 7 月 27 日)

再,同治九年奏销八年茶课税银案内,有懋功厅未完茶课税银三百七十五两,当将经征不力职名随案附参在案。兹据盐茶道傅庆贻详:催据懋功厅将欠解前项银两全完,业已弹收存库等语前来。

臣查懋功厅未完八年份茶课税银既已全完,所有前参经征不力之管理懋功厅同知事汶川县知县屈秋泰各职名,合无仰恳天恩,饬部照例扣除,免其议处,出自鸿慈。除咨部外,理合附片陈明,伏

---

① 台北故宫博物院藏:军机及宫中档,文献编号:102548。

乞圣鉴训示。谨奏。

同治九年八月二十日，军机大臣奉旨：着照所请，该部知道。钦此。①

○八二　奏报同治九年春季借补千、把总各缺片

同治九年六月二十九日(1870年7月27日)

再，臣前准兵部咨：嗣后借补千、把总各弁缺，积至三月开单汇奏一次，以归简易等因。历经遵办在案。兹同治九年春季份，查有尽先补用守备武茂林，曾经出师著绩，堪以借补。盐厂营左司把总丁鸣岐保升遗缺，由营造具武茂林年岁、履历清册，详经提臣胡中和咨请具奏，暨咨部给札前来。臣覆加查核，与定章相符。除将清册咨部外，理合附片陈明，伏乞圣鉴。谨奏。

同治九年八月十二日，军机大臣奉旨：知道了。钦此。②

○八三　奏报川省司库支出杂款片

同治九年六月二十九日(1870年7月27日)

再，查川省司库年例应支杂款，为数甚巨，历由盐茶道征收盐茶耗羡银两，陆续解司支放。近年，因滇、黔军务未平，盐茶边引、口岸尚未疏通，兼之淮纲渐复，楚岸滞销，以致同治八年盐茶羡截

①　台北故宫博物院藏：军机及宫中档，文献编号：102543。此片具奏日期未确，兹据同批折件校正。

②　台北故宫博物院藏：军机及宫中档，文献编号：102546。此片具奏日期未确，兹据同批折件校正。

及带征经年积久,仅据各属批解银八万三千八百七十四两四钱零,核计司库例支各款尚不敷银五万有奇,而应支之银均系书吏、水手工食及故兵月米等项,断难缺缓,亟应设法筹款接济。兹据藩司王德固详称:查司库正杂各款,已搜索无遗,惟按粮津贴及养廉、截旷两项积有成数,拟请在于津贴项下筹借银一万三千八百两,并将同治八年文职养廉核减三二一成银二万八千两,尽数借拨,共银五万二千七百两,一并入于同治八年盐茶奏销案内新收项下,照数开支,核实造报等情前来。

臣查核该司所详,系属通融接济要款、俾免缺乏起见,除饬催盐茶道将各属未完盐茶羡截银两勒限严催,征缴齐全,解交司库分别归款支发并咨部外,理合附片陈明,伏乞圣鉴。谨奏。

同治九年八月十二日,军机大臣奉旨:知道了。钦此。[①]

○八四　奏报川省同治九年五月粮价及得雨折

同治九年六月二十九日(1870年7月27日)

头品顶戴四川总督臣吴棠跪奏,为恭报四川省同治九年五月份各属具报米粮价值及得雨情形,仰祈圣鉴事。

窃照治九年四月份通省粮价及得雨情形,前经臣奏报在案。兹查本年五月份成都等十二府,资州等八直隶州,石砫、叙永两直隶厅,各属先后具报得雨自一二次至十余次不等。田水充足,晚秧

---

① 台北故宫博物院藏:军机及宫中档,文献编号:102547。此片具奏日期未确,兹据同批折件校正。

滋长。其通省粮价俱与上月相同。据布政使王德固查明列单汇报前来。

臣覆核无异。理合分缮清单，恭呈御览，伏乞皇太后、皇上圣鉴。谨奏。六月二十九日。

同治九年八月十二日，军机大臣奉旨：知道了。钦此。[①]

○八五　呈川省同治九年五月粮价清单

同治九年六月二十九日（1870 年 7 月 27 日）

谨将同治九年五月份四川省所属地方各项粮价，开具清单，恭呈御览。

成都府属，价贵。中米每仓石价银二两七钱八分至三两八钱二分，与上月同。大麦每仓石价银一两八钱四分至二两一分，与上月同。小麦每仓石价银二两一钱七分至二两三钱四分，与上月同。黄豆每仓石价银一两六分至二两四钱六分，与上月同。荞子每仓石价银一两一钱七分至一两七钱一分，与上月同。

重庆府属，价贵。中米每仓石价银二两五钱八分至三两六钱，与上月同。大麦每仓石价银一两六钱五分至二两，与上月同。小麦每仓石价银二两三钱一分至二两七钱三分，与上月同。黄豆每仓石价银二两七钱三分至三两三分，与上月同。

保宁府属，价贵。中米每仓石价银二两六钱六分至三两三钱七分，与上月同。大麦每仓石价银一两九钱二分至二两一钱三分，与上月同。小麦每仓石价银二两八钱六分至三两六钱，与上月同。

---

① 台北故宫博物院藏：军机及宫中档，文献编号：102533。

黄豆每仓石价银一两八钱三分至二两一钱三分，与上月同。

顺庆府属，价贵。中米每仓石价银二两八钱三分至三两二钱四分，与上月同。大麦每仓石价银一两六钱二分至一两八钱一分，与上月同。小麦每仓石价银二两一钱一分至二两一钱四分，与上月同。黄豆每仓石价银一两五钱五分至一两六钱七分，与上月同。

叙州府属，价贵。中米每仓石价银三两九分至三两三钱九分，与上月同。大麦每仓石价银一两六钱七分至二两三分，与上月同。小麦每仓石价银二两一钱五分至二两六钱五分，与上月同。黄豆每仓石价银一两一钱二分至一两五钱三分，与上月同。

夔州府属，价贵。中米每仓石价银二两八钱九分至三两二钱四分，与上月同。大麦每仓石价银一两七钱九分至二两四钱七分，与上月同。小麦每仓石价银二两九钱六分至三两四钱分，与上月同。黄豆每仓石价银二两一钱六分至二两二钱六分，与上月同。

龙安府属，价贵。中米每仓石价银二两五钱九分至三两二钱九分，与上月同。青稞每仓石价银一两五钱，与上月同。小麦每仓石价银一两八钱至二两一钱九分，与上月同。黄豆每仓石价银一两八钱五分至一两九钱三分，与上月同。

宁远府属，价贵。中米每仓石价银二两九钱二分至三两二钱五分，与上月同。大麦每仓石价银一两钱九分至一两六钱一分，与上月同。小麦每仓石价银一两六钱二分至二两二钱三分，与上月同。荞子每仓石价银一两四钱六分，与上月同。黄豆每仓石价银一两五钱六分至一两六钱三分，与上月同。

雅州府属，价中。中米每仓石价银二两八钱四分至二两八钱九分，与上月同。小麦每仓石价银二两三钱至二两六钱六分，与上月同。黄豆每仓石价银一两六钱八分至二两七分，与上月同。

　　嘉定府属，价贵。中米每仓石价银二两九钱一分至三两五钱一分，与上月同。小麦每仓石价银二两三钱七分至二两七钱四分，与上月同。黄豆每仓石价银一两四钱九分至二两五分，与上月同。

　　潼川府属，价贵。中米每仓石价银二两九钱二分至三两二钱，与上月同。大麦每仓石价银一两六钱七分至一两九钱五分，与上月同。小麦每仓石价银二两一钱六分至二两五钱一分，与上月同。黄豆每仓石价银一两七钱九分至二两一钱六分，与上月同。

　　绥定府属，价中。中米每仓石价银二两六钱一分至二两九钱一分，与上月同。大麦每仓石价银一两五钱八分至一两五钱九分，与上月同。小麦每仓石价银一两六钱三分至一两七钱四分，与上月同。黄豆每仓石价银一两四钱三分，与上月同。

　　眉州直隶州并属，价贵。中米每仓石价银二两七钱七分至三两七分，与上月同。

　　邛州直隶州并属，价贵。中米每仓石价银二两六钱七分至三两一钱，与上月同。大麦每仓石价银一两九钱三分，与上月同。小麦每仓石价银二两五钱九分，与上月同。黄豆每仓石价银二两一钱至二两二钱四分，与上月同。

　　泸州直隶州并属，价贵。中米每仓石价银三两一钱至三两一钱一分，与上月同。

　　资州直隶州并属，价中。中米每仓石价银二两五钱九分至二两九钱四分，与上月同。

　　绵州直隶州并属，价贵。中米每仓石价银二两七钱六分至三两八分，与上月同。小麦每仓石价银二两三钱四分至二两四钱八分，与上月同。

　　茂州直隶州并属，价中。中米每仓石价银二两六钱四分，与上月同。小麦每仓石价银二两六钱八分，与上月同。青稞每仓石价银二两二钱二分，与上月同。荞子每仓石价银一两二钱五分至一两七钱五分，与上月同。

忠州直隶州并属，价贵。中米每仓石价银二两六钱一分至三两二钱九分，与上月同。大麦每仓石价银一两四钱六分至一两六钱，与上月同。小麦每仓石价银二两五分至二两四钱一分，与上月同。黄豆每仓石价银一两二钱七分至一两三钱七分，与上月同。

酉阳直隶州并属，价贵。中米每仓石价银二两六钱二分至三两一钱二分，与上月同。大麦每仓石价银二两三钱至二两六钱二分，与上月同。小麦每仓石价银二两六钱四分至二两七钱八分，与上月同。黄豆每仓石价银一两三钱九分至一两四钱四分，与上月同。

叙永直隶厅并属，价贵。中米每仓石价银三两，与上月同。小麦每仓石价银一两八钱一分，与上月同。荞子每仓石价银一两三钱四分，与上月同。黄豆每仓石价银一两六钱一分，与上月同。

松潘直隶厅，价中。青稞每仓石价银二两七钱六分至三两四分，与上月同。荞子每仓石价银一两七钱四分，与上月同。

杂谷直隶厅，价中。青稞每仓石价银二两四钱，与上月同。荞子每仓石价银一两七钱九分，与上月同。

石砫直隶厅，价平。中米每仓石价银一两六钱四分，与上月同。大麦每仓石价银一两七钱三分，与上月同。小麦每仓石价银二两六分，与上月同。黄豆每仓石价银一两八钱九分，与上月同。

打箭炉厅，价贵。青稞每仓石价银四两九钱二分，与上月同。油麦每仓石价银一两八钱一分，与上月同。

军机大臣奉旨：览。钦此。①

○八六　呈川省同治九年五月得雨清单

同治九年六月二十九日(1870 年 7 月 27 日)

谨将同治九年五月份四川省所属地方报到得雨情形开具清单，恭呈御览。

成都府属：成都、华阳两县得雨六次，秧苗耘耨。简州得雨七次，秧苗滋长。崇庆州得雨八次，黄豆滋生。汉州得雨五次，禾苗滋长。温江县得雨四次，秧苗栽插。郫县得雨六次，堰水充盈。崇宁县得雨三次，秧苗栽插。新都县得雨五次，秧苗耘耨。金坛县得雨三次，禾苗茂盛。新繁县得雨三次，秧苗滋长。彭县得雨二次，禾苗渐茂。双流县得雨四次，晚禾畅茂。什邡县得雨五次，豆麦获毕。

重庆府属：江北厅得雨五次，秧苗茂盛。江津县得雨四次，禾黍茂盛。长寿县得雨五次，秧苗耘耨。永川县得雨五次，田禾耘耨。荣昌县得雨六次，田水充足。綦江县得雨五次，禾苗畅茂。合州得雨五次，田水充足。璧山县得雨四次，田水充盈。大足县得雨五次，田水尚足。定远县得雨五次，稚粮滋长。

夔州府属：巫山县得雨三次，禾苗栽插。云阳县得雨三次，田水充足。开县得雨二次，秧苗滋长。万县得雨五次，早禾条达。

龙安府属：平武县得雨二次，二麦成熟。江油县得雨二次，禾苗滋长。石泉县得雨二次，早秧滋长。

绥定府属：达县得雨三次，田禾茂盛。东乡县得雨二次，早秧

---

① 台北故宫博物院藏：军机及宫中档，文献编号：102533-0-A。

畅茂。新宁县得雨二次,秧苗滋长。太平县得雨三次,田水充足。
城口厅得雨一次,早秧畅茂。

宁远府属:会理州得雨二次,禾苗滋长。盐源县得雨二次,田
水充盈。越巂厅得雨二次,禾苗滋长。

保宁府属:阆中县得雨十次,禾苗茂盛。南部县得雨三次,地
土滋润。广元县得雨一次,禾苗滋长。昭化县得雨一次,秧苗栽
插。巴州得雨四次,田水充足。剑州得雨五次,黄豆滋长。

顺庆府属:南充县得雨二次,田水充盈。蓬州得雨六次,秧苗
畅茂。营山县得雨八次,水有盈余。仪陇县得雨四次,秧苗青秀。
广安县得雨七次,秧禾栽毕。岳池县得雨九次,秧禾耘耨。邻水县
得雨十一次,田水充盈。

潼川府属:三台县得雨九次,杂粮畅茂。射洪县得雨三次,禾
苗滋长。盐亭县得雨三次,黄豆畅茂。蓬溪县得雨六次,禾苗栽
插。安岳县得雨六次,山粮滋长。乐至县得雨七次,秧苗滋长。

雅州府属:雅安县得雨一次,地土滋润。名山县得雨四次,秧
苗滋长。天全州得雨三次,田中积水。

嘉定府属:乐山县得雨十次,早秧茂盛。峨眉县得雨二次,田
水充足。洪雅县得雨四次,禾苗滋长。夹江县得雨四次,禾苗畅
茂。犍为县得雨三次,晚秧插毕。荣县得雨七次,早禾滋长。威远
县得雨五次,栽插已毕。

叙州府属:南溪县得雨六次,禾苗滋长。富顺县得雨十次,田水
充足。隆昌县得雨六次,秧苗茂盛。长宁县得雨二次,早秧栽毕。

资州直隶州并属:资州得雨三次,晚禾青葱。资阳县得雨五
次,田水充足。仁寿县得雨五次,棉花渐长。井研县得雨二次,黄
豆滋长。内江县得雨五次,早禾茂盛。

绵州直隶州并属：绵州得雨五次，田水充足。德阳县得雨三次，秧苗栽毕。安县得雨三次，禾苗栽毕。梓潼县得雨二次，禾苗栽插。罗江县得雨三次，秧苗栽毕。

忠州直隶州并属：忠州得雨七次，田水充足。酆都县得雨七次，田水充足。垫江县得雨五次，田水充盈。梁山县得雨九次，田禾栽竣。

酉阳直隶州属：彭水县得雨三次，田水充足。

茂州直隶州属：汶川县得雨二次，田水充盈。

眉州直隶州并属：眉州得雨六次，堰水畅流。彭山县得雨四次，堰水充满。

泸州直隶州属：江安县得雨三次，秧禾耘耨。合江县得雨九次，田亩积水。纳溪县得雨六次，晚秧栽毕。

邛州直隶州并属：邛州得雨五次，早秧耘耨。蒲江县得雨四次，农田有水。

石砫直隶厅得雨二次，秧苗滋长。

叙永直隶厅并属：叙永厅得雨九次，晚秧长发。永宁县得雨九次，秧苗青秀。

军机大臣奉旨：览。钦此。①

○八七　保奖攻克冕宁等处出力员弁折

同治九年七月初二日（1870 年 7 月 29 日）

成都将军臣崇实、头品顶戴四川总督臣吴棠跪奏，为遵旨择尤

---

① 台北故宫博物院藏：军机及宫中档，文献编号：102534。

保奖官军攻克冕宁、西昌之热水、交脚、竹黑、大木杆、吽牛坝等处夷巢,大小部落次第投诚,建南一律肃清在事出力员弁,恭折仰祈圣鉴事。

窃臣等于同治八年正月二十五日,奉到正月初九日内阁奉上谕:崇实、吴棠奏,官军进剿吽牛坝逆巢,贼部次第投诚,建南肃清一折。崇实、吴棠督率有方,深堪嘉尚,着交部从优议叙。周达武着赏穿黄马褂,以示奖励。其余在事出力员弁,着准其择尤保奖① 等因。钦此。臣等伏查,官军自攻破普雄石城、生擒夷酋勒乌立兹以后,冕宁、西昌之夷恃彼地险巢坚,负隅抗拒,而其间之桀骜者,则以热水、交脚、竹黑、大木杆、吽牛坝等处为尤著,非乘机剪灭,设法驱除,无以策全功而筹善后。迭经督饬提督周达武,激励将士,勇敢争先,由冕宁大道包抄而入。总兵李有恒、丁永升各率队伍,由借约沟、咪嘶坝夷地两路夹攻而出。迨大军会于交脚汛,适建昌镇总兵刘宝国、署宁远府知府彭名湜,亦率兵团踵至。遂相与披坚执锐,捣穴焚巢。

凡大小数十仗,廓清数百里,阵斩凶夷数千名,踏毁贼垒数千座。于是群贼詟服,望风乞降,建南一律肃清。周达武回驻越嶲,筹办善后,如建碉筑堡,保路送哨,添设土司分管,责令夷目上班数大端,均已次第举行。尚有未尽事宜,容臣等从容擘画,再当缕晰奏陈。兹幸商贾往来,道途无阻,流亡安集,桴鼓不惊。上年学臣按临宁远,补行科岁考试,近以秋闱将届,该士子接踵而来,观光志切,罔不欢欣鼓舞,以为夷患顿平,实近年中未有之事。惟念深山大泽,凿险缒幽,积雪坚冰,裂肤堕指,与腹地军营迥异,悉赖将士

---

① 划线部分军机录副缺,兹据《游蜀疏稿》校补。

苦战之功。

仰蒙圣明轸念戎行，有劳必录。臣等会督周达武等，悉心考察，于拔擢人材之中，仍寓慎重名器之意，甄叙所及，务期无滥无遗。谨缮清单，恭呈御览，吁恳恩施立沛，以作士气，而靖边陲。除拟保千总以下另册咨部外，所有遵旨择尤保奖官军攻克冕宁、西昌之热水、交脚、竹黑、大木杆、吽牛坝等处夷巢，建南一律肃清，在事出力弁员缘由，谨合词恭折具奏，伏乞皇太后、皇上圣鉴训示。再，查清单内开，已革运同衔分缺先用同知刘希清，系留营效力之员，应循例将原参案由详细咨送吏部合办。合并声明。谨奏。七月初二日。

同治九年七月二十三日，军机大臣奉旨：钦此。①

【案】内阁奉上谕……着准其择尤保奖等因：前因建南一律肃清，崇实、吴棠、周达武均得嘉奖。《清实录》：

又谕：崇实、吴棠奏，官军进攻吽牛坝，夷匪部落投诚，建南一律肃清一折。建南夷匪煽乱十余年，久为川省边境之患，经崇实奏派周达武督师征剿，迭获胜仗。此次进攻吽牛坝，群夷畏服，伏地乞降。周达武责令呈缴军器，放还难民，回军越巂，修碉建堡，用资保障，办理均属妥协，深堪嘉尚。即着崇实等檄饬该提督，会同该地方文武，将善后事宜详细规画，务期乱萌永戢，以固边陲。将此由五百里各谕令知之……以四川平定夷匪，建南肃清，将军崇实、总督吴棠得旨嘉奖，赏提督周

---

① 台北故宫博物院藏：军机及宫中档，文献编号：102150。又，吴棠等：《游蜀疏稿》，第155—163页。其尾记曰："同治九年七月初二日，由驿具奏。于本年八月十一日，准兵部火票递到原折，后开军机大臣奉旨：另有旨。钦此。"

达武黄马褂。①

○八八　呈保奖攻克冕宁等处出力员弁清单

同治九年七月初二日(1870年7月29日)

谨将官军攻克冕宁、西昌之热水、交脚、竹黑、大木杆、吽牛坝等处夷巢,大小部落次第投诚,建南一律肃清在事出力员弁,缮具清单,恭呈御览。

计开:武字营:记名提督振勇巴图鲁周家盛,记名提督马承宗。该二员督队身先,擒斩逆要。周家盛请赏换清字勇号,马承宗请赏给该员三代一品封典。

提督衔陕西补用总兵钟有思、邓日胜,提督衔记名总兵黄宗耀、成有余。该四员带队冲锋,阵斩要逆,均请以提督尽先补用。

补用总兵邓有德、文德盛、张锡卿、黎泽桂、龚生环、熊得胜。该六员督队打仗,擒斩逆要,均请赏加提督衔。邓有德、文德盛、张锡卿并请赏给三代一品封典。

总兵衔尽先补用副将李茂华、周章达,升用总兵补用副将李万胜,尽先补用副将朱达雄、张大洪、向海清、邹有声、贺南极、黄三秀,蓝翎尽先副将沈玉明。该十员督队打仗,擒斩逆目,均请以总兵补用。沈玉明并请赏换花翎。

副将衔留川尽先参将成黼廷、李锡仁、胡蕴斌,留川尽先参将龚俊宜、徐有耀、刘同升,尽先参将陈希元、周定堃、罗仲淹、许桂兰、赵学书、王世普,蓝翎尽先参将周德载、刘九衡、黄佑禄、杜丰

升、杨得贵。该十七员打仗奋勇，斩擒要逆，均请免补参将，以副将留于四川，尽先补用。成黼廷并请赏给该员父母二品封典，周德载、刘九衡、黄佑禄、杜丰升、杨得贵，并请赏换花翎。

参将衔留川补用游击刘镇坤，花翎留川补用游击黄允中、周文和、屈贵隆、张高礼、黄鹤生，尽先游击越巂营领哨千总董应昌，尽先游击胡际盛、谭德均、谭定光，蓝翎留川游击沈长龄。该十一员打仗奋勇，战擒逆目，均请免补游击，以参将留于四川，尽先补用。沈长龄并请赏换花翎。

花翎尽先游击彭学礼、彭光正、刘新发，蓝翎尽先游击刘子俊、段芳顺、贾敦友、贺桂馥、张修平、张晋成、黎万才、张启荣、刘有章。该十二员打仗奋勇，斩擒要逆，均请免补游击，以参将尽先补用。刘子俊、段芳顺、贾敦友、贺桂馥、张修平、张晋成、黎万才、张启荣、刘有章，并请赏换花翎。

花翎尽先都司李光岐、罗毓俊、王占蔚、阳名贵、范毓钟、刘荣贵、黄辅臣、张新盛、李得贵、何江海，蓝翎留川尽先都司刘永禄，蓝翎尽先都司周添钰、叶定安、张德茂、龙华纪、萧福泰、王镇铨。该十七员打仗奋勇，生擒酋目，均请免补都司，以游击留于四川，尽先补用。周添钰、叶定安并请赏换花翎。

花翎尽先守备景春林、周邦献、秦昌龄、陶万泰，蓝翎尽先守备黄裳吉、李应晋、李先定。该七员打仗奋勇，擒获逆目，均请以都司留于四川，尽先补用。

蓝翎都司衔尽先守备余寿康，花翎尽先守备逊溪营把总岑成元，花翎尽先守备维州左营外委冯占魁，花翎尽先守备余继祖、陈大伸、姜楚贤、杨铭盛、任裕祥、周维汉、毛玉德、许明德、汤明显、林三元、王友连、张昌庆，蓝翎尽先守备覃文义、傅轩衢、李禧耀、康正安、昝永寿、谭桂林、卢福成、张良才、刘桢祥、蒲德魁、莫连胜、李逢春、萧传武、卢华山、胡逢胜、王光诗、周福泰、戴万俊、钟昌斗、尹林才、何荣升、许世毓、崔范正、黄锦昌、石正训、钟大有、黄德懿、戴世达、赵天锡、许慎洛、刘寿保、刘箴铭、李怀德、张国幹、李向荣、黄艺达、余孝安、李全顺、瞿有春、陈士林，尽先守备全忠孝。该五十六员打仗向先，擒获要逆，请免补守备，以都司尽先补用。余寿康、何荣升、许世毓、黄锦昌、黄德懿、赵天锡、许慎洛、刘寿保、刘箴铭、李怀德、李向荣，并请赏换花翎，全忠孝并请赏戴蓝翎。

蓝翎守备衔尽先千总柯达春、夏祥云、蒋建南、黄保元、印贵升、郭光间、高德元、陈玉鸣、萧永忠、彭玉升、贺必达、陈秉柯，蓝翎尽先千总胡培锦、周正泽、邱俊书、黄文新、邓秋高、朱衡寿、李连宗、罗盛元、周福升、李洪伦、陶敦诚、陈镛珊、柯宗寿、孙耀礼、刘德基、谢永年、盛开美、梅占魁、许德寿、袁忠恕、何隆太、李开泰、张高亮、彭光正、许云清、唐鸿升、屈贵元、牟发春、汤日升、黄进新、陈有元、张汉卿、姚有德、张湛恩、郑定发、朱占超、艾明高、吴正亭、田禧阿、刘忠全、李允升、黄心田、姚成湘、向启秀、吴志峰、丁洪盛、张顺喜、宋宗和、陈春山、张尔禄、周泰源、尹光祥、陈万和、彭会连，尽先千总廖绍泉、黄肆门、胡元兴、熊煦春、黄得赓、赵开庆、王长兴。以上七十三名，打仗奋勇，擒获多名，均请免补千总，以守备尽先补用。高德元、陈玉鸣、萧永忠、周正泽、黄进新、田禧阿、刘全忠〔忠全〕，并请赏换花翎。廖绍泉、黄肆门、胡元兴、熊煦春、黄得赓、赵开庆，并请赏戴蓝翎。

尽先把总洪寿祺、石有富、张铭柏、周斌森、陈吉林、杨克家、宋正魁、黄安榜、李有秋、邓维清、陈启贵、李成林、罗玉升、张光品、冯少新、田乐顺、张开富、李映春、任步云、黄金生，军功陈国柱。以上二十一名，打仗身先，擒获要逆，均请免补把总，以千总尽先补用，并请赏戴蓝翎。周斌森并请赏加守备衔。

尽先外委王国政、陈兴武、齐开先、胡荣耀、罗文新、何玉亭、朱吉谨、王洪升、汤晓堂、莫元胜、秦致盛、陈长寿、柯世寿、严洪命、杨星临、殷长胜、魏金林、王占彪、马永廷、任呈祥、王科高、陶泽仪、王国梁、胡振魁、李隆升、彭万华、何绍金、周守谟。以上二十八名，打仗奋勇，杀贼最多，均请免补外委，以把总尽先补用，并请赏戴蓝翎。

军功黄福祺、黄中理、彭德林、饶云勋、李受益、邹元盛、潘世占、缪玉胜、夏柏发、周怀德、刘安清、张明祥、雍茂林、徐达才、易开举、唐永功、刘政德、朱纯武、唐玉龙、董正和、严明先、萧耀南、毛玉龙、李光耀、徐洪顺、李太和、陈有德、阳蓝田、傅作霖、孙云开、杨桂林、朱清珊、邓德贵、陈怡堂、储致坤、谢长达、汤日新、朱宏甲、张照南、瞿胜惠、牟文俊、王金和、黎新盛、易友顺、谭致德、徐趾麟、龙云辉、张成才、刘泰和、杨德昌、程正光、李应兴、陈广、于吉云、许翰墀。以上五十五名，屡破坚巢，擒斩逆目，均请以外委尽先补用，并请赏戴蓝翎。

知府用四川补用同知直隶州知州周振琼，知府衔四川补用同知直隶州知州罗亨奎，候选同知直隶州知州罗应旒，蓝翎候选知县周家祜，同知衔监翎留川补用知县邓庭桂，留川补用知县丁赍良。该六员督队打仗，擒斩要逆。周振琼请候补知府后，以道员尽先补用。罗亨奎请免补本班，以知府仍留四川，归候补班前先用。罗应旒请免选本班，以知府遇缺尽先前选用，并请赏给该员父母、祖父母正四品封典。周家祜请免选本班，以同知直隶州知州归部，遇缺尽先前选用。邓庭桂请俟补缺后，以直隶州知州前先补用。丁赍良请俟补缺后,以直隶州知州前先补用,先换顶戴。周家祐、邓庭桂并请赏换花翎。

候选同知直隶州知州许乃兴、周振鼎、王藻春,候选知县黄可述,湖南举人拣选知县黄沛翘,蓝翎同知直隶州知州用四川补用职知县周熙炳,同知衔留川补用知县周兆兰,分发尽先补用知县洪锡爵。该八员阵毙夷酋,异常奋勇。许乃兴、周振鼎、王藻春均请赏加知府衔,并请赏给该三员父母、祖父母正四品封典。黄可述、黄沛翘均请以知县留于四川,归军功候补班,前先补用,并请赏加知府衔。周熙炳请仍以知县归军功候补班,前先补用,并请赏换花翎。周兆兰请俟补缺后,以同知直隶州知州前先补用。洪锡爵请仍以知县分发省份,归候补班前先补用,并请赏加同知衔。

蓝翎候选知县丁翰、张峻、戴裴章,提举衔候选通判彭继志,候选州同周家潊。该五员冲锋杀贼,攻克坚巢,均请免选本班,以知州归部不论双单月,遇缺尽先前选用。丁翰、张峻、戴裴章并请赏换花翎。

五品翎顶升用知县候选县丞戴焕南,候选县丞陈斌绶、周颂昌,升用知县四川试用县丞王基寅,升用知县试用府经历杨暹。该五员扫穴擒渠,战功卓著。戴焕南、陈斌绶、周颂昌均请免选本班,以知县留于四川,归军功候补班,前先补用;陈斌绶并请赏戴蓝翎。王基寅、杨暹均请免选本班,以知县留于四川,归军功候补班,前先补用。

已革运同衔分缺先用同知刘希清,该员前署射洪县,失守城池,革职,奉准部文,留营效力。此次督队打仗,擒斩逆目,洵属奋勉。请开复原衔,并请赏还运同衔。

尽先前选知县周恩庆,尽先前选教谕夏葆祚,陕西候补县丞廖敦易，候选县丞黄继裕。该四员夺隘争先，踏平贼垒。周恩庆请赏加同知衔，夏葆祚请俟选缺后，以知县归部，遇缺前先选用，并请赏加同知衔。廖敦易请俟补缺后，以知县升用。黄继裕请以县丞留于四川，归候补班，前先补用。

候选从九品锡章，选用从九品黄永槐、周沄、龙忠海、何扶纲、刘子元，升缺升用选用从九品吴季昌。该七员督队打仗，生擒逆目。锡章请免选本班，以县丞留于四川，归军功候补班，前先补用。黄永槐、周沄、龙忠海、何扶纲、刘子元、吴季昌，均请免选本班，以县丞不论双单月，遇缺尽先前选用。何扶纲并请赏戴蓝翎。

俊秀萧镇昆、黄宗荣、陶世矩、罗运甓。以上四名，随同打仗，擒斩多名，均请以从九品，遇缺前先选用。

虎威宝营：提督衔四川遇缺简放总兵李有恒，该员独当一面，有勇有谋，请遇有提督、总兵缺出，开列在先，请旨简放。

记名总兵刘正元，花翎副将刘道宗。该二员屡斩凶悍，不避矢石。刘正元请赏加勇号，刘道宗请交军机处记名，遇有总兵缺出，请旨简放，并请赏给该二员父母、祖父母二品封典。

花翎都司李美喜、袁冠儒，蓝翎都司贺永康、彭发祥。该四员屡歼悍贼，力破险卡，均请以游击尽先题补。贺永康并请赏换花翎。

都司衔蓝翎守备廖忠元，都司衔千总罗长聪，蓝翎千总刘盛辉，五品蓝翎外委游名扬。该四员屡克坚巢，擒斩悍贼。廖忠元请免升都司，以游击尽先题补，并请赏换花翎。罗长聪、刘盛辉均请免升守备，以都司尽先题补，罗长聪并请赏戴花翎，刘盛辉并请赏换花翎，游名扬请免升把总，以千总尽先拔补，并请赏加都司衔。

蓝翎补用守备邹春祺、陈洪升，守备刘永章，花翎守备衔贵州威宁镇标千总朱殿昌,花翎守备衔千总王庆云,蓝翎守备衔千总吴桂林、袁玉胜、李连发、谭光楠。该九员每战身先,擒斩极众。邹春祺、陈洪升、刘永章均请免补守备,以都司尽先题补。朱殿昌、王庆云、吴桂林、袁玉胜、李连发、谭光楠,均请免升守备,以都司尽先题补。

花翎尽先升用游击都司车重轮,蓝翎千总贺元林、曾富春、刘洪贵、唐广寅,六品顶翎把总聂仁贵,蓝翎把总刘国政、吕玉发、余忠胜,外委鲁忠周、方文斗、聂秀芝、易良英。以上十三员,带队包抄,阵斩凶夷。车重轮请以游击无论题推缺出,尽先前即补,并请赏加副将衔。贺元林、曾富春、刘洪贵、唐广寅,均请免升守备,以都司尽先题补。聂仁贵、刘国政、吕玉发、余忠胜,均请免升千总,以守备尽先题补。刘国政并请赏换花翎。鲁忠周、方文斗、聂秀芝、易良英,均请以把总拔补,并请赏戴蓝翎。

花翎知府衔候选同知直隶州知州谭翼勋,花翎候选同知直隶州知州李承芳,花翎留川升用同知直隶州知州候补知县李岳恒,六品蓝翎留川候补班前先即补知县陈世彬,候选府经历县丞李光岳,举人章际隆。该六员阵斩悍夷,屡破贼堡。谭翼勋请免选本班,以知府分发省份,归候补班前补用,并请赏给该员父母、祖父母四品封典。李承芳请以本班留于四川,归候补班前补用,并请赏给该员父母、祖父母五品封典。李岳恒请免补本班,以同知直隶州知州仍留四川,归候补班,遇缺前先补用,并请赏加知府衔。陈世彬请俟补缺后,以同知直隶州知州用,并请赏换花翎。李光岳请免选本班,以知县归尽先前遇缺即选,并请赏加同知衔。章际隆请以知县留于四川,归候补班,前先即补。

双月选用同知沈炳潢,花翎留川补用直隶州知州葛雨澍,蓝翎知州衔四川候补知县邹隆柄,蓝翎四川候补知县缪庸,六品蓝翎候选布理问丁翰清,选用知县即选县丞钟期溍,候选县丞邓裕需,选用知县即选训导余云焕。该八员随同带队,迭有斩擒。沈炳潢请分发省份,归候补班,前先补用。葛雨澍请赏加知府衔。邹隆柄请俟补缺后,以直隶州知州归候补班前补用,并请赏换花翎。缪庸请赏加同知衔。丁翰清请免选本班,以知州不论双单月,遇缺即选。钟期溍请免选本班,以知县归军功候补班,尽先补用。余云焕请免选训导,以知县不论双单月,归军功班,遇缺前先选用,并请赏加五品衔。

六品衔候选从九品李承裕、谢思沛,从九品李承裔、黄景汉、李祖培、龚启明。该六员梯险进攻,屡获胜捷。均请免选本班,以府经历县丞不论双单月,遇缺前先选用。李承裕、谢思沛并请赏戴蓝翎。李承裔、黄景汉、李祖培、龚启明,并请赏戴六品顶翎。

候选从九品金源、余维岳、邹良翰,六品衔监生李建侯,附生江国华,监生耿觐光,俊秀李承祜、姜泰来、熊良翰。以上九员名,截毙贼援,运粮得力。金源请以本班留于四川,归军功候补班,尽先前遇缺即补。余维岳、邹良翰均请免选本班,以府经历县丞不论双单月,遇缺前先选用。李建侯、江国华、耿觐光、李承祜、姜泰来、熊良翰,均请以从九品不论双单月,归部选用。

靖边营:记名总兵丁永升,该员督队身先,擒斩逆要,请赏加提督衔。

升用总兵尽先副将鲁国安,总兵衔尽先副将吴得胜,尽先副将周友田,副将衔尽先参将龙升廷,湖南即补游击冯远馨,游击田应照、蔡敬堂。该七员每战冲锋,擒斩逆目。鲁国安、吴得胜均请以总兵尽先补用。周友田请以总兵升用。龙升廷请免补参将,以副将尽先补用。冯远馨请免补游击,以参将仍留原省,遇缺尽先前补用。田应照、蔡敬堂均请免补游击,以参将尽先补用。

游击衔尽先都司向纪修,尽先都司田景元、田景盛、向玉书,蓝翎尽先都司唐本善、康得茂,蓝翎都司衔尽先守备佘明章,蓝翎尽先守备汪本立、庄有恒、曾洪发、邓衍秩、黄德正,尽先守备阳洪发。该十三员冲锋鏖战,屡斩凶夷。向纪修请以游击留川,遇缺尽先补用。田景元、田景盛、向玉书、唐本善、康得茂,均请免补都司,以游击尽先补用。佘明章、汪本立、庄有恒、曾洪发、邓衍秩、黄德正、阳洪发,均请免补守备,以都司尽先补用。康得茂、佘明章、邓衍秩、黄德正,并请赏换花翎。

蓝翎都司衔守备用留川尽先补用千总吴中山,蓝翎守备衔尽先千总毛友升、陈占魁,蓝翎尽先千总佘腾龙、刘文焕、吴占春,尽先千总黄兴玉。以上七名,打仗奋勇,阵斩要逆。吴中山请免补千总,以守备仍留四川,尽先补用。毛友升、陈占魁、佘腾龙、刘文焕、吴占春、黄兴玉,均请免补千总,以守备尽先补用。陈占魁、佘腾龙,并请赏换花翎。

留川尽先把总钟昌恕,尽先把总叶永泰、朱宗佑、朱明启、黄承宗。以上五名,打仗奋勇,迭有斩擒。钟昌恕、叶永泰均请免补把总,以千总留川,尽先补用,并请赏戴蓝翎。

军功金仕隆、吕锡爵、丁龙云、杨得霖、石际盛、武生毛鸿运。以上六名,打仗奋勇,斩擒最多。金仕隆、吕锡爵、毛鸿运,均请以把总尽先补用,并请赏戴蓝翎。丁龙云、杨得霖、石际盛,均请赏戴六品蓝翎。

留川补用同知直隶州知州丁盛荣,运同衔四川候补知县石如棠,同知衔候选知县丁启桢,遇缺尽先前选用知县陆崇德,六品蓝翎四川候补班前先用知县黄应高。该五员督队进剿，屡著战功。丁盛荣请赏加知府衔，并请赏戴花翎。石如棠请俟补缺后，以直隶州知州仍留原省，归候补班前补用，并请赏给该员父母、祖父母四品封典。丁启桢请赏戴花翎。陆崇德请赏给五品蓝翎。黄应高请赏加同知衔。

遇缺前选府经历县丞刘文泰，候选主簿崔子敬，候选从九品石铭勋、夏杞征、任佑森，四川试用吏目李道源。该六员随同打仗，擒斩要逆。刘文泰请免选本班，以知县不论双单月遇缺前先选用。李道源请俟补缺后，以盐大使归候补班，前先补用。

理问职衔胡瀚，廪生吕作善，监生章锴、胡爵滋，俊秀欧阳懋、梁成栋、陈步瀛。以上七名，平毁夷堡，斩擒极多。胡瀚请以理问归部选用，并请赏加盐提举衔。吕作善请以训导不论双单月，遇缺前先选用。章锴、胡爵滋、欧阳懋、梁成栋、陈步瀛，均请以从九品不论双单月，遇缺前先选用。

建昌文武员弁、绅团：记名提督四川建昌镇总兵锐勇巴图鲁刘宝国，该员统兵会剿，胆略超群，请赏换清字勇号。

尽先副将建昌中营游击邓全胜，四川补用游击署登相营游击定长，尽先升用副将开复留川补用参将王廷相，升用参将留川补用游击刘顺望，拣发都司署冕山营都司世昌，花翎尽先都司杨世才，世袭云骑尉马乾。该七员带兵助剿，擒斩逆要。邓全胜请赏给勇号。定长请免补游击，以参将尽先补用，并请赏加副将衔。王廷相请免缴捐复银两，以副将尽先补用。刘顺望请赏加副将衔。世昌、杨世才均请免补都司，以游击留于四川，尽先补用。世昌、马乾并请赏戴花翎。

蓝翎尽先守备靳胜正，城守左营世袭云骑尉熊兆周，蓝翎尽先守备建昌中营把总姚得恩、李应方,花翎尽先守备建昌左营把总周应超,蓝翎松潘千总陈文炳,蓝翎千总赵世勋、李茂、钱启义,建昌中营千总杨应雄,尽先千总李万才,尽先千总建昌左营外委吴占魁,蓝翎懋功营把总钟坼,抚边营把总周元超,靖边营把总雷炳文,尽先把总何镇清、杨焕章、傅荣魁、夏需霖、黄有贵。以上二十名,打仗奋勇,迭有斩擒。靳胜正、熊兆周、姚得恩、李应方、周应超,均请免补守备,以都司尽先补用。姚得恩、李应方并请赏换花翎。陈文炳、赵世勋、李茂、钱启义、杨应雄、李万才、吴占魁,均请以守备尽先补用。陈文炳并请赏加都司衔,吴占魁并请赏戴蓝翎,钟坼、周元超均请以千总尽先补用,并请赏加守备衔。雷炳文、何镇清、杨焕章、傅荣魁、夏需霖、黄有贵,均请以千总尽先补用,并请赏戴蓝翎。

龙潭汛外委吴光明,尽先外委邓全泰、卓沄、王文昭、王文藻,军功额外刘凤麟,军功靖远营马兵杨宗盛、陈德辉,军功穆德沛、黄培高、夏隆盛、李定国、杨德宣、萧国珍、侯映棠,武生陈志才,建昌中左二营兵丁尹仕祥、杨凤岗、马兆瑞、何显宗、史占彪、李应彪、朱成文、张维经、黄占魁、方景华、朱廷彪、张应魁,军功但尚志、邓荫堂。以上三十名,所向克捷,英锐莫当。刘凤麟、杨宗盛、陈德辉、穆德沛、黄培高、夏隆盛、李定国、杨德宣、萧国珍、侯映棠、陈志才,均请以外委尽先补用,并请赏戴蓝翎。吴光明、邓全泰、卓沄、王文昭、王文藻、尹仕祥、杨凤岗、马兆瑞、何显宗、史占彪、李应彪、朱成文、张维经、黄占魁、方景华、朱廷彪、张应魁、但尚志、邓荫堂,均请赏戴蓝翎。

土百户金得禄,该百户随同打仗,迭次出力,请赏加土都司衔,并请赏戴花翎。

按察使衔四川建昌道鄂惠,该员尽心抚驭,悉合机宜,请赏给二品顶戴。

四川补用知府署宁远府知府彭名湜，候补知府彭毓棻，知府衔四川候补同知署越嶲厅同知李忠清，运同衔四川补用同知直隶州知州吕辉。该四员带团助剿，擒斩酋目。彭名湜请俟补缺后，以道员补用。彭毓棻请归候补班，前先即补，并请赏加盐运使衔。李忠清请俟补缺后，以知府用，并请赏加道衔。吕辉请赏给该员父母、祖父母四品封典。

同知衔大挑班前先补用知县署西昌县知县杨锡荣，同知衔升用知县嘉定府经历署清溪县知县苗本植，拣选知县颜启华，补用知县署越嶲厅大树堡经历候选县丞陆程鹏，蓝翎选用州同马泰川，候选翰林院待诏任熙臣，升缺升用云南试用直隶州州判张芝。该七员带团助剿，战擒逆目。杨锡荣请俟补缺后，以同知直隶州知州仍留四川，归军功班，前先补用。苗本植请以知县归军功班，前先补用。颜启华请以知县归军功班，前先选用。陆程鹏请免补本班，以知县仍留四川，归军功班前先用。马泰川请免选本班，以通判归部，尽先选用。任熙臣请免选本班，以通判不论双单月尽先选用。张芝请免补本班，以知县补用，并请赏加知州衔。

宁远府教授吴大光，宁远府经历俞元璧，六品衔遇缺即补府经历县丞越嶲厅照磨王介堂，候选训导章汉仪、周宗鲁，升用府经历县丞试用巡检沈毓龄，四川试用从九品彭璠树、阮征学，遇缺即选从九品马晋锡，候选从九品刘朝宗、杨德辉，升用府经历县丞候补未入流陆世滢，廪生郑宗福、杨肇新。以上十四员名，带团助剿，聿著战功。吴大光请赏加盐提举衔。俞元璧请以知县尽先补用。王介堂请专以县丞归军功班，前先在任候补。章汉仪请仍以训导归本班前先选用，并请赏加国子监学正衔。周宗鲁请以训导归军功班前先选用。沈毓龄、陆世滢均请赏戴六品顶翎。彭璠树、阮征学均请仍以从九品归军功候补班前先补用。马晋锡请俟选缺后，以府经历前先补用。刘朝宗请免选从九品，以县丞留于四川，归候补班前先补用。杨德辉请仍以从九品归军功班前先选用。郑宗福、杨肇新均请以训导归军功班前先选用。

贡生赵继成、胡攀瑷，监生方功棠，增生孟谈经、周志新，附生熊应岐、凌万山，监生李旭，俊秀李荣生、姚士瑄、吕履晋、王士祥。以上十二名，不避锋镝，办运军米。赵继成、胡攀瑷请赏加国子监典簿衔。方功棠请以主簿留于四川，归军功班，前先补用。孟谈经、周志新、熊应岐、凌万山、李旭，均请以从九品，尽先选用。李荣生、姚士瑄、吕履晋、王士祥，均请以未入流选用。

从九品衔王国耀、陈向荣，书识王谦益、赵鸿扬、王绍武、胥端方。以上六名，随办文案，始终不懈。王国耀、陈向荣均请赏加七品衔，并请赏给该员父母及本身妻室七品封典。王谦益、赵鸿扬、王绍武、胥端方，均请以从九品不论双单月遇缺尽先前选用。

军机大臣奉旨：览。钦此。①

【案】此案于同治九年七月二十三日得允行。《清实录》：
以四川冕宁等处迭破贼巢、建南肃清出力，赏提督马承宗、总兵官钟有思、邓有德、文得盛、张锡卿一品封典，参将成黼廷二品封典，总兵官刘正元、副将邓全胜巴图鲁名号，知州邓廷桂、参将周得载等花翎，把总洪寿祺等蓝翎。余加衔、升叙、开复有差。②

---

① 台北故宫博物院藏：军机及宫中档，文献编号：102151。
② 《穆宗毅皇帝实录（六）》，卷二百八十七，同治九年七月下，第966页。

○八九　筹拨李鸿章月饷起程日期折

同治九年七月初二日(1870 年 7 月 29 日)

　　成都将军臣崇实、头品顶戴四川总督臣吴棠跪奏，为筹拨湖广督臣援陕新饷起程日期，恭折具奏，仰祈圣鉴事。

　　窃臣等前准军机大臣字寄：同治九年四月二十九日，奉上谕：李鸿章奏，督军入陕，需粮甚巨等因。钦此。伏查川省连年分军筹饷，出援滇、黔、陕三省，并奉拨各省协饷，款目重叠纷繁，催解不绝于道，司库入不敷出，本属异常竭蹶。自去年至今，议减防边勇丁，期节糜费，而勇粮积欠过巨，每撤一营，必找发欠饷数万两，出款愈多。近因云贵督臣刘岳昭议撤果后各营，咨川找发欠饷，司、盐两库无款可拨，不得已通饬川东州县凑集捐输尾数，陆续解寄泸州，转运赴滇，皆系黾勉撑持，不遗余力。惟李鸿章督军入陕，事关西北全局，关陇待援甚切，饷需尚觉不敷，川省唇齿相依，不得不于无可筹拨之中，腾挪协济。

　　兹臣督同藩司王德固勉凑捐输银三万两，先委试用同知赵恩祜领解，定于六月初七日自川起程，解交陕西藩库弹收，听候李鸿章拨用。余俟续筹有项，分起拨解。除分咨外，谨合词恭折具奏，伏乞皇太后、皇上圣鉴。谨奏。七月初二日。

　　同治九年七月二十三日，军机大臣奉旨：知道了。钦此。①

　　【案】李鸿章奏，督军入陕，需粮甚巨：同治九年四月二十

---

①　台北故宫博物院藏：军机及宫中档，文献编号：102152。

二日,湖广总督李鸿章奏报遵派劲旅先行赴陕曰:

督办陕西军务大学士湖广总督臣李鸿章跪奏,为遵旨酌派劲旅先行分道赴陕,臣即督队由襄阳前进,恭折仰祈圣鉴事。窃臣于三月二十四日由鄂省起程,业经奏报在案。途次迭奉三月十五、二十五、三十等日谕旨,饬派劲旅先行赴陕,会合各军,妥筹堵剿。当因广西右江镇总兵周盛传、贵州安义镇总兵唐仁廉,带队先往河南周家口,添募马队,饬即赶备行装,克日起程。现据周盛传呈报:四月十六日,统率盛、仁各军步队十六营及新募已到马队三营,由周口拔队进赴潼关。臣行抵襄阳,察勘运道,须由荆紫关、武关至商州龙驹寨入陕为便。派员沿途设局,接运粮饷、军火,并饬调鄂军记名提督谭仁芳分拨所部两营,扼扎荆紫关、武关要隘,以固秦楚边防,兼护后路饷运。其余步队五营、马队两哨,即饬由武关、商州、蓝田间道径赴西安,以壮声援。湖北提督郭松林所部步队十五营,已抵樊城,惟招募马队、采办骡匹尚未见到,应俟各事就绪,即由该提督率队继进。臣连日雇觅车骡,拟带亲兵马步,先由南阳、陕州大路驰赴潼关驻扎,俟队伍到齐,再行察酌调度,择要进扎,认真防剿。臣派员赴陕查探军情,及该省地方官禀报,本年春间,陕回两次内窜,虽经退去,惟未受大创,必思再逞狡谋。秦陇交界窎远,北之金积堡,南之河州、狄道,皆系陕甘各回积年巨巢,甘境各州县亦多零股踞扰,游骑四出,与秦边处处可通,实防不胜防。至北山延、榆、绥一带,地本瘠苦,回匪、溃勇蹂躏日久,田荒人少,户绝炊烟,官军深入,必须裹带粮草,转运费力;屯垦兼营,尤当逐渐筹办。容俟入关后,悉心体察,与蒋志章等相机妥筹,次第具奏。所有酌派劲旅分道赴

陕,臣即督队前进缘由,谨缮折由驿驰陈,伏乞皇太后、皇上圣
鉴训示。谨奏。同治九年四月二十二日。同治九年四月二十
九日,军机大臣奉旨:钦此。①

【附】同日,湖广总督李鸿章又附片曰:

再,臣前拟督师入黔,奏奉旨准饬江海、江汉两关添拨洋
税银两。又,浙江、山东月协二万两,均经各督抚臣陆续筹拨。
惟山东抚臣咨询,援黔之饷是否改协援陕之用,已咨覆请其赶
紧筹解。臣征黔之役,尚赖该省有川、湘援黔两军,巨饷可资
调发,且黔境粮价较秦稍平,运道亦稍近便。兹由鄂边赴陕,
陆路已千数百里,由陕运赴前敌,远近更难豫计。关陇被扰最
深,农田久荒,各军云集,需粮尤夥。近来粮价奇昂,车骡运脚
繁费极重,所以左宗棠岁得的饷七百余万,犹时形匮乏也。臣
现匀抽各省留防之军,陆续赴陕,因地广兵单,道远运艰,添募
马步,储备粮草,广购骡驼,动需巨款,现拨饷项实不敷用。查
前议川省裁军腾饷,经崇实、吴棠竭力筹办,业臻妥洽。秦、蜀
唇齿相依,谊应协助,可否请旨敕下四川将军、督臣饬司自本
年五月份起,按月筹拨臣营饷银三万两,就近解陕,源源接济,
稍助购粮转运之需。该将军等素顾大局,当不致有膜视。理
合附片陈请,伏乞圣鉴训示施行。谨奏。同治九年四月二十
九日,军机大臣奉旨:钦此。②

【案】军机大臣字寄……需粮甚巨等因:此廷寄《清实录》
载曰:

---

① 中国第一历史档案馆藏:军机录副,档案编号:03-4780-107;军机录副,档案编
号:03-4780-109。

② 中国第一历史档案馆藏:军机录副,档案编号:03-4780-110。

又谕:李鸿章奏,督军入陕,需粮甚巨,运费亦极浩繁,现拨各省饷项尚不敷用。前议川省裁军腾饷,业经崇实等筹办妥洽。此次移师西指,秦、蜀唇齿相依,亟资协助,请饬川省自本年五月起,按月筹拨饷银三万两等语。着崇实、吴棠酌量情形,妥筹款项,按月源源接济,俾利师行。将此由五百里各谕令知之。①

○九○　请仍以张文朝等员补授游击等缺折

同治九年七月初二日(1870年7月29日)

头品顶戴四川总督臣吴棠跪奏,为川省边防未竣,营员旷缺颇多,各省军营从前保举留川尽先武职多未归标,势难挨次序补,恳恩准予拣员酌补,以实营务,恭折仰祈圣鉴事。

窃查松潘右营游击林耀龙、夔州右营都司马晋铭、泸州营都司孙廷槐升调各遗缺,暨茂州营都司靳洪昭、通江营守备韩永清、建昌左营守备范文亮病故各遗缺,前经臣以张文朝、李玉春、杨廷萱、汪国林、康如陵、李廷英,先后奏补,嗣准部咨,与例不符,行令另拣尽先名次在前之员请补各等因。伏查军兴十余年来,川省绿营将士征调频仍,立功远省,由备弁而洊升参将、由兵勇而起擢都司者,不可胜记。内中曾多留川各项尽先在前人员,久未回川,屡次咨查,或未能离营,或不知下落。适有应补缺出,实难按照尽先名次前后序补,且川省毗连陕、甘、云、贵,各处边防吃重,全赖将备得人,方足以资捍御,不敢草率迁就。至升调所遗之缺,署事人员难

---

① 《穆宗毅皇帝实录(六)》,卷二百八十一,同治九年四月下,第896页。

期整饬，亦应及早拣补，俾免旷悬。臣接准部咨后，复于各项人员内照章遴选，虽有游击尽先名次在前之何占魁等及都、守尽先名次在前之匡元斌、黄杰、宋玉厐、杨道臻等，非营务生疏尚须练习，即边防、夷务未能熟谙，人地均不甚相宜。此外多在别省征防未回，无凭序补。惟查遇缺即补游击张文朝，办事勤奋，熟悉边防，拟请仍补松潘左营游击。

又，查有尽先守备康如陵，操防谙习，拟请仍补建昌左营守备。其升补建昌左营游击之泸州营都司孙廷槐，因办理抚夷事宜，于本年三月奏请暂缓引见，钦奉上谕：着照所请，兵部知道。钦此。孙廷槐一时既未能北上，遗缺未便久悬。查尽先都司杨廷萱，熟悉营务，人亦朴实，拟请仍补泸州营都司。以上三员履历、功绩，已于前折陈明在案。至茂州营都司一缺，查有尽先游击黄允中，年三十六岁，湖南宁乡县人，由行伍出师著绩，历保都司，复以攻克越嶲、普雄、石城出力保奏，同治八年三月初一日，内阁奉上谕：着免补都司，以游击留于四川尽先补用。钦此。该员才力勤奋，留意操防，拟请借补茂州营都司。

又，查有尽先都司范承先，年三十六岁，安徽定远县人，由军功出师清淮、山东、河南等省。同治三年，经僧格林沁奏保尽先都司。七年，奏调来川，委带兵勇，办理酉阳教案，擒获匪首何彩出力保奏，请免补都司，以游击留于四川尽先补用。嗣经部臣议奏，俟补都司后，以游击留川尽先补用，于九年三月十一日奉旨允准在案。该员久历戎行，兼有胆识，拟请补授夔州左营都司。

又，前准部咨：重庆右营都司李庆升改补江南佃湖营都司遗缺，查有督标左营守备滑元吉，年四十六岁，直隶巨鹿县人，由武进士蓝翎侍卫选补四川督标左营守备。咸丰八年，派防台藏。同治四年,班满回营。该员营务熟谙,才具稳练,历俸早满,拟请升补重庆右营都司。

又,绥靖营守备马图麟斥革遗缺,例应拣员调补,现在实缺守备较少,一时无员可调,查有尽先守备杨志凌,年三十四岁,四川崇庆州人,由行伍转战各省,历拔千总。同治三年,以克复甘肃平凉府城出力,经固原提督雷正绾①保奏,免补千总,以守备尽先补用,加都司衔,奉旨允准。四年,领咨回川,委防前藏。该员差操勤奋,拟请补授绥靖营守备。又,查有城守左营千总谢玉,年四十五岁,四川马边厅人,由行伍出师广西著绩,拔补峨边左营千总。同治三年二月,承领部咨。七年,调补城守左营千总。该员年力富强,历俸已满六年,拟请升补通江营守备。

以上各员,均系谙熟营伍、地方。黄允中等籍隶别省,张文朝等亦距籍在五百里以外,现在均无违碍事故。惟该员等尽先名次在后,或未保尽先,与例稍有未符。第人地实在相需,其班次在前各员人地不宜之处,业已据实详细声明,合有仰恳天恩,俯准以张文朝补授松潘左营游击、杨廷萱补授泸州营都司、黄允中借补茂州营都司、范承先补授夔州左营都司、滑元吉升补重庆右营都司、杨志凌补授绥靖营守备、谢玉升补通江营守备、康如陵补授建昌左营守备,实于营伍、边地有裨。

如蒙俞允,俟接准部覆,分别给咨送部引见,请给实札。臣为

① 雷正绾(?—1897),字伟堂、纬堂,四川华阳人。咸丰初年,从军湖北,由把总拔千总,补守备。咸丰四年(1854),任梁万营都司,迁游击,升参将。九年(1859),加副将衔。十年(1860),晋提督衔。十一年(1861),调补陕安镇总兵。同治元年(1862),擢陕西固原提督。三年(1864),赐黄马褂。十年(1871),加达春巴图鲁名号。光绪十六年(1890),赏太子少保衔。二十年(1894),晋尚书衔,加骑都尉。二十一年(1895),以循化撒回倡乱,督剿无功,革职留任。二十三年(1897),罢,卒于籍。

防务未竣、将备需才起见，是否有当，理合会同成都将军臣崇实、提督臣胡中和，合词恭折具奏，伏乞皇太后、皇上圣鉴训示。谨奏。七月初二日。

同治九年七月二十三日，军机大臣奉旨：着照所请，兵部知道。钦此。[①]

○九一　请饬颁发申锡绥执照来川片

同治九年七月初二日(1870 年 7 月 29 日)

再，川省于同治元年设局，劝办陕、甘、山西三省捐输，经前督臣将捐生姓名、银数及应叙官职六次奏请饬部奖叙在案。兹据省局司道详：查有荣县知县申诰捐银八百零八两，请移奖其子申锡绥由监生议叙府经历单月选用，造具履历、银数清册，并声明此案捐输业已截数，捐生均已请叙，别无应奖之人等情，详请具奏前来。臣覆核无异。合无仰恳天恩，饬部核议给奖，颁发申锡绥执照来川，以便转给承领。除将清册咨部外，理合附片陈明，伏乞圣鉴。谨奏。

同治九年七月二十三日，军机大臣奉旨：户部议奏。钦此。[②]

○九二　委解滇省协饷起程日期片

同治九年七月初二日(1870 年 7 月 29 日)

再，臣吴棠查川省奉拨滇饷，本年已两次解过银四万两，将起

---

① 台北故宫博物院藏：军机及宫中档，文献编号：102156。
② 台北故宫博物院藏：军机及宫中档，文献编号：102153。

程日期奏报在案。连月川省筹拨各营欠饷,并分拨陕、甘新旧各饷,库款虽极支绌,而现值滇省军务正在得手,需饷孔殷,不能不竭力协济,冀竟全功。兹臣督同藩司王德固复凑集协滇兵饷银二万两,饬委留川补用直隶州朱庭桂、试用州同魏廷锡,协同云南大理府都司穆特亨额管解,定于六月初十日自川起程,驰交云南藩库兑收,以应急需。除分咨外,理合附片陈明,伏乞圣鉴。谨奏。

同治九年七月二十三日,军机大臣奉旨:知道了。钦此。①

○九三　川省库储告匮旧欠无力兼措片

同治九年七月初二日(1870 年 7 月 29 日)

再,前准办理西征粮台翰林院侍讲学士臣袁保恒咨:钦奉上谕:各省应解秦州协饷自九年正月为始,径解西征粮台接收等因。钦此。当经筹拨银二万两,作为九年正月份协饷,委员姚建寅等驰解在案。甫经起程,又据袁保恒委员续提。伏查川省连年分拨四邻,复分解协饷,各邻省又均在川设局收捐。以一省之财力,分供数省之用,民力已极困惫,库藏悉索无余,积欠勇粮数逾百万,竭蹶情形不亚秦、陇。而甘省催饷迫切,又不能不竭力筹拨。

兹复督同藩司王德固凑集按粮津贴银二万两,尽数动拨,作为九年二月份应解甘饷,饬委候补知县寇守智,协同来川催饷之工部郎中王丙管解,定于六月初五日自川起程,驰赴驻陕西征粮台交收转解,以应急需。现值库储告匮,又须筹拨京、藏、滇、黔各饷及援邻各军勇粮,暨湖广总督李鸿章奉拨援陕新饷,均关紧要。其旧欠

---

① 台北故宫博物院藏:军机及宫中档,文献编号:102154。

甘饷及汉中米价,实无力兼措等情,由司具详前来。除分咨外,理合附片陈明,伏乞圣鉴。谨奏。

同治九年七月二十三日,军机大臣奉旨:知道了。钦此。①

○九四　奏保提督周家盛等员名单

同治九年七月初二日(1870年7月29日)

同治九年七月二十三日,崇实、吴棠保:提督周家盛,换巴图鲁,达桑阿。提督刘宝国,换巴图鲁,法克精阿。副将邓全胜,给勇巴图鲁,克。总兵刘正元,给勇巴图鲁,恧。②

○九五　奏报川东被水委员查勘抚恤折

同治九年七月十一日(1870年8月7日)

头品顶戴四川总督臣吴棠跪奏,为川东沿江各厅州县均遭水灾,现经分别委员查勘抚恤,先行恭折具闻,仰祈圣鉴事。

窃臣先后接据南充、合州、江北厅、巴县、长寿、涪州、忠州、酆都、万县、奉节、云阳、巫山等州县暨夔州府禀报:本年六月望后,大雨滂沱,江水陡涨数十丈,沿河城垣、衙署、营汛、民田、庐舍多被冲淹,居民迁徙不及者,亦有溺毙。酆都、巫山两县,全城俱沦于水,仓库、文卷同时淹没。夔州仅存府署,其盐、厘两关暨县署、仓廒俱已淹浸。各城官民多迁避城外高阜,乡民纷纷逃生。现经各该厅

---

① 台北故宫博物院藏:军机及宫中档,文献编号:102155。
② 台北故宫博物院藏:军机及宫中档,文献编号:102161。据前后折可断,此片具呈日期应为"同治九年七月初二日"。

州县筹捐抚恤,暨开仓平粜,民情稍定等情。

臣查此次水灾较往年重至数倍,上至南充、合州,下至巫山峡口,绵长千数百里,沿河居民贫苦居多,一旦概遭水患,不特口食无资,抑且栖身无所。虽经地方官量为资给,借可接济,而失业者众,虑难遍及。臣接报后,即商同藩司筹拨公项,由省委员赍银,兼程前往查勘,分别被灾轻重,会同地方官优加抚恤;并飞饬该管道府及各该厅州县,赶紧查明被淹户溺毙大小、男女若干丁口。除富厚之家毋庸赈恤外,其贫难自存之户,应先确查户口人丁,不论银钱、谷米,公同捐凑,速行助赈。冲塌房屋,量给修费,俾有栖止。淹毙人口,捞获殓理。沙压田亩,一律挑挖,改种杂粮,借资补救。

其冲毁城垣、衙署、监狱、仓库、庙宇、营汛,次第筹款修葺,以工代赈,总期民情安辑,渐复旧业,不使一夫失所,仰副圣主惠爱黎元之至意。至酆都、奉节、巫山等县仓粮等项淹失若干及一切勘赈情形,除俟查覆到日另行奏报外,所有川东各厅州县沿江居民被灾及现在查办各情形,是否有当,理合恭折由驿驰奏,伏乞皇太后、皇上圣鉴训示。谨奏。七月十一日。

同治九年七月二十八日,军机大臣奉旨:钦此。[①]

○九六 请将知县徐潞镛革职查办片

同治九年七月十一日(1870年8月7日)

再,臣现据川东道锡佩具禀:此次川东水灾以酆都县为最重,迭据该县绅粮曾洪德等纷纷赴道具呈:知县徐潞镛于江水进城时,

---

① 台北故宫博物院藏:军机及宫中档,文献编号:102270。

先自乘舟避居白露山寺,置难民于不顾,大失民心,万难筹办赈务等情。经该道查询无异,移司撤换,并据实禀揭前来。臣查州县为亲民之官,地方遇有灾祲,应即及早防救,俾免流离失所。该员徐濬镛只知自便私图,不以灾黎为念,以致众怨沸腾,未便稍事姑容。

除委员前往摘印接署,妥速赈恤,一面确查库存银钱有无预挪情弊,覆候核办外,相应请旨将酆都县知县徐濬镛革职,听候查办,以为玩视民瘼者戒。其所遗酆都县缺应归部选,但川省现有应补人员,仍请扣留外补。是否有当,理合附片具陈,伏乞圣鉴。谨奏。

同治九年七月二十八日,军机大臣奉旨:钦此。①

【案】以上奏报川东沿江被灾之折片,于是年七月二十八日获批覆:

同治九年七月二十八日,内阁奉上谕:吴棠奏,川东沿江各厅州县被水,并请将玩视民瘼之知县革职查办等语。本年六月间,川东连日大雨,江水陡涨数十丈,南充、合州、江北厅、巴县、长寿、涪州、忠州、酆都、万县、奉节、云阳、巫山等州县,城垣、衙署、营汛、民田、庐舍多被冲淹,居民迁徙不及,亦有溺毙者。览奏,实深轸念!着吴棠督同藩司,即行筹拨公项,遴委妥员,兼程前往查勘,分别被灾轻重,会同地方官,优加抚恤,并饬该管道府及各该厅州县赶紧查明被淹若干户、溺毙人丁若干名口,酌量分别赈恤,毋令一夫失所!酆都县知县徐濬镛,于江水进城时,先行远避,置难民于不顾,殊出情理之外!

---

① 台北故宫博物院藏:军机及宫中档,文献编号:102271。

徐濬镛着即革职,听候查办。余着照所议办理。该部知道。钦此。①

〇九七 奏报川军攻克岩鹰坉等处折

同治九年七月十八日(1870 年 8 月 14 日)

成都将军臣崇实、头品顶戴四川总督臣吴棠跪奏,为川军援黔,攻克岩鹰坉、瓮谷笼、加巴牛场、仰朵、叫鸟等处逆苗大巢,并将附近零寨扫除殆尽,楚师分兵来会,驿路渐次疏通,恭折仰祈圣鉴事。

窃查川军自三月间攻破黄飘、白保等寨后,事机渐利。四月初二日,道员邓锜督率同知于德楷、知县赵镛、副将张友林、向必胜、参将刘舜祥、刘德顺,由东坡分剿滥桥驿、马路哨、后坝、毛耳洞、沙田坳、干田坝等处二十余寨,一律焚荡,与驻守施秉之楚师提督萧荣芳会于草塘关,共计擒斩三百余贼。我军亦有伤亡。

初五日,复剿黄雅一寨,擒斩百余贼。提督刘鹤龄亦于是日破半山贼垒九座,擒斩二百余贼,②并斩贼酋保阿当一名。初九日三鼓后,刘鹤龄督十营分路进攻岩鹰坉,大雨如注,收队回营。而果毅前营总兵姚华萃、副前营参将杨继春已由马鞍山一路进发,追之不及。天明,复派总兵向长曙率三营,冒雨继进,以为声援。姚华萃等于五更突至岩鹰坉,贼猝不及防,悉行奔溃。黎明,瓮谷笼、加

---

① 中国第一历史档案馆编:《咸丰同治两朝上谕档》,第 20 册,第 147—148 页;《穆宗毅皇帝实录(六)》,卷二百八十七,同治九年七月下,第 971—972 页。

② "擒斩二百余贼",《游蜀疏稿》作"擒斩三百余贼"。

巴牛场、螃蟹等处贼万余前来，将姚华萃等四面围困，自哈家牌至马鞍山二十里，层层设伏，以断我军援应。都司杨奇清遇伏阵亡。姚华萃等正在危急，向长曙率提督李启贵、参将潘金安、守备田泰时三营，由马鞍山直冲贼伏，且战且进。姚华萃等闻后路枪炮声，知我军来援，奋勇冲突，内外夹击，毙悍贼三百余名，枪伤无算，贼乃大奔。当将岩鹰坉据守。

初十日，刘鹤龄自率五营，进驻岩鹰坉，邓锜自新州援至黄飘。十一日，刘鹤龄督各营，进攻瓮谷笼，贼悉窜匿老林深洞，①我军仅擒斩百余名。邓锜遥见火光，乘势督队，②将上翁雍、下翁雍、翁勇、大坪、太平寨、寡垣坡等处十余寨一律荡平。③十二日，刘鹤龄饬向长曙、王成忠等，带十营五成队，进攻加巴牛场、仰朵大巢。贼万余分路来拒，接仗移时，而草夷三秉、螃蟹等处贼约万余，复数路包抄。总兵姚华萃、都司杨通祥下马持矛，往来冲突。贼枪如雨，身受十余创，力竭阵亡。向长曙、杨继春皆受枪伤。刘鹤龄闻报，自率亲兵，驰往纵击，贼势少却。各营将士见刘鹤龄亲身搏战，勇气百倍，人人苦斗。自辰至酉，始将两大巢攻拔，擒斩以千计，枪伤不计其数。起获黔西州印一颗。我军伤、亡各百余名。邓锜、于德楷、赵镛是日进营，瓮谷笼贼漫山而来。我军且战且筑，至夜半垒成，始将贼击退，同时驻防清平后路。提督陈希祥亦饬副将赖锡光、总兵邹绍南、守备张士成、符武秀，并调后营守备张世荣、军功陈贵琛，乘其无备，将马脑壳、窝石坎、白腊寨、月亮崖、王家寨等处逆巢、逆垒一律平毁，杀贼百余名，夺获旗矛多件、苗枪二十余门。

---

① "老林深洞"，《游蜀疏稿》作"光林深洞"，误。
② "督队"，《游蜀疏稿》作"督率"。
③ "荡平"，《游蜀疏稿》作"扫荡"。

十五日,刘鹤龄派游击用都司王成忠等,攻破马头岩、黄泥坡贼巢,擒斩百余名。十九日,于德楷、赵镛、总兵何行保、副将张友林、参将刘德顺,攻破岩寨贼巢,擒斩二百余名。二十一日,复搜剿五里墩一带,擒斩百余名。二十八日,邓锜、周万顺分剿虾蟆塘、黑冲坳口,擒斩百余名,救出①降苗百余家。二十九日,邓锜复督周万顺、王成忠分拔枫香、大坪、新庄、陈溪、马路、干塘等巢,斩首二百余级。

五月初六日,向长曙搜剿翁开、白保、唐都、野落一带,斩首百余级。初七日,周万顺进攻黑溪洞,贼于洞门筑立卡墙炮台,据险死拒。周万顺夺其炮台,即于其处筑垒围守,饬各营砍伐树木约万捆,填积洞门。

初九日,纵火焚之,风猛火烈,山石崩裂。我军从旁裂处冒烟突入,逆苗男妇三百余口无一脱者,并斩伪王杨老秀一名。是日,参将潘德明袭取长溪湾水贼巢,擒斩数十名,附近寨洞略皆削平,我军均互有伤亡。惟叫鸟大洞洞宽广三里上下,四门曲折相通,中有暗河一道,环护洞门。其内门遍开炮眼,势极坚险,北岸悍贼二千余家悉聚于此。邓锜以为此洞不破,北岸终难肃清,乃②督周万顺、王成忠进击。贼败入洞,于洞门炮眼施放枪炮,我军辄多伤亡。邓锜复饬王成忠,督队填塞③下洞口,又于上洞开挖明濠,直抵洞门,将其炮眼毁坏。砍伐树木数万捆,加以硫磺,堆积洞口,乘风纵火,而贼于洞口内门用棉絮堵塞,火烟不能入。邓锜复悬重赏,募敢死士十余人,掘开内门,焚烧两昼夜。

---

① "救出",军机录副作"拔出",误,兹据《游蜀疏稿》校改。
② "乃",《游蜀疏稿》作"力"。
③ "填塞",《游蜀疏稿》作"填寨",误。

至二十九日,火息烟消,我军四路涌入,贼为烟火熏灼,目肿闭不能接战,悉数歼除。实计斩男妇五千余级。守备骆安邦中枪阵亡,参将潘德明身受重伤,都司向秉忠右手中枪伤亦重。弁勇伤亡共三百余人。当我军围攻叫鸟洞,时贼酋金大五即李阿金、杨矮子即杨文章,①纠约草夷鸡讲、凯棠等处悍苗数千来援,于烟瘴山芦箐洞连扎七垒。刘鹤龄乘其营垒未定,派向长曙、王成忠等,率领得胜之师,于初七夜分路攻击。黎明,我军直扑贼垒。贼凭险死拒,枪炮子落如雨,我军少却。向长曙、王成忠等指挥各营如墙而进。都司李孝德奋勇先登,手斩杨文章。各营攀援直入,并将七垒攻破。伪金王②李阿金身受三伤,滚崖而逸。是役共计斩悍贼五百余级、伪王杨文章一名、伪元帅雷姜党等五名,夺获枪炮、旗帜一千余件,我军亦伤亡数十人。

十三日,提督陈希祥饬副将赖锡光,挑选精壮勇丁,带赴夹江,查探进取下司之路,遇贼出巢,迎头奋击,③贼势不支。赖锡光乘胜追杀,毙贼二十余名,生擒伪将军龙阿九等四人。十四日,守备张士成带同帮办符武秀等,进攻高平庄,④后山坳上等寨,毙贼四十余人,生擒逆苗五名,夺获耕牛十六只、枪矛多件。

十七日,副将邹绍南、郑学德带队,夜袭平初、傍崖等坉,斩首三十余级,生擒悍苗一名,夺获耕牛十二只。我军勇丁均有伤亡。现在楚师已破高山、仰摆等大巢,分章贵六营扎瓮板,精捷五营扎新城,镇远大道,渐可通行各等情。由唐炯、陈希祥先后禀报前来。

---

① "杨文章",军机录副夺"杨",兹据《游蜀疏稿》校补。

② "伪金王",军机录副作"伪金",脱"王",兹据《游蜀疏稿》补。

③ "迎头奋击",《游蜀疏稿》作"迎头夺击",误。

④ "高平庄",《游蜀疏稿》作"高平唐"。

臣等伏查岩鹰坉、瓮谷笼,本系逆苗大巢,自川军攻克后,已入其腹心,而缚其腰膂。附近寨洞如林,不得不扫荡而前,且缓攻螃蟹等处,计自四月至五月,荡决纵横,殆无虚日,而其间之贼悍洞深者,则以叫鸟大巢为最。各营将士于蛮烟瘴雨之中,环攻十八昼夜,幸能仰赖天威,歼除净尽。楚师分兵来会,驿路渐次疏通。此次道员邓锜督队进攻,谋勇备著。总兵周万顺等均属异常出力。

合无仰恳恩施,俯准将道员邓锜赏加头等勇号,总兵周万顺遇有提督、总兵缺出,开列在前,请旨简放。游击用都司王成忠免补游击,以副将留川,尽先补用。游击衔都司向秉忠免补游击,以参将尽先补用,并赏加副将衔。都司李孝德免补都司,以参将留黔,尽先补用,并赏加勇号。其力战阵亡之总兵姚华萃,死事最烈,应从优赐恤,于死事地方建立专祠。都司杨通祥、杨奇清、守备骆安邦先后捐躯,均请照例优恤,并附祀姚华萃专祠,以慰忠魂,而作士气。

所有川军援黔,攻克岩鹰坉、瓮谷笼等处逆苗大巢,并将附近零寨扫除殆尽缘由,谨合词恭折驰陈,伏乞皇太后、皇上圣鉴训示。谨奏。七月十八日。

同治九年八月初四日,军机大臣奉旨:钦此。①

【案】同治九年八月初四日,清廷照准吴棠等所奏。《清实录》:

---

① 台北故宫博物院藏:军机及宫中档,文献编号:102349。又,吴棠等《游蜀疏稿》,第165—187页。其尾记曰:"同治九年七月十八日,由驿奏,于本年八月十九日准兵部火票递回原折,后开军机大臣奉旨:另有旨。钦此。"

以四川官军攻克贵州岩鹰坉等处苗巢,赏道员邓锜、都司李孝德巴图鲁名号,余加衔、升叙有差。予阵亡总兵官姚华萃祭葬,世职加等,建专祠,都司杨通祥、杨奇清、守备骆安邦祭葬,世职加等,附祀姚华萃专祠。[①]

○九八　奏报蓝文蔚克扣兵饷讯明正法片

同治九年七月十八日(1870 年 8 月 14 日)

再,据道员唐炯禀称:总兵用候补副将蓝文蔚,向在黔省带勇。七年七月,收复平越州后,以该员籍隶瓮安,熟悉道路,禀由贵州抚臣饬调来营,以资向导。嗣因屡次打仗出力,洊保今职,并委带果毅副左营。本年四月,道员邓锜在瓮谷笼派右、后、副、左等营,袭剿叫鸟洞口,该营出队仅数十人。邓锜以各营勇丁赴后路领米,尚有五成留营,为数应得二百五十名,传询该将,应对支吾。即亲至该营点名,每棚或有名而无人,或有人而非本名。通计虚数一百二十名,长夫亦短数二百三十名。[②] 由提督刘鹤龄革去营官,派员押解至重安营次,咨请严办。当经该道函约刘鹤龄会讯,并调该营帮办参将唐得贵、书识从九品赵殿臣质证。讯据供称,每次发饷皆系蓝文蔚同其假子蓝开端,[③]核算散放,并未与闻经手。适领米勇丁回过重安,又经传讯,佥称蓝文蔚自来发饷,每两扣银三四分,每

① 《穆宗毅皇帝实录(六)》,卷二百八十八,同治九年八月上,第 983 页。
② "二百三十名",《游蜀疏稿》作"一百三十名",据文中"应得二百五十人"之数,军机录副似误。
③ "蓝开端",《游蜀疏稿》作"蓝开瑞"。

棚①都有虚冒,求作主。各等供。质之蓝文蔚,俯首无辞。查虚冒侵蚀,尤为军营恶习。蓝文蔚胆敢偏树假子,虚冒勇丁,克扣兵饷,众供确凿,实属辜恩昧良。若不立予正法,诚恐群起效尤,军令堕弛。讯明后辄假便宜,斩首示众。

至唐得贵、赵殿臣,查无扶同作弊情事,免其究办。百长一律革换,虚数勇丁,已挑降苗补足等情。除咨明贵州抚臣外,谨合词附片陈明,伏乞圣鉴。谨奏。

同治九年八月初四日,军机大臣奉旨:知道了。钦此。②

○九九　请将知州龚縑缃从优议恤片

同治九年七月十八日(1870 年 8 月 14 日)

再,查蓝翎分发省份尽先补用知州③龚縑缃,前以候选州同随营差委,迭著劳绩,于克复麻哈、黄平案内汇保今职。去夏派赴黄平、新州,帮同提督谢鸿章;本年二月,派赴平越州,帮同参将刘舜祥,料理战守事宜,深资臂助,乃以积劳,遽尔病故,情殊可悯,由道员唐炯具禀请恤前来。臣等覆查无异。合无仰恳天恩,敕部将知州龚縑缃照军营立功后积劳病故例,从优议恤,以资观感。谨合词附片陈明,伏祈圣鉴训示。谨奏。

同治九年八月初四日,军机大臣奉旨:龚縑缃着交兵部,照军

---

①　"每棚",《游蜀疏稿》作"各棚"。

②　台北故宫博物院藏:军机及宫中档,文献编号:102354。又,吴棠等:《游蜀疏稿》,第189—194 页。其尾记曰:"同治九年七月十八日,附片具奏。于本年八月十九日,准兵部火票递回原片,后开军机大臣奉旨:知道了。钦此。"

③　"知州",《游蜀疏稿》作"知县",当误。

营立功后积劳病故例，从优议恤。钦此。①

一〇〇　批饬唐炯通筹全局事宜片

同治九年七月十八日(1870 年 8 月 14 日)

再，据道员唐炯禀称：月来瘴疠已起，师人多病，不得不暂为休息。提督刘鹤龄亦因抱病未痊，请假一月，回籍省亲，果毅各营暂交道员邓锜代理。楚师统领臬司席宝田已回沅州，俟秋凉瘴退，再图进取。又据提督陈希祥禀称：黔省屡次函约，尚无出师之期各等情。臣等伏念苗疆地险而深，贼多且悍，夏则毒雾满野，冬则大雪封山。一年之中，惟春秋数月可以用兵，而此数月中，或客兵未集，或粮道未充，更不免节节耽延，故戡定之功非旦夕所能奏效。川军自援滇以来，阅时三载，先后增兵至万八千人，岁需饷银百余万两，不为不竭蜀民之力，以救黔人之危。

现在贵阳之门庭早固，镇远之驿路已通。荒土重开，厘金起色。但能善自为谋，加以楚、粤两省之兵，寓防于剿，可冀从容擘画，次第荡平。而川东之重庆、夔州等属淫雨滂沱，江流泛滥，被灾吃重情形，业经专折奏明在案。蜀饷以津贴、捐输为大宗，势不能责灾黎以完纳，后难为继，久益不支。臣等已批饬唐炯，先将羸卒疲兵大加沙汰，并通筹全局事宜，从长办理，总期川、黔两顾，兵饷兼权，以仰副皇上廑念边陲一视同仁之至意。谨合词附片陈明，伏祈

---

①　台北故宫博物院藏：军机及宫中档，文献编号：102350。又，吴棠等《游蜀疏稿》，第 195—197 页。其尾记曰："同治九年七月十八日，附片具奏。于本年八月十九日，准兵部火票递回原片，后开军机大臣奉旨：龚继缃着交兵部，照军营立功后积劳病故例，从优议恤。钦此。"

圣鉴。谨奏。

同治九年八月初四日,军机大臣奉旨:钦此。①

【案】同治九年八月初四日,此片获允准:

军机大臣字寄:成都将军崇、四川总督吴:同治九年八月初四日,奉上谕:崇实、吴棠奏,裁汰援黔兵丁并通筹全局办理一折。据称川军自援黔以来,阅时三载,增兵增饷,民力难支。现在贵州驿路已通,荒土重开,厘金自有起色。而川东之重庆、夔州等属均被水灾,饷事实难支援,已饬唐炯先将羸卒疲兵大加裁汰,并通筹全局,从长办理等语。黔省军务,自川、楚各军协剿后,清江北岸业已肃清,正宜乘胜进攻台拱,将南岸各苗寨次第荡平,若遽行松劲,必至贼势复张,前功尽弃。崇实等以天气暑热,士卒多病,不能不暂为休息。现交秋令,正可及时进剿。着崇实、吴棠饬令唐炯斟酌情形,裁汰疲弱,督率精锐,迅速会同席宝田等军合力进攻。一面咨会曾璧光,派拨黔省兵勇,协同防剿,不可久事迁延。将此由五百里各谕令知之。钦此。遵旨寄信前来。②

---

① 台北故宫博物院藏:军机及宫中档,文献编号:102353。又,吴棠等:《游蜀疏稿》,第199—204页。其尾记曰:"同治九年七月十八日,由驿附片具奏。于本年八月十九日,准兵部火票递回原片,后开军机大臣奉旨:另有旨。钦此。"

② 台北故宫博物院藏:军机及宫中档,文献编号:408018105;《穆宗毅皇帝实录(六)》,卷二百八十八,同治九年八月上,第983页。

一〇一　请准何行保在营穿孝带勇片

同治九年七月十八日(1870 年 8 月 14 日)

再，管带忠字营总兵何行保，前于同治八年九月十二日，在营闻讣丁生母忧，经道员唐炯禀留。正在缮折间，又据唐炯转据何行保呈称：本年三月十五日，在虎场坡营次接到家信，该总兵生父于正月十九日，在籍病故，系属亲子，例应丁忧，呈请委员接办。经该道覆查，并无捏避情事，自应照呈转禀。惟现当进剿吃紧之际，若复更易生手，必致恩信不符，难期用命，仍请奏留，该总兵即于闻讣之日在营穿孝，俟军务稍松，再令回籍补行守制等情前来。合无仰恳天恩，俯准该总兵何行保在营穿孝，带勇剿贼，以资得力。臣等为岩疆需人起见，谨合词附片陈明，伏乞圣鉴训示。谨奏。

同治九年八月初四日，军机大臣奉旨：着照所请，兵部知道。钦此。①

一〇二　委解协黔饷银起程日期折

同治九年七月十八日(1870 年 8 月 14 日)

头品顶戴四川总督臣吴棠跪奏，为筹拨协黔军饷银两，委员起程日期，恭折具奏，仰祈圣鉴事。

窃臣承准军机大臣字寄：同治九年四月二十五日，奉上谕：前

---

①　台北故宫博物院藏：军机及宫中档，文献编号：102356。又，吴棠等：《游蜀疏稿》，第 205—208 页。其尾记曰："同治九年七月十八日，附片具奏。于本年八月十九日准兵部火票递回原片，后开军机大臣奉旨：着照所请，兵部知道。钦此。"

因曾璧光奏，黔省军务紧急，粮饷两空，当经谕令户部另筹有着之款，奏请拨解等因。钦此。伏查川省近年剿办边夷，分援邻省，征军四出，应用军火、口粮已属万分竭蹶，兼以奉拨京外各省新旧饷糈，纷至沓来，实有应接不暇之势。惟黔省待饷孔殷，不能不设法腾挪，以维大局。

兹督同藩司王德固凑集按粮津贴银三万两，拨交黔省催饷委员坐补思南府知府方齐寿、候补通判邵斌承领，定期于七月十五日自川起程，星驰解回黔省交收，以资接济，由司具详前来。除分咨外，理合会同成都将军臣崇实，合词恭折具陈，伏乞皇太后、皇上圣鉴。谨奏。七月十八日。

同治九年八月初四日，军机大臣奉旨：知道了。钦此。①

【案】军机大臣字寄：奏请拨解等因：此廷寄《清实录》载曰：

辛酉，谕军机大臣等：前因曾璧光奏，黔省军务紧急，粮饷两空，当经谕令户部另筹有着之款，奏请拨解。兹据该部奏称，拟请再拨四川按粮津贴银十万两，协济黔饷等语。黔省军务正当吃紧，亟应专款解往，以济急需。四川按粮津贴项下，本年指拨京饷无多，道路亦距黔省尚近，着崇实、吴棠即在该省按粮津贴项下迅拨银十万两，解赴黔省，以资接济，并准其以五万两划抵本年应解京饷。至各省协黔饷项，仍着户部飞速咨催，如数按月筹解，毋得任意宕延，倘再借词推诿，即着该部照贻误京饷例指名参处。曾璧光于各饷解到后，务当督饬各军振刷精神，实力攻剿，迅扫贼氛，不得

---

① 台北故宫博物院藏：军机及宫中档，文献编号：102356。

再以粮饷空虚，借端延玩。将此由五百里各谕令知之。[①]

一〇三 委解驻陕西征粮台军饷片

同治九年七月十八日(1870 年 8 月 14 日)

再，前准办理西征粮台翰林院侍讲学士臣袁保恒咨：钦奉上谕：各省应解秦州协饷自九年正月为始，径解西征粮台接收等因。钦此。当经先后筹拨银四万两，委员驰解，将起程日期奏报在案。连月因续拨滇、黔协饷及李鸿章援陕新饷，暨各路征军勇粮，库藏搜括一空。复值川东各属分报水灾，捐厘等款骤难催解。

兹督同藩司王德固勉凑按粮津贴银二万两，作为九年三月份应解甘饷，饬委试用通判耿斯立管解，定期于七月二十二日自川起程，驰赴驻陕西征粮台交收，以济急需。除分咨外，理合附片陈明，伏乞圣鉴。谨奏。

同治九年八月初四日，军机大臣奉旨：知道了。钦此。[②]

一〇四 保奏道员邓锜等勇号片

同治九年七月十八日(1870 年 8 月 14 日)

崇实、吴棠保道员邓锜，健，头等勇号；都司李孝德，捷，

---

① 《穆宗毅皇帝实录(六)》，卷二百八十一，同治九年四月下，第 891—892 页。
② 台北故宫博物院藏：军机及宫中档，文献编号：102357。此片具奏日期未确，兹据同批折件校正。

勇号。①

一〇五　奏报川省同治九年
六月雨水、粮价折

同治九年七月二十八日(1870 年 8 月 24 日)

　　头品顶戴四川总督臣吴棠跪奏,为恭报四川省同治九年六月份各属具报米粮价值及得雨情形,仰祈圣鉴事。

　　窃照治九年五月份通省粮价及得雨情形,前经臣恭折奏报在案。兹查本年六月份成都等十二府,资州等八直隶州,理番、叙永两直隶厅,各属先后具报得雨自一二次至十余次不等。所有川东沿河州县均被水灾情形,经臣由驿驰奏在案。其余各属禾苗茂盛,早稻结实。至通省粮价俱与上月相同。据布政使王德固查明汇报前来。

　　臣覆核无异。理合分缮清单,恭呈御览,伏乞皇太后、皇上圣鉴。谨奏。七月二十八日。

　　同治九年八月二十五日,军机大臣奉旨:知道了。钦此。②

一〇六　呈川省同治九年六月粮价清单

同治九年七月二十八日(1870 年 8 月 24 日)

　　谨将四川省同治九年六月份各属具报米粮价值,开具清单,恭

　　① 台北故宫博物院藏:军机及宫中档,文献编号:102375。再,此片具奏日期据前后折件判断,应为"同治九年七月十八日"。
　　② 台北故宫博物院藏:军机及宫中档,文献编号:102754。

呈御览。

成都府属，价贵。中米每仓石价银二两七钱八分至三两八钱二分，与上月同。大麦每仓石价银一两八钱四分至二两一分，与上月同。小麦每仓石价银二两一钱七分至二两三钱四分，与上月同。黄豆每仓石价银一两六分至二两四钱六分，与上月同。荞子每仓石价银一两一钱七分至一两七钱一分，与上月同。

重庆府属，价贵。中米每仓石价银二两五钱八分至三两六钱，与上月同。大麦每仓石价银一两六钱五分至二两，与上月同。小麦每仓石价银二两三钱一分至二两七钱三分，与上月同。黄豆每仓石价银二两七钱三分至三两三分，与上月同。

保宁府属府，价贵。中米每仓石价银二两六钱六分至三两三钱七分，与上月同。大麦每仓石价银一两九钱二分至二两一钱三分，与上月同。小麦每仓石价银二两八钱六分至三两六钱，与上月同。黄豆每仓石价银一两八钱三分至二两一钱三分，与上月同。

顺庆府属，价贵。中米每仓石价银二两八钱三分至三两二钱四分，与上月同。大麦每仓石价银一两六钱二分至一两八钱一分，与上月同。小麦每仓石价银二两一钱一分至二两一钱四分，与上月同。黄豆每仓石价银一两五钱五分至一两六钱七分，与上月同。

叙州府属，价贵。中米每仓石价银三两九分至三两三钱九分，与上月同。大麦每仓石价银一两六钱七分至二两三分，与上月同。小麦每仓石价银二两一钱五分至二两六钱五分，与上月同。黄豆每仓石价银一两一钱二分至一两五钱三分，与上月同。

夔州府属，价贵。中米每仓石价银二两八钱九分至三两二钱四分，与上月同。大麦每仓石价银一两七钱九分至二两四钱七分，与上月同。小麦每仓石价银二两九钱六分至三两四分，与上月同。

黄豆每仓石价银二两一钱六分至二两二钱六分，与上月同。

龙安府属，价贵。中米每仓石价银二两五钱九分至三两二钱九分，与上月同。青稞每仓石价银一两五钱，与上月同。小麦每仓石价银一两八钱至二两一钱九分，与上月同。黄豆每仓石价银一两八钱五分至一两九钱三分，与上月同。

宁远府属，价贵。中米每仓石价银二两九钱二分至三两二钱五分，与上月同。大麦每仓石价银一两钱九分至一两六钱一分，与上月同。小麦每仓石价银一两六钱二分至二两二钱三分，与上月同。荞子每仓石价银一两四钱六分，与上月同。黄豆每仓石价银一两五钱六分至一两六钱三分，与上月同。

雅州府属，价中。中米每仓石价银二两八钱四分至二两八钱九分，与上月同。小麦每仓石价银二两三钱至二两六钱六分，与上月同。黄豆每仓石价银一两六钱八分至二两七分，与上月同。

嘉定府属，价贵。中米每仓石价银二两九钱一分至三两五钱一分，与上月同。小麦每仓石价银二两三钱七分至二两七钱四分，与上月同。黄豆每仓石价银一两四钱九分至二两五分，与上月同。

潼川府属，价贵。中米每仓石价银二两九钱二分至三两二钱，与上月同。大麦每仓石价银一两六钱七分至一两九钱五分，与上月同。小麦每仓石价银二两一钱六分至二两五钱一分，与上月同。黄豆每仓石价银一两七钱九分至二两一钱六分，与上月同。

绥定府属，价中。中米每仓石价银二两六钱一分至二两九钱一分，与上月同。大麦每仓石价银一两五钱八分至一两五钱九分，与上月同。小麦每仓石价银一两六钱三分至一两七钱四分，与上月同。黄豆每仓石价银一两四钱三分，与上月同。

眉州直隶州并属，价贵。中米每仓石价银二两七钱七分至三两七分，与上月同。

邛州直隶州并属，价贵。中米每仓石价银二两六钱七分至三两一钱，与上月同。大麦每仓石价银一两九钱三分，与上月同。小麦每仓石价银二两五钱九分，与上月同。黄豆每仓石价银二两一钱至二两二钱四分，与上月同。

泸州直隶州并属，价贵。中米每仓石价银三两一钱至三两一钱一分，与上月同。

资州直隶州并属，价中。中米每仓石价银二两五钱九分至二两九钱四分，与上月同。

绵州直隶州并属，价贵。中米每仓石价银二两七钱六分至三两八分，与上月同。小麦每仓石价银二两三钱四分至二两四钱八分，与上月同。

茂州直隶州并属，价中。中米每仓石价银二两六钱四分，与上月同。小麦每仓石价银二两六钱八分，与上月同。青稞每仓石价银二两二钱二分，与上月同。荞子每仓石价银一两二钱五分至一两七钱五分，与上月同。

忠州直隶州并属，价贵。中米每仓石价银二两六钱一分至三两二钱九分，与上月同。大麦每仓石价银一两四钱六分至一两六钱，与上月同。小麦每仓石价银二两五分至二两四钱一分，与上月同。黄豆每仓石价银一两二钱七分至一两三钱七分，与上月同。

酉阳直隶州并属，价贵。中米每仓石价银二两六钱二分至三两一钱二分，与上月同。大麦每仓石价银二两三钱至二两六钱二分，与上月同。小麦每仓石价银二两六钱四分至二两七钱八分，与上月同。黄豆每仓石价银一两三钱九分至一两四钱四分，与上月同。

叙永直隶厅并属,价贵。中米每仓石价银三两,与上月同。小麦每仓石价银一两八钱一分,与上月同。荞子每仓石价银一两三钱四分,与上月同。黄豆每仓石价银一两六钱一分,与上月同。

松潘直隶厅,价中。青稞每仓石价银二两七钱六分至三两四分,与上月同。荞子每仓石价银一两七钱四分,与上月同。

杂谷直隶厅,价中。青稞每仓石价银二两四钱,与上月同。荞子每仓石价银一两七钱九分,与上月同。

石砫直隶厅,价平。中米每仓石价银一两六钱四分,与上月同。大麦每仓石价银一两七钱三分,与上月同。小麦每仓石价银二两六分,与上月同。黄豆每仓石价银一两八钱九分,与上月同。

打箭炉厅,价贵。青稞每仓石价银四两九钱二分,与上月同。油麦每仓石价银一两八钱一分,与上月同。

军机大臣奉旨:览。钦此。①

一〇七 呈川省同治九年六月得雨清单

同治九年七月二十八日(1870 年 8 月 24 日)

谨将四川省同治九年六月份所属地方报到得雨情形,开具简明清单,恭呈御览。

成都府属:成都、华阳两县得雨四次,秧苗含苞。简州得雨四次,秧苗滋长。崇庆州得雨四次,黄豆长发。温江县得雨四次,田水充盈。崇宁县得雨三次,禾苗茂盛。新都县得雨二次,田水充

① 台北故宫博物院藏:军机及宫中档,文献编号:102754-0-A。

足。金堂县得雨二次，禾苗茂盛。新繁县得雨二次，田水充盈。彭县得雨四次，禾苗茂盛。双流县得雨七次，早禾吐穗。什邡县得雨二次，塘水充足。

重庆府属：江北厅得雨五次，田塍水溢。巴县得雨四次，河水泛涨。江津县得雨四次，早稻结实。长寿县得雨五次，高田积水。永川县得雨四次，禾苗吐穗。繁昌县得雨四次，田水充溢。綦江县得雨二次，田水充足。南川县得雨四次，田土滋润。铜梁县得雨九次，田水充足。大足县得雨三次，田水充盈。定远县得雨四次，秧苗含苞。

夔州府属：奉节县得雨五次，河水泛溢。巫山县得雨七次，河水泛溢。云阳县得雨六次，河水泛溢。万县得雨五次，原田水淹。

龙安府属：平武县得雨二次，堰塘积水。江油县得雨四次，早秧出穗。石泉县得雨二次，二麦收获。

绥定府属：达县得雨四次，田水充足。东乡县得雨五次，田水充足。新宁县得雨三次，早禾芃发。太平县得雨四次，早禾茂盛。

宁远府属：西昌县得雨一次，早稻结实。盐源县得雨二次，田水充足。越嶲厅得雨四次，秧苗茂盛。

保宁府属：阆中县得雨四次，地土滋润。南部县得雨三次，秧苗含苞。广元县得雨七次，田水充足。通江县得雨二次，秧苗茂盛。剑州得雨七次，稻粟滋长。

顺庆府属：南充县得雨九次，河水泛涨。西充县得雨三次，秧苗滋长。蓬州得雨十四次，田水充盈。营山县得雨八次，早秧吐穗。仪陇县得雨三次，堰水充盈。广安州得雨三次，禾稻扬花。岳池县得雨十次，田水充足。邻水县得雨七次，晚稻畅茂。

潼川府属：三台县得雨七次，杂粮滋长。射洪县得雨四次，禾苗含苞。盐亭县得雨五次,黄豆滋长。蓬溪县得雨三次,禾苗含苞。安岳县得雨四次,早禾吐穗。乐至县得雨三次,晚禾滋长。

雅州府属:雅安县得雨三次,秧苗滋长。清溪县得雨二次,早禾畅茂。天全州得雨二次,早秧含苞。

嘉定府属:乐山县得雨三次,晚秧茂盛。峨眉县得雨二次,田水充足。洪雅县得雨七次,秧苗畅茂。夹江县得雨四次,秧苗滋长。犍为县得雨三次,黄豆滋长。荣县得雨四次,晚秧茂盛。威远县得雨六次,早稻扬花。

叙州府属:南溪县得雨六次,田水充足。富顺县得雨五次,早稻结实。隆昌县得雨七次,早禾扬花。长宁县得雨二次,晚稻畅茂。马边厅得雨四次,早禾滋长。

资州直隶州并属:资州得雨六次,早禾扬花。资阳县得雨七次,禾苗扬花。仁寿县得雨四次,棉花茂盛。井研县得雨六次,秧苗长发。内江县得雨二次,早稻结实。

绵州直隶州属:德阳县得雨三次,秧苗茂盛。安县得雨五次,田水充盈。绵竹县得雨四次,秧苗吐穗。梓潼县得雨三次,早禾含苞。罗江县得雨四次,秧苗茂盛。

忠州直隶州并属:忠州得雨五次,河水泛溢。酆都县得雨六次,河水泛溢。垫江县得雨二次,早稻吐穗。梁山县得雨二次,黄豆结实。

西阳直隶州属:黔江县得雨二次,田水充足。秀山县得雨二次,早稻结实。

茂州直隶州属:汶川县得雨一次,田水充足。

眉州直隶州并属:眉州得雨三次,田水充盈。彭山县得雨四次,秧苗茂盛。丹棱县得雨三次,早秧含苞。

泸州直隶州并属：泸州得雨三次，早禾吐穗。江安县得雨二次，晚秧滋长。合江县得雨四次，黄豆滋长。纳溪县得雨四次，早稻结实。

邛州直隶州属：蒲江县得雨四次，田水充足。

理番直隶厅得雨二次，黄豆结实。

叙永直隶厅并属：叙永厅得雨五次，早禾扬花。永宁县得雨五次，晚禾吐穗。

军机大臣奉旨：览。钦此。①

一〇八　川省同治八年征收地丁并九年新赋完欠折

同治九年七月二十八日（1870 年 8 月 24 日）

头品顶戴四川总督臣吴棠跪奏，为同治八年份四川征收地丁并九年新赋完欠各数，仰祈圣鉴事。

窃照每年钱粮完欠各数目，例应于奏销时查明奏报。兹查办理同治八年奏销，据布政使王德固详称：八年额征地丁钱粮、屯租等项共银六十六万八千八百五十两零，随征加一五火耗银一十万六十四两零，共应征正耗银七十六万八千九百一十五两零，实在上下两忙征完银七十一万六千二百五十两零，续完银五万一千一百十六两零。又，一切杂项、课税等项共银三十三万五千九百二十五两零内，惟青神、大宁、叙永、打箭炉等厅短征及欠解、豁免共银七千八百五十九两零，业经另案分别参办。余俱全完。又，额征米豆

---

① 台北故宫博物院藏：军机及宫中档，文献编号：102780。

一万三千三十石七斗五升零,均于奏销前扫数全完,此外并无丝毫拖欠。至同治九年份额征地丁钱粮、屯租、折色等项,已据各属册报,共征过银三十八万四千八百九十八两零,未完银四十一万七百九十八两零等情,造册详请具奏前来。

臣查川省银钱粮历系年清年款,同治九年新赋完将及半,其未完银两仍当督饬藩司严催各属,赶紧征解,断不致稍有延欠。除恭疏具题并将清册送部外,理合循例缮折奏闻,伏乞皇太后、皇上圣鉴。谨奏。七月二十八日。

同治九年八月二十五日,军机大臣奉旨:户部知道。钦此。①

一〇九　奏报官员捐输援甘军饷请奖折

同治九年七月二十八日(1870 年 8 月 24 日)

头品顶戴四川总督臣吴棠跪奏,为官员捐输援甘军米价脚银两,五次开单恳恩给奖,以示鼓励,恭折仰祈圣鉴事。

窃照川省司道暨各府厅州县捐输援甘军米脚价,经臣及前督臣崇实等四次开单奏恳恩施,敕部核议给奖,声明尚有请叙未定各员,催齐另办,奉旨允准在案。兹据各州县先后共捐银三千三百四十二两有奇,均已交存司库,尚属情殷报效。据禀或请本身议叙,或请封典,或移奖子弟。各造具三代年贯履历,由防剿局司道查明,所请各项议叙与援甘米捐章程均属有盈无绌,造册详请具奏前来。

臣覆查无异。合无仰恳天恩,敕部核议奖叙,以昭激劝,出自

---

① 台北故宫博物院藏:军机及宫中档,文献编号:102755。

鸿慈。其未经请叙及前经部议与例不符各员，俟催齐到日核明另办。除将清册分咨部、监外，理合恭折具奏，并将各员捐输银两、请叙衔名开单，恭呈御览，伏乞皇太后、皇上圣鉴训示。谨奏。七月二十八日。

同治九年八月二十五日，军机大臣奉旨：户部核议具奏，单并发。钦此。[1]

一一〇　请将张曾彦等注销原参摘顶案由片

同治九年七月二十八日(1870 年 8 月 24 日)

再，查同治八年份税契银两前于奏销时，因大宁县知县张曾彦欠解银三百四十九两六钱九分三厘，署荣经县知县夏霈田欠解银二百二十七两五钱四分七厘，经臣奏明请旨将该员等摘去顶戴、勒限两个月完解在案。兹据布政使王德固、按察使英祥会详：该员张曾彦等欠解前项银两已于限内如数解缴司库收储，尚知愧奋，详请具奏前来。

合无仰恳天恩，俯准将大宁县知县张曾彦、署荣经县知县夏霈田原参摘顶之案敕部查销，出自鸿慈。除咨部外，谨附片陈明，伏乞圣鉴训示。谨奏。

同治九年八月二十五日，军机大臣奉旨：着照所请，吏部知道。钦此。[2]

---

① 台北故宫博物院藏:军机及宫中档,文献编号:102773。
② 台北故宫博物院藏:军机及宫中档,文献编号:102775。此片具奏日期未确,兹据同批折件校正。

一一一　奏报川省办理防剿经费片

同治九年七月二十八日(1870 年 8 月 24 日)

再,自军兴以来,川省办理防剿,〈筹〉拨经费,均经随时奏报在案。兹据防剿局司道详:前拨银两已陆续支用无存。嗣因征防各营催拨勇粮、军火,并找发散勇欠饷,先后移准藩司在于各项厘金项下,三次拨银五十一万四千两,新办普捐项下九次拨银五十九万六千两,节年捐输项下二次拨银三万三千两,按粮津贴项下三次拨银六万四千两,共拨银一百二十万零七千两,均系随拨随支,并无存剩,容另筹拨等情,详请具奏前来。

臣覆查无异。至各营员弁勇丁佃数及征防地方,现据司道督催局员按年挨次造册,陆续报部。理合附片陈明,伏乞圣鉴。谨奏。

同治九年八月二十五日,军机大臣奉旨:户部知道。钦此。①

一一二　请将知县谢诏安留于川省补用片

同治九年七月二十八日(1870 年 8 月 24 日)

再,查吏部奏定章程:州、县、丞、倅,无论何项劳绩保奏归入候补班者,以到省之日起,予限一年,令督抚详加察看,出具切实考语,奏明分别繁简补用等因。遵照在案。兹查有候补班遇缺即补知县谢诏安,到任一年期满,自应照章甄别,据布政使王德固、按察

---

① 台北故宫博物院藏:军机及宫中档,文献编号:102776。此片具奏日期未确,兹据同批折件校正。

司英祥造具履历清册,会详请奏前来。

臣查候补知县谢诏安年富才明,请留川以简缺补用。除将该员履历清册咨部外,理合附片陈明,伏乞圣鉴。谨奏。

同治九年八月二十五日,军机大臣奉旨:吏部知道。钦此。①

一一三 拟请拣员协办川省乡试片

同治九年七月二十八日(1870年8月24日)

再,查道光九年,礼部议覆御史牛鉴条奏各省乡试,如实缺人员不敷考选内帘,准于即用分发人员中择其文理优长者一体充当等因。历经遵照在案。本年庚午科文闱乡试,所有堪调内帘实缺人员,或因久历簿书,稍涉荒疏;或因地方紧要,未便更易,合计所调实缺各员不敷考选十二房之额,随遵照部议,于即用分发人员中择其文理优长者与实缺人员一体选充,以重校阅。理合循例附片具奏,伏乞圣鉴。谨奏。

同治九年八月二十五日,军机大臣奉旨:知道了。钦此。②

一一四 奏报刘恩长乡试事竣再行赴任片

同治九年七月二十八日(1870年8月24日)

再,新选南部县知县刘恩长在部领凭,于本年五月二十四日到

---

① 台北故宫博物院藏:军机及宫中档,文献编号:102777。此片具奏日期未确,兹据同批折件校正。

② 台北故宫博物院藏:军机及宫中档,文献编号:102778。此片具奏日期未确,兹据同批折件校正。

川。值举行庚午科文闱乡试,调派帘差人员尚有不敷。查刘恩长系举人出身,应请留办闱差,俟科场完竣,再饬赴任。所有该员文凭饬令先缴,由司详送前来。除将文凭先行送部查销外,理合附片陈明,伏乞圣鉴。谨奏。

同治九年八月二十五日,军机大臣奉旨:知道了。钦此。[①]

一一五　审办涪州民杨通银京控重案折

同治九年八月初二日(1870年8月28日)

头品顶戴四川总督臣吴棠跪奏,为京控重案审明定拟,恭折仰祈圣鉴事。

窃照前督臣骆秉章任内准都察院咨:据四川涪州民杨通银、徐廷英等同日以亏公虐民、治毙灭迹等词,赴该衙门呈诉一案,于同治六年二月初八日具奏,初九日奉旨:此案着交崇实督同臬司,亲提人证、卷宗,秉公研讯确情,按律定拟具奏。原告民人杨通银、徐廷英,该部照例解往备质。钦此。遵钞录原奏同呈知照等因。当经委员守提人卷到省,发委审办。兹据按察使英祥督同成都府等审明定拟,解勘到臣。经臣亲提研鞫,缘杨通银、徐廷英、吴友淮、郑之纯,均籍隶涪州。该州路通黔省,自滇氛不靖,练团防堵及过往兵差,向系就地筹款,设局支应,公举绅粮经管。李芝青于咸丰八年在户部捐纳监生,充当该州大木峡团总。杨通银之父杨正幅与徐廷英等均向随李芝青帮管团务。李芝青议有团规,因团民李

---

①　台北故宫博物院藏:军机及宫中档,文献编号:102779。此片具奏日期未确,兹据同批折件校正。

登文、王见琳等不遵团规，罚过钱数千或十数千，入团公用。

同治元年，发逆窜逼州城。李芝青奉委带团堵剿，令杨正幅等赴局支领口粮。杨正幅因钱不足数，与管局之周曾祐等口角，经人劝散。三年冬间，前督臣骆秉章颁发严禁书役搕索章程。李芝青自愿捐资，禀请铸玄铁碑，以垂久远。经州批准，尚未兴工熔铸，旋有鄜都县民程祖鉴与州民胡志盛等，因索欠口角，投团理论。李芝青稔知程祖鉴等老实，起意令杨正幅、徐廷英、吴友淮邀至团内，勒令程祖鉴等将欠钱罚充铸碑公用。程祖鉴等不服，控经代办州王有微饬差黄盛荣等查拿。徐廷英、吴友淮逃匿，将李芝青等提案，详革审办。维时，李登文、王见琳等因其被李芝青勒罚钱文，纷纷呈控。本任州姚宝铭回任提讯，李芝青等供词狡展。因人证不齐，押候覆审。讵杨正幅旋即在押染患寒病，取保医治不愈，于四年二月十八日在保病故。经姚宝铭验明，实系病故，保户人等讯无凌虐情弊，取结备案。

李芝青虑问重罪，因周曾祐等曾与口角，疑其挟嫌串害，并因禀请铸碑有碍书役，碑未立成，即被拿获，亦疑周曾祐等串差指使，即捏砌纵诬枉屈及差役毁碑各情，令伊兄李芝秀出名，由府司控经前督臣骆秉章批州确审。因人证未齐，未经讯结。三月间，杨通银外贸回家，闻知伊父获案后在保身死，疑有弊窦。徐廷英、吴友淮亦虑拿获问罪，先后赴道府及两司衙门上控。批州并讯，徐廷英等匿不投审。程祖鉴恐李芝青狡脱报复，亦由府司迭赴总督衙门控理。姚宝铭因原、被分隶两邑，禀经前署重庆府黄济批准提审。徐廷英等旋即就获，与李芝青等一并解府。因路费无出，州差黄坤山向郑之纯索得钱五千文，与苏汰、张廷烜分用。盛榜望即盛贵亦向徐廷英索得钱四千文，与徐致兴分用。嗣经黄济提讯，徐廷英等供认听从李芝青勒罚团丁属实。因李芝青坚不认供,曾将徐廷英等责释,李芝青押候审明拟办。徐廷英被责不甘,起意京控。因拾不知姓名人所作讨周氏檄文一纸,即为周曾祐等劣迹凭据。杨通银亦因伊父病故时未经眼见,怀疑不释,痛父情切,欲行京控,彼此邀约同行,即就檄文内所叙情节,胪列周曾祐等之祖周兴峰亏空豁免及刘汶澧等判产归公各旧案多起,自作呈词。徐廷英并商允吴友淮、郑之纯联名钞录檄文,赴察院衙门投递。讯供,奏奉谕旨交审,遵提人卷来省,督同成都府等讯悉前情,恐有不实不尽,复按所控各情逐加研鞫。

如所控周曾祐等暨伊祖任内库银一万数千余两,捏呈家产尽绝、将银捐官一节。讯系周曾祐、周熙尧之祖周兴峰于道光八年在浙江萧山县任内病故,亏短公项银一万九千三百七十一两零,咸丰元年,浙江省咨行原籍追缴。其时,周曾祐、周熙尧因家道中落,在京教读糊口,出外多年,均与本支久不通信。其父周建昌与叔周廷揆等早经病故,仅遗周廷揆之子周熙彬在籍教读,实系家产尽绝,无力完缴。经前署州毛严寿查明,周兴峰病故系在恩诏以前,与清查案内子孙代赔准免章程相符,取结详咨豁免。迨后,周曾祐回籍,经亲友帮助,于咸丰元年捐纳候选府经历,因剿办鹤游坪逆匪并黔匪石达开出力,先后保升知县,加运同衔,并保选缺后以同知直隶州用。其周熙尧于癸酉科大挑二等,回籍署理泸州学政,在任保升知县,加同知衔。因剿办石达开股匪出力,保归候补班尽先补用,并赏戴蓝翎,并非用银报捐。杨通银等不知周曾祐系在豁免之后亲友帮助〈捐〉职,心疑前呈家产尽绝系属捏报,即就无名檄文胪列呈告。

又,所控周曾祐等权吞九载判产租谷万余石,并蠹役汪顺占去王昌明充业二十余石一节。讯系咸丰七年州民刘汶澧等谋叛伏诛，前任州凌树棠禀府，檄委试用未入流袁鸿宣会勘叛产。时兵燹之后，居民多有逃亡，难民之产与叛产混淆，佃当各价亦多纠葛不清。有佃当户谋叛，业主毫不知情，佃当价可入官田业不应入官者；有始而佃当此田继入转将此田佃当与人，佃当原价罕经收回，其人如何谋叛，佃当户与原业主均不知情，田产当价概不能入官者；有实系叛产已先佃当与人，田业可入官，佃当价仍应给还者。逐户清查，有需时日。凌树棠先就无主之业造册详报，声明暂交公局经管收租，俟难民复业，查勘明确，再将实在叛产估价报部。经前署督臣有凤①批行防剿局转移川东道，就近确查核议。因查勘未定，无从议覆。凌树棠故后，逃亡难民陆续回籍，各执印契，诚恳具领。历任州以该难民等既非叛党，未便株连籍没，致与定例有违。当经随时查明，饬局给还。嗣因石逆、周逆相机窜扰，练团防堵及支应过往兵差，需用浩繁。闾阎凋敝之余，势难派累，曾将历年租息由局陆续拨用。杨通银等见历年租谷均由周曾祐等支用，难免侵吞，并查孙武隆等逆产现已无存，不知系原业主执契，诚恳由州查明饬还，随疑局士盗卖、差役估耕，砌词牵讼。

又，所控李登文、王见琳等纠惑六大姓人，勾串刘汶澧谋逆，伊等与易济川拿获王见琳等邪书禀州，旋串劣衿周曾祐、周熙尧贿州案悬一节。讯系刘汶澧聚众谋叛，经州督团剿灭，救出被胁难民李

---

① 有凤，生卒年不详，爱新觉罗氏，满洲镶红旗人。道光三年（1823），授三等辅国将军，兼三等侍卫。十九年（1839），封奉恩镇国公，充散秩大臣上行走。二十九年（1849），管左翼觉罗学。咸丰元年（1851），补正蓝旗汉军副都统。二年（1852），调补广州副都统。同年，擢杭州将军。三年（1853），调福州将军。是年，兼署闽浙总督。六年（1856），授成都将军。七年（1857），兼署四川总督。

登文、王见琳等数十人,讯明释放。咸丰八年,易济川在王见琳家起获佛经数本,恐有习教情事,禀州集证确讯,王见琳等仅只念经茹素,图免兵灾,并无从教实迹,经周曾祐等保释结案。徐廷英等得自传阅,不知底蕴,误疑裹胁即属伙党,牵列入词。现据供明,李登文等实非刘汶澧余党,亦无串衿贿州之事。

又,所控周曾祐等吞昆分州殉难建祠扶柩银二千余两,尤吞公局银六万余两一节。讯系该州州同昆秀因剿捕刘汶澧被戕,家属无力扶柩回籍,绅民自愿帮给银一千五百两,由局士周曾祐等汇齐交州,转给承领,并议另捐银二千两,详请建立专祠。嗣因州境叠被贼扰,无力捐办。州同昆秀之子世袭云骑尉善祥,不知银未捐收,疑是局士吞用,于同治四年由州府控经川东道批州讯明,周曾祐等并无吞用各情,详覆完案。诘之徐廷英等,佥称所控情节系就无名檄文所叙添入词内,并不知曾经讯明有案。至该州公局向系公举殷实绅粮经管,逐年更换首士,开列收支细帐报销。咸丰七年,凌树棠因更替时帐多镣轕,责成周曾祐等总理其事,收支帐目照章按年开报。徐廷英等因周曾祐管局日久,疑多侵蚀。又见该州文举潘文称先曾禀州核算局帐未结,愈疑有弊。现经督同两造核对历年簿据,虽无侵吞情弊,惟支应一切每多滥费。当将经手滥费核算,约计银六千七百两有奇。责令周曾祐等同经手局士摊赔,仍归局中公用,以杜糜费而恤民艰。

又,所控周曾祐等纠会匪李联科、蠹役黄盛荣等为徒,滥招白役数千,四乡梭织,名曰搜小狗一节。讯系李芝青等因勒罚团费被程祖鉴等告发,另差黄盛荣等查拿,先获李芝青、郑之纯、杨正幅送审。因徐廷英逃匿,禀州添拨差役,各处查缉。徐廷英等又见无名檄文所叙,即撴拾京控,借以抵饰。查该州差役分班听差,并无数千之多，亦无滥招白役之事。

又，所控顾文元、徐其林捏搕伊、徐廷英等与李芝青，于督辕批道提审，串道役磨搕银二百六十两，吴芳圃过交，又州差黄盛荣、陈顺等搕伊、徐廷英钱二百二十千，罗仁源过交一节。讯系同治三年州民吴贵芬、冯心中、李芝青、徐廷英、吴友淮，将己业卖与顾文元、徐其林伙买，田业价未清，控州断还。顾文元等疑系李芝青等从中唆使，由府司控经前督臣骆秉章批司移道提讯，李芝青并无唆讼情事，取结移覆。至道差何贵、州差陈顺及过付吴芳圃等，现据该州确查，并无其人。诘之徐廷英等，自认均系随意捏造，希图耸听等供，由臬司审拟解勘前来。臣亲提确讯，坚供如前，研诘不移，案无遁饰。

查律载：官民讦告之案，若胪列多款，但择其切己者，准为审理。其不系干己事情，立案不行，仍将该原告照违制律杖一百、枷号一个月。又，名例载：共犯罪以造为首，随从者减一等。又例载：蠹役诈赃一两至五两，杖一百、枷号一个月。为从分赃，并减一等各等语。此案杨通银因伊父杨正幅与徐廷英等听从团总李芝青勒罚团费，经人告发，于提讯后在保病故，疑有弊窦，与徐廷英等先后上控。经府提审未结，痛父情切，怀疑不释。徐廷英亦因差使役勒索路费到案，又被杖责，心怀不甘，撼拾无名檄文，商同胪列各款，赴京呈告。

查所控杨正幅被差凌虐身死，均属悬揣之词，并未指实。讯因痛父情切、怀疑所致，情尚可原。其控周曾祐等捏报产绝豁免亏项及侵吞各款，均系事出有因。即称李登文等系刘汶澧余党，亦因得自传闻，不知底蕴，误疑被胁即属伙党，尚非凭空捏诬。所告州差何贵、道差黄盛荣、陈顺等磨搕得赃，虽指有确数过付，惟何贵、陈顺及过付吴芳圃等各姓名,查无其人。且于未审之前据实呈明,情同自首。均系无凭反坐。所控苏汰、黄坤山、张廷烜、盛榜望、徐致兴诈赃各情,查讯该差等,均曾索取路费钱文,按诬轻为重反坐剩罪律只杖。第该原告杨通银等以不干己事,胪列多款,率行京控,究属不合,自应按例问拟。杨通银、徐廷英讯系各自起意,应各以为首论。徐廷英除听从李芝青勒罚团费、业经杖责、应免重科外,杨通银均合依官民讦告之案,若胪列多款,择其切己者准为审理,其不干己事情立案不行,将该原告照违制律杖一百、再枷号一个月例,各杖一百、枷号一个月。

吴友淮等听从李芝青勒罚团费,业经杖责,复听从联名京控,即属为从亦应按律问拟。吴友淮、郑之纯均合依随从减一等律,应于徐廷英枷杖罪上减一等,各拟杖九十、枷号二十五日。州差黄坤山向郑之纯索得路费钱五千文与苏汰等分用,盛榜望向徐廷英索得钱四千文与徐致兴分用,均属诈赃各在一两以上。黄坤山、盛榜望即盛贵,均合依蠹役诈赃一两至五两杖一百、枷号一个月例,各杖一百、枷号一个月。徐致兴合依为从分赃并减一等例,拟杖九十、枷号二十五日,仍革役刺字。已革监生李芝青身充团总,于程祖鉴等投团理论时,辄敢任意罚钱,虽系因公,赃未入手,究属恃符武断,应请从重照违制律,杖一百。业已革去监生,免其发落。杨正幅听从李芝青勒罚团费,罪有应得,业已病故,应毋庸议。周曾祐等讯无侵吞盗卖情事,其滥支各款历有年所,并非伊等一人经手,且已照断如数赔缴,应免置议。黄盛荣等并未滥招白役,应与并非叛党之李登文等及听从李芝青出名上控之李芝秀,均免置议。州差苏汰、张廷烜现未到案,其听从黄坤山等索取路费分用,罪应枷杖,饬州照例办理。余讯无唆讼之人，亦毋庸议。讨周氏檄文，不知何人所作，无从查究。无名揭帖，照律销毁。周兴峄亏短公项，前已取结详咨豁免。刘汶澧叛产，饬州查明估价，另行详办。无干省释。案已讯结，未到人证免提省累。

除供招咨部并都察院外，所有审拟缘由理合恭折具奏，伏乞皇太后、皇上圣鉴，敕部核覆施行。谨奏。八月初二日。

同治九年八月二十二日，军机大臣奉旨：刑部议奏。钦此。①

【案】同治六年二月初八日，左都御史灵桂等奏报川民杨通银京控一案折：

都察院左都御史臣灵桂等跪奏，为并案奏闻请旨事。

据四川涪州民人杨通银、徐廷英等同日以亏公虐民、治毙灭迹等词，赴臣衙门呈诉。臣等公同讯问，据杨通银供：年三十七岁，四川涪州人。缘同州周兴峄历仕浙省建德、萧山两县，伊孙周熙尧、周曾祐盗库银一万九千三百余两，回籍充当总盐商。咸丰元年，迭次咨追，熙尧诡谋，勒身父杨正福捏呈家产尽绝，无从措缴，将伊父周廷拭及伊兄弟等名匿下，蒙禀州主。于是，熙尧将银捐知县，曾祐将银捐运同，以势苛敛民财，借公肥己，复将刘汶澧充公叛业二千余石吞收九载，又倒卖孙武隆所充叛业。身父恐其贻累，避居东里。不料同治元年，周逆盘踞鹤游坪，州主札饬监生李芝青办团。芝青派身父管钱粮，因发口粮，与熙尧兄弟口角，畏身父吐伊盗库劣迹，起意谋毙灭口。

① 台北故宫博物院藏：军机及宫中档，文献编号：102715。

　　三年，李芝青遵照督宪颁发书役章程，并所充叛产一律铸碑，以垂永久。周曾祐因吞产畏勘，蠹役黄正荣等恐碑立弊除，纵差将碑打毁，弊通州主王，将芝青酷责收监。曾祐等复串李联科，诬芝青私设公堂，诬身父为提刑。四年正月初六日，将身父提至李登文家吊殴。初八日，捆送到州。州主不问虚实，酷刑勒招，磨至二十六日，在卡毙命。身控府批州，熙尧等复纵蠹寻殴，是以情急来京沥诉等语。据徐廷英供称：年四十二岁，系四川涪州东里首。缘咸丰七年二月，李登文等纠惑六大姓，勾通刘汶澧谋逆，戕毙分州昆主。身等与总团李芝青联团截堵，擒杀汶澧，将叛业二千余石充公。八年，身同易济川拿获王见琳等邪书缴禀州主，讯系汶澧余党。乃伊等贿劣绅周熙尧、周曾祐，悬案不办。曾祐不惟受贿，复吞分州主殉难建祠、扶柩银二千两。身上控，伊等忿恨。登文、见琳纠率土匪程祖鉴等抢掠身家，复捏控身与李芝青于督宪。周曾祐、周熙尧纠会匪李联科、蠹役黄正荣等为徒，滥招白役数千，私设一局，纵徒四乡梭织，名曰“搜山狗”。伊等讹抢勒逼，无所不至。身同吴友淮等上控，正荣忿恨，复率王见琳等百余人，抢劫身家，将身捉至李登文巢穴，酷拷送州。周曾祐决意欲治毙芝青，因纵使贪匪胡志盛等诬控。王州主叠次提身酷责，逼咬芝青不法，以图蒙办。身压卡一载有余，控府始释。现在伊等串差叠次殴打讹索，是以情急来京沥诉等语。余与杨通银供呈大略相同。

　　臣等查杨通银、徐廷英等呈控周兴峥前在建德、萧山任内亏空库款，伊孙周熙尧、周曾祐勒用杨通银之父杨正福蒙禀未缴，因恐正福吐露勒禀劣迹，遂串李联科等诬控，弊通该州，押卡致毙，以图灭口。又，该民人徐廷英等拿获王见琳邪书缴州，讯系汶澧余党。因贿通周曾祐等，悬案不办，复敢恃势吞公，盗卖叛产，设局骚扰各情。详核原呈，殊多事不干己，砌词抵控。惟既据呈诉人命，且牵涉库款、庇匪吞公各重情，亟需逐一研究，以成信谳。谨抄录各原呈，恭呈御览，伏乞圣鉴训示。

再，据该民人杨通银结称，在本府控告三次、本道控告二次、臬司、藩司衙门各控告一次，均未亲提。合并声明。谨奏。同治六年二月初八日。都察院左都御史臣宗室灵桂，左都御史臣汪元方，左副都御史臣觉罗达庆，左副都御史臣继格，左副都御史臣鲍源深（差），左副都御史臣温葆深。①

【附】同治六年二月初八日，都察院附陈四川民人杨通银呈状：

具告状：四川重庆府涪州民杨通银，年三十七岁，为盗库充商、捐官虐民、治毙灭迹，仰叩伸冤事情。

涪州周兴峄历仕浙省建德、萧山两县，伊孙周熙尧、周曾祐盗任〔取〕库银一万九千三百余两，回籍充当总盐商。咸丰元年，迭文咨追，熙尧等诡谋欺君，用民父为周熙彬捏呈兴峄之子周廷揆弟兄三人家产尽绝，无从措缴，匿伊父名周廷拭，并伊兄弟等名不列，蒙禀毛主，又勒民父杨正福讯供，毛主据情蒙覆。熙尧将银捐知县，曾祐将银捐运同，以势逢迎官弁，擅假州帖，苛敛民财，借公勒派，将咸丰七年刘汶澧充公叛业二千余石、每岁收租千余石、权吞九载租谷万余石不

饱,尤倒卖从逆孙武隆所充叛业。阖属绅粮纷纷上控不休。曾祐原名子余,更名子祐。民父见伊案积如鳞,畏其贻累,避居东里。

不料同治元年,周逆盘踞鹤游坪。姚主札饬监生李芝青督围攻剿。芝青见民父老成,派管钱粮。熙尧弟兄管局,将红钱调换毛钱,支发口粮,民父与伊口角成仇,畏民父吐伊盗库劣迹,起意谋毙灭口,借同治三年姚主因公赴楚、谕李芝青遵照督宪骆颁发书役章程,铸碑垂久,兼涪绅粮潘文樶、宋成章、游醇儒、邓国福等公恳代理王主,札委芝青同汪绍洋、刘晋阶,勘将叛产筹作三费并乡、会两试旅费,一律铸碑。殊周曾祐、张昆山、王顺、童海涛等盗卖叛产,霸屯租谷,畏芝青勘知禀究。蠹役黄正荣等又怂碑立弊除,无从搂敛,豫串门丁高运和,纵蠹黄正荣、王顺、侯元、龚华、文升、黄坤山等,统领六轮差役,打毁铁碑,弊通王主,于腊月初五日将芝青酷责收监,无从究办,任由熙尧、曾祐逞施伎俩,串弊刘汶澧余党李联科、顾文元、土匪程祖鉴等,诬控李芝青私设公堂,指为民父提刑。黄正荣、黄坤山、盛榜望即盛贵等借势作威,纠串李洪升、李联科、李联玺、顾文元、张德朝、唐启贵、张学友等,于四年正月初六日将民父捉至李登文家,被李金山、李联秀、李双合、张德朝等执棒吊殴。

初八日,捆扎到州,又遭黄坤山、黄文、黄伦、谢坤、鞠坤、余贵、张玉华、冯太等拳足交加。民父受伤如鳞,昏死数次。曾祐等怂恿王主审讯,不问虚实,只图诬控有案,百般苦拷,酷刑勒招,不由辨明,肘锁收卡。正荣、坤山纵令卡差陈顺扭将民父发辫、手足悬吊笼杆,磨至二月十六,卡内身毙。徐林德见质。惨民父年迈六十，害遭官酷私殴，衿谋毒治，仇实不共戴天！激民昼伏夜行，以仇贿卡毙控府，批州验讯。熙尧等不惟权塌不验，喝蠹黄坤山等将民朋殴，昏死复生。民旋赴省上控，行至浮图关，又被正荣等豫遣爪牙，水陆两截，锁民回州，凌磨一载，陷民父冤毙无伸！

窃周曾祐等盗库吞产，民何敢声言其罪？奈民父遭此冤埋，实难禁隐身而报，是以迢远万里，泣诉恳赏钦宪，提讯验究，除弊安良，存殁均沾，如虚甘坐。上叩。①

一一六　委解京饷暨固本饷银折

同治九年八月初二日(1870 年 8 月 28 日)

头品顶戴四川总督臣吴棠跪奏，为川省委解本年京饷暨固本兵饷起程日期，恭折仰祈圣鉴事。

窃查川省本年初次奉拨京饷银三十万两，前已解过银十二万两，暨划拨黔饷五万两。又，固本饷项月解银五千两，前已解银十四万两，作为同治五年九月二十一日奉文之日起，至七年十二月二十一日止二十八个月协济之项，均经叠次奏报在案。现在川省援邻防边及协济各省军饷，库款万分支绌，加以本年六月川东北州县多被水灾，捐输厘金，骤形减色，筹款愈难。惟京饷关系紧要，仍应勉力措解。臣督同司道复凑集按粮津贴银三万两、盐厘银三万两，共银六万两，作为本年初次奉拨京饷，又于盐货厘金项下提凑银二万两，作为同治七年十二月二十一日起至八年四月二十一日止四

---

①　中国第一历史档案馆藏：呈状，档案编号：03-5022-017。

个月应解固本饷项,均饬委捐升知县候补按经历孙尚锦管解,定期于七月二十一日起程。

惟前准部咨:南北各省大路已通,京饷应解现银,闽、粤等省由海转运等语。第川省至京,必须取道陕西,兹查秦、陇一带军务尚未平定,商旅有戒心,未敢冒险,只有仍照上届成案,交蔚泰厚等银号汇解,委员至京兑齐,解赴户部交纳,用昭慎重。一俟秦中驿路无阻,再照部咨办理,据藩司王德固、盐茶道傅庆贻会详前来。臣覆查无异。除分咨外,理合恭折具奏,伏乞皇太后、皇上圣鉴。谨奏。八月初二日。

同治九年八月二十二日,军机大臣奉旨:户部知道。钦此。①

一一七　筹解李鸿章饷银五万两折

同治九年八月初二日(1870年8月28日)

头品顶戴四川总督臣吴棠跪奏,为二次筹解湖广督臣行营新饷改解赴鄂日期,恭折仰祈圣鉴事。

窃照川省奉拨湖广督臣李鸿章军饷,前经筹款三万两,委员解赴陕西交收,于本月初二日奏报在案。兹准李鸿章咨,以近畿一带事势紧急,奉饬迅速前进,请旨饬臣将月拨三万两径解湖北粮台转交等因。臣思李鸿章奉命赴直,就道甚速,而师行以饷为先,亟应多为筹备。川库虽万分支绌,自应先其所急,竭力拨解。

兹督同藩司王德固勉凑捐厘银五万两,饬委候补同知荣懋康承领,即于七月二十三日起程,驰赴湖北粮台交收,转解李鸿章行

① 台北故宫博物院藏:军机及宫中档,文献编号:102716。

营,以应急需。除分咨外,理合恭折具奏,伏乞皇太后、皇上圣鉴。谨奏。八月初二日。

同治九年八月二十二日,军机大臣奉旨:知道了。钦此。①

一一八　请以鄂惠暂摄雅州知府片

同治九年八月初二日(1870年8月28日)

再,新补成都府知府黄云鹄已由雅州府调赴新任,前经奏明以候补知府刘其年接署雅州府篆。讵刘其年行至双流县在途病故,而新补雅州府知府徐景轼虽已京〔经〕起程,一时与〔尚〕未到川。所有雅州府篆查有建昌道鄂惠,近在同城,堪以暂行兼摄。除檄饬遵照外,理合附片陈明,伏乞圣鉴。谨奏。

同治九年八月二十二日,军机大臣奉旨:知道了。钦此。②

一一九　请旌殉难之刘沈氏片

同治九年八月初二日(1870年8月28日)

再,臣现据新补潼川府知府李德良、眉州直隶州知州宋恒山等十二员联名公禀:窃有同乡直隶献县人四川候补知府刘其年之继室沈氏,年二十九岁,系顺天东安县举人沈凤吉孙女。同治二年,刘其年因前妻早故,继娶该氏。九年六月,刘其年委署雅州府知府,携眷之任,在途中暑,行至双流县疾甚。该氏与其长子刘肇桹

---

① 台北故宫博物院藏:军机及宫中档,文献编号:102717。

② 台北故宫博物院藏:军机及宫中档,文献编号:102718。此片具奏日期未确,兹据同批折件校正。

延医，调治不愈，至初五日，刘其年因病身故。沈氏痛不欲生，乘间投缳，经刘肇榑等警觉解救，百端劝护。嗣刘肇榑奉母扶柩回省，于城外安殡。至七月初二日，沈氏乘刘肇榑等出城守丧，防守稍梳，即于是日卯时仰药殉节。刘肇榑闻信赶回，灌救无及，计距夫之死不及一月。似此青年贞烈，可嘉可悯！理合公恳旌表等情，合词请奏前来。

臣查同治五年九月间，直隶候补知州李采之妻徐氏痛夫自尽，曾经前直隶督臣刘长佑①奏蒙恩准旌表在案。今刘沈氏夫亡殉节，核与李徐氏情事相同，合无仰恳天恩，饬部照例予旌，以彰节烈，出自鸿慈。是否有当，谨会同学臣钟骏声附片具陈，伏乞圣鉴训示。谨奏。

同治九年八月二十二日，军机大臣奉旨：礼部议奏。钦此。②

一二〇 奏报川省同治九年七月粮价及雨水折

同治九年八月二十六日(1870年9月21日)

头品顶戴四川总督臣吴棠跪奏，为恭报四川省同治九年七月份各属具报米粮价值及得雨情形，仰祈圣鉴事。

---

① 刘长佑(1818—1887)，字尔眷、子默、印渠，号荫渠，湖南新宁人。道光二十九年(1849)，拔贡。咸丰二年(1852)，充教谕，选知县。六年(1856)，加按察使衔。次年，晋布政使衔，加齐普图巴图鲁勇号。九年(1859)，补广西按察使。同年，授广西布政使。十年(1860)，擢广西巡抚。十一年(1861)，兼署广西提督。同治元年(1862)，授两广总督。是年，调补直隶总督。十年(1871)，补广东巡抚。同年，调广西巡抚。光绪元年(1875)，补云贵总督。九年(1883)，开缺回籍。十三年(1887)，卒于家。谥武慎。赠太子太保。有《刘武慎遗书》等行世。

② 台北故宫博物院藏：军机及宫中档，文献编号：102719。此片具奏日期未确，兹据同批折件校正。

窃照治九年六月份通省粮价及得雨情形，前经臣奏报在案。兹查本年七月份成都等十二府，资州、绵州、忠州、酉阳、眉州、泸州、邛州七直隶州，叙永一直隶厅，各属先后具报得雨自一二次至八、九、十次不等。堰水充盈，早稻收获，晚稻结实。其通省粮价俱与上月相同。据布政使王德固查明列单汇报前来。

臣覆核无异。理合分缮清单，恭呈御览，伏乞皇太后、皇上圣鉴。谨奏。八月二十六日。

同治九年十月初八日，军机大臣奉旨：知道了。钦此。[1]

一二一　呈川省同治九年七月粮价清单

同治九年八月二十六日（1870 年 9 月 21 日）

谨将四川省同治九年七月份各属具报米粮价值，开具清单，恭呈御览。

成都府属，价贵。中米每仓石价银二两七钱八分至三两八钱二分，与上月同。大麦每仓石价银一两八钱四分至二两一分，与上月同。小麦每仓石价银二两一钱七分至二两三钱四分，与上月同。黄豆每仓石价银一两六分至二两四钱六分，与上月同。荞子每仓石价银一两一钱七分至一两七钱一分，与上月同。

重庆府属，价贵。中米每仓石价银二两五钱八分至三两六钱，与上月同。大麦每仓石价银一两六钱五分至二两，与上月同。小麦每仓石价银二两三钱一分至二两七钱三分，与上月同。黄豆每仓石价银二两七钱三分至三两三分，与上月同。

---

[1]　台北故宫博物院藏：军机及宫中档，文献编号：103466。

保宁府属府,价贵。中米每仓石价银二两六钱六分至三两三钱七分,与上月同。大麦每仓石价银一两九钱二分至二两一钱三分,与上月同。小麦每仓石价银二两八钱六分至三两六钱,与上月同。黄豆每仓石价银一两八钱三分至二两一钱三分,与上月同。

顺庆府属,价贵。中米每仓石价银二两八钱三分至三两二钱四分,与上月同。大麦每仓石价银一两六钱二分至一两八钱一分,与上月同。小麦每仓石价银二两一钱一分至二两一钱四分,与上月同。黄豆每仓石价银一两五钱五分至一两六钱七分,与上月同。

叙州府属,价贵。中米每仓石价银三两九分至三两三钱九分,与上月同。大麦每仓石价银一两六钱七分至二两三分,与上月同。小麦每仓石价银二两一钱五分至二两六钱五分,与上月同。黄豆每仓石价银一两一钱二分至一两五钱三分,与上月同。

夔州府属,价贵。中米每仓石价银二两八钱九分至三两二钱四分,与上月同。大麦每仓石价银一两七钱九分至二两四钱七分,与上月同。小麦每仓石价银二两九钱六分至三两四分,与上月同。黄豆每仓石价银二两一钱六分至二两二钱六分,与上月同。

龙安府属,价贵。中米每仓石价银二两五钱九分至三两二钱九分,与上月同。青稞每仓石价银一两五钱,与上月同。小麦每仓石价银一两八钱至二两一钱九分,与上月同。黄豆每仓石价银一两八钱五分至一两九钱三分,与上月同。

宁远府属,价贵。中米每仓石价银二两九钱二分至三两二钱五分,与上月同。大麦每仓石价银一两钱九分至一两六钱一分,与上月同。小麦每仓石价银一两六钱二分至二两二钱三分,与上月同。荞子每仓石价银一两四钱六分,与上月同。黄豆每仓石价银一两五钱六分至一两六钱三分,与上月同。

雅州府属，价中。中米每仓石价银二两八钱四分至二两八钱九分，与上月同。小麦每仓石价银二两三钱至二两六钱六分，与上月同。黄豆每仓石价银一两六钱八分至二两七分，与上月同。

嘉定府属，价贵。中米每仓石价银二两九钱一分至三两五钱一分，与上月同。小麦每仓石价银二两三钱七分至二两七钱四分，与上月同。黄豆每仓石价银一两四钱九分至二两五分，与上月同。

潼川府属，价贵。中米每仓石价银二两九钱二分至三两二钱，与上月同。大麦每仓石价银一两六钱七分至一两九钱五分，与上月同。小麦每仓石价银二两一钱六分至二两五钱一分，与上月同。黄豆每仓石价银一两七钱九分至二两一钱六分，与上月同。

绥定府属，价中。中米每仓石价银二两六钱一分至二两九钱一分，与上月同。大麦每仓石价银一两五钱八分至一两五钱九分，与上月同。小麦每仓石价银一两六钱三分至一两七钱四分，与上月同。黄豆每仓石价银一两四钱三分，与上月同。

眉州直隶州并属，价贵。中米每仓石价银二两七钱七分至三两七分，与上月同。

邛州直隶州并属，价贵。中米每仓石价银二两六钱七分至三两一钱，与上月同。大麦每仓石价银一两九钱三分，与上月同。小麦每仓石价银二两五钱九分，与上月同。黄豆每仓石价银二两一钱至二两二钱四分，与上月同。

泸州直隶州并属，价贵。中米每仓石价银三两一钱至三两一钱一分，与上月同。

资州直隶州并属，价中。中米每仓石价银二两五钱九分至二两九钱四分，与上月同。

绵州直隶州并属，价贵。中米每仓石价银二两七钱六分至三两八分，与上月同。小麦每仓石价银二两三钱四分至二两四钱八分，与上月同。

茂州直隶州并属，价中。中米每仓石价银二两六钱四分，与上月同。小麦每仓石价银二两六钱八分，与上月同。青稞每仓石价银二两二钱二分，与上月同。荞子每仓石价银一两二钱五分至一两七钱五分，与上月同。

忠州直隶州并属，价贵。中米每仓石价银二两六钱一分至三两二钱九分，与上月同。大麦每仓石价银一两四钱六分至一两六钱，与上月同。小麦每仓石价银二两五分至二两四钱一分，与上月同。黄豆每仓石价银一两二钱七分至一两三钱七分，与上月同。

酉阳直隶州并属，价贵。中米每仓石价银二两六钱二分至三两一钱二分，与上月同。大麦每仓石价银二两三钱至二两六钱二分，与上月同。小麦每仓石价银二两六钱四分至二两七钱八分，与上月同。黄豆每仓石价银一两三钱九分至一两四钱四分，与上月同。

叙永直隶厅并属，价贵。中米每仓石价银三两，与上月同。小麦每仓石价银一两八钱一分，与上月同。荞子每仓石价银一两三钱四分，与上月同。黄豆每仓石价银一两六钱一分，与上月同。

松潘直隶厅，价中。青稞每仓石价银二两七钱六分至三两四分，与上月同。荞子每仓石价银一两七钱四分，与上月同。

杂谷直隶厅，价中。青稞每仓石价银二两四钱，与上月同。荞子每仓石价银一两七钱九分，与上月同。

石砫直隶厅，价平。中米每仓石价银一两六钱四分，与上月同。大麦每仓石价银一两七钱三分，与上月同。小麦每仓石价银二两六分，与上月同。黄豆每仓石价银一两八钱九分，与上月同。

打箭炉厅，价贵。青稞每仓石价银四两九钱二分，与上月同。油麦每仓石价银一两八钱一分，与上月同。

军机大臣奉旨：览。钦此。[①]

一二二 呈川省同治九年七月得雨清单

同治九年八月二十六日（1870年9月21日）

谨将四川省同治九年七月份各属具报得雨情形，开具清单，恭呈御览。

成都府属：成都、华阳两县得雨四次，稻谷收获。崇庆州得雨三次，稻谷收获。汉州得雨四次，稻谷收获。郫县得雨九次，稻谷收获。崇宁县得雨二次，稻谷收获。新都县得雨三次，稻谷收获。灌县得雨三次，早稻收获。彭县得雨三次，稻谷收获。双流县得雨三次，稻谷收获。什邡县得雨三次，稻谷收获。

重庆府属：江北厅得雨三次，晚稻收获。巴县得雨四次，稻谷收获。江津县得雨四次，稻谷收获。长寿县得雨二次，早稻收成。永川县得雨三次，稻谷收获。荣昌县得雨四次，稻谷收获。綦江县得雨五次，稻谷收获。璧山县得雨三次，晚稻收获。大足县得雨二次，早稻收获。定远县得雨三次，稻谷收获。

夔州府属：云阳县得雨四次，早稻收获。万县得雨七次，稻谷收获。

龙安府属：江油县得雨四次，稻谷用成。石泉县得雨二次，晚稻收获。

---

① 台北故宫博物院藏：军机及宫中档，文献编号：103466-0-A。

　　绥定府属：达县得雨二次，稻谷用成。东乡县得雨三次，早稻收成。新宁县得雨二次，稻谷收获。太平县得雨三次，稻谷收获。

　　宁远府属：西昌县得雨三次，晚稻用成。会理州得雨三次，稻谷用成。

　　保宁府属：阆中县得雨四次，稻谷收获。苍溪县得雨一次，早稻渐成。南部县得雨三次，稻谷收获。广元县得雨二次，早稻渐收。昭化县得雨三次，稻谷收获。巴州得雨一次，早稻收获。剑州得雨五次，稻粟收获。

　　顺庆府属：南充县得雨一次，早稻收获。西充县得雨一次，稻谷已收。蓬州得雨二次，晚稻收获。营山县得雨二次，迟稻收获。广安州得雨二次，稻谷收成。岳池县得雨三次，早稻收获。邻水县得雨四次，早稻收获。

　　潼川府属：三台县得雨四次，稻谷收获。射洪县得雨三次，早稻收获。盐亭县得雨二次，稻谷收获。蓬溪县得雨二次，稻谷收获。安岳县得雨二次，早稻收获。乐至县得雨三次，早稻已收。

　　雅州府属：雅安县得雨六次，早稻已收。名山县得雨六次，稻谷收获。萧山县得雨四次，现在收获。清溪县得雨六次，早稻渐收。天全州得雨三次，早稻收获。

　　嘉定府属：乐山县得雨四次，早稻收获。峨眉县得雨四次，稻谷收获。洪雅县得雨七次，稻谷收获。夹江县得雨三次，早禾渐收。犍为县得雨五次，早稻收获。荣县得雨五次，早稻已收。威远县得雨十次，早稻已收。

　　叙州府属：南溪县得雨五次，晚稻收获。富顺县得雨四次，稻谷收获。隆昌县得雨二次，稻谷收获。长宁县得雨一次，稻谷收获。马边厅得雨三次，早稻已收。

资州直隶州属：资阳得雨四次，稻谷收获。仁寿县得雨二次，早稻收获。井研县得雨四次，稻谷收获。内江县得雨三次，晚稻收成。

绵州直隶州属：绵州得雨三次，早稻收获。德阳县得雨三次，稻谷用成。安县得雨三次，稻谷收获。梓潼县得雨二次，晚稻收获。罗江县得雨三次，稻谷收获。

忠州直隶州得雨四次，稻谷收获。

酉阳直隶州属：酉阳州得雨三次，晚稻收获。黔江县得雨三次，稻谷收获。

眉州直隶州属：眉州得雨四次，稻谷收获。彭山县得雨三次，渐次收获。丹棱县得雨七次，稻谷收获。

泸州直隶州属：泸州得雨二次，晚稻渐成。江安县得雨一次，晚稻收获。合江县得雨八次，收获将毕。纳溪县得雨四次，晚稻渐收。

邛州直隶州属：蒲江县得雨四次，稻谷收毕。

叙永直隶厅属：叙永厅得雨五次，晚稻现收。永宁县得雨二次，晚稻现收。

军机大臣奉旨：览。钦此。①

一二三　奏报川省乡试完竣恭缴钦命题目折

同治九年八月二十六日(1870 年 9 月 21 日)

头品顶戴四川总督臣吴棠跪奏，为文闱三场完后接办翻译乡

---

① 台北故宫博物院藏：军机及宫中档，文献编号：103477。

试竣事,恭缴钦命题目,仰祈圣鉴事。

窃照本年四川省举行庚午科文闱乡试,臣于八月初六日率同提调、监试入闱监临,将所考各帘官择其文艺优长者于实缺内,派出宜宾县知县潘先珍、汶川县知县屈秋泰、阆中县知县何探源、西昌县知县黄成采。复于候补人员内派出坐补垫江县知县袁绩震、即用知县石会昌、刘铣、胡廷琼、吴鼎立、试用知县马德澂、李吉寿、葛起鹏十二员,一并充当内帘。其余饬令分司外帘各事宜。十六日,三场完毕,接办翻译乡试。查成都驻防翻译乡试士子共三十三名。十七日,点名入场,由主考官交出钦命题目,臣即严密刊刻。十八日,颁发考试。十九日,竣事。各士子谨守场规,查无弊窦,誊录朱卷,全数解送内帘。翻译试卷同题纸遵例专差依限解部办理。

臣于二十二日出闱,查照向例,饬令提调监试各员在闱经理。除将各日期恭疏题报外,理合缮折具陈,并将钦命成都驻防翻译乡试题一道恭缴。伏乞皇太后、皇上圣鉴。谨奏。同治九年八月二十六日。

同治九年十月初八日,军机大臣奉旨:知道了。钦此。①

【案】吴棠序曰:

皇上御极之九年,岁在庚午,举行文武正科乡试。臣监临文闱毕,典司武闱试事,爰进四川学政臣钟骏声,取录通省武生、武监生,暨驻防八旗委前锋、马甲等共四千六百五十三名,循例移会四川提督臣胡中和监射,以候补道臣尹国珍为题调官,以候补知府臣董贻清为监试官,悉心考校,先试马箭地毯,次试步箭弓刀石。各

---

① 台北故宫博物院藏:军机及宫中档,文献编号:103471。

技勇逐加遴选，就其合式者，分别双单字号，密识优劣，并于内场默写武经，合之外场弓马人材，严别去取，审定甲乙如额，并加额取中民籍扬焕邦等七十五名，旗籍奎焕一名，敬缮试录，进呈御览。臣例得扬言简端，窃维汉官骑射，有乡饮之遗风；唐举技能，乃宾兴之创典。宋精武选而登进广，明重武科而制度详。史册所传，瑰奇斯出，不仅子仪之安社稷，狄青之靖边陲，为足媲美鹰扬也。我皇上秉钺有虔，止戈为武。圣谟广运，闿泽罩敷，固已四海之鲸浪不扬，万里之狼烽永熄矣。一时统兵诸臣，钦承庙算，迅发戎机，错综黄石之书，摧陷黑山之阵。绿营则无愆步伐，赤县则全复版图。虽羊祜缓带轻裘，本来儒素；谢艾乘轺鸣鼓，还是书生。而射声伏飞之侣，武夫赳赳举有力焉。蜀省雄开，天府险设。地维健称赤甲，白盐壮作剑门；玉垒粤稽，往代数产伟人。迄及熙朝，笃生名将，若岳钟琪、杨遇春者，岂不功载旗常，勒铭钟鼎哉？然专以阃外，始建殊勋，而拔之行间，乃别利器。今值三年大比，多士偕来，臣恭任封圻，谬司简阅，识即惭于悬镜，材肯滥夫翘关。当夫逐电斜飞，鞭丝掠影，流星直贯，的晕窥圆，矢七札而连珠，弓六钧而满月。百炼刀挥来似雪，巨折规周五丁石，屹立如山，左提右挈，凡命中挽强之艺，尽列前茅；庶折冲御侮之俦，克成后劲。揭晓后，率同武举，叩谢天恩。进以韬钤，使不矜其骁勇；勉以忠义，俾愿效夫驰驱。行见爪士同登，收干城腹心之选；肤功丕奏，备栋梁桢干之材。是则臣报国之微忱，抡才之深愿也。维时官斯土者某官，臣某某，例得备书。[①]

---

① 吴棠：《望三益斋存稿·谢恩折子》。

一二四　援案办捐以济军饷折

同治九年八月二十六日(1870 年 9 月 21 日)

头品顶戴四川总督臣吴棠跪奏,为川省军饷不继,请再援案酌办捐输一次,以资接济,恭折仰祈圣鉴事。

窃查川省频年办理防剿,援邻助饷,库储悉索无遗,军用匮乏,不能不借捐输以资接济。今春,陇回东窜,秦中堵防吃紧,当派武字、虎威宝等营分扎川北,兼顾阳平关一路;自湘果军遣散后,叙南一带空虚,派振武各营分扼叙永、筼连各要隘,以固滇防,并派新字等营进扎贵州黔西,为援黔诸军后援。其在黔之安定、果毅、达字、忠字等三十余营,现俱深入苗疆,在陕之武字十营仍分布大安、宝鸡等处。

至留防建南武字四营暨武安、定边等军,一时尚难遽撤。连酉阳、峨边等州厅防边防夷之勇及省城操练之师尚有八十余营,饷需、军火所费不赀,加以本年台藏、陕甘、云贵援拨、改拨及新添协饷,较上年有增无减,各处纷纷催解,刻不容缓。前收捐输、盐货、厘金等项,连月找发裁勇欠饷暨分协各省,均系随到随用,毫无余剩,司、盐两库万分竭蹶。现在年内必不可少之需,尚短八十余万,而来年应拨兵饷、协饷尚不在内。若不通盘筹画,预为之计,临时设有贻误,关系非轻。

臣等督同在省司道公同会议,惟有按照历办成案,劝谕通省绅民另筹酌捐一次,以资接济。查川省绅民素明大义,踊跃急公,今夏重、夔各属沿江州县虽被水灾,其上游各属秋收均属丰稔,体察民力,尚可遵办。除瘠苦之区及被灾较重之处分别减免外,应请饬令各厅州县富户粮民量力捐输,仍照历届劝办章程,查明载粮之数目，以定捐输之多寡。如有中等之户只能捐银数两或十数两不敷议叙者，亦一律收缴，俾免阻其报效之忧，仍汇计银数加广学额。至零星小户一概免捐。各地方间派之兵差、防费等项，已迭饬停减，用示体恤，总期于民无扰，于饷有济。据省局司道详请具奏前来。

臣等查核该司道所请，系为筹备军饷要需起见，似应照准办理，以资接济而维大局。是否有当，谨会同成都将军臣崇实，合词恭折具陈，伏乞皇太后、皇上圣鉴训示。谨奏。八月二十六日。

同治九年十月初八日，军机大臣奉旨：户部知道。钦此。①

一二五　川省绅民捐输军饷请广学额折

同治九年八月二十六日(1870年9月21日)

头品顶戴四川总督臣吴棠跪奏，为川省绅民捐助军饷并计银数，恳恩加广文武学额，以昭激劝，恭折仰祈圣鉴事。

窃查川省绅民历年捐输军饷，前经原任督臣骆秉章等于同治五年冬间奏请加广文武举学额，奉旨允准在案。兹据布政使王德固、按察使英祥详称：自同治五年十一月起截至八年十月底止，续收本省捐输银四百四十六万零二百一十三两七钱零，连五年广额盈余银两七十一万九千七百二十一两三钱零，共银五百一十七万九千九百三十五两零，内除已经奏奖银三十七万四百三十二两九钱零及应行另奏请奖银四万二千九百十四两五零，又除前奏副优贡额银二百五十二万七百八十七两零，查照部议另行酌核办理外，

尚余捐输银二百二十四万五千八百两零,应请照章分加永、定文武学额各六十四名,又加广一次文武学额各一名,造册详请奏咨前来。臣查同治七年十一月间接准部咨:外省捐输请加学额银数,应照旧章酌加一倍。凡一厅一州一县捐银至四千两者,准加一次文武学额各一名。捐银至二万两者,准加文武学定额各一名。所加学额仍不得过七名、五名、三名之数,以示限制等因。

伏思川省年来,邻氛未靖,援军四出,一切协饷、勇粮,在在借资民力。所有前项捐银合无仰恳天恩,俯准永加各该州县文武学定额各六十四名,又加广一次文武学额各一名。计应开除余银一百二十八万四千两,所加学额准予下届岁试为始,出自逾格鸿慈。余银九十六万一千八百两零,仍请归入下届续收项下并计办理。除册咨部外,是否有当,理合恭折具陈,伏乞皇太后、皇上圣鉴训示。谨奏。八月二十六日。

同治九年十月初八日,军机大臣奉旨:该部议奏。钦此。①

【案】骆秉章等于同治五年冬间奏请加广文武举学额:同治五年十一月二十一日,成都将军崇实会同川督骆秉章具奏曰:

暂行兼署四川总督成都将军臣崇实、督办四川军务头品顶戴四川总督臣骆秉章跪奏,为查明川省续收按粮津贴银两,并计前次请奖盈余银数,恩恩分别加广文武学额,以昭激劝,恭折奏祈圣鉴事。窃查川省办理按粮津贴以来,节经奏明请加学额,并声明尚有盈余及不敷广额之银归入下届并计请奖在案。兹据藩、臬两司详称:计自同治四年正月初一日起,截至五年九月底止,续收咸丰十一年及

---

① 台北故宫博物院藏:军机及宫中档,文献编号:103473。

同知元、二、三、四等年按粮津贴并仪陇县绅民捐输共银一百零八万九千六百九十一两零,合之三年册报奉准广过学额盈余及不敷广额银五十四万五千六百九十二两零,统计银一百六十三万五千三百八十三两零,应请分别加广文武学额,造册具详前来。臣等查奏定章程：一厅一州一县捐银一万两,请加文、武学定额各一名,以十名为限。捐银二千两者,加广文武试学额各一名,以此递推,仍不得逾原额之数等因。现在川省新收同治四、五等年及续收历年津贴,按册核计,共应请永广文武学定额各八十七名,又广文武试一次学额各一百二十七名,核与章程相符。合无仰恳天恩,准予分别加广,以示鼓励而昭激劝。至此次请广额数,计应开除银一百一十二万四千两,尚有广额盈余及不敷永广并加广银五十一万一千三百八十三两零,仍请归入下届续收项下并计办理。所有查明川省续收津贴并计银数、请分别加广文武学额缘由,除咨部外,谨合词恭折具奏,伏乞皇太后、皇上圣鉴,敕部议覆施行。谨奏。十一月二十一日。同治五年十二月初七日,军机大臣奉旨：该部核议具奏。钦此。①

一二六　请将孙泰借补平番营守备片

同治九年八月二十六日(1870年9月21日)

再,前准兵部咨：嗣后借补千、把总各弁缺,积至三月开单汇奏一次,以归简易等因。历经遵办在案。兹同治九年夏季份,查有尽先补用守备孙泰曾经出师著绩,堪以借补茂州营领哨千总杨步青升补平番守备遗缺,由营造具孙泰年岁、履历清册,详经提督臣胡中和

① 中国第一历史档案馆藏：军机录副,档案编号：03-4627-042。

咨请具奏暨咨部给札前来。臣覆查孙泰曾保守备尽先,与借补章程相符。除将清册咨部外,理合附片具陈,伏乞圣鉴训示。谨奏。

同治九年十月初八日,军机大臣奉旨:该部知道。钦此。①

一二七　请将王者香免验骑射片

同治九年八月二十六日(1870 年 9 月 21 日)

再,尽先前补用都司酉阳营千总王者香,年三十五岁,四川马边厅人,由行伍出师滇、黔等省,屡立战功,拔补酉阳营千总。咸丰九年九月,攻剿贵州龙泉[厅]县寺顶贼巢,左膝盖受小枪子伤穿骨。是年十一月,又在遵义府三度关打仗,左臂复受抬枪子伤,骨伤筋损,经前任贵〈州〉提督臣蒋玉龙验列头等在案。嗣创口缝合,枪子未出,即于是年遣撤回川,适值滇匪窜扰叙、嘉一带,随营剿办,未克医治全愈。同治元年,经原任督臣骆秉章以该员连年进剿李逆巨股,眉州解围,克复丹棱案内出力保奏,同治元年十一月二十六日,奉上谕:千总王者香着以守备即补。钦此。七年闰四月,调赴前云南提督臣唐友耕军营差遣,于剿平滇省东昭回匪并克复鲁甸厅城案内出力,经臣会同成都将军臣崇实保奏,九年四月二十一日,奉上谕:尽先守备酉阳营千总王者香,着免补守备,以都司尽先前补用。钦此。旋由营回川养伤,经提督臣胡中和委员验明,该员因攻鲁甸厅城奋勇登陴,致将旧时创口挣裂,不能挽强运重,咨请核办前来。

臣覆验无异。伏查咸丰八年,湖北尽先都司陆得胜进攻蔡甸,

---

① 台北故宫博物院藏:军机及宫中档,文献编号:103474。

左臂受伤,难于挽运,经前任湖广督臣官文奏奉上谕:陆得胜着于带领引见时免其射箭,嗣后送部引见武职,遇有因伤不能射箭者,即由该督抚奏明办理等因。钦此。遵办在案。今该员王者香从征数省,迭著战功,左膝盖、左臂迭受枪伤,嗣因攻取鲁甸厅城奋勇登陴,致创口挣裂,现虽医治就痊,而筋骨已损,实难挽强运重,合无仰恳天恩,俯念该千总打仗奋勇受伤,将来送部引见时免其射箭,以示体恤,出自逾格鸿慈。除册结咨部外,是否有当,理合附片具陈,伏乞圣鉴训示。谨奏。

同治九年十月初八日,军机大臣奉旨:着照所请,兵部知道。钦此。[①]

一二八　查销知县王显扬原参之案片

同治九年八月二十六日(1870年9月21日)

再,查同治八年份地丁、税契银两,前于奏销时,因青神县知县王显扬欠解地丁银一千五百四十八两一钱二分八厘,经臣奏明请旨将该员摘去顶戴,勒限两个月完解在案。兹据布政使王德固、按察使英祥会详:该员王显扬欠解前项银两已于限内如数解缴司库收储,尚知愧奋,详请具奏前来。合无仰恳天恩,俯准将青神县知县王显扬原参摘顶之案,敕部查销,出自鸿慈。除咨部外,谨附片陈明,伏乞圣鉴训示。谨奏。

同治九年十月初八日,军机大臣奉旨:着照所请,该部知道。

---

① 台北故宫博物院藏:军机及宫中档,文献编号:103475。

钦此。①

一二九　请以徐浩升补峨边厅通判折

同治九年八月二十九日(1870 年 9 月 24 日)

头品顶戴四川总督臣吴棠跪奏,为拣员升补要缺通判,恭折奏祈圣鉴事。

窃查峨边厅通判谭海观于同治九年五月二十六日闻讣丁艰,遵例以丁艰本日作为开缺日期,当经恭疏题报,声明所遗员缺系边疆要缺、容俟拣员调补在案。伏查峨边介在夷疆,汉番杂处,抚绥巡防,均关紧要,非老成干练之员不足以资治理。臣督同藩、臬两司,在于通省应调、应补之实缺、候补通判及应升之现任知县内逐一遴选,非现居要缺,即人地未宜,亦无卓异引见已经回任之员。

惟查有西充县知县徐浩,年四十一岁,顺天大兴县监生,祖籍浙江,遵筹饷事例报捐知县,指发四川分缺间用,免试用。咸丰六年九月初八日引见,奉旨:着照例发往。钦此。是月,领照起程,十一月到省,补授西充县知县,咸丰九年九月二十五日到任。是年十二月,准吏部咨:该员前次管解京饷无误,请俟补缺后以应升之缺升用。九年十一月初三日,奉旨:依议。钦此。同治七年,举行大计保荐。八年八月,接准部咨:准其卓异注册。奉旨:依议。钦此。该员年强才裕,在川有年,熟悉边务,以之升补峨边厅通判,实堪胜任。以前正、署各任内并无积案五十起以上、承缉盗案五起以上、经征钱粮不及七分已起降调、革职、参限。其在西充县任内虽有承

---

　　①　台北故宫博物院藏:军机及宫中档,文献编号:103476。

缉不力降级留任处分，向不扣除升调。此外因公处分，例免核计。罚俸银两，饬催完缴。历俸已满十年，曾保卓异，与应升之例相符。惟调缺请升稍有未合，但人地实在相需，例得声明奏请，据藩司王德固、臬司英祥会详前来。

合无仰恳天恩，准以西充县知县徐浩升补峨边厅通判，实于边地有裨。如蒙俞允，该员本系俸满卓异人员，俟接准部覆，给咨送部，并案引见。所遗西充县知县缺系专繁简缺，应归部选，但川省现有应补人员，应请扣留外补。是否有当，理合会同成都将军臣崇实，合词恭折具陈，伏乞皇太后、皇上圣鉴训示。谨奏。八月二十九日。

同治九年九月十五日，军机大臣奉旨：吏部议奏。钦此。[①]

一三〇 奏报川省委解本年京饷折

同治九年八月二十九日(1870 年 9 月 24 日)

头品顶戴四川总督臣吴棠跪奏，川省委解本年京饷起程日期，恭折仰祈圣鉴事。

窃查川省本年初次奉拨京饷银三十万两，已委员王廷绶、程天麟、孙尚锦先后解过银十八万两，暨划拨黔饷银五万两，均经奏报在案。伏思京饷最关紧要，川库虽形支绌，俱应随时勉力措解。臣督同司道复凑集按粮津贴银三万五千两、盐厘银三万五千两，共银七万两，饬委试用同知冯秀莹管解，定期于八月二十八日自川起程。

现在陕南驿路通塞靡常，仍照上届奏准成案，发交蔚泰厚等银号汇解，委员至京兑齐，解赴户部交收，用昭慎重。所有初次奉拨

---

① 台北故宫博物院藏：军机及宫中档，文献编号：103075。

京饷三十万两,计已全数批解。除分咨外,理合恭折具奏,伏乞皇太后、皇上圣鉴。谨奏。八月二十九日。

同治九年九月十五日,军机大臣奉旨:户部知道。钦此。①

一三一　奏闻筹拨黔省军饷片

同治九年八月二十九日(1870 年 9 月 24 日)

再,前奉寄谕:黔省军务正当吃紧,着崇实、吴棠即在按粮津贴项下,迅〈拨〉银十万两,解赴黔省,以资接济,并准其以五万两划抵本年京饷等因。钦此。当即先拨津贴银三万两,发交黔省催饷委员坐补思南府知府方齐寿、候补通判邵斌承领,驰解回黔,一面分别奏咨在案。嗣据布政使王德固详:据该委员方齐寿具禀:途次复接贵州抚臣来札,以黔省粮饷两绌饬令留川添拨,其前次拨银三万两,已交通判邵斌先行管解回黔等情。

伏查川省本年奉拨京外各饷为数较多,加以夏季沿江州县均被水灾,先后筹款赈恤,捐输、厘金俱形减色,入款愈少,实有万难周转之势。惟黔中需饷孔急,不能不竭力腾挪,以维大局。兹复督同藩司勉凑津贴银二万两,发交方齐寿承领,定期于八月二十五日自川起程,星驰解黔交收。除分咨外,理合附片陈明,伏乞圣鉴训示。谨奏。

同治九年九月十五日,军机大臣奉旨:知道了。钦此。②

---

① 台北故宫博物院藏:军机及宫中档,文献编号:103076。
② 台北故宫博物院藏:军机及宫中档,文献编号:103077。此片具奏日期未确,兹据同批折件校正。

一三二　请将道员唐炯摘顶并通筹大局折

同治九年八月二十九日（1870年9月24日）

　　成都将军臣崇实、头品顶戴四川总督臣吴棠跪奏，为统兵道员擅自移师，请旨先行摘去顶戴，并现在通筹〈川〉、黔大局情形，以图补救，恭折仰祈圣鉴事。

　　窃臣等本年五月间，接准贵州抚臣曾璧光来函，以客兵在前，尤须主军填扎，分办善后，请减川省数营之费，即可涵鲋顿苏等语。当以用兵既久，筹饷维艰，故有裁撤川军月拨的饷归黔自办之议。往返缄商，尚未定见，而川东各属迭报水灾，捐输、厘金，概行减色。不得已拟将嬴卒疲兵大加沙汰，冀可川、黔两顾，兵饷兼权。曾于七月中旬，一面附片奏明，一面札饬统领援黔川军道员唐炯，妥议禀覆。正在筹办间，突接唐炯七月十五日来禀，据称攻拔太平黄飘、螃蟹两坳寨洞百余处，清水北岸肃清。惟楚军哄传，湘中有易将裁兵之举，委员自镇远回营，咸称臬司席宝田，于七月初赴长沙，所部精毅营军火悉自营运还镇远。据此，则裁兵无疑。楚军既不能进取，蜀军孤悬，万难独奏成功。与其因循迁就，终于老师糜饷，固不如早撤为便。今螃蟹等寨齐下，军中疾疫大作，各营将弁多半卧病，粮运又复艰阻。现令各营由地宋、杨老两路拔回平瓮。

　　至黄平新州、旧州，亟应黔师驻守。前经禀请贵州抚臣，总以各省协饷源源解到，再行增募为辞，其不能远防，可以概见。惟川省即无意罢兵，亦当悉出清平、平越，分规都匀、凯里，于军势、粮路乃为活动。又据统带达字营提督陈希祥禀报：唐炯既已移师平瓮，该营扼守清平，倘炉山、万超、下司、高木塘之贼群起环攻，势成孤注,何能一掷?惟有确探贼踪,趋赴贵定,以顾省城门户各等情。

伏查湘中裁兵之举,道员唐炯虽系得自传闻,而湖南抚臣刘崐①咨送通筹湘省全局并援滇大略情形,请暂就北岸底定,再议南图疏稿,内称南岸寨尚如林,将谋所以善其后而要其成,恐虽竭湖南之力,亦终有所不逮,便当归并冗繁,汰除疲弱,总期足敷分布,俾免多事虚糜等语。委系实在情形。则湖南裁兵之议,早经上达宸聪,即黔师自上年都匀溃退,饷绌兵单,一蹶遂难复振,亦属实在情形。夫以苗疆群盗如毛,愈近则山径愈险,粮道愈难。虽有三省兵力而不添筹巨饷,别选统将,亦恐难迅奏戡定之功。何况楚师已议裁并,黔师未能替防,安能会剿。川省则民患方深,饷源已竭,原不得不设法变通。惟道员唐炯并不妥议禀覆,候示遵行,辄敢擅自移师,使数百万饷需之费、二三年血战之劳,无以见功,翻为受过。楚师既不免借口,黔省亦转觉有词,未便因其克城复地,迭著辛勤,曲为宽贷,应请旨将道员唐炯先行摘去顶戴,以示薄惩。

臣崇实现将遵义教案办竣,拟即回省,与臣吴棠悉心筹议,应否改由都匀、八寨进规凯里,庶军情粮运较有把握;抑仍由重安江派兵南渡,以期合力夹击之处,总当体察川、黔大局情形,力图补救,断不敢稍有逶延。所有统兵道员擅自移师,请旨先行摘去顶戴并通筹川、黔大局情形以图补救缘由,谨合词恭折驰陈,伏乞皇太后、

---

① 刘崐(1808—1888),字玉崐,号韫斋,云南普洱景东人。道光十二年(1832),中式举人。二十一年(1841),中式进士,选庶吉士,散馆授翰林院编修。咸丰元年(1851),充湖南学政。三年(1853),授翰林院侍读学士。四年(1854),升内阁学士。六年(1856),补工部右侍郎。同年,兼署兵部右侍郎。八年(1858),授户部右侍郎。十年(1860),充殿试读卷官。同治元年(1862),补鸿胪寺少卿。三年(1864),迁太仆寺卿。五年(1866),以内阁学士兼署顺天府府尹。六年(1867),补授湖南巡抚。光绪十四年(1888),卒于长沙。曾督修《湖南通志》,重修岳麓书院。有《刘中丞奏稿》存世。

皇上圣鉴训示。谨奏。八月二十九日。

同治九年九月十五日，军机大臣奉旨：钦此。①

【案】同治九年九月十五日，此案得允行。军机及宫中档：

军机大臣字寄：成都将军崇、四川总督吴、湖南巡抚刘、贵
州巡抚曾：同治九年九月十五日，奉上谕：崇实、吴棠奏，请将
统兵道员摘顶并通筹川、黔大局一折。黔省军务自清水江北
岸肃清，事机顺利，正宜乘此声威，合力进剿，以竟全功。乃唐
炯因川、楚两省有减兵节饷之议，并不妥议禀覆，听候批示，辄
将所部川军擅自撤回平瓮，实属贻误事机。姑念前次克复地
方，著有微劳，着先行摘去顶带，以示薄惩。前据曾璧光、刘崐
先后奏到川军撤退情形，迭经谕令崇实、吴棠严饬唐炯迅速进
兵，与楚、黔各军联络夹击。刘崐前奏并有楚师进规台拱、川
军进剿凯里诸寨之议。着崇实等体察情形，悉心筹画，应否改
由都匀、八寨进规凯里，或仍由重安江派兵南渡，饬令唐炯克
期拔队前进，实力剿办，以赎前愆。并着刘崐檄催席宝田迅督
所部，会合进攻，以收夹击之效。至疲弱兵勇，本不应滥竽充
数，岂待饷需支绌，始议裁汰！又岂可因裁汰疲弱，停兵不进，
坐失机宜！崇实、吴棠、刘崐务当懔遵迭次谕旨，妥速筹办，以
维全局。总须饬令各军，彼此联络策应，立于不败之地，断不
可意存畛域，各怀观望，致误戎机。倘不以大局为重，进止不
齐，以致日久糜饷老师，办无成效，定将统兵各员从严惩治，即

① 台北故宫博物院藏：军机及宫中档，文献编号：103078。又，吴棠等：《游蜀疏
稿》，第215—225页。其尾记曰："同治九年八月二十九日，由驿恭折具奏。于本年九
月二十九日，准兵部火票递回原折，后开军机大臣奉旨：另有旨。钦此。"

该督抚等亦不能辞咎也。曾璧光身任黔抚,责无旁贷,亦当督饬黔军,力图进剿,不得专恃援军,自甘颓靡。贵州教案未结,崇实着仍遵九月初七日谕旨,前赴遵义会办,赶紧结案。将此由六百里各谕令知之。钦此。遵旨寄信前来。①

【案】唐炯七月十五日来禀:同治九年四月十二日,道员唐炯以其军驻岩鹰地、瓮谷陇,贼众且悍,老林密箐,粮运愈益艰阻,粮运艰阻不能接济,力单薄不敷分布,即上书川督吴棠:

窃前奉到宪台札开:军情忽有变更,务将进止机宜切实驰禀,以凭查办,不得一误再误,徒事虚糜。该局应解饷需、军火,亦不得稍有缺延,以妨进取等因。奉此。伏察苗疆如台拱、丹江等处山多田少,苗族繁众不能自活,故从前蔓延镇、施、清、黄、平、瓮、都匀,占地耕作。自经川、楚两军扫荡,地势日蹙,而积聚又为两军焚夺无遗,人多谷少。去年以来,饥疫死者不可数计。现今斗米二千钱,自相残杀。此其机势可图,诚有如席桌司议以地势论十得其三、以兵势论十有其七者。贼之最悍最黠,莫如台、凯、施、黄、清、平所属。而老林密箐,地险巢坚,亦百倍于他处,且首先倡乱必须剿者五厅州县地廓清,则其余剿之易平、抚之易定。此贼情、地势,剿抚先后,大略如此。现今楚军攻拔施洞、新城,川军攻拔黄飘、瓮谷陇、加巴、牛场等诸巨巢,贼悉将家属逃上凯里、都匀,独留壮健抗拒官军。而两军相距止三十余里,所以猝未得会合者,则以左右十里、二十里坚巢林立以数百计,尚费摧廓。楚军米粮、军火

---

① 台北故宫博物院藏:军机及宫中档,文献编号:408018108;《穆宗毅皇帝实录(六)》,卷二百九十,同治九年九月上,第1018—1019页。

转运，悉系舟船，取携甚便。川军悉由陆运，自遵郡、思南、贵阳三路采办，运至孙家渡、袁家渡、水尾，每夫一名，背米二斗。现值农忙，雇夫不易，每路每日不过到米五六十石。自孙家渡、袁家渡两路各设马二百匹运岩坑，岩坑设马二百匹运瓮安，瓮安设马二百匹运牛场。水尾设马二百匹运大麻窝，大麻窝设马二百匹运牛场。自牛场、地宋、大岩各设马二百匹，以次转运重安。余马二百匹，以备更换疲乏。每马驮四斗，三日一转，计到营每日不过三十石，而前敌二十营每日约需食米八十石。此粮运艰阻不能接济之实在情形也。陈提督一军不能不留守清平，除以三营节节驻守以护该营粮运清平，仅余四营，止能守不能战。黔师仅能守龙、贵一面，都匀、凯里之贼时出平、贵之间，扰我粮道。黔师不能截剿，川军不能自顾。职道所部分防大麻窝、牛场、瓮安、平越、地宋，六营若皆调赴前敌，粮道一断，前敌即虞哗溃。职道在重安，亦不能不留一营自卫。其在前敌者，仅刘提督果毅十五营及职道安定、前后、副左三营，是目前兵力已不能运调自如。楚军兵力倍于我，而其意专注清江、台拱，以剿为防，势不肯过重安江。自重安江以西南清水江之上流，黔军既不能振，川军势不能不独任。地阔路歧，既已分防，即不能畅意攻剿，迅速奏功。此兵力单薄不敷分布之实在情形也。年前，仰蒙饬拨买米银十万两，而两次到遵郡，一则正月初旬，一则二月下旬。以七万买米一万二千石，以三万买马二千匹，即已无余。每马十二匹需兽医、马夫六名，计二千匹，需兽医、马夫千名。此千名既需口粮，而马之草料费更不赀。前移局请拨运费，至今未到一批，富荣盐厘亦复不旺。从前采办洋火、洋药，以每枪一钱药配火一粒计算,尚不敷洋火二百六十万粒。此项川中无从购办,一旦缺乏,洋炮便成废器。去夏即禀请饬局委员赴楚采办,昨准局移:委员舟抵沙市,不戒于火,悉行焚毁,不审曾否续行委员采办。凡此饷需、军火,悉属仍前支绌,不甚应手。乃蒙宪台批札,责效严急。奉读之余,无任惶恐。李节相奉命督办,陈说三难,尚需增兵集饷。职道自顾,何人乃欲就区区现有兵力无米为炊?亦诚过不自量矣。职道知识短浅,本非军旅之材,特以过蒙委任,辄欲勉竭驽骀。黔省既不善自为谋,蜀饷又复日形坐困,私忧过计,后患堪虞。前者,宪台陈奏有留兵以归其节制,或协饷以拯其困穷之议,故特遵札缕陈实在情形。仰恳从长筹画,如或俯念边氓涂炭,始终援拯,则非增兵二十营,宽筹饷需、军火,不足蒇事。而任大责难,亦非职道之浅薄所能肩荷。应恳别派大员办理,俾职道得投闲置散,保全首领,感且不朽。冒昧渎陈,不胜惶恐待命之至。①

【案】刘崐……俾免多事虚糜等语:湖南巡抚刘崐于同治九年六月二十五日具奏曰:

革职留任湖南巡抚臣刘崐跪奏,为通筹湖省全域并援黔大略情形,请暂就北岸布置底定,再议南图,恭折奏祈圣鉴事。窃维楚黔唇齿相依,沅、晃、靖各境与黔壤交错者数百余里。自苗教倡乱蹂躏黔疆,而楚边时亦被扰。湘中派兵防剿,虽经迭有惩创,边事终不安静。维时内顾尚无非意之虞,防边只属自完之计。衡以军志,毋人薄我之义,势须以剿为防。此同治

---

① 《成山老人自撰年谱》,第201—207页,《近代中国史料丛刊》第十六辑,(台北)文海出版社,1966。

五年前抚臣李瀚章所以有援黔之举也。臣受任以来，踵循成规，随时提振，黔民望之，而湘士非之。臣自分职任疆圻，何分畛域？固知力有所不逮，亦遂身任而不疑。办理有年，竭蹶殆非一致，只以成师而出，尚无成效可言。苟或遽议停兵，战守犹两无可据，所以力为其难而仍守援黔初议也。幸赖天威远播，将士同心。席宝田自入苗疆，步步为营，节节进剿，迭克要塞坚城，遂清北岸苗疆，以清水江为大界限。南岸之苗，巢深而山险。北岸之苗，地广而贼繁。故台拱虽南岸第一巨巢，为渠魁所萃集，而必仰食借力于北岸。今北岸以次肃清，楚、蜀两军声势联络，已撤苗疆藩篱，而溃其腹心矣。论者谓：乘此胜势，会合川军，渡江而南，台拱一隅，何处不克？然用兵以知己为先，克敌以善后为要，川军之力量不可知，以楚军近日情形，若再进兵台拱，未必不可一鼓而下，顾本末次第缓急机宜，有必当审酌者，正不得不熟筹之。湖南自援黔以来，岁饷不下二百万两，初犹勉力支持，月清月款，继则每月仅能发二十日现饷，近且并此二十日而时有不敷。藩粮之两库常虚，盐茶之厘金有限，日积月累，欠饷已至一百七八十万两之多。此馈运不继情形，犹其显而共见者也。湘中素称产米之区，故谚有湖广熟天下足之语。上年滨湖固被水灾，而合计通省藏功，亦尚在六分上下。本年青黄不接，亦曾预筹补苴。乃自入夏后，雨水较多，谷价日长，石米值钱五六千余不等，实湘中人所骇见骇闻，以致人情汹汹，几若朝不及夕，一时衡、长、岳各属，因饥滋事者有之，借饥生事者有之，须随时设法接济，因案严惩。幸以无事，而地方如此空虚，人心如此浮动，此臣与藩司言之惴惴，而亦前此所不及料者也。湘中战功之盛，甲于天下。其先募农为勇,人多朴直而强健,故用其力,足以平贼。厥后随营日久,习气日深,遣撤归来,率有不安于农之势,甚且到处结会,随地纠人,隐患之萌,已非一日。本年,湘乡、浏阳接踵起事,虽旋起旋除,而此种匪徒蠕蠕欲动,所在多有。识者谓:天下兵事之终,恐即湖南勇祸之始。此又民气之迥殊乎前,而补救防维之不可稍弛者也。湖南之情事若此,而楚军所克之黔地,田亩尚尽荒芜,人民多未复业,并有土著之良苗、受抚之降苗杂处其间,欲垦荒则器具、牛种无资,欲谋生则工商经营无本。民贫恐仍剽窃为盗,苗贫更虑反侧之生心,则为图还定抚绥,其势孔亟。又况应设之卡隘,应建之城垣,必已得者,足资保障,庶贼来有所捍御,即剿贼而进退亦属万全。若锐意台拱之捷而遽事南图,台拱之克固易矣。而南岸寨尚如林,城易克而贼难尽歼,将谋所以善其后而要其成,恐虽竭湖南之力,亦终有所不逮。与其克台拱而鲜效,不若就已成之规而徐图之。现当盛暑疫兴,兵事正须稍顿。臣拟檄饬席宝田,暂以清水为限,扼要设防,一面将镇、思、施、黄各属善后事宜依次办理,流民则抚集之,良苗则安插之。或拨绝产以开屯,或贷籽种以招佃,或助民筑寨以保其身家,或助民编团以资其守望,使北岸复归之众咸乐其生。北岸已得之地,足资为守,将南岸梗化之苗,闻其风而可格。明臣王守仁南赣思田故事,臣窃谓行之有其时也。如此则在黔各军当便归并冗繁,汰除疲弱,但期足敷分布,俾免多事虚糜。其积欠饷需,容饬军需局司道,酌量盈虚,设法清理,毋令愈积愈重,以致留遣两难。一俟川、黔两军进剿得手,臣亦即派兵南渡,合力夹击,作三省会剿之举,以靖南服,而扫苗氛。至于储备团防,为湖南目前要务,臣当督饬藩臬两司，实力整理，以固根本，而备不虞。盖臣不图黔无以对黔民，臣不量湘力以图黔，先无以对湘民。此区区愚忱，不敢不通筹熟计而披沥以陈者也。臣为湘省全域起见，是否有当，伏乞皇太后、皇上圣鉴训示。谨奏。六月二十五日。同治九年七月初十日，军机大臣奉旨：钦此。①

【附】此折旋得清廷批覆。《清实录》：

又谕：刘崐奏，楚省援黔各军拟暂缓南图一折。据称湖南自援黔以来，岁需饷银甚巨，积欠已多，湘中近日情形尚须防维补救，自固根本，拟饬席宝田设防清江北岸，清理善后事宜，俟川、黔两省进剿得手，再派兵南渡夹击等语。黔省清江北岸业已肃清，正宜乘此声威，进规台拱，将南岸各苗寨次第扫除，以期一劳永逸，若半途松劲，军务安有了期。刘崐虑竭湖南之力不能竟事，先无以对湘民，未免畏难自阻。现当天气盛暑，援黔各军，着照该抚所请，暂予休息，即着檄令席宝田，趁此顿兵未进之时，迅将镇、思、施、黄各属善后事宜依次兴办，务臻妥实，一面将积欠军饷设法清厘。转瞬秋凉，仍当迅速进兵，荡平南岸，以竟全功，毋得惑于人言，转致事机迟误。各营如可裁汰归并，亦着该抚酌量办理，以节饷需。本省团防事宜甚关紧要，该抚仍当督饬各属实力整顿，以备不虞。川省援军亦不得稍存观望，致失机宜，着崇实、吴棠饬令会合楚军，相机夹击。曾璧光身任黔抚，责无旁贷，务当严檄各营随时策应川、楚各军，认真剿办，早靖疆圉。将此由五百里各谕令知之。②

----

① 台北故宫博物院藏：军机及宫中档，文献编号：101918。
② 《穆宗毅皇帝实录（六）》，卷二百八十六，同治九年七月上，第950—951页。

【案】唐炯并不专议禀覆……以示薄惩：唐炯称其移师之举，事出有因：

秋凉，楚军病起，悉军南渡七十余营，进规台拱，次及丹江。我军移向清平、平越，分规都匀、凯里，上下合击，近则岁暮，远在明春，苗疆可以粗定。而吴公乃函商黔大吏，全撤川师，月协饷五万归黔自办，或酌留兵任办上游，嘱余驰禀实在情形。即便定局。吴公本不欲余终竟其事，前即欲易将，合肥节相止之，此节相面告余者。故自四月节相奉命赴陕，益一切龃龉。而是时周达武在成都为诸生所辱，力求当事，请带兵赴贵州提督本任。此达武面告余者。黔中大吏自以所为不法，虑余一旦成功，蒙恩超擢得奏事后，尽劾其欺侵不法状，必欲排而去之，群小又复交构媒孽其间。余念既已孤立，不为人容，而欲与成功无后咎，于势未可。乃复陈归黔自办为便，或留兵扼守乌江，并请肃清清水北岸。便移师瓮安、牛场，以待遣撤。窃察黄平、清施，山险林深，苗悍且众，坚巢巨洞，棋布星罗。往者，湖南用兵连年，仅及镇远，不能上通贵阳声气。职是之由，故职道剿定号教各匪收复平、瓮后，力为其难，先规黄平，次取重安、清平溃贼心腹，据贼腰膂，驿道疏通，直在指顾。乃以黄飘之役楚师挠败，机势遂顿。本年三月以来，赖席臬司勠力合谋，自新城而上，我军由重安、新州两路并下。东坡、黄飘、白堡、瓮谷陇、岩鹰坵、仰朵、加巴、牛场、叫鸟洞等大巢，以次攻拔，附近零寨略皆剿平，斩首俘虏过万。贼以饥饿及自相残杀，死者数又倍之。贼耕作失时，党羽破散，不复能如前动辄纠合一万两万众，抗拒官军，其势盖极衰弱。而川、楚两军声势通联，自重安至镇远往来无阻。秋凉，楚师病起，悉军南渡计七十余营，进规台拱，次及丹江，声势甚盛。倘黔能自强，规复都匀，次及凯里，粤师以剿为防，由南丹、荔波以规八寨、都江，同心合力，大约不出一年，苗疆可以粗定。是此时川师之在黔可有可无，不足轻重。而川师孤悬深入，去川境千数百里，既不若粤师之以剿为防，近在门阃，进退自如。军火、粮饷转运艰阻，又不若楚师之悉系舟船，取携甚便。兵止三十三营，不及楚师之半，而收复地段广阔，且防且战，不得运调自如，遂其扫荡纵横之志。增兵则饷源困绌，难乎为继，深虞后患踵起。不增兵则时日旷延，不能即决，殊虞师老无成。加以黔中当局心怀龃龉，职道分属部民，势难左右。夫以兵力之单薄、转运之艰难、饷需之支绌、军火之缺乏，而由主客凿枘，孤悬深入，旁无应援，欲收远效无后谷，于理于势未见其可。从前一再陈请，仰蒙鉴察，示以大局所关，自有主持，无庸过虑，故去冬还蜀，面陈防剿两端。嗣与局会议，亦止就利害陈说。诚以用兵大事，职道分微，或进或止，应候裁决。既荷垂念邻疆，不肯决然罢兵，奏催楚、黔来会。职道身是黔民，何敢畏难，有负委任？既见黔省终不自为谋，蜀饷又日益匮竭，专恃客军，微论利顿，难以逆料。即使成功，无以善后。客军一旦罢去，祸变必将复起。是徒耗川、楚之力，终无救黔民之难，故复缕陈，仰恳从长计画。乃奉批答：川省饷绌，黔省兵单，时势使然，无可诿咎。倘至军情万变，藏事无期，不妨切实敷陈，徐商进止。职道用是不敢再言。兹接孙道函知，宪台决意罢兵节饷，并示以会商曾中丞函稿，全撤川师，归黔自办，或酌留兵任办上游，嘱职道驰禀实在情形，便即定局。职道不胜大愿，从此得保首领、归见宪台矣。川军之艰难、藏事之不能迅速，先后所陈情形，皆系实在无可更言者。窃以全撤川师归黔自办为便，至酌留兵任办上游，似犹有可议者。上游水城等处仅顾馥春一股，兴郡、郎岱等处仅杨秀青一股，顾馥春业剃发归诚，职道已遣人往料理。杨秀青徒党数万，跨据数州县，势虽众大，然自黔乱以来，未尝出扰，商贾行旅，往来无害。但得贤有司单骑往谕，即便解散。若留兵多，则恐将领非人，转滋事端，猝不得罢。少更无济，徒糜饷需，湘、耀两营其前事也。愚以为留兵任办上游，不若留兵防守乌江。往者，号匪跨据乌江南北两岸，故苗匪不能过乌江，占据思南、遵郡两府地。自职道剿定，毁其寨城，录其精锐，收其军械，其室家皆散处耕作。二年以来，平、瓮遗民归来甚众。自遵郡以至川边数百里，村落相望。田土垦辟，亦十之五。自遵郡至省，商贾通畅。今一旦川军罢归，黔省急切，不能兼顾两府之民，内逼官吏，外迫苗匪，其弱者仍复转徙填沟壑，黠者必复负隅自固，苟且求活，涪、南、綦、合之民恐不得安枕。微独贵阳道路梗阻也。达子营勇多楚、粤，人无可留者。职道愚见，拟于安定、果毅两营中降众挑留十营，选派将领，分布乌江之老军关、孙家渡、袁家渡等处，尽徙平、瓮遗民，填实北岸，就地耕作，扼河而守。俟一年后黔局稍定，再行遣撤。如此降众有所归宿，不致为乱。北岸之民得免再罹兵革，大道通畅，黔省厘金不无补益。黔师无烦分顾，得以专意都匀，下会楚师。在黔有此数利，而在蜀不过岁费十余万两，边境且得以无警，亦策之善者也。是否可行，伏候衡夺。苗疆既归楚、黔会办，川军未便久留重安、瓮谷陇自困，又转运艰难，道远费重，勇丁甚苦。职道现与邓道商议，分兵围攻太平洞、黄飘洞一带，一俟得手，楚军可无牵掣，清水北岸肃清，即便移师瓮安、牛场就粮，以待遣撤。饷需到营，辗转总须三月。应恳饬知防剿局、川东道、富荣局，所有补发欠饷，均截至九月底止，无以奉文之日为截饷之期。并恳于九月底扫数到营，俾得妥协遣撤，不致如刘道之在毕节坐受窘辱，尤所感祷。再，职道与刘提督垫发过伤恤银两，皆系挪移勇饷，迭经禀明在案。现当裁撤，挪移之款无从弥补，仰恳饬局一并随饷补发，实为公便。乃自六月十九日至七月三日，扫荡黄飘、太平、白计等大小二十一洞，复檄于德楷、王成忠，分道大搜至于旧州、施秉，纵横三百余里，老林深谷，靡不毕到，斩首五千余级，歼贼酋党广西潘金所、潘阿讲、潘厚里、潘三麻、杨菊九、潘哀瓮，后路贼踪净尽，而螃蟹两坳贼五千余家，两岸接凯棠、凯少革夷，右连渔梁、五坌，林箐茂密，地势险峻，周环数十小寨，十五年来，官军未能一至其地。乃以十二日夜，我军四路并发，天明，抵贼巢。贼殊死战，而凯棠、凯少革夷贼渡河来援。我军乘半渡击之，斩贼酋爽少吼，贼大奔。我军数路合戳，拔其巢，复乘胜破马郎坡、大小翁荡等六十余寨，渡岩头河，扫荡渔梁、五坌，生擒贼酋杨那尚，斩首四千余级，投岩溺水死者甚多。于是清水北岸肃清。当是时南岸凯里、凯棠、凯少革夷火烧，贼大震，悉将家属移上都匀，而上下江八寨之贼咸来乞抚。余以月余不得吴公还报，而疫疠大作，师人多病，粮运益艰，乃先移前抚良苗五千余家于牛场、瓮安。十八日，邓锜分道以次转营而退，全驻平、瓮间就粮，函告陈希祥，暂驻清平勿动，以待后命。意谓吴公如悔悟不罢兵者，我军即出平越、清平，分规都、凯，复我本谋，于军势、粮道乃为活动。乃二十一日至牛场，得吴公还报，但令沙汰疲卒。继复檄令妥议川、黔两顾,兵饷兼权,毋遽为移师就食地,并谓邻疆退有后言,孰任其咎?原其始意欲往返宕延,俟军心摇动自变,然后劾余,以周达武来代继。恐余全师而退,楚黔交章劾之,思委咎于余,又虑余不任,咎余复禀谓为黔谋,自以勘定为期,增兵益饷,不肃清黔省不止。为蜀谋自以裁兵为上,节省饷需,固我疆圉,以纾民困。事理判然两途,不能迁就。其次,则有如节次所陈,或扼乌江,以顾遵、思两郡,而固川边。或守平瓮,以顾贵阳门户,而保省城。此外别无长策。至黔当事倘有后言,则请严劾余,以慰其心。是时,陈希祥所部于十九日夜无故惊溃,昼夜奔过巴香。陈希祥至贵阳,黔当事匿其状,独劾余,请交蜀察办。而是时湖南巡抚刘公以余退师,劾吴公。吴公恐,亦劾余。仰蒙圣明鉴察,仅予薄惩,仍命督师,或由平越分规都匀,或仍由重安进剿,命余相度形势。而吴公奏,谓余举周达武自代,拟月协饷五万,带所部赴提督任,并请许周达武专折奏事。报可。①

一三三　请准提督陈希祥留营统兵片

同治九年八月二十九日(1870 年 9 月 24 日)

再,据统带援黔川军达字营提督陈希祥禀称:六月二十二日,接到家信,惊悉生母林氏于五月二十七日戌时在籍病故。该提督禀承母命,效力行间,滥邀旷典,荣及三世,每愧不能显扬,以为督子从军者劝。除将丁忧日期在籍呈明地方官转报外,应恳据情转奏,请旨准令葬亲终制等情。

---

① 《成山老人自撰年谱》,第214—224页。

臣等伏查提督陈希祥自奉派统兵援黔以来，扫荡上游贼氛，战功卓著，并于计擒叛镇林自清案内，经贵州抚臣曾璧光奏保，赏加穿黄马褂，并赏给达春巴图鲁名号。该提督久历戎行，老成稳练，且与黔省文武尤能济以和衷。现在道员唐炯移师平瓮，正值军事棘手之时，将才殊不易得。合无仰恳天恩，俯准将丁忧提督陈希祥留营统兵，以资臂助。俟黔省军务稍松，再令回籍，补行穿孝。臣等为岩疆需人起见，谨合词附片陈明，伏乞皇上圣鉴训示。谨奏。

同治九年九月十五日，军机大臣奉旨：着照所请，兵部知道。钦此。①

【案】此案之得允行，《清实录》载曰：

成都将军崇实等奏请将丁忧提督陈希祥留营帮办军务，允之。②

●军机大臣字寄：成都将军崇、四川总督吴、湖南巡抚刘、贵州巡抚曾：同治九年九月初六日，奉上谕：曾璧光奏，川军退扎牛场，黔省军务紧迫，请饬川、楚两省仍前进取各折片。川、楚援黔，历有年所，今夏两军剿匪得手，营垒相望，声息渐通，曾经谕令乘胜进取，以竟前功，何以唐炯当声威正盛之时，不候咨会，不俟接防，遽将全军撤退，致苗匪势复猖獗！提督陈希祥以孤军无援，退扎贵定等处，实属贻误事机！着崇实、

---

① 台北故宫博物院藏：军机及宫中档，文献编号：103074。又，吴棠等：《游蜀疏稿》，第209—213页。其尾记曰："同治九年八月二十九日，由驿附片具奏。于本年九月二十九日，准兵部火票递回原片，内开军机大臣奉旨：着照所请，兵部知道。钦此。"

② 《穆宗毅皇帝实录（六）》，卷二百九十，同治九年九月上，第1019页。

吴棠查明该道擅退情形,据实参奏。曾璧光折内称,唐炯本拟移师杨老,以图下司,分规都匀、凯里,续闻川督有裁撤安定、果毅两营之议,已具禀听候遣撤,遂移扎平瓮就粮,以待批示等语。是崇实、吴棠于迭次谆谆谕旨,并未实力奉行,惟以节省饷需为事,殊属不知缓急! 况近防不如远剿,援黔即以保川,岂可畛域攸分,不顾大局! 仍着崇实、吴棠严饬唐炯迅速进兵,与楚、黔各军联络声援,以收夹击之效,不得再涉迁延,致干重咎! 现在秋气已深,刘岷当懔遵前旨,督饬席宝田等军,仍前进取,期与川兵势成掎角,迅奏廓清,毋稍观望! 曾璧光身任黔抚,责无旁贷,务当督饬各营,分剿上下两游,以与援军会合,绥靖岩疆。将此由六百里各谕令知之。钦此。遵旨寄信前来。①

一三四 请饬提督周达武驰办军务折

同治九年九月二十一日(1870 年 10 月 15 日)

成都将军臣崇实、头品顶戴四川总督臣吴棠跪奏,为改拨协黔的饷,请旨敕下留川统兵贵州提督驰赴本任,接办军务,以一事权,而图补救,恭折仰祈圣鉴事。

窃臣等前将统兵道员唐炯擅自移师并通筹川、黔大局事宜、力图补救缘由,据实奏明在案。臣崇实旋于九月初六日,由重庆回省,会同臣吴棠,悉心筹议。窃念黔省军务自川、楚会剿以来,阅时既久,虽将重安江北岸苗巢次第廓清,而戡定之功尚未能确有把握。推原其故,殆因客兵之不相统率,主兵之无以自强,辗

转迁延，遂不免师疲财匮，进退两难。于此而欲求补救之方，以重事权之寄，非有战功素著、人地相宜如留川统兵提督周达武者，恐难胜任。正在商办间，接准贵州抚臣曾璧光函称：道员唐炯举提督周达武自代，语亦有见，应照前议月协五万两饷数，撙节为之，定能撑揣一面，唐炯各营即当分别裁撤等语。与臣等意见相同。因即檄调提督周达武，面询黔省军务，均能洞中机宜，了若指掌。并据称受恩深重，不敢不竭尽愚诚，勉图报称。虽明知川库奇绌，仍请宽拨银八千两，共成月协的饷五万八千两，俾与黔事有益等语。

臣等伏查周达武志节清严，血诚果毅，遇事毫无避就，为将领中缓急可恃之员。前任督臣骆秉章暨臣崇实署理总督任内，均经一再吁求俞允，留川统兵。臣吴棠莅蜀两载，援陕剿夷，亦深资其臂助。兹以邻疆多故，为地择材，不得不先其所急。而周达武决然身任，欣然乐从，其公忠已可概见。应请旨敕下贵州提督周达武，驰赴本任，接办军务，以一事权，而图补救。所需的饷五万八千两，容臣等督同司道，按月尽力筹拨，解赴贵阳省城，专供周达武马步全军之用，不得短少，亦不得再请增多。惟该提督统师入黔，与援军无异，以臣等愚昧之见，遇有紧急戎机，可否仰恳天恩，俯准周达武就近会同曾璧光奏报，出自圣裁。

所有改拨协黔的饷，请旨敕下留川统兵贵州提督驰赴本任接办军务缘由，谨合词恭折驰奏，伏乞皇太后、皇上圣鉴训示。再，查周达武原部武字营马步勇丁五千九百人，当一面酌补欠饷，抽调随带前往，一面檄饬提督陈希祥、总兵梁安邦等，将达字、新字各营拔回川省，填扎大安驿、广元县、越巂厅等处，以固边防。唐炯各营亦即分别撤留，以节饷需。合并陈明。谨奏。九月二十一日。

同治九年十月初七日,军机大臣奉旨:钦此。①

【案】此折于是年十月初七日得允行,清廷饬令吴棠等饬周达武迅赴贵州接办军务,克期进军会剿,以策全功。军机及宫中档:

军机大臣字寄:成都将军崇、四川总督吴、湖南巡抚刘、贵州巡抚曾:同治九年十月初七日,奉上谕:崇实、吴棠奏,改拨协黔的饷,请饬提督赴任接办军务一折。贵州提督周达武在川带兵,素称得力。现在川省援黔一军,久未得手,崇实等请饬该提督驰赴本任,接办军务,以一事权。所筹尚妥。即着崇实、吴棠传知周达武,即赴贵州提督本任,接办军务。遇有军营紧要机宜,准该提督就近会同曾璧光列衔具奏。唐炯各营即着分别裁撤,妥为安置。周达武所需饷银五万八千两,着照崇实等所拟,由川按月筹拨,解赴贵州省城,专供周达武马步全军之用,不得短少。崇实、吴棠务当传知该提督,赴黔后,迅率所部克期进兵,与楚、黔各军联络夹击。周达武本系贵州提督,着曾璧光饬令黔省带兵各员,遇有应剿应防事宜,悉听周达武调遣。席宝田一军,并着刘崐檄令该员迅督所部,会同周达武等合力进攻。此次贵州壁垒一新,该将军、督抚等务当懔遵迭次谕旨,严饬带兵各员,迅图会剿,毋再推诿迁延。周达武原部达字、新字各营,崇实等已令回川填扎,即着饬令提督陈希祥等妥为布置,以固边防。将此由五百里各谕令知之。

---

① 台北故宫博物院藏:军机及宫中档,文献编号:103455。又,吴棠等《游蜀疏稿》,第227—236页。其尾记曰:"同治九年九月二十一日,由驿具奏。于本年十月二十二日,准兵部火票递回原折,后开军机大臣奉旨:另有旨。钦此。"

钦此。遵旨寄信前来。①

【附】同治九年十月二十七日,贵州巡抚曾璧光奏请周达武赴黔接办军务折:

贵州巡抚臣曾璧光跪奏,为川省现令贵州提督赴任,接统川营唐炯等军,将筹办情形恭折由驿覆奏,仰祈圣鉴事。

窃臣前因川军退扎,据实上陈,迭次承准军机大臣字寄同九年九月初六、初九、十五等日恭奉谕旨,仰蒙圣训周详,曲加策励,回环跪颂,感悚交萦。并准四川将军、督臣咨录奏稿,拟令贵州提督臣周达武驰赴本任,接办唐炯等营军务,月拨的饷,以图补救,筹画极为妥协。臣承恩疆寄,责有攸归。外料贼情,内揣军势,必须主客辑睦,始能相与有成。伏查黔省两游,同一糜烂,而下游为尤甚。上游虽回狆夷匪时出骚动,防剿所在,而田土不尽荒芜,人民不尽流散。地方文武尚可募练督团,日相撑柱。下游苗疆沦陷,已逾十年,苗匪蟠结根固,久外生成,非数路进攻,使其势分力薄,大受惩创,难以蒇事。提督周达武在川年久,朴诚忠勇,卓著战功,臣所稔知,故唐炯举以自代。臣即函商川中,如请办理。然黔省山径丛杂,苗疆周围千里,就其现有兵力与楚、黔各军专办苗务,已觉不易。拟俟到黔接印后,即令驰赴下游,与楚营藩司席宝田筹商机宜,或进规凯里,或由重安南渡,总期川、楚协和,以收夹击之效。尚恐下游各属,意见参差,并请旨令其帮办军务,所有下游府厅州县悉归该提督节制,以一一事权,而便征调。惟饷项、军火

---

① 台北故宫博物院藏:军机及宫中档,文献编号:408018111;《穆宗毅皇帝实录(六)》,卷二百九十五,同治九年闰十月下,第1040—1041页。

均由川省筹拨,该提督所带原部兵勇及将来应留唐炯等营文武各官,皆属川省原派军旅,一切应照楚省援黔之例,由该提督咨请四川将军、督臣,查核奏报,则呼应益灵,文武不怀观望。黔省自募各军,既须下会川、楚,又复分图上游,协饷断续不常,衣装褴褛特甚。如悉归该提督驱策,势必援川营规制,求添饷金。不允,则枯荣顿异,军令不行;允之,则月拨饷银五万八千两,从何敷用,转增窒碍。

臣与藩司黎培敬、臬司林肇元通盘筹计,再四酌商。现派提督林从太,管带兵练二千,赴贵定接防,以便达字营拨赴川省。派总兵何雄辉,管带部军,由定番出剿,以便与署提督刘士奇、游击李上荣各军,进取都匀,分图八寨,与川楚援师声势联络。而军制、饷需各仍旧章,庶界画分明,彼此不虞牵混。至湖南抚臣所奏,唐炯致席宝田函,内有川省函商黔中全撤川师及月协饷五万归黔自办,闻黔中意甚欣然等语,奉旨饬臣详细具奏。查四川将军、督臣前以筹饷艰难,函商三策,拟月拨的饷五万,由黔自行办理。臣当以甫报大捷,剿办正属得手,岂可另议更张,极力函阻。嗣据将军覆函,亦以为然,是川省并无遽行撤师之言,臣亦无希图得饷、允其即撤之意也。曾于前报川军退扎折内大概奏闻,如果意甚欣然,臣惟恐中废,何肯力阻其说?诚如圣谕,黔省兵力岂能不须协助即敷剿办之理,曾璧光果允其议,何以前奏又请饬催川军,唐炯所言恐非确实,已难逃圣明洞见。

第唐炯以统兵监司奉令越境过剿,进退应遵本省上宪调度,乃行止由己,贻误实多,强半之业即隳,并置桑梓不顾。初则谓楚师退扎沅州,川军不能独进;继则谓黔省意在得饷,全师退回牛场。语从何来，必须各还根据。应请敕下四川将军、督臣转饬唐炯，明白禀覆，一并由川查办覆奏，以昭核实，而杜矫诬。臣以无状待罪屏疆，属当残破之余，勉作补苴之计。兵单饷绌，事事需人，不敢以委颓靡自甘，亦不敢以张惶偾事。幸川、楚将军、督抚各臣谅其愚诚，惠德援拯，臣与滇省军民感之不暇，岂宜遇事纷争，致乖邻谊！惟有吁恳天恩，饬令川、楚各臣力顾大局，勿惑浮言，俾臣得勉竭驽骀，督饬文武，犄角并进，迅奏廓清，用副圣主绥靖岩疆谆谆教诫之至意。所有提督赴任、分别筹办各缘由，谨恭折由驿覆奏；伏乞皇太后、皇上圣鉴训示。谨奏。十月二十七日。

同治九年闰十月二十二日，军机大臣奉旨：钦此。[1]

【附】曾璧光折中所议得清廷俞允，并着吴棠等饬令唐炯将致臬司席宝田函中所称之语明白登覆，查核具奏。《清实录》：

又谕：曾璧光奏，提督赴任，分别筹办军务一折。提督周达武奉旨接办援黔军务，曾璧光拟俟该提督到黔接印后，即令驰赴下游，与席宝田筹商机宜，或进规凯里，或由重安南渡，以收夹击之效。酌派提督林从太，管带兵练二千，接防贵定。总兵何雄辉带领所部由定番出剿，期与刘士奇等军分归都匀、八寨。所筹均尚妥协。即着崇实、吴棠催令周达武克期驰赴本任，接办下游军务，会同楚省各营，将梗化逆苗次第扫除，以靖疆围。前已有旨，军营紧要机宜，准周达武会同曾璧光列衔具奏。黔省带兵各员，遇有应剿应防事宜，悉听周达武调遣，业已优予事权。曾璧光此次所陈，虑及下游各属意见参差，所见亦是。并

---

① 台北故宫博物院藏：军机及宫中档，文献编号：104175。

着照所请,周达武着帮同曾璧光办理军务。所有下游府厅州县,悉归该提督节制。所带原部兵勇及将来酌留唐炯等营文武各官,即由周达武咨明崇实、吴棠,查核奏报。其林从太等防剿各营,系属黔省自募之军,其营制、饷需即照曾璧光所议,仍按该省旧章办理。该抚惟当力筹接济,毋令缺乏,并檄令联络川、楚援军,通力合作,以壮声势。经此次布置后,崇实、吴棠、刘岷、曾璧光务当分饬各营妥为防剿,以竟全功,毋再如前观望,致滋贻误。唐炯前致席宝田函内,有川中月协黔饷五万,归黔自办,闻黔中意甚欣然等语。曾璧光谓当时并无此意,唐炯之言从何而来? 必须各还根据。着崇实、吴棠饬令唐炯明白登覆,即行查核具奏,以惩虚诬。嗣后该将军、督抚等总当力顾大局,不得惑于浮言,致军务稍涉松劲。将此由五百里各谕令知之。①

【附】清廷谕吴棠等饬查唐炯于致臬司席宝田函中所称之语,令唐炯明白登覆。吴棠等查核后附片覆奏,清廷允准唐炯免议。其片曰:

再,臣等前奉同治九年闰十月二十二日上谕:唐炯前致席宝田函内有川中月协黔饷五万,归黔自办,闻黔中意甚欣然等语。曾璧光谓当时并无此意。唐炯之言从何而来? 必须各还根据。着崇实、吴棠饬令唐炯明白登覆,即行查核具奏,以惩虚诬等因。钦此。当经恭录札行道员唐炯钦遵去后。兹据禀覆:九年六月内,据派驻贵阳省城采办转运委员禀称,黔省闻川中协饷归黔自办之议,意甚欣然。该道是以于致臬司席宝田函中叙及等情。臣等伏查唐炯前致席宝田函内,虽非虚诬

---

① 《穆宗毅皇帝实录(六)》,卷二百九十五,同治九年闰十月下,第 1087—1088 页。

无据之言，而贵州抚臣曾璧光既称当时并无此意，则唐炯得自传闻，形诸函牍，究属非是。惟该道已于移师平瓮案内奏参，奉旨摘去顶戴，其与席宝田尚系私函往来。可否仰恳天恩，免其置议，出自逾格鸿慈。谨合词附片陈明，伏乞圣鉴。谨奏。

同治十年二月十五日，军机大臣奉旨：唐炯着免其置议。钦此。①

《清实录》：

寻奏，唐炯以传闻之语形诸函牍，殊属非是。惟系私函往来，且该道已于移师平瓮案内摘去顶带，此次可否免其置议。得旨：唐炯着免其置议。②

【附】同治九年闰十月二十九日，贵州提督周达武具奏赴黔接办军务折，曰：

贵州提督博奇巴图鲁奴才周达武跪奏，为到防筹议剿办大概情形，恭折驰陈，仰祈圣鉴事。

奴才前在重庆途次，接准成都将军臣崇实、四川督臣吴棠咨：奉上谕：崇实、吴棠当传知该提督，赴黔后迅率所部，克期进兵，与楚、黔各军联络夹击等因。钦此。仰见圣主垂念岩疆、拯救民劫至意。奴才遵于闰十月初二日，由重庆起程，十七日，行抵平瓮属之兴隆场，经道员唐炯交割军事。奴才将现到所部各营分布平瓮接防。

伏查六七月间，川、楚会师，扫荡清水北岸，其时，机势极为顺利。适值川东北水旱频仍，异常灾沴。崇实、吴棠念川民

----

① 台北故宫博物院藏：军机及宫中档，文献编号：106136。
② 《穆宗毅皇帝实录（六）》，卷二百九十五，同治九年闰十月下，第1088页。

财力困耗，又以黔省不能自强，即使苗疆勘定，一旦客军罢归，收复之区必复多事，是徒烦兵力，终于糜费，通筹兼顾，奏请旨饬奴才赴任接办军务。仰蒙圣明洞见，饬抚臣曾璧光，令黔省带兵各员悉听奴才调遣，以一事权。奴才敢不竭尽驽钝，迅速进兵，以期仰慰宸廑。

查黔疆苗匪，盘踞万山丛集之区，道路纷歧，节节关卡，垒石滚木塞其要隘，不直捣其坚，不能深入。及深入，而后路寸寸可虞。若非连营衔接，首尾必不相顾。此进剿难。即我攻破一地一寨，该匪俟官军移扎，旋率党复踞，并弃前功。必须留营驻守。而进剿之精锐几何，又不敷分拨久留。此防守难。连年各匪蹂躏，地方烧掠净尽，数十里无人烟，不特无粮可办，并无夫可雇，责成兵勇裹粮，既不能多；议设夫马驼运，而山路险远，以运费计之，值与米价相等。该匪又惯从密箐中截粮，甚至阻我粮道。必须派军护送到营，此转运难。从前，唐炯等所部一万六千余人，半多降众，地势、贼情无不熟悉。然终形跋踬者，亦坐此数难耳。今唐炯所部既已全撤，陈希祥之三千七百人调防川北，奴才原部仅五千九百人，当此平瓮一路，兵勇不为厚。又现在贼为楚军急，日引而上屯据凯里、都匀、麻哈、清平、重安等处，蔓延定番、广顺。若不审其先后缓急，谋定后动，匪惟会合楚师力有不逮，并恐疲于奔命，日久无功。

奴才愚昧之见，拟将原部五千九百人益以挑募唐炯旧部，暂住平瓮，遮蔽乌江北岸，毋使苗贼得扰遵义府属，侵轶川边，以固省北大道，然后整顿黔师，先清定、广。俟省门肘腋无警，再由龙贵、平瓮西路规取都匀，次第及凯里、八寨，以会楚师。此不过稍延时日，而粮路活动，兵出可以万全。至黔师之不得力，其故有二，一则每勇一名除日支食米外，每月只给银六钱，计价盐菜、草鞋，尚都不足，孰肯捐躯以冒锋镝？以是所在，掳掠转甚于贼，民间遂有情愿遇贼、不肯遇兵之谣。一则带兵各员，名为带领一千二百人，实则不过二三百人，及至点验，辄旋拉市人，应名充数。所以，见贼便望风溃避，贼去则虚报功绩。历任提臣亦深知其弊，只以饷需支绌，结怨已甚，无可如何。

奴才愚昧以为，与其因循迁就，终于无益，不若及早图维，尚能有济。欲使士卒得力，必须选择将领，酌加口粮，核实归并。然带兵员弁非隶奴才统辖，若遽越俎整顿，必致呼应不灵。奴才仰蒙简畀，责任匪轻，事有当为，不敢不据实直陈君父之前。至川饷约协五万八千两，一切军器、帐房及购办外洋火药、枪炮各件，皆取给于此，撙节为之，仅可供支万人。现在会商抚臣，以战守粮运，在在需兵，必得三四万劲旅，方资分布。应如何宽筹饷需、添募兵勇之处，恭候圣裁，非奴才所敢专请。

又，奴才自遵义起程，道经荆州、瓮安、平越地界，人民凋残，收成歉薄。自平越以东，荆榛蔽路，贼踪出没无常，地民稀少。其应如何选择良吏，节束安集，抚臣当早有区画。所有筹议剿办大概情形，谨恭折驰陈。是否有当，伏乞皇太后、皇上圣鉴训示遵行。谨奏。闰十月二十九日。同治九年十一月二十四日，军机大臣奉旨：钦此。①

【附】同治九年十一月二十四日，周达武此折得获允准：

军机大臣字寄：成都将军崇、四川总督吴、湖南巡抚刘、贵州巡抚曾，传谕贵州提督周达武：同治九年十一月二十四日，

---

① 台北故宫博物院藏：军机及宫中档，文献编号：104697。

奉上谕:周达武奏,筹议剿办情形一折。前因唐炯一军裁撤,谕令贵州提督周达武迅速赴任,接办军务,现在该提督已抵贵州,据称所部兵勇仅五千九百人,益以挑募唐炯旧部,拟暂驻平瓮,然后整顿黔师,次第肃清定、广等处,会合楚师进击等语。即着曾璧光、周达武,饬令带兵各员,认真扼守乌江北岸,毋使苗匪得扰遵义府属,侵轶川边,以顾省北大道。一面整顿黔师,先清定、广,俟省门无警,再由龙贵、平瓮两路规取都匀,以次由凯里、八寨,会同楚师,协力进剿。至所请添募兵勇一节,即着周达武与曾璧光妥为筹画。该提督在川日久,有无可调之兵,谅所深悉,或楚省勇丁可以招募,均着周达武分别咨商,以助攻剿。该提督所称带兵员弁非隶部下,诚恐呼应不灵。前已有旨,令周达武会同曾璧光列衔奏事,带兵各员悉归调遣,事权不为不专,即着周达武迅将黔省军务认真整顿,力除积习。该提督以川省月协饷银五万八千两,一经添军,不敷支放,恳请宽筹饷项。着户部将各省协黔饷需先行分催拨解,俟曾璧光、周达武等商定添兵若干后,再行宽为筹拨,俾济要需。将此由五百里谕知崇实、吴棠、刘岳昭、曾璧光,并传谕周达武知之。钦此。遵旨寄信前来。①

一三五　增设双流等县拔贡折

同治九年九月二十一日(1870 年 10 月 15 日)

头品顶戴四川总督臣吴棠、四川学政臣钟骏声跪奏,为请增贡

---

① 台北故宫博物院藏:军机及宫中档,文献编号:408018116。

额，以励人材，恭折奏祈圣鉴事。

窃查四川成都府属之双流县于康熙六年编入新津县，雍正八年，仍分双流、新津两县，每县举科学额各进八名，廪、增生各取十名。惟拔贡历十二年，始合两县拔取一名。兹据双流、新津两县以自分治后迄今百数十年，多士涵濡已久，人文蔚起，现在应试文生，新津实有一百一十四名，双流实有一百六十二名。其间堪膺选拔者均不乏人，恳请分设贡额等情，由藩司具详请奏前来。

臣等查成都府属之郫县、崇宁、彭县、新繁等县于同治八年奏请添设拔贡，历经部臣议准。现在双流、新津两县应试文生有一百余名，所请分设拔额之处，核与成案相符，合无仰恳天恩，俯准将新津、双流两县学各设拔贡一名，俾遇选拔之年两县士子均得拔取，以广乐育而励人材。如蒙俞允，即以下届癸酉科为始，会同秉公遴选，认真考核，用副圣主拔取真才之至意。谨合词恭折具奏，伏乞皇太后、皇上圣鉴，敕部议覆施行。谨奏。九月二十一日。

同治九年闰十月初二日，军机大臣奉旨：礼部议奏。钦此。①

一三六　增设绥定府学拔额折

同治九年九月二十一日(1870 年 10 月 15 日)

头品顶戴四川总督臣吴棠、四川学政臣钟骏声跪奏，为请增贡额，以育人材而广恩泽，恭折仰祈圣鉴事。

窃照川省绥定府系嘉庆七年由州改府，设学之初，拔贡名额未

---

① 台北故宫博物院藏：军机及宫中档，文献编号：103832。

经议定。道光四年,经前署督臣戴三锡①会同前学政臣吴杰,以该府学新旧诸生计有三百名,文风已有可观,请照成都、重庆两府学之例,议立拔额二名。嗣准部咨:准予暂定一名,俟将来人文蔚起,再行议增等因。历经遵办无异。嗣于同治二年,经前督臣骆秉章会同前学政黄倬②查明,该府学人文蔚起,遵照部议,援案奏请加增,是年十月二十八日奉旨:礼部议奏。钦此。旋准部咨,以川省辛酉科拔贡甫经考试完竣,下届癸酉科选拔须在十年以后,为期尚远,未便遽行议增,应俟下届癸酉科选拔之前先期一二年察看情

---

① 戴三锡(1758—1829),字晋藩,号羡门,顺天大兴人,原籍江苏丹徒。乾隆五十一年(1786),中式举人。五十八年(1793),中式进士。五十九年(1794),选山西临县知县。同年,充乡试同考官。嘉庆五年(1800),署四川营山县知县。八年(1803),补南充县知县。翌年,署绵州知州。十年(1805),升马边厅通判。十四年(1809),补峨边厅抚夷通判。历任资州、眉州、邛州知州,署成都府通判。十九年(1814),署茂州直隶州知州。二十一年(1816),署邛州、茂州直隶州知州。二十三年(1818),升宁远府知府。选保宁、顺庆知府,署夔州、成都知府。道光元年(1821),授建昌兵备道。同年,迁四川按察使。二年(1822),升江宁布政使。是年,调补四川布政使。三年(1823),署四川总督。四年(1824),兼署成都将军。五年(1825),擢四川总督,署成都将军。九年(1829),署工部左侍郎,寻致仕。同年,卒于籍。赠尚书衔。
② 黄倬(? —1885),字恕阶、树阶,号恕皆,湖南善化人。道光二十年(1840),中式进士,选庶吉士。二十二年(1842),授翰林院编修。二十四年(1844),充会试同考官、顺天乡试同考官。二十九年(1849),任陕甘乡试副考官。咸丰元年(1851),充顺天乡试同考官。次年,任山东乡试副考官,补实录纂修官。九年(1859),升国史馆纂修官、上书房行走、汉日讲起居注官。同年,迁翰林院侍讲。十年(1860),授四川学政。同年,补翰林院侍讲学士。次年,补翰林院侍读学士。同治元年(1862),调詹事府詹事,迁内阁学士,兼礼部侍郎衔。同年,补兵部左侍郎。二年(1863),授工部左侍郎。四年(1865),兼署刑部右侍郎。同年,任考试大臣。五年(1866),任验放大臣。次年,充拣选州县大臣、考试八旗文章搜检大臣、勘东陵大臣、管理火药局。同年,授兵部右侍郎。九年(1870),授考试大臣。次年,选大挑知县大臣,兼署礼部左侍郎。光绪元年(1875),任会试副考官。二年(1876),授浙江学政。四年(1878),补刑部右侍郎、吏部右侍郎。五年(1879),授吏部左侍郎。十一年(1885),卒于任。有《介园遗集》存世。

形，如果人文日盛，再行奏请，即照府学之例添设一名，以昭慎重等因。转行遵照在案。兹据绥定府知府顾开第复以该府文风日盛，请增拨额前来。

臣等查绥定府学自道光四年暂定拨额以来，迄今四十余年，臣骏声历试各府，留心比较，绥定虽地处偏隅，而多士敦品好学，文风蒸蒸日上，与成都、重庆两府无异，堪膺选拔者不止一人，且离下届癸酉科拔取之期仅隔二年，自应先期奏请，合无仰恳天恩，准予定额一名之外增设一名，以广登进而资鼓舞。如蒙俞允，请自下届癸酉科为始，会同秉公选拔，用副圣主乐育英才至意。是否有当，臣等谨合词恭折具陈，伏乞皇太后、皇上圣鉴训示。谨奏。九月二十一日。

同治九年闰十月初二日，军机大臣奉旨：礼部议奏。钦此。①

一三七　请以濮文升升补涪州知州折
同治九年九月二十一日（1870 年 10 月 15 日）

头品顶戴四川总督臣吴棠跪奏，为拣员请补要缺知州，恭折仰祈圣鉴事。

窃查重庆府属涪州知州姚宝铭，前请升补泸州直隶州知州，声明所遗涪州知州员缺系冲、繁、难要缺，例应在外拣员调补，已于同治九年五月十四日接准部咨：姚宝铭准补泸州直隶州知州，所遗涪州知州员缺，令拣请补等因。伏查涪州地滨大江，幅员辽阔，讼狱繁多，且与黔省毗连，抚字〔营〕巡防，均关紧要，非精明干练之员，

---

① 台北故宫博物院藏：军机及宫中档，文献编号：103833。

不足以资治理。臣督同藩、臬两司在于通省实任知州内逐加遴选，非现居要缺，即人地未宜，一时实无堪调之员。其应升知县内亦无卓异引见已经回任之员。

惟查有知州用现任营山县知县濮文升，年四十一岁，江苏溧水县监生，遵筹饷事例报捐知县，指发四川，嗣捐分缺先尽先补用。咸丰九年四月十四日，引见奉旨：着照例发往。钦此。六月初十日到任。因剿办岳池、营山等处滇匪迭获胜仗、立解城围出力保奏，同治元年正月二十八日，奉上谕：着以知州用。钦此。同治四年，举行大计，保荐卓异，接准部覆。该员年强才裕，卓著循声，且在川有年，熟悉情形，以之升补涪州知州，实堪胜任。以前正、署各任内并无积案五十起以上、承缉盗案五起以上、经征钱粮不及七分已起降调、革职、参限。其在营山县任内虽有两案承缉不力降级留任处分，向不扣除升调。此外因公处分，例免核计。罚俸银两，现饬完缴。历俸早满三年，曾保卓异。虽未请销试字，例得准其升转，据藩司王德固、臬司英祥会详前来。

合无仰恳天恩，俯准以知州用营山县知县濮文升升补涪州知州，实于地方有裨。如蒙俞允，该员本系卓异人员，俟接准部覆，给咨并案送部引见。所遗营山县知县缺系专繁简缺，应归部选，川省现有应补人员，应请扣留外补。是否有当，理合恭折具陈，伏乞皇太后、皇上圣鉴训示。谨奏。九月二十一日。

同治九年闰十月初二日，军机大臣奉旨：吏部议奏。钦此。①

---

① 台北故宫博物院藏：军机及宫中档，文献编号：103834。